C. Faulhaber
4/84

Y0-BTB-025

MORFOLOGÍA HISTÓRICA DEL ESPAÑOL

BIBLIOTECA ROMÁNICA HISPÁNICA

Dirigida por DÁMASO ALONSO

III. MANUALES, 57

MANUEL ALVAR · BERNARD POTTIER

MORFOLOGÍA HISTÓRICA DEL ESPAÑOL

BIBLIOTECA ROMÁNICA HISPÁNICA
EDITORIAL GREDOS
MADRID

© MANUEL ALVAR Y BERNARD POTTIER, 1983.

EDITORIAL GREDOS, S. A.

Sánchez Pacheco, 81, Madrid. España.

Depósito Legal: M. 13145-1983.

ISBN 84-249-0888-0. Rústica.
ISBN 84-249-0889-9. Guaflex.

Impreso en España. Printed in Spain.

Gráficas Cóndor, S. A., Sánchez Pacheco, 81, Madrid, 1983. — 5522.

PRÓLOGO

Este libro ha sido resultado de un extraño azar. Por 1960, la *Enciclopedia Lingüística Hispánica* había proyectado un volumen en el que debía incluirse la *Morfología Histórica del Español*. Se hicieron las invitaciones pertinentes, pero ningún investigador quiso aceptar un trabajo que, evidentemente, tenía no pocas dificultades. El comité editor encargó a uno de sus miembros la realización de la tarea para que la obra no se detuviera. Se llegó así al año 1964, en el que Manuel Alvar pidió ayuda a Bernard Pottier. Urgía apresurar el ritmo del trabajo y recuperar los tiempos perdidos. Pero... la obra colectiva, por culpa de mil compromisos incumplidos, se fue retrasando y nosotros fuimos acompasando el paso al de los demás. Sin embargo, las cosas estaban muy claras: no se podía hacer un trabajo de pocas páginas, pues todo eran problemas sin plantear, o sin resolver, o sin sistematizar. Trabajamos sin pensar en el futuro del libro, y pensando —sólo— en realizar un estudio que no existía para el español. Pero los días pasaban y no veíamos que la *Enciclopedia* pudiera llegar a punto: no fue el desánimo, sino el acuciante reclamo de otras presencias lo que produjo las intermitencias de nuestro laborar. Pero éste es otro motivo.

Hemos trabajado en íntima colaboración. Se hizo un esquema inicial, se desarrolló y se revisó. Se amplió y se comenzó la redacción. No merece la pena señalar dónde cada obrero puso sus manos. Es una obra perfectamente solidaria por los planteamientos, por las dos revisiones totales que hemos hecho

conjuntamente y por nuestras coincidencias teóricas y de exposición. En 1945, ambos fuimos compañeros en un curso de
verano en Jaca: los dos trabajábamos en dialectología aragonesa
y, desde entonces, nuestra amistad está signada por el más entra-
ñable de los afectos. Cualesquiera que sean nuestras ocupacio-
nes, y evidentemente han sido muy diversas, nos hemos sentido
siempre cercanos, y esto habrá sido beneficioso a la obra. Nuestra pretensión ha sido unificadora y para ello nos hemos dis-
cutido y mutuamente aceptado.

La lejanía no ha sido tanta que no hayamos coincidido, cuando menos, dos veces cada año. En Francia, en España o en los
lugares más insólitos del planeta. Esto, quién lo dijera, ha mantenido la unidad. Redactamos la morfología nominal (1964-1966)
y nuestros quehaceres se nos interpusieron; años después
—¿1976-1977?— escribimos todo lo que concierne al verbo, y
padecimos una nueva interrupción.

Más tarde (1982), en una inquietante zozobra, llegamos hasta
el final. Fue el azar quien hizo desempolvar las muchas páginas
arrumbadas: el azar se llamó Editorial Gredos. La más inespe-
rada casualidad hizo que nuestros amigos Julio Calonge y
Valentín García Yebra conocieran el trabajo y su situación. Nos
estimularon, nos comprometieron, nos emplazaron. Y nosotros
cumplimos. Fue necesario redactar una parte nada fácil de la
obra, y volver sobre viejas páginas. Actualizar todo y revisar la
bibliografía, cuando no revisarnos a nosotros mismos, pero,
gracias a todo ello, la *Morfología* está entre tus manos, lector
amigo, y quiera Dios que no sea para desencantos.

Citamos los trabajos que pueden ser útiles, incluso cuando
estamos en desacuerdo con ellos. Pero es ésta una obra que
necesita informar, amén de comunicar nuestras posturas como
investigadores; por eso acogemos todo, o casi todo, aunque
no haya sido empleado, bien por tratarse de hitos históricos en
las tareas de la romanística, bien por sustentar puntos de vista
que desvirtuarían los nuestros. Sin embargo, hemos querido
ser un tanto eclécticos para que la línea argumental se mantuviera con algún equilibrio, e incluso para que el nuestro perso-

nal no se alabeara por pareceres muy discrepantes. Si hemos conseguido exponer tantas páginas sin estridencias, no habrá sido escasa nuestra fortuna.

Estas pocas palabras introductorias pretenden explicarnos. Tal vez no sean necesarias, pero suele ser hábito el de que los autores traben contacto con el lector para que éste no se encuentre de sopetón con muchas cuestiones que distan de ser fáciles o amenas, y sin saber a qué carta debe atenerse. Nosotros queremos dar fe de un trabajo cumplido solidariamente porque responde —etimológicamente— a unas posturas que, desde nuestras aventuras personales, han sido siempre solidarias. Acaso esto sea todo. Pero queremos decir que un grupo de jóvenes doctores y licenciados españoles —¿cómo darles las gracias?— redactaron los índices de la obra, cuando la pungente primavera anunciaba la floración. Y que la Editorial Gredos, ya lo hemos dicho, nos estimuló y, se ve, nos dio el cobijo de su bien nombrada Biblioteca Románica Hispánica.

Manuel Alvar - Bernard Pottier

La Goleta - París, junio de 1982.

ABREVIATURAS

al.a.—alemán antiguo.
alav.—alavés.
an.—ansotano (habla pirenaica del occidente de la prov. de Huesca).
and.—andaluz.
ant. (o a.).—antiguo.
ár.—árabe.
arag.—aragonés.
ast.—asturiano.

berc.—berciano.
burg.—burgalés.

camp.—campidanés (dialecto sardo).
canar.—canario.
cast.—castellano.
cat.—catalán.
conj.—conjunción.

che.—cheso (habla pirenaica del occidente de la prov. de Huesca).

eng.—engadino.
esp.—español.

fem.—femenino.
fránc.—fráncico.
friul.—friulés.

gall.—gallego.
gasc.—gascón.
gót.—gótico.

hak.—hakitía o judeoespañol de Marruecos.

i.e.—indoeuropeo.

ind.—indicativo.
it.—italiano.

j.e.—judeo-español.

l.—línea.
l.v.—latín vulgar.
lat. hisp.—latín hispano.
logud. (o log.).—logudorés (dialecto sardo).
lom.—lombardo.

masc.—masculino.
mod.—moderno.
montañ.—montañés (prov. Santander).
moz.—mozárabe.

nav.—navarro.

pl.—plural.
port.—portugués.
pres.—presente.
pir.—pirenaico.
prov.—provenzal.

rib.—ribagorzano.
rioj.—riojano.
rum.—rumano.

salm.—salmantino.
sant.—santanderino.
sic.—siciliano.
sing.—singular.
sor.—soriano.

val.—valenciano.
venec.—veneciano.

CAPÍTULO I

LA ESTRUCTURA DE LAS PALABRAS

1.1. La palabra se define por su constitución interna. Estamos, pues, ante un problema de forma: cualquier elemento que figure en un diccionario tendrá un elemento ·léxico, que encierra en sí la sustancia predicativa (más o menos lo que en la historia lingüística se llamaba raíz o radical), pero, además, la palabra puede tener unos formantes constitutivos, que varían según sea el grupo (nombre, verbo, etc.) al que esa palabra pertenece. Resulta entonces que el lexema es un morfema perteneciente a un conjunto muy amplio (varios centenares de elementos) y corresponde a un inventario abierto (hay préstamos conscientes y creaciones posibles). Las categorías formales que incluyen por lo menos un lexema son el sustantivo, el adjetivo y el verbo, cada una de ellas está caracterizada por el morfema o los morfemas finales [1]. Así el sustantivo admite morfemas de sexo y número;

---

[1] Las definiciones de *lexema* y de *morfema* han dado lugar a numerosas discusiones; en última instancia, cada lingüista reacciona según la escuela a la que se adscribe. Como no se trata de hacer historia, sino de permitir la comprensión de nuestro quehacer, simplificaremos en lo posible todo lo que dificulte esa comprensión a la que aspiramos. Definido *lexema* en el texto, consideraremos el *morfema* como 'la mínima unidad significativa';

el adjetivo, de sexo, número e incidencia *(-mente);* el verbo, de persona y número.

1.2.   Entre el lexema y los morfemas terminales hay lugar para la inserción de dos clases de formantes: los c u a l i t a - t i v o s y los c u a n t i t a t i v o s . Los primeros afectan al sustantivo con carácter actancial [2] («gobern-*ador*»), sirven para crear adjetivos («aren-*oso*») o, en el verbo, indican modo, tiempo («cant-*aba*») o causación («real-*iz*-ar»). En cuanto a los que llamamos cuantitativos, pueden darse en sustantivos y adjetivos («cas-*it*-a», «gord-*et*-e») y crean lexemas secundarios en el verbo [«*dorm-it-*(ar)», «*llov-izn-*(ar)»].

1.3.   Antes del lexema, las palabras españolas pueden presentar hasta tres tipos de prefijos: a) los procedentes de elementos de relación o preposiciones («*en*-sanchar», «*a*-mansar»), vid. §§ 179-205; b) los que son prefijos cuantitativos («*re*-hacer», «*des*-montar»); c) los prefijos semi-autónomos («*supra*-nacional», «*vice*-presidente») [3].

2.   De acuerdo con todo lo anterior, una palabra española con lexema puede tener la forma que exponemos en el siguiente cuadro:

---

por tanto se debe distinguir entre *morfema léxico* y *morfema gramatical (perr-, -o,* respectivamente, en la unidad *perro).* En la terminología de MAR-TINET se trataría de monemas con significación o gramaticales. Las variantes de un morfema, como en fonología las del sonido, son *alomorfos* (por ejemplo, en el verbo *ir, v-, i-, f-* que, con los morfemas gramaticales, dan lugar a *voy, iba, fui,* etc.). Cfr. BERNARD POTTIER, *Plan phonémique et plan morphémique dans la structure du mot* («Omagiu I. Iordan». Bucarest, 1958, págs. 701-704).

[2] Según TESNIÈRE *(Éléments de syntaxe structurale.* París, 1959), los *actantes* son «seres o cosas que, de cualquier modo, incluso pasivamente, participan en un proceso».

[3] Llamamos prefijos semi-autónomos a los que tienen valor por sí mismos, aunque no sean elementos léxicos independientes.

	1	2	3	4	5	6	7
Sustantivo	supra	in des	en em	chisp gat nacion segur cuadr brav	al-idad idad amiento ec-i-miento	it-a it-	a -s -es
Adjetivo	anti	in des in re	en a tras	amar segur clav cancer torment peligr document noch gord	ad os ador os ad ador	ill- ísim- et-e	o -s o o o a -s es o
Verbo		des	en en	bañ dur yes dorm-it-	aba ec-er ar-ía a		n s

3. Las partes de la oración no consideradas hasta ahora no tienen lexema; su base es un morfema gramatical (lo que algunos lingüistas llaman *gramema*) perteneciente a un inventario fijo y forman parte de un inventario poco numeroso; vemos claramente su oposición a los que hemos considerado en el conjunto anterior por cuanto no se pueden crear de manera deliberada o consciente y su paradigma está constituido por unos pocos términos, frente a la riqueza que presenta el léxico de cualquier lengua. Por otra parte, con respecto al cuadro prece-

dente sólo hay morfemas cuantitativos (columnas 2 y 6) y morfemas finales de concordancia (columna 7):

	2	BASE	6	7
«invariables»		que por		
concordancia		qu-ien ell cual		es o s es
cuantitativos	re requete	bien bien		
6 + 7		poqu	ísim	o s
6		ahor	it-a	

EL LEXEMA

4.0. La columna 4 del esquema que incluimos en el § 2
corresponde a lo que hemos entendido por lexema (§ 1.1). Ahora
bien, dentro de ellos hay que distinguir: primarios, secundarios
y lexemas con distancia morfológica.

4.1. Los l e x e m a s p r i m a r i o s son los que resultan im-
posibles de analizar (por ejemplo, *mesa*), por cuanto no cabe
hacer ningún tipo de descomposición, ya que no hay oposición
a nada: la *-a* de *mesa* no es variable y aunque hubiera más cons-
tituyentes *(mes-it-a)* lo único que habríamos obtenido es un
lexema discontinuo, pero no otra cosa. Por el contrario, *gat-a*
se opone a *gat-o*, porque *-a/-o* connotan oposición (§ 25). Estos
lexemas primarios varían de una a otra lengua, o en períodos
distintos de una evolución; no cabe duda que *semana* u *oreja*
son lexemas primarios en español, aunque históricamente procedan de un conjunto de morfemas que en latín funcionan de

manera distinta: de s ĕ p t e m se produjo s e p t - i - m a n a [4] (> esp. *semana*) o de a u r e s , a u r - i - c u l a [5] (> esp. *oreja*).

4.2. Los l e x e m a s   s e c u n d a r i o s son el resultado de un lexema primario y de un *afijo* [6]. Por ejemplo, el morfema *-ill-*, de diminutivo (columna 6) fue perdiendo este valor y pasó a caracterizar a un nuevo lexema *(casa/casilla, Ø/orilla [7])*. El grado máximo de esta creación está en lexicalizaciones totales: pensemos en cuántos hablantes de cualquier lengua del mundo identifican el nombre de un país, *Venezuela*, con el del «positivo» de donde procede *(Venecia)* [8]; más aún, ¿dónde está el diminutivo de un dilatado país frente a la extensión, por lo demás modesta, de una ciudad gloriosísima? La creación de lexemas secundarios también se aplica al verbo, donde tenemos mil testimonios: *dormitar, lloriquear, reverdecer,* etc. Claro que no son éstos los únicos caminos que llevan a la creación de lexemas secundarios; hay otros, como pueden ser las siglas (R.E.N.F.E. > Renfe → *renfero)* [9] o las lexías integradas [10] (siete meses → *sietemesino)* [11].

---

[4] Originariamente, adjetivo: s ĕ p t i m ā n u s 'qui touche au nombre sept' (ERNOUT-MEILLET, s. v. *septem).*

[5] *Auris* (pron. *ōris* en la época imperial) fue reemplazado en la lengua popular por a u r i c u l a > ō r i c l a . Cfr. *App. Probi («auris* non *auricla»)* y una *tabella defixionis,* anterior a la era cristiana *(oricula, oricla).* Datos de ERNOUT-MEILLET, s. v. *auris.*

[6] Entendemos por tal cualquier partícula que se añade al lexema o raíz para modificar su sentido o su función; por tanto, consideramos afijos a los *prefijos* (que preceden a la forma base), *sufijos* (que la siguen) o *infijos* (que se intercalan: «Carlos > Carl-*it*-os»). Vid. *Le langage,* pág. 18, s. v. *affixe.*

[7] En español no podemos decir que *orilla* sea diminutivo de *ora,* por cuanto el «positivo» no existe.

[8] Cfr. ANGEL ROSENBLAT, *El nombre de Venezuela.* Caracas, 1953.

[9] MANUEL ALVAR EZQUERRA, *Diccionario de siglas.* Madrid, 1982.

[10] *Lexía* es «unidad léxica de lengua». Se distinguen tres clases: simple *(caballo),* compuesta *(sacacorchos)* y compleja *(caballo de Troya).* Cfr. *Le Langage,* pág. 250, s. v. *lexie.* Sobre los «segmentos morfémicos» en ciertas corrientes lingüísticas actuales, vid. ZELLIG S. HARRIS, *Structural Linguistics* [1951], citamos por la edición de Chicago, 1963, págs. 158-167.

[11] Cfr. §§ 315-320 y 325-326, donde nos ocupamos de la sufijación y la composición.

5. En español, se puede dar la existencia de m o r f e m a s con d i s t a n c i a m o r f o l ó g i c a entre los lexemas; son aquellos en los que un lexema se presenta bajo distintos significantes por razones fonéticas *(poder/pudo/puedo)*, diastráticas (diferencias de registro sociocultural: *nocherniego/nocturno/noctámbulo*) o históricas *(San Sebastián/donostiarra)* [12].

Las variedades que acabamos de considerar presentan multitud de posibilidades de realización: identidad de lexemas *(casa/casita)*, diferencias mínimas (oposición de la palabra popular frente a la culta [13]) o diferencias totales explicables por las razones históricas recién aducidas *(hispano-alemán/germano-español, Calatayud/bilbilitano)*.

---

[12] *Donostia* es el nombre vasco de la ciudad de San Sebastián. Es un calco del hagiónimo: *done* 'santo' (< d ŏ m ĭ n u).

[13] En tal caso estarían *gobernar / gubernativo* (< lat. g u b e r n a t i v u s) , *mes / mensual* (< m e n s u a l i s) , *noche / nocturno* (< n o c t u r n u s) , *pueblo / popular, españolada / hispanismo*, etc.

CAPÍTULO II

LOS CARACTERES MORFOLÓGICOS

MORFOLOGÍA INDEPENDIENTE Y MORFOLOGÍA DEPENDIENTE

6. La forma de las palabras es resultado de una doble acción: la general, que actúa sobre todas las voces que poseen ciertos elementos en una misma posición, y la particular que afecta a las palabras de un determinado grupo. Dicho de otro modo: hay términos a los que se ha llegado después de una concreta evolución histórica; sobre ellos, no actúan otras fuerzas que las que obligan a ese proceso. Por ejemplo si la ĭ > e (p ĭ l u[1] > *pelo*, c ĭ b u > *cebo*, r ĭ n g e r e > *reñir*) han evolucionado de acuerdo con esa norma, de la que no han podido sustraerse. Ahora bien, los resultados *pelo, cebo, reñir*, se explican por unas razones históricas que afectan a las etimologías latinas, pero que nada tienen que ver con la situación de *pilu, cibu, ringere* dentro de unas determinadas parcelas del léxico. Es decir, la forma actual de cada uno de esos étimos no se ha visto perturbada por la coexistencia de *pelo, cebo, reñir* con otros términos (cultos o populares) en los que el cambio ĭ > e ha dejado de producirse por causas diversas (*piloso*, f a s t ĭ - d i u > *hastío, riña*). Este aspecto independiente que tienen los

---

[1] Las formas romances derivan del acusativo; no transcribimos la *-m* porque dejó de pronunciarse en época muy antigua (Bassols, § 253).

elementos léxicos se debe a la autonomía (grande al menos, ya que no total) con que se comporta cada uno de los miembros de un vocabulario [2]; y esa independencia tiene unos previsibles resultados morfológicos.

7. Sin embargo, otras palabras no han evolucionado según unas determinadas normas, sino que su proceso se ha visto perturbado por causas extrañas. Se trata de voces que están en íntima conexión dentro de una serie; entonces, los elementos que constituyen ese orden actúan sobre los que son disidentes y la enunciación conjunta, la enumeración correlativa o el idéntico significado de la raíz, establecen uniformidades contrarias a la historia. Tal es el caso del clásico n ŭ r u s , pasado, por analogía con los femeninos, a la primera declinación y después, por analogía también, ha tomado la ŏ de otras palabras que pueden entrar en enunciados junto a n ŭ r u s (s ŏ r o r ha influido con toda seguridad en el plural *nurorĭ* del rumano; s ŏ c r a debe ser el término que, en las otras lenguas románicas, ha determinado la existencia de n ŏ r a , cfr. español *nuera* y no *nora*) [3].

8. Por otra parte, la enumeración correlativa, que muchas veces puede ser simple variante de la enunciación conjunta, hace

---

[2] Hjelmslev ha señalado cómo el vocabulario es el dominio tradicional en el que se ve con mayor escepticismo la aplicación de los procedimientos estructuralistas. Y ello porque el vocabulario se presenta como la negación de un estado, de una sincronía, de una estructura. En el léxico —además— las estructuras ('entidades autónomas de dependencias internas') son menos perceptibles que en otras partes de la gramática. Sin embargo, en el estudio de la cuestión, el estructuralista danés llega a conclusiones distintas de las habituales, alguna de ellas íntimamente relacionada con los hechos morfológicos (véase Louis Hjelmslev, *Dans quelle mesure les significations des mots peuvent-elles être considérées comme formant une structure?*, en «Reports for the Eight International Congress of Linguists». Oslo, 1957, págs. 268-286. Noticia de M. Alvar y J. Mondéjar, en *RFE*, XLIV, 1961, página 209).

[3] Véase Rohlfs, *Dif.*, pág. 27. En el *Appendix Probi* se lee: «nurus non nura» (n.° 169), «socrus non socra» (n.° 170).

que los términos disidentes de una serie se asimilen a los *n* sumandos que poseen una cualidad común. Así, en castellano, del latín (dies) M a r t i s, J o v i s, V e n e r i s se obtiene normalmente *martes, jueves, viernes*, formas que actuaron sobre M e r c u r i i y L u n a e para crear los «regulares» *miércoles* y *lunes* [4].

9. El idéntico significado de la raíz es causa de la intensa reconstrucción que han sufrido los paradigmas verbales. Frente al nombre, donde los nexos de relación se distienden fácilmente, el verbo mantiene con extraordinario rigor unas estructuras coherentes [5]. En ocasiones se trata de uniformar las distintas formas de un paradigma (m e t i o > *mido*, pero m e t i s debería dar **medes*, que por ja acción de la primera persona se hace *mides*) [6] o intenta dar forma idéntica a lo que tiene una misma función. Así p ŏ t u i t, t e n u i t, h a b u i t, t r a x i t se convierten en *pudo, tuvo, hubo, trujo*, porque la *u* se interpreta

---

[4] Cfr. SEBASTIÁN MARINER, *El primer lunes de nuestra historia*, apud «Boletín Arqueológico», LII, 1952, págs. 1-8. La inscripción tarraconense a que en este artículo se hace mención autoriza a creer que no se ha propagado sólo la *-s* final al genitivo normal L u n a e (+ *-s* > *L u n a e s*), sino que el paso ha sido de la terminación *-is*. El texto hispánico dice «X Kalendas martias die *lunis* oram tertium»; *lunis* se conoce en una lápida italiana del año 393, y sería semejante al *Februaris* (por *Februarii*) reestructurado sobre *Aprilis, Septembris, Octobris*, etc. Por lo demás, la transmisión de *-is* a un tema en *-o* se cumple en otro día de la semana: *Mercuris*, según se dice en el texto. En los nombres de los meses se ha producido un fenómeno inverso: la igualdad de las terminaciones S e p t e m b e r, N o v e m-b e r, D e c e m b e r hizo que estos meses fueran sustituidos por otras denominaciones más expresivas y menos próximas entre sí: *mes de la Virgen, de los Santos* o *de la Pascua*, cfr. DÁMASO ALONSO, «Junio» y «Julio» *entre Galicia y Asturias* (RDTP, I, 1944-1945, págs. 447-450, especialmente).

[5] El verbo se *conjuga;* es un lexema con todas las formas virtuales, actualizables, mientras que el nombre sólo varía automáticamente en número y, a veces, en género. (Cfr. A. MEILLET, *La méthode comparative en linguistique historique*. Oslo, 1925, págs. 93-94.)

[6] *Mido* se impuso a ** medes* porque el Yo locutor domina en la interlocución al Tú, etc., alocucionado. Así se explica que el orden de las personas en la conjugación sea yo, tú, él, etc.

como vocal caracterizadora de los perfectos fuertes, lo mismo
que la *ó* de la tercera persona de los débiles (vulgar *andó* en
vez de *anduvo*)[7], y, este momento, bien merece la pena traer a
colación un testimonio antiguo que todavía tiene vigencia: el
presente de indicativo del verbo c a p i o presenta un paradigma
sin variantes temáticas (c a p i o , c a p i s , etc.), pero la evolución del español modificó la uniformidad, por cuanto la yod
cuarta produjo una metátesis que determinó el moderno *quepo*
(< *c a i p o), según la regla del § 140.0. Pero, como c a p i s ,
etc., da normalmente *cabes*, etc., «los niños dizen *cabo* con ana-
loghia de las personas sighentes *cabes, cabe,* &., i fuera mucha
rrazon usarla como mas propia: pero ni de la una manera, ni
de la otra se admite en buen uso, ni se escrive» (*Arte,* p. 315).

LA MORFOLOGÍA INDEPENDIEN-
TE: ARBITRARIEDAD RELATIVA

10. El hecho de que haya palabras, formalmente, arbitrarias
como *lápiz, vaca* o *pie* no determina la absoluta independencia
de cada término, sino que ciertas formas aisladas pueden care-
cer de una absoluta autonomía. Tal ocurre con los fenómenos
que pertenecen al campo de la semántica. Por ejemplo, una
forma singular puede pertenecer a varias categorías: *sino* (sustantivo y conjunción), *planta* (vegetal, de un edificio, de un
dibujo), *lima* (sustantivo: fruto y herramienta, verbo), etc. Estos
fenómenos pertenecen al mundo de la homonimia o de la polisemia, por más que no deban confundirse ambos conceptos[8].
En la homonimia hay coincidencia de significante, pero no de
significado; en la polisemia se documenta una pluralidad de
valores. Utilizando algunos de estos y de los ejemplos que
siguen, podríamos aclarar nuestros conceptos:

---

[7] Véase VENDRYES, págs. 210-212.

[8] Cfr. EMILIO ALARCOS LLORACH, *Sobre la neutralización en morfología* (*AO,*
VII, 1957, págs. 13-23), OTTO DUCHÁČEK, *Différents types de synonymes* («Or-
bis», XIII, 1964, págs. 35-49).

	HOMONIMIA	POLISEMIA
varias partes de la oración	*lima* < verbo / sustantivo (fruta)	*sobre* ← verbo / sustantivo / preposición
una parte de la oración	*lima* < fruto / herramienta *vela* < candela / paño	*puerto* < de mar / de montaña

Puede ocurrir, también, que una forma perteneciente a una concreta categoría gramatical posea pluralidad de significados, por más que cada uno de ellos esté perfectamente delimitado (polisemia). Por ejemplo, *vela* 'candela' y 'paños de la nave'[9], *rama* 'brazo de un árbol' y 'tecnicismo de los impresores'[10], *galga* 'clase de perro' y 'freno de cubo'[11], etc.

---

[9] No obstante lo que se anota en el texto, la confusión se puede cumplir. Por ejemplo, la canción asturiana, muy difundida, *Noche tranquila y serena* dice:

> Noche tranquila y serena
> no es buena para rondar,
> porque los enamorados
> prefieren la oscuridad.
> Marinerito, *arría la vela*,
> que está la noche tranquila y serena.

Tierra adentro, el *arriar la vela* no fue entendido y del sentido de 'paños de la nave' se pasó al de 'candela', con lo que hubo que conformar el significante del sintagma. Y así en el *Cancionero de la provincia de Santander*, de S. Córdova (t. III, pág. 22) o en el *Nuevo Cancionero de Salamanca*, de A. Sánchez Fraile (n.º 86, pág. 215 *b*) se ha sustituido *arría* por *apaga*, que es tan válido para marineros como para gañanes.

[10] Sobre este último valor, véase J. Casares, *Cosas del lenguaje. Etimología, Lexicología, Semántica*. Madrid, 1943, págs. 48 y sigs.; donde se relaciona el castellano con el al. a. R a h m e n 'marco'.

[11] Para estos procesos metafóricos en español, vid. Paul Preis, *Die Ani-*

Ahora bien, la homonimia tiene unos límites dentro de los cuales es tolerable, pero resulta inaceptable cuando de ella derivan enojosas confusiones, las que Spitzer llamó *homonymies gênantes*[12]. Tal es el caso de evoluciones convergentes como las de ŏleu 'aceite' y ŏcŭlu 'ojo' que llegan a *ojo*[13] o las de genuculu 'rodilla' y fenuculu 'hinojo' que abocan a *(h)inojo*[14]; «molestias» de las que la lengua se zafa importando el árabe *aceite* o adaptando el latín rŏta (dim. rotĕlla)[15]. Por otra parte, no son causas morfológicas, por más que con tal aspecto se presenten, sino semánticas, las que permiten agrupar a *perro* y *perra*, *gato* y *gata*, pero no a *caballo* con *caballa*, a *libro* con *libra* o a *rabo* con *raba*[16].

---

malisierung von Gegenständen in den Metaphern der span. Sprache. Tübingen, 1932; RODOLFO OROZ, *El uso metafórico de animales en el lenguaje familiar y vulgar chileno*. Santiago de Chile, 1932; WERNER BEINHAUER, *Das Tier in der Spanischen Bildsprache*. Hamburg, 1950; MANUEL ALVAR, en ZRPh, LXIX, 1953, págs. 306-322. Ámbito más amplio abarcan los trabajos de RIEGLER, *Tiernamen zur Bezeichnung von Geistesstörungen*. WS, VII, 1925, págs. 129-135, y *Das Tier im Spiegel der Sprache*. Dresden-Leipzig, 1907, y ROHLFS, *Sprache und Kultur*. Tübingen, 1928, págs. 15-17, especialmente (traducido al español e incorporado al libro *Estudios sobre el léxico románico*. Madrid, 1979).

[12] Apud RFE, XVI, 1929, págs. 173-174.

[13] AMÉRICO CASTRO (*Oio* < ŏleum. RFE, IX, 1922, págs. 65-67) adujo un testimonio que prueba la existencia de *oio* 'aceite' en español («su paladar así está nidio como el *oio*» = «nitidius *oleo* guttur eius», *Proverbios, Vulg.* V, 3). En aragonés, la homonimia se resuelve merced a la evolución abortada de una de las voces: ŏleu > *olio*, ŏculu > *(g)üello*. Vid. § 38, n. 54.

[14] Cfr. ROHLFS, *Dif.*, págs. 106-108. Como en aragonés, genuculu da *chenullo* 'rodilla' y fenuculu, *fenullo* 'hinojo', el término rotĕlla no ha sido requerido. Otro tanto ocurre en catalán: *genoll* 'rodilla', *fonoll* 'hinojo'.

[15] Dentro del campo semántico más estricto caen los fenómenos de muerte de palabras producidos por estas evoluciones convergentes: confróntese rapidu > *raudo* y *rabio* (este último persiste sólo en algún topónimo: *Fuenterrabía*, vid. RFE, XXXIV, pág. 5), aura 'viento', ora 'costa'. Todavía Berceo usa *oriella* que Solalinde interpreta erróneamente como 'orilla', cuando se trata de un diminutivo de aura: «Movióse la tempesta, una *oriella* vrava», *Mil.*, 591 a.

[16] *Raba* 'tentáculos del pulpo' (G. A. GARCÍA LOMAS, *Estudio del dialecto popular montañés*, s. v.). En cuanto a la oposición morfológica *-o* / *-a* y sus

Todos estos casos prueban cómo la arbitrariedad de cada elemento formal está supeditada a diversas causas o motivaciones históricas. Causas y motivaciones que limitan mucho la autonomía de los elementos morfológicamente independientes.

MORFOLOGÍA DEPENDIENTE: TEN-
DENCIA A LA ESTRUCTURACIÓN

11. Las mismas causas históricas que llevan a la convergencia de evoluciones, según se vio en el apartado anterior, pueden motivar casos de polimorfismo en los paradigmas verbales. De este modo, la acción reguladora de la que hablábamos en el § 9 se ve turbada por otras normas de distribución. Sea el verbo s e n t ī r e : las formas latinas del presente de indicativo son regulares en su raíz, pero sufren perturbaciones al pasar al español:

sĕntio	*siento*
sĕntis	*sientes*
sĕntit	*siente*
sĕntimus	*sentimos*
sĕntitis	*sentís*
sĕntiunt	*sienten*
(sĕntent)	

En primer lugar, la fonética normal ha sufrido la acción analógica de todas las formas del paradigma que tienen s e n t - y ha unificado algún resultado que debiera haber sido disidente: así sĕntio no ha dado **sienço* o **sienzo* (como a l a - b a n t i a > *alabança*, lĕnteu > *lienço*), sino *siento*. Tenemos, pues, un caso de estructuración del paradigma, pero, por otra parte, y contra esta pretensión normalizadora, la evolución fonética normal ha separado lo que en latín estaba unido, y *sentimos*,

resultados semánticos, vid. WALTHER VON WARTBURG, *Substantifs féminins avec valeur augmentative (BDC,* IX, págs. 51-55). Para otras cuestiones atingentes a estos finales, vid. §§ 38 y 40.

sentís carecen de diptongo porque su ĕ no está acentuada como la de las otras personas del presente. Por otra parte, las divergencias crecen al considerar formas que tienen yod en su desinencia y que no han sido ganadas por la regularidad como lo ha sido s ĕ n t i o (> *siento*):

s ĕ n t i a m	*sienta*
s ĕ n t i a s	*sientas*
s ĕ n t i a t	*sienta*
s ĕ n t i a m u s	*sintamos*
s ĕ n t i a t i s	*sintáis*
s ĕ n t i a n t	*sientan*

Las personas Nosotros, Vosotros, tendrían que ser **sentamos*, **sentáis*, aplicando la norma de la pérdida de la yod sin actuar sobre la consonante[17], pero, como la e se cierra cuando la yod está en verbos de la conjugación en -i r e[18], resulta una tercera forma del radical *(sint-)*[19]. Así, pues, el polimorfismo castellano derivado del latín s ĕ n t i r e está motivado por unas causas históricas que, ahora, se agrupan según unas normas distribucionales:

$$siént- \ / \ sent\text{-}(i) \ / \ sint\text{-}[20]$$

En otros casos, la alternancia vocálica se produjo ya en latín y a la complejidad primitiva vinieron a unirse las divergencias de la evolución romance:

---

[17] MENÉNDEZ PIDAL, *Gram. hist.*, § 105.

[18] Ibídem, § 114.

[19] La acción de la yod, que en este verbo parece segura, puesto que actúa sobre otros semejantes de la conjugación en -i r e *(mentir, arrepentir, herir*, etc.), se hubiera producido de cualquier modo, puesto que, sin ella, hubieran coincidido s ĕ n t i a m u s > ** sentamos* y **a d s e n t a m u s >* > *(a)sentamos.*

[20] Este ultimo caso tiene una nueva excepción: si en la desinencia hay *i*, el encuentro de las dos *íes* (la del radical y la de la terminación) hace que la i átona se disimile en *e*: *i...i > e...i (*sintí > sentí)*. No hay perturbación del esquema representado en el texto porque las formas disimiladas vienen a coincidir con las que tienen *e* originaria.

faciō   *hago*
facīs'   *haces*
fecī   *hice*

Con lo que se obtiene una triple forma del lexema, con diferencias más complejas que las señaladas en s e n t i r e por cuanto la alternancia afecta también a las consonantes y, en cuanto a las vocales, va más allá de los grados de abertura dentro de una misma serie: *ag-/aθ-/iθ-*.

12. Este polimorfismo original (f a c - / f ē c -) o derivado puede desaparecer por unificación paradigmática. Los numerales, por ejemplo, reestructuran la serie latina para igualar algunas formas discrepantes. La *-o* final de *cinco* (< c i n q u e) aparece por analogía con la de *cuatro* (< q u a t t u o r) o el diptongo de *treinta* presenta su *i* inspirada por *veinte* [21].

13. En el verbo, la atracción de unas formas sobre otras es de una gran energía. Afecta tanto a la acentuación, como a la raíz o a las desinencias. Al primer caso pertenecen regulaciones acentuales como *amábamos, amábais, amáramos, amáseis, amaríamos,* en vez de * *amabámos,* * *amabáis,* * *amarámos,* * *amaséis,* * *amariámos,* según las etimologías latinas a m a b a m u s , a m a b a t i s , a m a v e r a m u s , a m a v i s s e t i s , a m a r (e + h a b) e b a m u s . Pero es que el esquema

am	á	ba
am	á	bas
am	á	ba
* amab	á	mos
* amab	á	is
am	á	ban

---

[21] En efecto, v ī g ĭ n t ī debió ser *viinte (por acción de la *-ī* final sobre la ĭ) y, luego, por disimilación, *veinte.* Para *treínta* (ant.), *treinta* (mod.) hay que suponer * t r e g ĭ n t a (influido por t r e s), de donde *treenta > *trenta.* La forma con *ei* (ant. *eí*) se ha calcado sobre *veinte.* Cfr. *DCELC,* s.v. *veinte* y *tres.*

ha sido igualado de forma que se acentúa la misma vocal en
todas las personas:

am	á	ba
am	á	bas
am	á	ba
am	á	bamos
am	á	bais
am	á	ban

Acción analógica que, además, encierra otro principio de consecuencia: radical y desinencia se hacen coherentes en las seis
personas *ama-*+*ba*+índice personal y no *am-/amab-*+*ba, amos,
áis*+índice personal[22].

14. En verbos cuyo tema presenta polimorfismo, se acreditan casos de igualación morfológica. Tal ocurre con *reír,* cuyo
perfecto no es etimológico, sino analógico, para equiparar la
raíz del perfecto con la del infinitivo (de r i s i hubiera salido
un perfecto fuerte * *risi* o * *risí*). Añadamos los testimonios de
reñí (por r i n s i), *freí* (por f r ī x i), *metí* (por m ī s i), y
otros verbos en - s i[23].

15. La fuerza centrípeta de la analogía hace que se estruc-
turen dentro de unos paradigmas uniformes desinencias como
las de *comisteis,* sobre las que actúan otras formas que hacen
que la evolución normal se perturbe totalmente, en beneficio
de la regularidad formal. * C o m e v i s t i s hubiera debido dar
* *coméstes,* pero sobre la vocal tónica actuó la *-í,* de la pri-

---

[22] Cfr. Battisti, pág. 250, § 194.1; Wartburg, págs. 77-84. En el siglo XVII,
Jerónimo de Tejeda lo dejó claramente apuntado: «Todas las personas de
los plurales de los tiempos de los verbos hacen el acento en la mesma
letra que las de los singulares» (pág. 330).
[23] La acción es, todavía, mucho más intensa en aragonés. Allí hay *morió*
de *morir, sortiessen* de *sortir* o *venieren* de *venir* (en lo antiguo), faltas
de diptongo en personas que debieran tenerlo *(colo* 'cuelo', *aprieto* 'aprieto',
perdese 'perdiese', por acción de *colar, apretar, perder)* o la unificación
temática de presente y perfecto *estaron* 'estuvieron', *daron* 'dieron', *habió*
'hubo', *sabió* 'supo', etc. Cfr. *Dial arag.,* §§ 114 y 132.

mera persona (*comí, ví, reí*, etc.) y sobre la desinencia *-stes* (viva en lo antiguo y en algunas hablas populares) se acuñó un nuevo tipo inspirado en - t i s . La acción se ejerció cuando se intentó igualar lógicamente la terminación de la persona vos- otros, tanto en presente como en perfecto. Esto es, si *comedes* (< c o m e d i t i s) se convierte en *coméis*, * *comestes* debe ser *comísteis* [24].

LO PARADIGMÁTICO Y LO SINTAGMÁTICO

16. Empleando la terminología de Hjelmslev [25], a su vez derivada de Saussure [26], entendemos por *plano paradigmático* o *asociativo* el nivel de la lengua en el que se producen las rela- ciones asociativas. Por ser de la lengua (en el sentido saussu- reano de la palabra) se trata de un sistema que poseemos con carácter permanente [27] y, por ser paradigmático, afecta a las relaciones entre las palabras; de este modo, tal tipo de relacio- nes han de ser número finito e independiente. Así, por ejemplo, la distinción *gato/gata* es paradigmática, ya que se trata de una oposición (expresión del masculino con *-o* y del femenino con *-a*) que poseemos de modo permanente y con total indepen- dencia de las posibilidades expresivas del hablante; por otra parte, el español no cuenta sino con dos signos como máximo *(-o/-a)* para significar la diferencia masculino/femenino, y, por último, la elección *-o/-a* es independiente del contexto, puesto que se vincula a hechos significativos (macho/hembra) y no formales:

---

[24] Véase R. J. CUERVO, *Las segundas personas de plural en la conjugación castellana*, en *Ro*, XXII, 1893, págs. 71-86, y YAKOV MALKIEL, *The Contrast «tomáis» ~ «tomávades», «queréis» ~ «queríades» in Classical Spanish*, en *Hisp. Rev.*, XVII, 1949, págs. 159-165.

[25] *Prolegómenos a una teoría del lenguaje* (trad. JOSÉ LUIS DÍAZ DE LIAÑO). Madrid, 1971.

[26] *Cours de linguistique générale* (edit. critique par TULLIO DE MAURO), París, 1972.

[27] Véase POTTIER, *Phil. II*, pág. 5, y en su más reciente *Introduction à l'étude linguistique de l'espagnol*, Paris, 1972, pág. 87.

«en el piso no tengo perr-$_{a}^{o}$, pero sí en el cortijo»

17. Por el contrario, en-el *plano sintagmático* las palabras dependen de circunstancias del habla y son usadas por los individuos de una comunidad. Pero en razón de este carácter sintagmático, es necesario tener en cuenta que la determinación formal de las palabras se hace de acuerdo con unas normas dependientes del contexto [28]. Así, el empleo del artículo *el* ante los femeninos que comienzan por *á* acentuada o el de *la* ante los que van seguidos por *a* átona tiene carácter estrictamente sintagmático: cuando decimos *el álgebra*, pero *la aritmética* no hacemos otra cosa que usar dos variantes combinatorias del artículo, pero el contenido no se modifica *(las álgebras* y no * *los álgebras, las aritméticas* y no * *los aritméticas)* [29]. Se trata —como decía Nebrija [30]— de un arbitrio para que no «se haga fealdad en la pronunciación», pero no de un hecho que afecte a la estructura del paradigma.

18. Las condiciones sintagmáticas pueden determinar —a su vez— cambios morfológicos de importancia. Por ejemplo, en algún caso, la forma de los pronombres enclíticos queda condicionada por la relación que puedan tener dentro de un sintagma. Así, el latín i l l i + i l l u debiera haber evolucionado a **(i)lliello* y, después, a *gello* (como aún se usa en leonés), pero la proximidad de las dos palatales hizo que una disimilara *(z ... l >*

---

[28] Son muy útiles las observaciones de la segunda parte del estudio de Sebastián Mariner, «*Latencia*» *y neutralización, conceptos precisables (AO,* VIII, 1958, págs. 15-32).

[29] E. Alarcos Llorach ha señalado cómo la neutralización morfológica sólo se cumple en el nivel del signo *(Sobre la neutralización en morfología, AO,* VII, 1957, pág. 22).

[30] *Gramática,* págs. 68-69. Como es sabido, Nebrija va más lejos que la Academia, pues no distingue entre los casos de *á-* y *a-* (dice textualmente: *el agua, el águila, el alma, el açada).*

z ... l), gello[31], e incluso se llevó al plural (*gello = illis + illum*)[32]. Si el cambio *gello>selo* ha sido estable, no ocurre lo mismo con otros, que tuvieron —sólo— carácter esporádico y su duración fue muy reducida en el tiempo. Por ejemplo, la posposición del pronombre hizo que, por metátesis, surgieran unas formas no etimológicas (*dadle>dalde, dadnos>dandos*)[33] o que se produjeran por asimilación (*dallo, hacello*)[34].

LA MORFOLOGÍA LATENTE

19. En ocasiones la realización material de un morfema puede no cumplirse. Entonces cabe la doble posibilidad de que un signo morfológico se cumpla unas veces y otras no: en tales casos, nos encontramos ante manifestaciones de *morfología latente*. Estos hechos son paralelos a los que se cumplen en fonética: hay fonemas que existen en la mente del hablante, pero que sólo se realizan en determinadas circunstancias. Aduzcamos unas breves muestras de esta fonética latente, en relación con la morfología. Para cualquier hablante la *-d* final de *usted* [fon. *usté*], o la *-j* de *reloj* [fon. r̄eló] son elementos que no se realizan —o no suelen realizarse— en el singular, pero que reaparecen en el plural: *ustedes, relojes*[35].

---

[31] El resultado ulterior *selo*, está motivado por la acción del pronombre *se*.

[32] Véase MENÉNDEZ PIDAL, *Gram. hist.*, § 94.3.

[33] Se trata, naturalmente, de fenómenos fonéticos que condicionan la forma del pronombre.

[34] Cfr. A. ALONSO y R. LIDA, *Geografía fonética: «-l» y «-r» implosivas en español* (*RFH*, VII, 1945, págs. 334-335); FERNANDO LÁZARO MORA, *«RR > LL» en la lengua literaria* (*RFE*, LX, 1978-1980, págs. 267-283).

[35] NAVARRO TOMÁS (*Pronunciación*, § 102) considera la pérdida de la *-d* como rasgo vulgar, existente en la mayor parte de España, e incluso propio de la «pronunciación familiar de las personas ilustradas», mientras que la de *j* en *reloj* se da como normal en la conversación (ib., § 131). Y más que en la conversación, cfr.: «la marcha de tu *reló*» (P. SALINAS, *Poesía junta*, Buenos Aires, 1942, pág. 142): «Sí que anda tu *reló*, pero / es como si no anduviera» (UNAMUNO, *Obras Completas*, edic. GARCÍA BLANCO, XV,

En morfología hay hechos paralelos: se da una morfología latente, por más que sea excepcional en español. Sin embargo, la alternancia *quizá/quizás* podría ser espécimen de estos hechos, ya que es potestativo que en ella se realice *-s*, como signo adverbial. Con una significación semejante habría que considerar la antigua *-e* paragógica de las asonancias (ciudad-*e*, estás-*e*, durá-*d-e*, entró-*v-e*).

---

página 669, núm. 1490). En cuanto a la pérdida de la *-d*, UNAMUNO aprovechó el rasgo fonético como recurso métrico: «la *soledá* es la nada» (ib., XIII, pág. 315); «En la *eternidá* es temprano» (ib., XV, pág. 612, núm. 1365).

CAPÍTULO III

LAS FORMAS NOMINALES

LAS CLASES DE MORFEMAS

20. Frente al lexema, elemento léxico de una palabra que puede tener un número indefinido de sustitutos, si no se tiene en cuenta una determinada zona semántica, los *morfemas* se presentan —únicamente— con un número limitado de sustituciones [1]. Dentro de cada uno de los grupos de morfemas que nosotros podemos tener en cuenta, las posibilidades de elementos combinatorios son también escasas. Si, por ejemplo, consideramos los p r e f i j o s que pueden aplicarse al adjetivo *bueno*, veremos que su número es harto escaso, por más que seamos generosos en la búsqueda: «*re*-bueno», «*requete*-bueno» (esp. de Méjico «*rete*-bueno»); otro tanto habría que decir de los i n - f i j o s («cas-*it*-a», «cas-*on*-a», «cas-*uch*-a», etc.) y de los s u f i j o s («caz-*ad-or*», «cac-*er-ía*»). Y ello sin aludir a morfemas que, por

---

[1] Las diversas categorías de morfemas (expresados por elementos fonéticos, por la naturaleza o disposición de los elementos fonéticos del semantema, por el acento, por la ausencia de signos, por el orden de semantemas) se consideran en VENDRYES, págs. 100-108. Para una consideración formalista de estos temas, véanse las págs. 172-175 y 243-295 de la obra de Z. S. HARRIS, *Structural Linguistics* (6.ª ed.), Chicago, 1963; también, SOL SAPORTA, *Morpheme Alternants in Spanish* («Structural Studies on Spanish Temes», edit. H. R. KAHANE y A. PIETRANGELI, Salamanca, 1959, págs. 15-162).

MORFOLOGÍA DEL ESPAÑOL, 3

naturaleza, tienen un número limitado y preciso de posibilidades, como ocurre con los de g é n e r o («gat-*o*/-*a*») y de n ú m e r o («gat-o-*s*»). Quedan, por último, pendientes de consideración los morfemas de i n c i d e n c i a («lent-a-*mente*»)².

LA ESTRUCTURA MORFÉMICA NOMINAL

21. Los morfemas nominales —o intensos³— afectan a las palabras y no a las frases⁴; el mayor número de tales morfemas que pueden aparecer en un sustantivo lo encontramos en palabras como *destornilladorcitos*, cuya descomposición formal sería⁵:

Prefijo	LEXEMA SECUNDARIO		Sufijos aspecti-vos	Infijos secun-darios	Género	Número
	Lexema primario	Infijo primario				
des-	*torn-* (+)	*ill-*	*ad-or*	*-c-it-*	*o* (+)	*s* (+)

En la palabra del ejemplo, hemos señalado con (+) cada una de las clases de elementos permanentes, que serían los que la gramática tradicional designaría como raíz *(torn-)* y desinencias de género y número.

Si ordenamos en un cuadro las posibilidades morfémicas nominales obtendríamos el siguiente esquema:

---

² Cfr. B. POTTIER, *Systématique des éléments de relation. Étude de morphosyntaxe structurale romane*, París, 1962, p. 81, y notas a esa misma página.

³ Para la situación del adverbio dentro de este orden, vid. ALARCOS, *Gram. estr.*, pág. 65.

⁴ ALARCOS, *Gram. estr.*, págs. 59-61.

⁵ Véase POTTIER, *Phil. II*, pág. 13, *Introd.*, pág. 96, y *El orden de los morfemas y su motivación* (*HRO*, págs. 419-422).

	Prefijo	Lexema	Infijo	Sufijo	Género	Número	Incidencia
Sustantivo	(+)	+	(+)	(+)	+	+	
Adjetivo	(+)	+	(+)	(+)	+	+	
Adverbio	(+)	+	(+)	(+)			+
Artículo, pronombre		+			+	+	

En la tabla anterior, con cruces + indicamos la presencia de las categorías gramaticales a que se hace referencia; su expresión formal nos ocupará en los párrafos siguientes. Entre paréntesis (+) figuran los elementos facultativos: son los que la gramática tradicional integra en el capítulo de la formación de palabras [6].

LA REELABORACIÓN FUNCIONAL DE LOS MORFEMAS

22. Cuando decimos que un determinado morfema ha pasado del latín al español no hacemos sino formular un hecho. Queda por aclarar si el funcionamiento de tal morfema es el mismo en una y otra lengua, de lo contrario se habrá producido una reelaboración semejante en todo a la que en léxico se cumple en los cambios de significación, objeto de la semántica histórica. Consideremos brevemente unos cuantos casos.

En el latín l u p o s, el morfema -o s es índice, a la vez, de género (masculino), de número (plural) y de caso (acusativo); la pluralidad de valores expresada por medio de un signo único hace que -o s participe de las condiciones del sincretismo. En castellano, tal sincretismo se reduce: la -*o* indica el género masculino, y la -*s*, el número plural, pero carecemos de referencia al caso porque en nuestra lengua la relación casual se expresa por una preposición o, a veces, por el orden de palabras.

---

[6] Son *formantes constitutivos* los inherentes e indispensables a la formación sustantiva; esto es, el género y el número. Son *formantes facultativos* los que no tienen tal carácter.

Del mismo modo, aparte otros valores, *-a* en latín podía expresar la idea de nominativo o acusativo plural de un tema en -u m (neutro por tanto). Así pues, b r a c h i a era 'los brazos', f ŏ l i a 'las hojas', f r u c t a 'los frutos'; pero nuestras *braza, hoja* o *fruta* no implican la idea de pluralidad que encontramos en sus étimos (§ 36). Se trata de formaciones nuevas cuyas consecuencias afectan no al sistema morfológico, como ocurría en latín, sino al campo del vocabulario: *braza* 'medida de longitud' se opone a *brazo* 'extremidad superior' y a *brazos* 'extremidades superiores'; *hoja* ha eliminado a un **hojo* que no podía vivir en español [7] y se opone —sólo— a *hojas*; *fruta* 'fruto comestible' es distinta de *fruto* 'producto del desarrollo del ovario, etc.' y *frutos*, sin entrar en los muchos sentidos derivados de estas palabras. Ahora bien, perdida la conciencia de pluralidad que *braza, hoja* y *fruta* tuvieron [8], ha habido necesidad de dotar a la lengua del instrumento formal que acababa de perder; surgen entonces las consecuencias morfológicas del hecho: aparición de los plurales analógicos *brazos, frutos* y, más tarde, asimilados *braza, hoja, fruta* a los nombres en *-a*, se creó un nuevo plural, analógico también: *brazas, hojas, frutas.*

23. El llamado género dimensional (*-o* indica objetos más pequeños que *-a: cesto/cesta; canasto/canasta; cántaro/cántara; cincho/cincha; garbanzo/garbanza,* etc.) se ha motivado probablemente sobre la idea de pluralidad que encerraba el neutro latino en *-a* [9]. Existen, sin embargo, casos en que este origen no puede aducirse, como en *el mar/la mar* (lat. m a r e , neutro), cfr. § 28.

---

[7] Ya que tan pronto como se hubiera cumplido el fin de la evolución F- > *h-* el derivado de f ŏ l i u hubiera coincidido con el heredero de ŏ c u l u . Compárese, sin embargo, el cultismo técnico *folio.*

[8] Por lo demás, el sentido colectivo de alguno de estos derivados es evidente: «la caída de *la hoja*», «*la fruta* está en sazón», etc.

[9] Véase WALTHER VON WARTBURG, *Substantifs féminins avec valeur augmentative* (*BDC*, IX, págs. 51-55). A las veces, la oposición *-o/-a* determina otros valores: de especialización (*cerco-cerca* 'seto, vallado, etc.'; *gancho-gancha* 'cayada de pastor'; *tejo-teja* 'pieza de una cubierta'), de traslación

24.0. Entendiendo por *lexema* el elemento más significativo de la palabra que pertenece a una clase abierta y no finita (lo que en gramática tradicional se llama *raíz* o *radical* [10]), se pueden distinguir morfológicamente varias clases de lexemas:

24.1. L e x e m a s   a r b i t r a r i o s   f i j o s : cuando están constituidos por elementos aislados, que ni se enlazan con otros, ni están motivados por otras normas que las de la evolución histórica de la lengua. Constituyen este grupo las palabras que encierran los elementos primarios, aquellos que son entendidos por el hablante en su propia individualidad: *árbol, gat-(o), pan, ven-(ir)*.

24.2. L e x e m a s   a r b i t r a r i o s   p o l i m o r f o s : cuando en la estructura del lexema se producen alteraciones motivadas por causas externas al propio lexema. Tales alteraciones pueden estar determinadas por hechos sincrónicos o diacrónicos. Por ejemplo, se produce polimorfismo acentual en «*carácter/carac-tér-es*», en el término recién incorporado «*transístor/transis-tór-es*» o en el extranjerismo mal adaptado «*álbum/albún-es*» (al lado de *álbums* o el inusitado, al menos en el habla viva peninsular, *álbumes*).

---

significativa (*labio-labia* 'facundia', *río-ría* 'entrada del mar en la tierra') o, propiamente, de oponer el masculino al femenino: *ovejo, cabro, culebro*. Recuérdese el *virago* del *Génesis*, II, 23, traducido como *varona* en el *Libro de la Infancia y Muerte de Jesús* (v. 170) y por el *Buen Amor* (382 *a*). Vid. § 27, n. 4.

[10] Muchas veces se han confundido ambos conceptos, pero son distintos: VENDRYES (págs. 109-111), distingue entre *raíz* 'expresión de un significado'; *radical* 'resultado de un puro análisis gramatical'. Por ejemplo, en griego, la raíz -δω- contiene la significación de 'dar' (que puede matizarse por medio de sufijos o prefijos: ἔδωκε, ἔδηκε, δώσα, δίδωμι); mientras que el llamado radical no actúa con la misma claridad en la conciencia del hablante: se dice que el radical de *riachuelo* es *ri-*, y el de *rival, riv-*, pero ambos no son más que expresión de una misma raíz, el latín r i v - 'río'. Para un hablante español, *ri-, riv-* no significan nada.

Causas diacrónicas hacen que se produzca alternancia en el lexema, por mucho que esas causas fueran sincrónicas en su día. El lexema de «*ciert*-o» se opone al de «*cert*-eza» porque la alternancia /ie/ ~ /e/ está condicionada por un hecho de historia lingüística: la ĕ breve latina, al pasar al español, diptongaba si sobre ella recaía el acento (c ĕ r t u), pero no si quedaba en posición inacentuada (*c ĕ r t ĭ t a). Una alternancia paralela se produce en el caso de la ŏ breve latina: junto a los casos de diptongación, motivados por el acento etimológico (l ŏ n g e > >*lueñe*, b ŏ n u > *bueno*), coexisten los que tienen *o* romance porque la vocal breve latina era inacentuada (l ŏ n g ĭ n q u u s 'lejano'>esp. ant. *loñinco, DEEH*, 3940; b ŏ n i t a t e > *bondad*). Así, pues, tenemos la alternancia /ue/ ~ /o/. Otras formas de alternancia salen de estos tipos; por ejemplo, de l ŏ n g ŭ l u s 'largo' deriva *lángaro* 'larguirucho' (*DEEH*, 3941), con lo que el polimorfismo aumentaría con un nuevo elemento: /ue/ ~ /o/ ~ /a/.

24.3. L e x e m a s   d i f e r e n c i a d o s   s i n t a g m á t i c a -m e n t e son los que se oponen por constituir con otras palabras sintagmas unitarios: «*gran(d)* libro/libro *grande*», «pan *muy* duro/*mucho* pan». Aunque estas formas expresen el tipo normal de habla, se producen en la lengua escrita, sobre todo cuando se pretende conseguir unos determinados efectos (énfasis, principalmente), igualación de los lexemas sintagmáticamente diferenciados: «el *Quijote* es un *grande* libro». En la lengua antigua, *muy* podía alternar con *mucho*, incluso en un mismo verso: «Que sano *muy* contrecho e *mucho* demoniado» (Berceo, *San Millán*, 237 d) [11].

Este tipo de diferenciación sintagmática de los lexemas se cumple también en los pronombres demostrativos que, antiguamente, tuvieron una serie incrementada, cfr. § 85.1-2.

---

[11] Véase el minucioso trabajo de F. HANSSEN, *De los adverbios* mucho, mui *y* much *en antiguo castellano* (*AUCh*, XXX, 1905, págs. 83-117). El ejemplo del texto lo hemos tomado de su página 94.

CAPÍTULO IV

EL GÉNERO Y EL NÚMERO

CARACTERES DEL MORFEMA DE GÉNERO

25. En español, el género es un morfema intenso (nominal y no verbal, ya que caracteriza a un sintagma y no a una cadena) [1]. Ahora bien, el género es una clase morfológica arbitraria en la mayoría de los casos («libr-*o*, tel-*a*»), pero el género está incluso en el lexema, sin necesidad de manifestarse con morfemas. Por ejemplo, el género de *vino* o de *harina*, de *tela* o de *luto*, de *pan* o de *odre* consta en el lexema, puesto que en cada uno de ellos se expresa la significación con referencia precisa a un género (no hay **vina, *harino, *telo, *luto*). A pesar de ello, el género se manifiesta normalmente por -*o*/-*a*, tanto en la terminación del sustantivo, en la del adjetivo o en varios determinantes:

masculino = *o:* «*el* vino nuev-*o*», «*est-os* vinos secos son *los* que me gustan».
femenino = *a:* «*la* tela nuev-*a*», «estas telas blancas son *las* que me gustan».

Pero esta correspondencia —por diversas causas— no se manifiesta siempre: los préstamos de otras lenguas, la pérdida de la declinación latina, etc., han hecho que se produzcan ciertos desajustes.

---

[1] En árabe, el género se da también en el verbo. Así *qatálta* 'tú has muerto' es masculino, mientras *qatálti* es femenino; *qátala* 'el mató', pero *qátalat* 'ella mató'.

GÉNERO REAL Y GÉNERO ARBITRARIO

26. Cuando la oposición -*o*/-*a* se emplea para caracterizar seres de sexo distinto, responde a una motivación basada en una dualidad real. En español tal distinción procede del latín (c a t t u, -a > *gato, -a*) o está inspirada en hechos latinos de lengua (solían ser masculinos los nombres acabados en - u s y femeninos los acabados en - a). Sin embargo, el propio latín podía designar de modo distinto al macho de la hembra dentro de una misma especie: t a u r u s ~ v a c c a, g a l l u s ~ g a l - l i n a, h o m o ~ m u l i e r, v i t r i c u s ~ n o v e r c a 'padri- no ~ madrina', g e n e r ~ n o r u s 'yerno ~ nuera', con lo que la oposición de géneros cobraba su máxima realidad, aunque los hechos dejaban de tener carácter morfológico para dar paso al estrictamente léxico. El romance mantuvo algunas de estas dis- tinciones *(toro ~ vaca, gallo ~ gallina, hombre ~ mujer)*, pero borró otras (*tío, tía*, en vez de p a t r u u s 'tío por parte de padre' ~ a m i t a 'tía por parte de padre' y a v u n c u l u s 'tío por parte de madre' ~ m a t e r t e r a 'tía por parte de madre'; *abuelo, abuela* en vez de a v u s ~ m a m m a, a v i a, *ovejo* (dial.) ~ *oveja* en vez de a r i e s ~ o v i s) o inventó algunas, perdiendo el género morfológico que existía en latín: la ecua- ción e q u u s ~ e q u a fue sustituida por la de c a b a l l u s ~ e q u a [2].

27. En ocasiones, la necesidad de dotar de género gramatical a seres que lo tienen real, motivó la creación de formas analó- gicas que se acuñaron en latín y pasaron —con todas las limita- ciones del caso— al romance. Por ejemplo, en el *Génesis* (II,23)

---

[2] En una inscripción de Mérida (¿siglo I?) funciona ya la oposición que señalamos en el texto. Lo curioso es que la pérdida de e q u a dio paso —en Italia— a c a b a l l a, con lo que se creó una nueva oposición morfológica de género basada en c a b a l l u s, -a (véase ROHLFS, *Dif.*, pá- ginas 124-128). En español tal analogía no podía prosperar: *caballa* es aquí lo que en francés *maquereau* y en italiano *maccarello* (el pez *Scomber scomber*).

se lee: «hoc nunc, os ex ossibus meis, et caro de carne mea: haec vocabitur *virago*, quoniam de viro sumpta est». Cuando los viejos traductores españoles necesitaron traducir *virago*, manteniendo su vinculación con *vir*, recurrieron a *varonesa*, *varonil*[3] o a la formación, morfológicamente, más obvia: *varona*[4]. Y esta *varona*, originada en el latín eclesiástico, pasó a la vieja literatura, por más que no tuviera dilatada fortuna[5]. No de otro modo se comporta Unamuno cuando de un género gramatical (masc. *poeta*, fem. *poetisa*) crea nuevas formaciones en las que va implícito un juicio de valor:

> Por favor, no me compares;
> ¿poetas esos Narcisos
> que hacen juegos malabares?
> Poetas, no, ¡poetisos![6]

28. La oposición morfológica *-o/-a* se utiliza, en ocasiones, con valor semántico: *el cesto/la cesta*[7], and. *pero* 'una clase de manzana'/*pera*, *punto/punta*[8], *ventano/ventana*.

---

[3] *General Estoria*, I, 6 a.

[4] «E esta sera llamada *varona*, ca de varon fue tomada» (*Pentateuco*, edic. CASTRO, ALONSO, BATTISTESSA, *Gen.*, II, 23); «Tú serás llamada *varona* porque saliste de la costilla del varón» (*Castigos y documentos*, BAAEE, LI, p. 133 a). Vid. § 23, n. 9.

[5] Cfr. «La Gloriosa diz: 'Dátmelo, *varona*, /yo l' bañaré, que no só ascorosa'» (*Libro Infancia y Muerte de Jesús*, edic. ALVAR, vv. 170-171); «Dizes: *Quomodo dilexi* vuestra fabla, *varona*» (HITA, *Buen Amor*, 281 a, edic. CEJADOR, que incluye alguna otra referencia a la voz, pero —lo que es menos significativo— en alguna tardía traducción del *Génesis*).

[6] *Obras completas*, edic. GARCÍA BLANCO, XV, p. 121 (núm. 150). Otra vez en la pág. 363 (núm. 653): «*Poetiso* estrafalario». O, cuando sin asomo de burla, sí de ternura, llama *madrecito* a San Juan de la Cruz o *padrazo* a Santa Teresa (ib. págs. 336-337, núm. 686).

[7] El *DRAE* define *cesta* como 'utensilio tejido con mimbres, etc.', pero sin añadir ninguna connotación de tamaño, y *cesto* como 'cesta grande'. No creo, sin embargo, que en la conciencia de todos los hispanohablantes funcione la oposición del mismo modo. No obstante, aceptemos o no el criterio académico, *cesto, -a* cumplen la diferenciación semántica a que se hace referencia en el texto. Cf. supra, § 23.

[8] Cf. § 10.

A las veces, la oposición masculino/femenino consta sólo por el uso del artículo, y no por otro índice morfológico. Así *el mar* o *la mar* que, al parecer, en la parla marinera se manifiesta como femenino cuando no sale de un plano abstracto («hacerse a *la mar*», «diezmos de *la mar*»), cuando el contexto va referido a la totalidad de los océanos («Almirante de *la Mar*», «Capitán General de *la Mar Océana*») o cuando se habla de un estado y movimiento *(mar llana, mar cavada, mar gruesa, mar rizada);* mientras que el masculino aparece cuando la referencia se hace a cada una de las partes en que las aguas se dividen: «*el mar* Mediterráneo», «*el mar* Adriático» [9]. En general, hay una distinción basada en un hecho de sociología: las gentes de tierra adentro dicen siempre *el mar;* los marineros, *la mar.* Hermanando a unos y otros —marinero en tierra— Alberti escribió su linda cancioncilla:

> El mar. ¡Sólo la mar!
> El mar. La mar [10].

29. La arbitrariedad del género es más patente todavía en los sustantivos postverbales. Entonces aparece una tercera terminación *-e*, que se incorpora al género arbitrario masculino o femenino. Tenemos, pues, las formas de m a s c u l i n o en *-o* (*el consuelo, el desespero, el tanteo*), de m a s c u l i n o en *-e* (*el coste* [11], *el engrase, el arranque*) y de f e m e n i n o en *-a* (*la*

---

[9] Véase Julio F. Guillén, *El lenguaje marinero*, Discurso de ingreso en la Real Academia Española, Madrid, 1963, págs. 9-17.

[10] *Marinero en tierra*, apud *Poesía, 1924-1930*, Cruz y Raya, Madrid, 1934, página 37. En el libro predomina *el mar*, pero aparece el femenino cuando se trata de reproducir el habla marinera: así en el *Pregón submarino* (páginas 39-40) el poeta dice *huerta del mar*, pero el vendedor grita: «*Algas frescas de la mar*».

[11] Estos postverbales en *-e* no son galicismos como sostuvo De Forest (vid. A. Castro, *RFE*, VI, 1919, pág. 330). Véase también Rosenblat, *Notas*, página 313, nota 267, y del mismo autor, *Género de los sustantivos en -e y en consonante, EDMP*, III, págs. 161-163.

honra, la busca [12], *la marca)* y de f e m e n i n o en *-e (la tizne, la pringue)* [13].

Los derivados en *-e*, de carácter postverbal, manifiestan una oposición formal que, en ocasiones, puede presentar valor semántico: así *el roce* 'fricción' a *la roza* 'quitar las matas antes de meter un terreno en cultivo'; *el toque* 'señal dada con una corneta o una campana', *la toca* 'antigua prenda del vestido femenino'; *el cante* 'canto popular', *la canta* 'copla' [14].

30. En cuanto al género gramatical de los sustantivos en *-e* (sean o no postverbales) y a los que acaban en consonante, A. Rosenblat [15] ha establecido algunas útiles conclusiones. Son masculinos los que tienen el sufijo *-aje*, de origen francés *(viaje, paisaje, abordaje)*, los terminados en *-ate, -ete* y *-ote (piñonate, sainete, capote)* [16], los que acaban en *-amen, -umen (certamen, resumen)*, que remontan a neutros latinos [17] y en *-ón (chupón,*

---

[12] Junto a éste se atestigua otro postverbal esdrújulo, *búsqueda*, femenino gramaticalmente (vid. *ELH*, II, § 24 *d*). Los postverbales proparoxítonos son indiferentes al género: masculinos como *huélfago* 'dificultad en la respiración de los animales' (procede probablemente de f o l l i c a r e, a través del postverbal *fuelgo*, v. *DCELC*) o femeninos como *ráfaga* (acaso variante de *refriega*, *DCELC*).

[13] Masculino o femenino, según la Academia. Vid. *ALEA*, VI, 1741 y *ALEICan*, III, 1107, donde se puede ver su distribución en las hablas meridionales. TEJEDA intentó ordenar tanta diversidad, pero se atuvo a su norma de hablante castellano, lo que lógicamente era cuanto podía y debía hacer (págs. 34-43).

[14] Vid. el art. cit. de los *EDMP*, III, pág. 161.

[15] Ibidem, págs. 164 y sigs.

[16] Obsérvese que la terminación puede tener valor semántico: *mate* 'hierba del Paraguay' / *mata* 'planta de tallo bajo'; *piquete* 'golpe; grupo de soldados' / *piqueta* 'herramienta del albañil'; *mote* 'divisa; apodo' / *mota* 'partícula'.

[17] A veces pierden la *-n*, pero conservan su género. Es curioso el término marinero *cardumen* que, en Pontevedra y Marín se recoge como *cardume* (*cardument* de Lanzarote es una mala transcripción) y, dotado de terminación masculina, como *cardumo* 'manchón de pescado' (en Altea), *gardumo* (costas andaluzas), vid. JULIO F. GUILLÉN y JOSÉ JÁUDENES, *En torno a los colectivos de seres marinos*, Instituto Histórico de la Marina (C.S.I.C.),

avión) [18]. También son masculinos los que acaban en -*én (andén, almacén, terraplén)* [19], en -*in (banderín, festín, violín),* en -*el (clavel, zumbel, tonel),* en -*és (ciprés, bauprés, revés),* en -*án (hilván, arrayán, talismán),* en -*ún (atún, betún, simún),* en -*az (disfraz, alcatraz, caz* 'cauce'), en -*uz (arcabuz, arcaduz, orozuz),* en -*ol (farol, perol)* [20], -*al* y -*ar (dedal, puñal, altar* [21], *pinar, vivar),* -*il (atril, carril, marfil),* -*ul (baúl, abedul),* -*er (alfiler, alquiler, taller),* -*ur (albur, azur).* Por el contrario, son femeninos los que ya lo eran en latín: -t a t e *(bondad, verdad, caridad),* -t i o n e, -s i o n e *(canción, diversión),* -t u d i n e *(inquietud, magnitud),* -i t i e *(escasez, niñez)* [22]; también conservan su género latino los sustantivos en -*ie* átono (quinta declinación) como *barbarie, carie(s), superficie,* y los sustantivos en -*ed (sed, merced, pared, red).* Por último, vacilan en cuanto a su género gramatical, los en -*mbre (el enjambre, el nombre, el alambre,* pero *la legumbre, la lumbre),* que remontaban a un neutro latino -m i n e; vaci-

---

Madrid, 1956, s.v. (cfr. reseña de M. ALVAR, *RFE,* XL, 1956, págs. 256-258). Para las formas andaluzas, téngase en cuenta el t. IV, mapa 1099, del *ALEA.* En los cronistas de Indias, alternan *cardumen* (OÑA, CASTELLANOS) y *cardume* (VILLAGRÁ, GUMILLA), cfr. M. ALVAR, *Juan de Castellanos,* Bogotá, 1972, § 53.

[18] Aunque procedan de sustantivos femeninos: *mujerón, zorrón.* Mesón era femenino en lo antiguo, respetando el género francés, pero se ha hecho masculino (ya en 1349); *la tensión* es un latinismo reciente (cfr. *el tesón,* que remonta a la misma etimología t e n s i o n e). Las alternancias o excepciones no son escasas *(rebelión, armazón, sazón, comezón).* Vid. *ALEICan,* III, mapa 1092 *.

[19] *Sartén* es masculino (frente al femenino más generalizado) en la literatura clásica, en muchos sitios de Hispanoamérica (ROSENBLAT, art. cit., págs. 173-174) y en Canarias *(ALEICan,* III, 1110).

[20] En oposición a *farola* y *perola. Farola* es, en andaluz, el 'faro de los puertos'. En cuanto a *perol/perola,* vid. K. JABERG, *Geografía Lingüística. Ensayo de interpretación del «Atlas Lingüístico de Francia»* (traducción de A. LLORENTE y M. ALVAR), Granada, 1959, págs. 56 y 60-62.

[21] Las excepciones se explican por su origen adjetivo: *catedral (=iglesia catedral), decretal (=carta decretal),* etc.

[22] Su carácter femenino se acentuó en lo antiguo dotándoles de final en -*a (domestiqueza,* Garcilaso), *escaseza (Quijote,* etc.), *esquiveza* (Inca Garcilaso).

lan también los en -*or (calor, color)* [23], aunque hoy se prefiere el masculino en la literatura, en tanto las formas femeninas se consideran como rurales. También son vacilantes los sustantivos terminados en -*iz (barniz, tamiz, tamariz,* pero *cerviz, matriz,* · *raíz)*.

De ello se infiere que el género gramatical en español depende —sobre todo— de causas históricas (se mantiene con bastante fidelidad la herencia latina), aunque éstas pueden quedar perturbadas por otras analógicas (los sustantivos en -*e* abundan más en masculino y, por tanto, atraen a algunos femeninos), o, en los casos de inseguridad original, se crean masculinos o femeninos sin gran rigor en una división que, incluso, puede mantenerse vacilante a lo largo de siglos. Con lo que viene a probarse la arbitrariedad del género gramatical y la indiferencia de la lengua ante tales hechos [24].

---

[23] Las regiones orientales consideraban femeninos a sustantivos del tipo *honor, dolor, amor* (vid. M. ALVAR, *Un zéjel aragonés del siglo XV, AFA,* X-XI, 1958-1959, págs. 294-295). *Dolor* era femenino en uno de los *Carmina Epigraphica* que se reproducen en *DLLHI:* «Postea cum sperans *dolorem* effugisse *nefandam*». Para la alternancia de género en las palabras terminadas en -*or,* vid. BATTISTI, págs. 196-197.

[24] A pesar de que el español suele conservar el género del latín (p Ȋ l u > *pelo;* a n i m a > *alma*), la falta de lógica del género arbitrario hace que se produzcan numerosos trueques. Así, masculinos latinos se hacen femeninos en español (s a n g u i n e > *la sangre,* c a r c e r e > *la cárcel*), y, recíprocamente, pasan a ser masculinos algunos femeninos originarios (v a l l e > *el valle,* f i c u > *el higo*). Cfr. WARTBURG, págs. 114-125; ESTEBAN RODRÍGUEZ HERRERA, *Observaciones acerca del género de los nombres* (2 volúmenes), La Habana, 1947; SOL SAPORTA, *On the Expression of Gender in Spanish (RPh,* XV, 1962, págs. 279-284); ANA MARÍA ECHAIDE, *El género de los sustantivos en español. Evolución y estructura (IR,* I, 1969, págs. 89-124); ANGEL ROSENBLANT, *Vacilaciones de género en los monosílabos (BAV,* XVIII, 1950, págs. 183-204); *El género de los compuestos (NRFH,* VII, 1953, páginas 95-112); *Morfología del género en español. Comportamiento de las terminaciones «-o, -a» (NRFH,* XVI, 1962, págs. 3180), y un trabajo de distinto carácter, pero necesario en este momento: *Vacilaciones y cambios de género motivados por el artículo (BICC,* V, 1949, págs. 21-32).

31. La distribución del género real en dos terminaciones (masculina y femenina) y la adaptación a este esquema del género arbitrario, hizo que quedara sin función el neutro; al mismo tiempo que se reordenaban en romance toda clase de anomalías latinas (los femeninos en -u s pasaban a ser masculinos: q u e r c u s 'encina' > ast. *corco*[25], f r a x i n u s > *fresno*, f a g u s > arag. *fabo*[26], y los masculinos tomaban terminación femenina, si se referían a seres dotados de género real: s o c r u s cedía el puesto a s o c e r a , de donde *suegra*).

32. Esta tendencia, unida a la desinencia *-a*, que los neutros latinos tienen en plural, hizo que el romance perdiera el género neutro como tal e incorporara sus formas al masculino o al femenino, según fuera el morfema final. Una excepción de estos hechos se da en dialecto asturiano, donde persiste un curioso neutro de materia[27], que se aplica a la materia en general o a una cantidad indeterminada[28], pero no cuando se designa a

---

[25] A. RATO, *Vocabulario de las palabras y frases bables que se hablaron antiguamente y de las que hoy se hablan en el Principado de Asturias*, Madrid, 1891, s.v. En cuanto a los derivados de q u e r c u s , vid. P. AEBISCHER, *La forme dissimilée* * c e r q u u s < q u e r c u s *dans le latin d'Espagne et d'Italie* (*RFE*, XXI, 1934, págs. 337-360). Y sobre el género de los frutales, si bien no sea estrictamente nuestro problema, cfr. H. G. SCHÖNEWEISS, *Die Namen der Obstbäume in den Romanischen Sprachen*, Köln, 1955, y la vieja observación de VALDÉS: «los vocablos latinos guardan en el castellano el mesmo género que en el latín; y digo por la mayor parte, porque ay muchos que no lo guardan assí, como son los nombres de árboles, que en latín son, como sabéis, casi todos femeninos, y en castellano son casi todos masculinos» (pág. 69).

[26] ALVAR, *Dial. arag.*, § 104.2.

[27] Vid. DÁMASO ALONSO, *Metafonía, neutro de materia y colonización suditálica en la Península Ibérica* (*ELH*, I, *Suplemento*, págs. 125-134, especialmente).

[28] MARÍA JOSEFA CANELLADA, *El bable de Cabranes*, Anejo XXXI de la *RFE*, Madrid, 1944, págs. 31-32.

un solo objeto[29]. Así *esta mantega tá ranciu, herba curau* o
gústame sembrá la cebolla blancu, frente a *una herba tá curada*
o *apúrrime* ['dame'] *la cebolla blanca.* Muchos de estos sustantivos de materia eran neutros en latín *(vinum, oleum, lignum),*
pero a ellos se vinieron a unir otros masculinos *(panis)* o femeninos *(nix, aqua),* cobijados todos bajo el común denominador
de la *-o* del adjetivo, que sirvió como índice de neutralización,
con lo que se explican las aparentes irregularidades en la concordancia de sustantivo y su calificativo[30]. Preferimos atenuar
afirmaciones categóricas y pensar que la forma masculina es la
forma de la neutralización (como en «hablar claro»).

33. En latín vulgar, el neutro desapareció de la categoría
del sustantivo, aunque se mantuvo en la del pronombre (vid.
abajo, §§ 81-86), y como consecuencia de la coincidencia formal[31],
la *-o* de los lexemas neutros en -u m, -u pasó a ser —general-
mente— masculina. Ya Petronio (s. i) había usado *templus,*
como masculino en vez de neutro[32], y en la *Vita Memorii* (s. viii)

---

[29] Hay que poner estos hechos en relación con otros latinos. Es de
sumo interés el siguiente texto de Servio (c. 400), publicado por Keil,
Grammatici Latini, t. IV, § 493.20: «Hinc de ostreis quaesitum est, cuis
essent generis. Animal est aut non est animal: si animal est, neutrum non
est, sed femininum; si non est animal, neutrum erit... Ideo ista diferentia...
servatur... ut ita dicamus *frange omnia ista ostrea... et comedi multas
ostreas».* Esto es, neutro cuando se trata de designar una totalidad; femenino, si se hace referencia a una parte de ella. La consideración paradigmática entre *animado/inanimado* se estudia en Iordan-Manoliu, págs. 217-
220, § 219.

[30] Alonso, art. cit., págs. 125-129, pone en relación estos hechos con otros
semejantes del Sur de Italia.

[31] Masculino y neutro coincidían en la segunda declinación (con las solas
excepciones de nominativo singular y nominativo y acusativo de plural)
y en la tercera (distinguen acusativo singular y nominativo y acusativo
plural); la pérdida de ciertas desinencias casuales (*-m,* y *-s* por ejemplo)
hizo que las coincidencias fueran aún mayores (Grandgent, pág. 217, § 348).
Vid., también, Sebastián Mariner, *Situación del neutro románico en la oposición genérica (REL,* III, 1973, págs. 23-53).

[32] «Interim dum Mercurius vigilat, aedificavi hanc domum. Ut scitis,
cusuc erat; nunc templus est» *(Satyricon,* § 77.4).

se lee *ad... incendius*[33]. Pero uno y otro texto no hacen sino proseguir un camino que viene de muy lejos: Plauto tendería a sustituir el neutro por el masculino: *aeuus* (*Poen.*, V,4.14), *corius* (ib., I, 1,11), *tergus* (*Asin.*, 319), *dorsus* (*Mil. Gl.*, 397) y los grafitos pompeyanos incidían en los mismos hechos: *balneus* por *balneum*, *lutus* por *lutum*[34]. El romance, pues, identificó tales neutros con el masculino: r o s t r u m > *el rostro*, a u r u m > > *el oro*, c o r n u > *el cuerno*.

34. Recíprocamente, los neutros terminados en -*a* pasaron a ser femeninos. Un grupo muy importante lo constituyen los helenismos en -m a. Cuando son cultos, mantienen el género masculino, que en español continúa, formalmente, al neutro: *el panorama, el esquema, el teorema;* sin embargo, las voces de este tipo que han pasado a la lengua popular son femeninas: *la crisma, la calma, la flema.* La alternancia de género que se documenta en ocasiones no hace sino confirmar lo que decíamos: el término culto (procedente de un conocimiento libresco o escolar) es masculino *(el reuma, el eczema, el fantasma),* mientras que el pueblo lo convierte en femenino *(la reuma, la cema, la pantasma).* Y, en esto, el hablante de hoy no hace sino continuar una tendencia que ya consta en latín; Petronio escribió: «In curiam autem quomodo singulos tractabat vel pilabat, nec *schemas* [por *schema*] loquebatur sed directum» (*Satyricon*, § 44.8); «itaque quandiu vixerit, habebit *stigmam* [por *stigma*], nec illam nisi Orcus delebit» (ib., § 45.9); en la traducción latina del *Compendio* de Oribasio (s. V-VI) se lee: «Ephythimus nigra colera purgat et flegma; dabis autem sic: teris epythimum et tricoscimas et das cum vino dulce pinso *draumas* III»[35]; y Chirón (s. IV), en su *Mulomedicina* hace femenino al griego *malagma*

---

[33] Apud Díaz, *ALV*, p. 193, 11. Vid. los numerosos casos que se aducen en *DLLHI*, pág. 224 *a*.

[34] Citados por V. Väänänen, *Le latin vulgaire des inscriptions pompéiennes*, Helsinki, 1937, p. 143.

[35] I, 17. Usamos la selección de Rohlfs, *SVL*, pág. 36.

'cataplasma' que otras veces se documenta como neutro: «*Malagma* uteris *cruda*, quae infra scripta est» [36].

35. Hay un grupo de nombres en -*a* que, en español, tienen especial interés [37]: son los que denotan defecto físico en la parte a que hace referencia la raíz [38]. Por ejemplo, *cegarrita* 'corto de vista', *pateta* 'persona con algún defecto en las piernas', *babieca* 'tonto' [39]. Al parecer, los nombres de insulto se basan en el despectivo *marica* 'hombre afeminado', cuya terminación -*a* es congruente; si además tenemos en cuenta que -*a*, terminación femenina, expresa a veces una valoración aumentativo-cuantitativa (cfr. § 23) podremos inferir que la terminación en -*a* de estos nombres despectivos o de defecto llevan un doble condicionamiento (desprecio —*marica, sarasa*— e idea aumentativa —*garbanza, farola*—) que aboca al final de femenino. Todos estos elementos caricaturescos (en los que intervienen otras connotaciones: de desprecio, burla, guasa, etc.) se manifiestan, también, en las denominaciones masculinas de seres femeninos: *marimacho, chicazo* 'muchacha que en sus juegos y

---

[36] ROHLFS, *SVL*, pág. 23, § 47.

[37] Para todo este párrafo, vid. L. SPITZER, *Die epizönen Nomina auf -a(s) in den iberischen Sprachen*, Bibl. del «Archivum Romanicum», Serie III, vol. 2, 1921.

[38] Son casos distintos de los cultismos en -*a* que pueden mantener el género originario: *el cometa* (frente al popular *la cometa*), *el indígena*, *el pirata* (en italiano, se ha normalizado el género: *il pirato*).

[39] A pesar de las indicaciones históricas que aduce MENÉNDEZ PIDAL, *Cid*, s.v. *Bauieca*, la voz procede de *baba* y el cambio semántico es fácil: los tontos babean con frecuencia; de donde llamar *babieca* (por lo que babea) al bobo. Al fin y al cabo es el mismo tratamiento que se ha cumplido, precisamente, en *bobo*: porque la falta de elocuencia, les hace balbucir, se les llamó b a l b u s 'tartamudo' (de donde nuestro *bobo*). De todos modos, lo interesante de *babieca* es su terminación femenina referida a un ser masculino (persona, caballo); por eso se incluye en este apartado. En algún pueblo de la provincia de Salamanca, el adjetivo tiene forma masculina: *babieco* (véase A. LLORENTE, *Estudio sobre el habla de la Ribera*, Salamanca, 1947, pág. 122, § 77).

modales imita a los varones'[40], *cairo* 'mujer que comercia con su cuerpo'[41].

En íntima relación con los masculinos en -*a* se presentan otros masculinos que tienen -*as* en su final (*acusetas* 'soplón', *baldragas* 'hombre flojo', *bragazas* 'hombre que se deja dominar por las mujeres'). Al parecer, el origen de estas formas está en los nombres que indican una 'habilidad del sujeto', derivada, precisamente, de un nombre abstracto. Entonces, para obviar la homonimia entre el abstracto mismo y su derivado (*maña* > *mañuela* > *un mañuelas* 'hombre habilidoso', *maniblas* 'criado o rufián o prostituta', acaso derivado de *mandar*), se dota a éste de un final en -*as*, en el que la -*s*, por ser índice de pluralidad, sirve para dar una expresividad mayor al nombre a que se aplica. Este grado de expresividad mayor es patente en los apodos e insultos: ser *un piernas* 'un don nadie', *un patas, un patillas, un melenas*[42].

Una vez constituido el tipo en -*a* para designar sustantivos masculinos de cualidad, por diferentes razones se asimilaron a él otros muchos: de *bujarrón* se hizo *buja* 'sodomita', *alcancía* 'hucha' pasó a ser 'el dueño o encargado de burdel' y *revuelta* 'el criado del rufián', *maleta* es 'el torero malo', por más que nada tenga que ver —según parece— con *mala, -eta* 'valija'[43].

---

[40] La voz falta en el *DRAE* y en los diccionarios aragoneses, pero es de uso muy frecuente en el habla de Zaragoza.

[41] Al parecer, la voz procede de *caída* > *caira* > *cairo*, formas todas éstas, y otras con ellas emparentadas, que aduce R. Salillas en *El delincuente español. El lenguaje*, Madrid, 1896, págs. 90-91.

[42] Estos tipos se confunden con otros muy populares, los que se han creído formados por radical verbal + sustantivo: *un correcalles* 'alcahuete', *un chupatintas* 'oficinista', o, con plural nominal después de la lexicalización, el *don Pitas Pajas*, inmortalizado en su desgracia por el Arcipreste. Compuestos paralelos a todos estos son los de adverbio + imperativo: *un malqueda, un malanda*. Nos permitimos apuntar algo más que una duda: *el que corre calles* es un *correcalles*, *el que mal anda* es un *malanda*, etc., como se verá en el cap. XVIII sobre composición.

[43] El *DRAE* incluye la acepción de 'torerillo' en el mismo artículo que 'valija', pero debe separarse de él. Salillas (*Delincuente*, ya cit., pág. 99,

Contra Brugman y Meyer-Lübke, Leo Spitzer piensa que la denominación afectiva, fantástica, pintoresca y colorista de los hombres como si fueran mujeres tuvo una consecuencia morfológica: la creación de un masculino (epiceno según la terminología académica) en -*a*. Una investigación de este tipo muestra que «el hombre es más gracioso de lo que cree el *serio* lingüista. Una gran parte de los nombres, incluso de los topónimos, se deben al humor de los hombres con gracia. El chiste es una función vital del hombre pensante, y por lo tanto debe ser objeto del análisis científico; su acción no es de ningún modo tan comprensible como de una manera exageradamente racional y antipoética piensan algunos teóricos» [44].

---

nota 1) lo deriva de *malo*, sentido obvio, pero a través del lenguaje germanesco: *maleta* es 'la mujer pública a quien trae uno consigo, ganando con ella', y recuerda el testimonio de la *Pícara Justina* donde el centro de lenocinio es *casa de las mujeres maletas*.

[44] Dentro de estos epicenos en -*a* Spitzer distingue diez categorías en las lenguas peninsulares, pero su ordenación es puramente teórica y no parece aplicable a las realizaciones prácticas. No obstante, la consignamos en las líneas que siguen:

1) Nombres femeninos de objetos (partes del cuerpo, trajes, instrumentos, etc.) que o bien son característicos de una personalidad *(babieca, barbas, calavera)* o bien llegan a ser la denominación misma *(bestia, cabra, chiva)*.

2) Femeninos *abstractos* que se convierten en apodos *(mandria, guardia, roña, miseria)* o *colectivos* que llegan a ese mismo fin *(brigada, canalla, granuja, comparsa)*.

3) Nombres de mujeres y niños que pasan a designar a hombres y, por lo tanto, resultan peyorativos: *marica*, cat. *marieta*.

4) Compuestos como peyorativos: *moscamuerta, pocachicha, malasentrañas*.

5) Imperativos como peyorativos: *malqueda, maltrabaja*.

6) Creaciones onomatopéyicas en -*a*, como apodos: *guaja, cócora, patarata, turureta*.

7) Regresiones en -*a*: *carca, contrinca, delega, rata*.

8) Fomaciones procedentes de otras lenguas: *crápula, mandinga, califa*.

9) Tipos latinos en -*a* que perviven hoy: *hermafrodita, sátrapa*.

10) Formaciones de etimología dudosa: *birria, monta* 'expulsado de una academia', gall. *laboiras* 'bobo, simple'.

36. Los neutros en -u s dieron lugar a un cuádruple resultado:

a) Forma etimológica en el singular: pĕc t u s > *pechos*, tĕm p u s > *tiempos*, pĭg n u s > *peños*, ŏ p u̯ s > *uebos* 'necesario', c o r p u s > *cuerpos* [45].

b) Forma analógica en el singular: como las voces del apartado anterior sonaban a plural, se recurrió a crear unos singulares sin -*s: pecho, tiempo, empeño.*

c) Forma etimológica en el plural: pĭg n o r a > ant. *pendra*, mod. *prenda*, ŏ p e r a > *huebra, obra* [46].

d) Forma analógica en el plural: *prenda, huebra*, etc. se sienten como singular (su valor pertenece a las cuestiones que se estudian en el § 39) y, paralelamente a lo que se ha dicho en el punto *b*, la lengua creó plurales analógicos para estas voces. Así *prendas, huebras* o términos nunca acreditados sino en plural: rioj. ant. *tienllas* < *tĕm p u l a (por tĕm p o r a) [47].

37. Los neutros en -R y -N crean un acusativo analógico (r o b u r, *r o b o r e; l e g u m e n, *l e g u m i n e), que dio lugar a masculinos o femeninos (vid. § 25). En latín, Plauto ya

---

[45] En l.v. este neutro podía permanecer invariable; en la *Vida de San Vaast* (c. 650) se lee «cum ipso sancto *corpus*» (Díaz, *ALV*, pág. 186, § 1.4) y en un documento español: «segregaṭus a *corpus* Christi sit» (Oviedo, 781).

[46] Cfr.: p e c u s > port. *pego* 'cabeza de ganado', p e c o r a > gall. *prega* 'ganado y cabeza de ganado', *emprega* 'cabeza de ganado vacuno' (*DEEH*, números 4883 y 4870, respectivamente). El español *pécora* 'mujer de mala vida' suele aducirse como italianismo *(DRAE, DCELC)*, lo que no impugnaría que el término hubiera penetrado a través del lenguaje jergal (cfr. *ovil* 'cama de mancebía' < o v i l e).

[47] *Tienllas* se documenta en Berceo (*Milagros*, 246 *a* y 273 *c*), en un pasaje mal entendido; el *DRAE* recoge *templa* 'sien', sin ninguna indicación, mientras que el manuscrito *A* del poeta riojano en el lugar aducido transcribe *tiemplas*. En ocasiones, el cultismo no tiene más forma que la analógica de plural: *témporas* (nunca *témpora),* según ocurre también en alguna voz patrimonial *(cachas* < c a p u l a), cfr. MANUEL ALVAR, *Tienllas* («Romanica Europaea et Americana. Festschrift für Harri Meier», Bonn, 1980, págs. 22-26) y GERTRUD SCHUMACHER, *Lateinisch. «cap(p)ulare» im Romanischen* (Bonn, 1967).

había usado g u t t u r e m (por g u t t u r) en varias ocasiones
(*Trin.*, 1014; *Mil. Glor.*, 835; *Aul.*, II, 4.25); Varrón consideró
m u r m u r como masculino, en San Jerónimo lo es s u l p h u -
r e m y, en Gregorio de Tours, m a r m o r e m y r o b o r e m[48].
En cuanto a las formas analógicas de los sustantivos en - m e n ,
recuérdese el siguiente testimonio: «deprecor uos sancti Angeli
ut quomodo ec anima intus inclusa tenetur et angustiatur et non
uede neque *lumine* ne aliquem refrigerium» (tablilla de origen
incierto)[49].

38. En el § 36 se ha hecho referencia a los plurales neutros
en *-a*. Muchos de ellos conservan el valor etimológico de plural,
si bien reducido á cierto ademán dual o colectivo: b r a -
c h i a > *braza*, l ĭ g n a > *leña*, h ŏ r t a > *huerta, cuadropea*[50].
Pero dentro del sistema de la lengua, estos neutros en *-a* se
identificaban a los femeninos, por distinto que fuera su contenido semántico; hubo entonces que crear un plural sistemático
en *-s* para estas formaciones que —de conservar su carácter
neutro— serían anómalas. Así de g e s t a (participio de g e r o
'llevar') surgió el singular *gesta* 'hechos de un héroe' y, más
tarde, el plural analógico *gestas* (cfr. el singular *gesto, -s*); de
v o t a 'los votos' se obtuvo *boda* 'desposorios' y *bodas* (el singular *voto* es un cultismo); de v e l a 'las velas' surgió *vela* y,
después, *velas* (frente a *velo, -s*). La distancia semántica entre

---

[48] Los últimos ejemplos en GRANDGENT, *Lat. vulgar*, pág. 216, § 347.
[49] Cfr. el uso correcto en estos versos de SIDONIO APOLINAR (I, 9): «Cas-
talidumque choris vario *modulamine* plausit / Carminibus, cannis, pollice,
voces, pede».
[50] La voz, que tuvo notable vitalidad, hoy —al parecer— sólo persiste
en Segovia como *cuatropea* 'conjunto de bestias caballares' (*DCELC*, s.v.
cuadro), pero el plural neutro hacía referencia a las patas del caballo
(< q u a d r u p e d i a 'los cuadrúpedos') y no al conjunto de equinos.
Datos judeo-españoles de la voz (con alternancia *quad- / quat-*) en *NRFH*,
X, 1956, pág. 213. La *Biblia* editada por LLAMAS presenta los términos concurrentes *bestią* (*Lev.*, V, pág. 150; XI, pág. 159, etc.) y *animalia*, según el
sintagma a n i m a l i a q u a d r u p e d i a (*Gen.*, II, pág. 16; *Lev.*, VII, página 154 y otros muchísimos lugares).

los singulares en -*o* y los plurales en -*a* a veces se hizo enorme, incluso las palabras dotadas de tales terminaciones pasaron a pertenecer a campos significativos muy remotos *(el gesto* y *la gesta, el velo* y *la vela),* con lo que se relajó y hasta perdió el original sentido de cada una de estas formas. Por ejemplo, anulada la conciencia de que *vela* era un conjunto, la idea colectiva de 'paños de una embarcación' se tuvo que expresar por otros términos: *velamen* o *velacho* [51].

La complejidad de estas derivaciones es —a veces— de una enrevesada pluralidad. Sírvanos el ejemplo de ŏ v u m que dio normalmente *huevo,* de donde el analógico *huevos*. A su vez, del plural ŏ v a salió *hueva* 'huevecicos de ciertos pescados' y se recreó *huevas* [52]. Pero en Méjico hay un eufemismo, *blanquillo,* que ha venido a sustituir —parcialmente al menos— a la voz patrimonial [53], con lo que el cuadro aún se complica más. Por el contrario, la homonimia hace que el número de los derivados se limite en ocasiones. Así ocurre con p a c t u, que hubiera dado ** pecho* (como pĕ c t u), o con f ŏ l i u, que sería **(h)ojo* (como ŏ c u l u) [54], mientras que sus correspondientes *pecha* (de p a c t a) y *hoja* (f ŏ l i a) han gozado de vida próspera [55].

---

[51] Para el *DRAE, velacho* es 'gavia del trinquete' pero, entre los marineros andaluces, muchas veces tiene el valor que se consigna en el texto.

[52] El término *freza,* en la acepción de 'huevos de los peces' vendría a ser el colectivo que cumple la misma misión que *velamen* en el ejemplo anterior. Como es sabido, *ova* 'alga', procede de ŭlv a .

[53] Véase, F. J. SANTAMARÍA, *Diccionario General de americanismos,* I, Méjico, 1942, s.v. *blanquillo,* y, del mismo autor, *Diccionario de mejicanismos,* Méjico, 1959, s.v. *blanquillo.* Cierto es que en el Distrito Federal la voz castellana no ha desaparecido; no se ve escrito nunca el plural, pero el singular es el término ordinario. Se escribe: *huevo fresco* o *huevo de la hacienda de San Francisco.*

[54] Es decisiva esta convergencia para explicar la muerte de ŏ l ĕ u m - ŏ l e a en español: hubieran dado ** ojo, * oja,* coincidiendo no sólo con ŏ c u l u, como señala A. CASTRO, sino también con f ŏ l i u m — f ŏ l i a (vid. § 10, nota 13).

[55] W. VON WARTBURG, en un artículo ya citado *(BDC,* IX, 51-55) señaló cómo el sentido colectivo de los neutros en -*a* perduraba en una etapa antigua (francés *pré* 'prado' — *prée* 'extensión de prados'); después, la idea

39. En relación con estos neutros en -*a* queda el problema del tamaño que representan los sustantivos con doble forma (masculino en -*o*, femenino en -*a*). Según se indica en el § 20, el español admite la oposición morfológica con valor significativo, pero es de excepcional valor saber que tal contenido procede de los plurales neutros en -*a* [56], tras haberse cumplido las siguientes etapas: 1) distinción basada en el uso latino h ŏ r t u m — h ŏ r t a. 2) Pérdida del neutro latino y abandono del plural en -*a*, que se conserva en aquellos casos en los que el plural era muy frecuente: f r u c t u m — f r u c t o s — f r u c t a. 3) En ciertos casos, la idea de colectividad podía desaparecer y el neutro primitivo pasaba a designar un conjunto. 4) El plural latino en -*a* se convertía en índice de aumentativo.

40. La situación romance tuvo múltiples antecedentes latinos. De una parte, el paso del neutro singular a masculino, según consta en los §§ 33, 37. De otra, el empleo de los neutros plurales en -*a* como femeninos: así se recoge en las inscripciones pompeyanas, donde *morticina* y *aēna* son femeninos [57], así —también—

---

de pluralidad se ha perdido y la extensión se concibe como un todo: *prée* se distingue de *pré* y *prés*. Esta relación no hizo sólo aumentativo al femenino, sino que pudo hasta disminuir al masculino: en ast. *bintanu* es diminutivo de *ventana* (en la lengua común, *ventano* es una 'ventana pequeña') y en Viana-do-Castelo, *janèlo* de *janèla*. Téngase en cuenta, también, el uso del femenino como forma de indeterminación (SEBASTIÁN MARINER, *El femenino de indeterminación*, «Actas XIII Congr. Int. Fil. Ling. Rom.», Madrid, 1968, t. III, págs. 1297-1312).

[56] Obsérvese que se da en todas las lenguas: en fr. *râteau* - gascón *rastero* (fem.) 'grand râteau', rouergués *toupí* 'pot' - *toupino* (fem.) 'grand pot', provenzal *sa* 'saco' - *saco* (fem.) 'grand sac de toile', catalán *plat* - *plata* 'plato grande', *llangost* 'langosta, saltamontes' - *llangosta* 'langosta grande', *anell* 'anillo' - *anella* 'anillo grande', portugués *caldeiro* - *caldeira*, *çapato* - *çapata*, español *bieldo* - *bielda*, *garbanzo* - *garbanza*, *saco* - *saca* (la mayor parte de estos ejemplos están en el art. cit. de W. VON WARTBURG). Véase además K. JABERG, *Geografía lingüística*, traducción de A. LLORENTE y M. ALVAR, Granada, 1959, págs. 54-62 (a propósito de *caldero, -a; perol, -a*).

[57] En latín clásico, *morticinum* 'el cadáver' era neutro, pero en el grafito se lee *morticina* (VÄÄNÄNEN, *Latin inscrip. pompei.*, pág. 144, § 2). Igualmente, *aēnum* 'especie de caldera' que se documenta como femenino; su

en las *Glosas de Reichenau* donde se lee *ligna ardet* y en otros testimonios tardíos [58]. También se atestiguaban los plurales femeninos en *-as*, que se tenían como continuadores de sustantivos en *-a* (y no como procedentes del neutro plural latino): «Malcio Nicones oculos, manus, dicitos, *bracias* [='brazos' por *brachia*],... os, buccas, dentes, *labias* ['labios' por *labra*], ... scaplas, umerum, *neruias*,... defico in as tabelas» [59].

EL NÚMERO

41. El acusativo latino del plural acababa casi siempre en *-s* (se exceptúan los neutros, ya tratados). El español mantuvo la herencia latina, si bien ordenó sus posibilidades de acuerdo con una gran sencillez: el morfema de plural se realiza como *-s* cuando la palabra acaba en vocal; se realiza como *-es*, si acaba en consonante o vocal acentuada. Ahora bien, esta distribución no se respeta siempre: las palabras terminadas en vocal acentuada se apartan con frecuencia de la norma y siguen la que es propia de los nombres en vocal sin acento: *papá-s* (no **papá-es*), *sofá-s* (no **sofá-es*); *maravedí-es* y *maravedí-s*, *rubí-es* y *rubí-s*; *paletó-s* (no **paletó-es*), jerga *gachó-s* (no **gachó-es*) [60]; *canesú-s* (no

---

diminutivo era también femenino: «clupeo *coronis aenulis aureis* donato a commilitonibus» (*DLLHI*, pág. 182, núm. 982, inscripción de Saintes).

[58] Véase Grandgent, § 352. En el *Appendix Probi* se documenta «vico castrorum non vico *castrae*» (núm. 136), donde el neutro en *-a* se ha convertido en femenino.

[59] *Defixionum tabellae*, núm. 135 de la edic. de Audollent. Esta fórmula imprecatoria es del s. III de nuestra era y procede del Lacio. Para la dualidad *ostreum* (n.)—*ostrea* (f.), cfr. el ejemplo aducido en el § 32, nota 29. Idénticas formaciones en los *Glosarios* de Cassel (*armentas, membras*) y Reichenau (*ingenias, simulachras*) y en los documentos tardíos: «per illas *sasas* aluas» [«illa saxa alua»] (doc. asturiano del 775).

[60] La forma de plural en gitano es *gaché*, y así se documenta, aunque a veces se interpreta tanto como masculino como femenino; sin embargo, la única forma que conocemos del español coloquial, no deliberadamente gitanesco, es *gachós*. Por lo demás, del gitano *chaboró* 'hijo' se documenta *chaborós* (junto a *chaboré(s)*), cfr. C. Clavería, *Estudios sobre los gitanis-*

canesú-es), jerga *manú-s* (no **manú-es*) [61]. Hay que tener en cuenta que son muchos los préstamos que acaban en vocal acentuada y, por tanto, su aclimatación a la lengua está condicionada por causas distintas de las que rigen sin vacilación para las voces tradicionales; en éstas, la norma culta *voc. acent.+-es* suele dominar, mientras que las clases iletradas prefieren la analógica *voc. acent.+-s*.

En la lengua de las gentes bajas, los sustantivos agudos tienen un plural en *-ses (cafeses, pieses, rubises),* cuya difusión alcanza «el habla popular y rural de casi todas las regiones hispánicas (hasta en el habla de Madrid)» [62]. La explicación de Rosenblat es muy verosímil: la lengua vio en *cafés, rubís, maravedís* formas de singular como *anís, mes,* y creó los plurales analógicos *cafeses, rubises, maravedises,* cumpliéndose así la tendencia de la lengua hacia la estructura silábica del tipo CVCV, rechazando el hiato VV, con una segunda vocal que no sea *i*.

42. La historia del español ha vacilado también en la formación del plural de los sustantivos acabados en *-y*. La lengua antigua y ciertas hablas de Castilla la Vieja, Asturias y León, y Aragón ofrecen formas como *bueys* (< b ŏ v e s , *reys* < r e g e s , *leys* < l e g e s), que se deben a la evolución fonética (b ŏ v e s > **buees* > *bueys,* r e g e s **rees* >*reys*) de dos vocales iguales en contacto [63]. Es muy antigua —de los primeros textos literarios [64]— la acción analógica que condujo a *bueyes,*

---

mos *del español,* Anejo LIII de la *RFE,* Madrid, 1951, pág. 218, nota. El plural del femenino *gachí* es siempre *gachís.*

[61] Aunque abunda para el singular la forma *manús, manú* (sin *s*) es la que «parecen preferir» los vocabularios gitanos y *manú* la que se da como española. *Manús* es, también, forma de plural (y aun se forma el femenino *manusa*), cfr. CLAVERÍA, *op. cit.,* pág. 219.

[62] Véase ROSENBLAT, *Notas,* págs. 119-120, § 33. Es absurdo pensar que *pieses, papases* se basan en los diminutivos *piecito, papacito,* como quiere HANSSEN, *Gram. hist.,* § 164.

[63] Véase ROSENBLAT, *Notas,* pág. 120, § 35, y ALVAR, *Dial. arag.,* § 106.

[64] La forma no aparece en OELSCHLÄGER, s.v. *rey.* Sin embargo se documenta en el *Cantar del Cid,* en Berceo, en el *Libro de la Infancia y muerte de Jesús* (véase este último, s.v. *reyes, reys* y BOGGS, s.v. *rey*).

reyes, desde sus respectivos singulares, *buey, rey,* tras considerar la *-y* como consonante.

43. Desde el punto de vista del número, los lexemas no están naturalmente señalados, pues la expresión del número depende del contexto y es de carácter gramatical (*un caballero — muchos caballeros),* pero no necesariamente morfológico. Por ejemplo, los cuantitativos pueden adoptar forma de singular, por más que su significado encierre la idea de plural: «Bueno es que un animal impida a *tanto caballero* el holgarse» (Keniston, 3.223). En estos casos se trata de una especie de plural interno (extensión de pluralidad por más que se muestre bajo un singular morfológico) que se opone al plural externo *(tantos caballeros).*

44. Según los datos expuestos en los párrafos anteriores, la expresión formal del número es bastante regular y, en español, se reparte en tres tipos diferentes, que constituyen entre sí una distribución complementaria:

1) plural en *-s:* casa-*s,* alta-*s,* papá-*s.*
2) plural en *-es:* árbol-*es,* francés-*es,* colibrí-*es* [65].
3) neutralización morfológica de singular y plural: *lunes, martes, miércoles,* etc.

Se ve, pues, que el singular es el término no marcado de la oposición «singular/plural», mientras que el plural lleva el signo de distintivo. Por eso, con el infinitivo se dice «*el* andar a pie», pero no «**los andares* a pie», ya que lo que se sustantiva es una secuencia de discurso; mientras que si se tratara de una sustantivación de lengua, entonces podría emplearse también el signo de plural: «*los placeres* de la mesa» [66].

---

[65] En algún dialecto, la distinción no se da: el plural tiene signo *-s* tanto en los nombres acabados en vocal como en los acabados en consonante (ALVAR, *Dial. arag.,* § 106): *cols* 'coles', *chipons* 'jubones'.

[66] POTTIER, *Intr.,* pág. 96. Se llaman *sustantivos de lengua* aquellas palabras que por naturaleza se clasifican como sustantivos (*mesa, pluma,*

Por último, la oposición singular/plural actúa no sólo dentro de unos límites morfológicos, sino que puede pertenecer también al dominio semántico. Véanse las diferencias entre *el celo* 'impulso íntimo que promueve las buenas obras' y *los celos* 'sospecha de que la persona amada mude su cariño', *la víspera* 'día que antecede inmediatamente a otro' y *las vísperas* 'horas del oficio divino', *el cobre* 'metal' y *los cobres* 'las monedas de poco valor; objetos hechos de ese metal', *el polvo* 'tierra deshecha', *los polvos* 'cosmético'. Recuérdese cómo en latín m o l l i s era 'blando' y m o l l i a 'los moluscos' (cfr. §§ 34 y 36)[67].

45. No hay dual en español, pero queda alguna rarísima supervivencia como a m b o s > ant. *amos*, mod. *ambos*, adaptada a los esquemas de plural, según ocurría ya en latín[68]. Hay una especie de dual creado por la lengua y que se encuentra siempre en colisión polisémica:

el rey + la reina = los reyes = más de un *rey* (masculino singular).
el padre + la madre = los padres = más de un *padre* (id. id.)[69].

---

perro), mientras que son *sustantivos de discurso* los que se habilitan como nombres (el infinitivo, por ejemplo). En la terminología de JESPERSEN se diría de estos últimos que se han convertido en «elementos primarios». El hecho de que en español todos los infinitivos pueden sustantivarse pertenece al discurso, ya que, de otro modo, el infinitivo sería un sustantivo «por naturaleza» (hecho de lengua), véase POTTIER, *Introd.*, pág. 97. Para la historia y empleo de estas sustantivaciones, vid. BEARDSLEY, *Infinitive Constructions in Old Spanish*, Nueva York, 1921; una parte del trabajo está dedicada al infinitivo como sustantivo (con artículo, como sustantivo en plural, como sustantivo variamente modificado, con genitivo objetivo).

[67] Marginalmente debemos citar unos hechos estudiados por EUGENIO COSERIU en *El plural en los nombres propios* (*RBF*, I, 1955, págs. 1-16).

[68] El latín había perdido virtualmente el dual indoeuropeo. La etimología aún permitía identificarlo en d u o, a m b ō, v ī g i n t ī, pero el hablante usaba *duo* y *ambo* como plurales y en *viginti* no percibía los elementos de composición (Fίχατι = 'dos dieces'), véase ERNOUT, *Morphologie*, § 3.

[69] Cfr. alemán *Vater + Mutter = Eltern*.

CAPÍTULO V

DEL LATÍN AL ROMANCE

LOS CASOS Y LA SUERTE DE LA DECLINACIÓN LATINA

46. El sistema nominal latino conocía cinco casos: nominativo, acusativo, genitivo, dativo y ablativo. Los temas en -*o* podían ofrecer una forma especial (en -*e: domine*) para el vocativo. Los morfemas utilizados se repartían en cinco tipos o grupos de declinación, cuya suerte particular se describe en los apartados siguientes, pues el español —desde la época primitiva de la lengua— no conocía más que una forma para cada palabra.

El latín hablado dio preferencia al acusativo sobre todos los demás casos y esto no sólo porque la pérdida de la -*m* y la desaparición de la cantidad hicieran que se igualaran d o m i num y dominō, rosā, rosam y rosa, manum y manū, etc., sino porque la propia sintaxis latina distaba mucho de haber llegado a expresar cada función con una sola forma[1]. Así, en el latín clásico, el nominativo era el caso del sujeto, pero —en las oraciones de infinitivo— tal función era

---

[1] Estos hechos son harto conocidos; pero se pueden seguir en fuentes documentales que ayudan a fijar la cronología; a los trabajos que citamos, o citaremos, añádase otro de singular valor, dada la peculiar naturaleza del texto que analiza: FRANZ SCHRAMM, *Sprachliches zur Lex Salica. Eine vulgärlateinisch-romanische Studie*, Marburgo, 1911, págs. 81-86.

propia del acusativo; el acusativo de tiempo podía sustituir al ablativo («Triennium ante legitimum tempus» y «Anno uix possum eloqui» 'apenas puedo explicarlo en un año'); el acusativo de dirección compartía sus oficios con el ablativo («In domum amplam... uenire», «Rus suburbanum contendit», pero también «adveniens rure»); había un genitivo de cualidad («Res multi laboris») junto a un ablativo del mismo tipo («Vir magna diligentia»), lo mismo que un genitivo o un dativo posesivos («domus regis» y «est mihi liber»); el dativo agente («Vxori exoptatum») compartía su misión con el ablativo («Antonius militibus receptus»); era difícil distinguir a veces entre el ablativo de separación y los dativos de interés o simpatéticos [2]. Sin haber agotado las posibilidades de confusión de los casos latinos, se ve de un modo patente cuánta pluralidad formal podía haber para una sola función. Esto unido a la confusión fonética a que se ha hecho mención obligó al desarrollo del sistema preposicional, con lo que las desinencias casuales perdieron un mucho de su eficacia [3]. Una vez desarrollado este sistema preposicional (*de* + sustantivo reemplaza a los muchos finales distintos del genitivo latino: *rosae, domini, regis, manus, rosarum,* etc.) y caracterizados los casos por la preposición en vez de por la desinencia, la declinación latina quedó reducida a un caso de sujeto (nominativo) y a otro regido que, si no llevaba preposición, era el acusativo y, si la llevaba, era cualquier forma de dativo, de ablativo, de acusativo incluso, que había venido a

---

[2] La mayor parte de los ejemplos proceden de A. Tovar, *Gramática Histórica Latina. Sintaxis,* Madrid, 1946, §§ 28-91.

[3] Cierto que el desarrollo de las preposiciones no vino, tampoco, a resolver las cosas; algunas de ellas servían para muchos usos que el latín clásico distinguía (por ejemplo: «salir *de* casa», «anillo *de* oro», «*de* noche y *de* día», etc.). Véase Ch. Bally, *El lenguaje y la vida* (traduc. de A. Alonso), Buenos Aires, 1941, págs. 64-72. Cierto que tenía razón Gustave Guillaume cuando decía que una palabra que no se declina retiene en sí menor parte de morfología que el nombre latino, que se declina; por tanto, es más grande en las lenguas románicas la cantidad de morfología que debe expresarse por otros medios (palabras accesorias, orden de las palabras) (*Comment se fait un système grammatical,* CILUP, VII, 1939, pág. 50).

coincidir fonéticamente con el propio acusativo [4]. Por eso se ha podido hablar de «caso universal», según se viene haciendo desde hace mucho tiempo: habría que recordar cómo Ascoli [5], en 1874, había señalado que la forma del singular del nombre neolatino no representa un caso determinado de la antigua declinación, sino que es una solución fonética en la que convergieron los dos casos oblicuos del latín vulgar y, además, el caso recto.

47. La extensión cada vez mayor del acusativo se atestigua a lo largo de toda la historia del latín. Para ver el alcance de estos usos, ordenaremos algunos testimonios:

a) a c u s a t i v o   p o r   n o m i n a t i v o : se documenta en las tablillas de maldición («Q. *Letinium Lupum* qui et uocatur Caucadio, qui est filius Salusties» [6]), en las inscripciones de Pompeya («Tu mortus es, tu nugas es» [7]), de Panonia («Hic quescunt *duas matres duas filias*» [8]), de Hispania («Antonia Fundana et Numia Rufina *filias* matri piissime posuerunt» [9]) y en el latín

---

[4] Esta declinación bicasual se conservó hasta el siglo XIII en francés y provenzal, pero tuvo que desaparecer forzada por la homonimia, ya que el paradigma flexivo

	singular	*plural*
Nom.	-s	↓
Acusat.	↓	-s

hacía que se confundieran el nominativo del singular con el acusativo del plural y el acusativo de singular con el nominativo de plural. El español ordenó desde muy pronto su sistema: falta de signo para el singular (con lo que el nominativo fue sustituido por el acusativo) y -s para el plural (por ello el acusativo también aquí extendió sus usos). Cfr. SCHRAMM, páginas 84-86. La interpretación idealista de estos procesos se hace por KARL VOSSLER, *Filosofía del lenguaje*, Madrid, 1941, pág. 145.

[5] Al hacer la crítica del libro de D'OVIDIO, *Sull' origine dell' unica forma flessionale del nome italiano* (*AGI*, II, pág. 416).

[6] *CIL*, XI, 1823. Inscripción de Arretium (en la Etruria).

[7] Como la anterior, *DLLHI*, núm. 316. Y otros muchos testimonios que se registran en el índice de la pág. 225.

[8] *CIL*, III, 3551. Las referencias al *CIL* se hacen según la obra citada en la nota anterior.

[9] *CIL*, II, 38. Inscripción de Alcaçer do Sal (Portugal).

de la Galia («*amigdololas bonas* sunt», «*ficitolas bonas* sunt»[10]).

b) a c u s a t i v o   p o r   v o c a t i v o : «*Heluium Sabinum*
aed. dormis»[11].

c) a c u s a t i v o   p o r   g e n i t i v o : «Philologus cellarius
ex conlegio *commorientes*»[12]. Esta construcción se empleó en
el latín de Francia *(ossa Claudiano)* y perseveró en los antiguos
cartularios españoles, sobre todo en los catalanes[13].

d) a c u s a t i v o   p o r   d a t i v o : «liberum dimisit et pre-
sentibus collegibus suis, id est *Perulam* et *Frontinum, Superia-
num, Maxentium* et *Vrsinum* astantibus quibus supra mandauit
diligentia fieri»[14].

e) a c u s a t i v o   p o r   a b l a t i v o : «meruit in munere
functae sephulcrum dignum pro meritis a coniuge *amantem*»[15],
«Iuliae Renatae..., seniles annos inpletos *Iulium Sarnianum
suum maritum* secuta est»[16] y otros muchos testimonios[17].

48. El desarrollo de un sistema preposicional en sustitución
del desinencial posee en latín muy numerosos antecedentes.
Plauto tiene en germen lo que van a ser los usos románicos[18] y

---

[10] Ambas referencias proceden de ANTIMO, *De observatione ciborum* (siglo VI), §§ 90, 31, según la selección de ROHLFS, *SVL*. El empleo duró mucho
tiempo en la Península Ibérica, según acreditan los documentos de los
siglos VIII al IX (BASTARDAS, págs. 16-20).

[11] Inscripción de Pompeya (*CIL*, IV, 2993 t.).

[12] Ib. de Roma (*CIL*, VI, 6216).

[13] BASTARDAS, págs. 20-21. Las construcciones francesas del tipo *le fils
le roi* plantean problemas que no se resuelven fácilmente; al menos hay
bastante bibliografía, que se recoge por LEO SPITZER en *El sintagma «Valencia la bella»* (*RFH*, VII, 1945, págs. 259-276).

[14] Inscripción de Cyzico, en Frigia Menor (*CIL*, III, 371).

[15] Ib. de Roma (*CIL*, VI, 3452).

[16] Ib. de Constantina, en África (*CIL*, VIII, 7517).

[17] En la *Lex Salica* (comienzos del siglo VI): «qui *cum sagittas* fuerint»,
«*cum gregem suam*» (SCHRAMM, pág. 84, nota 2).

[18] Véanse los trabajos de FUCHS (*Die rom. Sprachen in ihren Verhältnisse
zum Leteinischen*, 1849), SCHMILINSKY (*De proprietate sermonis Plautini, usu
linguarum romanicarum illustrato*, Halle, 1866), SKUTSCH (*Plautinisches und*

a él habrá que referir la más vieja documentación de los hechos actuales.

El empleo de cualquier preposición con acusativo fue bastante corriente. Menéndez Pidal (*Gram. hist.*, § 74.2) ha señalado el testimonio del maestro pompeyano que acompañado por sus alumnos se perpetuó con una falta sintáctica: «Saturninus *cum suos discentes*» [por *cum suis discentibus*]. Dentro de estas mismas tendencias está el frecuente uso de cualquier preposición con acusativo:

a)   *ad* + acusativo = dativo: «ego hunc *ad carnuficem* dabo» (Plauto, *Capt.*, 1019), «Benigne ut operam detis *ad nostrum gregem*» (*Cas.*, prol. 22), «praedes *ad quaestorem urbanum* det» (*Lex Latina tabulae Bantinae*, 133-118 a. C.) «Faciamus bonum *ad omnes homines*» (S. Agustín, *De caritate*, edic. Migne, p. 284, § 1). *Ad* + acusativo podía equivaler a un dativo simpatético, y, por tanto, tener valor de genitivo: «hic requiscunt membra *ad duus fratres*» (*CIL*, XIII, 2483).

b)   *ab* + acusativo = dativo: «donaui *ab heredes meos* clauem» (*CIL*, VI, 9258).

c)   *cum* + acusativo = ablativo: «Tyrannus cupiens fecit *cum sodales*» (*Inscrip. Pompeya*, núm. 170); «nobiscum non *noscum*», «vobiscum non *voscum*» (*App. Probi*, núms. 220, 221) [19].

d)   *de* + acusativo = genitivo: «Legitur ille locus *de actus* Apostolorum» (*Pereg. Egheriae*, XLIII, 3) [20], «cido tibi *de rem* paupertatis meae» (*Formulae andecavenses* (s. v), § 10 *c)*, «qui *de tres villas* communes vaccas tenuerit» (*Lex Salica*, comienzos s. vi, apud Schramm, p. 84, nota 2).

Romanisches, Leipzig, 1892) y Löfstedt, *Syntactica* (II, págs. 84, 91, 109, 305, etc.).

[19] Plauto usó *cum* + abl. en vez del simple ablativo instrumental: «Hominem *cum ornamentis omnibus* exornatum» (*Ps.*, 756), «incedunt sulfarcinati *cum libris, cum sportulis*» (*Curc.*, 289). Tal empleo siguió en siglos sucesivos: «*de cateneis igneis* religauit» (*CIL, III*, pág. 961).

[20] *De* + ablativo, en sustitución de un genitivo, se atestigua varias veces en Plauto: «nihil investigo quicquam *de illa muliere*» (*Merc.*, 819), «boni *de nostro* tibi... damus» (*Poen.*, III, 3, 28).

e) in + acusativo = dativo: «ego... adii et epistolam illam, quem *in dilecta sponsam tuam*... tui conscriberae uel adfirmarae rogatis» (*Formulae merowingici*, edic. Pirson, p. 33), «qui *in singulos placitos* fuerunt» (*Lex Salica*, apud Schramm, p. 84, nota 2).

f) pro + acusativo = ablativo: «*pro hunc unum* ora subolem» (*CIL*, XIII, 1464, año 380).

g) sine + acusativo = ablativo: «quisquis amat pueros *sine finem* puellas, rationem saccli no refert» (*Inscrip. Pompeya*, número 1078 *a*), «*sine manus* et *sine pedes*» (*Lex Salica*, apud Schramm, p. 84, nota 2).

49.0. Nos hemos fijado sólo en dos hechos de sintaxis latina que tienen repercusión sobre la morfología romance: el empleo del acusativo en vez de los otros casos y el uso de las preposiciones con acusativo suplantando empleos que el latín clásico hubiera reservado al genitivo, al dativo y al ablativo. Todo ello abocó a la extensión casi universal de los empleos del acusativo: en español, al menos, la presencia de los otros casos es muy tímida y, con frecuencia, limitada a ciertos clichés que no operan como elementos espontáneos de la lengua (nominativos eclesiásticos, genitivos toponímicos). Seguidamente agrupamos algunos restos de la declinación latina en español [21]:

49.1. N o m i n a t i v o: se ha conservado en algunos nombres propios destinados por naturaleza a ser agentes de verbo, entre ellos son especialmente significativos los de origen eclesiástico o francés *(Dios* [22], *Pilatos, Marcos, Longinos; Oliveros, Gaiferos)*. A ellos hay que añadir unos cuantos remotos nominativos venidos desde el francés como *chantre* (< c a n t o r) y

---

[21] Cfr. RAFAEL LAPESA, *Los casos latinos: restos sintácticos y sustitutos en español* (*BRAE*, XLIV, 1964, págs. 57-105).

[22] Los judíos españoles dicen *el dió*, que es forma propia de las versiones bíblicas del siglo XVI, cfr. *ELH*, II, pág. 18, nota 37, y BASTARDAS, páginas 24-25.

preste (< p r ĕ s b y t e r) o desde el catalán como *sastre* [23] y
peraire, pelaire (< p a r a t o r) [24] y otros escasos términos dialectales: arag. *pigre* < p i g e r 'perezoso' [25] o judeo español *bar-
bejes* [26].

Naturalmente, hay nominativos en muchos cultismos (*pelvis,
pubis, detritus, virus, fénix,* etc.) que, por no ser voces patrimoniales, no afectan en nada a la estructura de la lengua. García
de Diego [27] ha probado que muchos de estos nominativos son
«verdaderos galicismos de imitación» (*prefacio* a imitación de
préface) [28]; otros pretendidos nominativos, que pudieran ser tecnicismos, probablemente deben desecharse. Tal es el caso de
juez, cuya evolución es explicable desde el acusativo y no desde
el nominativo, según se viene diciendo [29], o de *pomez* [30].

Son falsos nominativos *gorgojo, pavo, buho,* regresiones de
**gorgojón,* de *pavón* y de *buhón y no derivados directos de
c u r c u l i o , p a v o , b u h o [31], ya que tomados como aumentativos los sustantivos en *-ón,* se crearon unas formas positivas

---

[23] En francés, *sartre* (el paso *s < r: sastre* es propio del catalán, cf.
DCELC). Para esta voz, vid. ROHLFS, *Dif.*, págs. 101-102. En el trabajo de
A. CH. THORN, *Sartre-Tailleur. Etude de lexicologie et de géographie linguistique,* Lund, 1913, se estudia la distribución de las formas regionales en
Francia. En aragonés antiguo, existía un derivado del acusativo latino
(*sortor*), cfr. G. TILANDER, *Fueros aragoneses desconocidos, promulgados a
consecuencia de la gran peste de 1348* (*RFE*, XXII, 1935, págs. 144-145).

[24] Vid. DÁMASO ALONSO, «*Pelaire*» (*RFE*, X, 1923, pág. 309) y corrección
del *DCELC*.

[25] JUAN DE MENA usa *pigro* (*Laberinto*, 113 *b*); la voz aragonesa consta
en el *Diccionario* de BORAO, s.v.

[26] En las viejas versiones de la *Biblia* se lee *baruez* (v e r v ĕ c e m),
pero en la *Hagadá de Pesah* la forma con *j* acaso remonte al nominativo,
véase *ELH*, II, pág. 36, nota 93, y *PTJE*, s.v. En otros textos judeo-españoles
carnero y *morueco* son los términos alternantes con *barues*.

[27] *Falsos nominativos españoles* (*RFE*, VI, 1919, págs. 283-289).

[28] Véase *ELH*, II, pág. 18, § 21.

[29] Véase E. ALARCOS, *Papeletas etimológicas* (*AO*, II, 1952, pág. 298).

[30] De p u m i c e > * *pómece* > *pómez* (con pérdida de *-e*, como en *árbol,
cáliz*); el que en portugués exista *pomes* no invalida la etimología, pues allí
no hay posibilidad de θ.

[31] GARCÍA DE DIEGO, art. cit., págs. 287-289.

sin el falso sufijo. Sin embargo, sería un nominativo *cillérveda* 'lomillos o carne de puerco pegada a las costillas' si procede, como quiere Meyer-Lübke, de c e l ĕ b r i t a s [32]: término culinario oído por el pueblo, que eliminaría la *-s* final por creerla índice de plural [33].

En la toponimia, por último, quedan algunos fósiles en nominativo *Tierz* (prov. Huesca) < t e r t i u s , *Santos Ebos* por **Sant Osebos* < E u s e b i u s [34], *Roncesvalles* [35], *Juslibol* (prov. Zaragoza) [36], *Santocildes* (Burgos) < A c i s c l u s , *Sanzoles* (Zamora) < Z o i l u s [37].

49.2. V o c a t i v o : Los herederos españoles del vocativo son escasísimos. Baste recordar que, ya en latín, sus funciones eran usurpadas por el nominativo, en los pocos casos en que

---

[32] *RFE*, VII, 1920, págs. 369-370. Menéndez Pidal en *Notas para el léxico románico* (*RFE*, VII, 1920, págs. 4-6, *cidiérbeda*) reunió abundante documentación de tan extraña voz.

[33] Los *Glosarios* latinos medievales atestiguan otros falsos o nuevos nominativos: *ago, bulbo, busto, celerum* (s c e l u s) (*GLM*, pág. XLIX).

[34] Véase L. López Santos, *Hagiotoponimia* (*ELH*, I, pág. 611).

[35] Menéndez Pidal (*Gram. hist.*, § 74) defiende la etimología de r u m i c i s (genitivo) 'romaza (hierba)' + v a l l i s (nominativo); en su apoyo se pueden aducir un *Ronçalvals* (año 1204) citado por C. E. Corona (*Toponimia navarra de la edad media*, Huesca, 1947, pág. 110), pero contra esa etimología están los muchos *Roscidavallis* (y formas emparentadas), que parecen anteriores (véase D. Alonso, *La primitiva épica francesa a la luz de una «Nota Emilianense»*, *RFE*, XXXVII, 1953, págs. 51-56). Algunos historiadores piensan que se trata de un término puramente vasco *Erro + zabal* 'ancho, llano'. El pueblo tiene dos nombres: el supuesto romance *(Roncesvalles)* y otro vasco (*Orreaga* 'enebral'), que, sin embargo, falta en la *Toponimia* de Corona, recién aducida; *Orreaga* ¿será una traducción moderna del supuesto r u m i c i s ? ¿Es forma antigua? Por otra parte, ¿*Ronces*- no tendrá que ver con *Roncal* (forma documentada en la edad media), pronunciado hoy *Erronkari*?

[36] Es el grito de guerra de los cruzados franceses que vinieron al sitio de Zaragoza (1118): D e u s i l l u (i l l i) v u l t . Cfr. «Concedo tibi castrum de *Deus-lo-vol* quod tempore sarracenorum vocabatur Mezimeeger» (apud *AFA*, II, 1947, pág. 76, nota). En Francia aún dura el topónimo *Dieulivol* (Dep. de Gironde).

[37] Cfr. J. M. Piel, *Os nomes dos santos tradicionais hispánicos na toponimia peninsular*, Coimbra, 1950, núms. 1 y 29.

ambos podían distinguirse, como en aquella execración pompeyana: «optume maxime Iupiter, *domus* omnipotes. Acratus seruo
nequa».

Menéndez Pidal (*Gram. hist.*, § 74.5) ha señalado la persistencia de J a c o b e > *Yagüe, Sixte* y *Iessucriste.* A estas tres
referencias podemos añadir alguna otra: la forma *maese* (frente
a *maeso*) acaso esté inspirada en un vocativo [38] y no en el nominativo m a g i s t e r; en tanto que hay que eliminar de los pre-
suntos vocativos a *Santiago, Sanmillán, apóstol, ángel, duende,*
que de forma caótica, y no siempre con convicción, enumera
Hanssen (*Gram. hist.*, § 166).

49.3. G e n i t i v o : La sustitución del genitivo por un acusativo con *de* (§ 48 *d*) acarreó la total pérdida de este caso [39]. En
nuestra lengua sobrenadan algunos restos del hundimiento: son
los días de la semana (*martes* < (d i e s) m a r t i s , *jueves*<(d.)
j o v i s , *viernes* < (d.) v e n e r i s), algún cultismo jurídico
(f o r u m j u d i c u m > *fuero juzgo*) o eclesiástico (l i b r u m
o r d i n u m > *libro órdino,* l i b r u m p r e c u m > *libro prego*),
algún sintagma inmutable (c o m i t e s t a b u l i > *condestable,*
p e d i s u n g u l a > *pesuña,* f i l i u e c l e s i a e > *filigrés, feligrés* [40]), algún extranjerismo (c a p u t s c h o l a e > *capiscol,*
probablemente de origen provenzal por su u > *ü* > *i*) y algún
dialectalismo (*c a n d e l o r u m> Santa María Candelor* [41],
«spatleras de la *antigor*» [42]).

49.3.1. Consideración aparte merecen los topónimos. Son
muy frecuentes los restos de genitivo en las formaciones de
nombre común + nombre de persona en genitivo, que, si bien se

---

[38] Véase *DCELC*, s.v. *maestro*, donde se indica el uso muy frecuente de
la voz en interpelaciones como ¡*Maese Pedro!*

[39] En otras partes también se generalizó mucho el empleo de un genitivo,
con muchos valores, formado por *de* + caso oblicuo (Schramm, págs. 88-91).

[40] Menéndez Pidal, *Gram. hist.*, § 74.5.

[41] En el *Fuero General de Navarra* (edic. Ilarregui-Lapuerta, pág. 70 *b*),
compárese con el catalán *martror* 'Todos los Santos' (A. Griera, *Gram.
hist. cat. antic.*, pág. 76).

[42] En un documento aragonés de 1402 (*THD*, I, CXCVI, 48), y en otros
de 1405 y 1426 (*Inv. arag.*, LXI, 17, 19, y LXIV, 24).

documentan desde la época romana [43], se usaron en la Península para indicar el posesor de un castro o de una villa: c a s t r u m S i g e r i c i > *Castrojeriz* (Burgos), c a s t r u m P e t r i > *Castropetre* (León), v i l l a V a l e r i i > *Villavaler* (Oviedo), v i l l a A l b o n i i > *Villalboñe* (León). Estos genitivos, eliminado el apelativo común, pueden también dejar herencia toponímica: A n n i i > *Añe* (Segovia), A r m e n t a r i i > *Armental* (varios lugares de Asturias y Galicia), A s i n i i > *Asín* (Zaragoza y Huesca), * C a r d e l l i > *Cardeli* (Oviedo), * F o r m o s e l l i > > *Fermoselle* (Zamora), G a u d i i > *Goge* (Oviedo) [44].

El genitivo plural se emplea para designar posesores colectivos, normalmente se acogen bajo él los grupos étnicos del tipo g o t h o r u m > *Toro* (Zamora), *(Villa)toro* (Burgos y Ávila), g a l l o r u m > *Gallur* (Zaragoza), m a u r o r u m > *Mauror* (carmen de Granada).

Los hagiotopónimos abundan en construcciones como las que hemos considerado anteriormente (nombre común + nombre propio en genitivo); en ellas, se elide el sustantivo (*eglesia, ermita, monasterio,* etc.) y queda el nombre del santo en genitivo: s a n c t i V i c t o r i s > *Sachechores* (León), s. S a t u r n i n i > *Saornil* (Ávila), s. P o n c i i > *Santiponce* (Sevilla), s. A n t o n i n i > *Santulín* (León), s. T o r q u a t i > *Santorcaz* (Madrid), s. J o h a n n i s > *Santianes* (Oviedo), s. I u l i a n i > > *Santillán* (Santander, Burgos, Palencia, Málaga, Granada), *Santullán* (Santander) [45], s. F e l i c i s > *San Felices* (Huesca, Salamanca, Soria, Burgos, Santander), *Sahelices* (Valladolid, Gua-

---

[43] A. Montenegro, *Toponimia latina* (*ELH*, I, pág. 522, § 14).

[44] Los topónimos de estas dos series proceden en casi su totalidad de G. Rohlfs, *Aspectos de toponimia española* (en *BF*, XII, 1951, recogido en *Studien zur romanischen Namenkunde*, Munich, 1956, pág. 23, y J. M. Piel, *Nomes de «possessores» latino-cristãos na toponimia asturo-galego-portuguesa*, Coimbra, 1948 (también en *Biblos*, XXIII, 1947, págs. 143-302 y 363-403).

[45] Véase J. M. Piel, *Os nomes dos santos tradicionais hispânicos na toponimia peninsular*, Coimbra, 1950; L. López Santos, *Influjo de la vida cristiana en los nombres de pueblos españoles*, León, 1952, y *Hagiotoponimia* (*ELH*, I, 579-614).

dalajara, Cuenca, León, Salamanca), *Santelices* (Vizcaya, Burgos)[46].

Otras veces, en toponimia, el genitivo sirve para describir las condiciones externas de un lugar: r i v i p r e s s a > *Represa* (León), r i v i a n g u l u > *Riaño* (León), *Rianjo* (Coruña), (c o s t a) s a x o r u m > *Sasor* (Huesca)[47].

49.3.2. También quedan reliquias de este caso en la antroponimia: un modo de formar el apellido consistía en poner el nombre del padre en genitivo precedido del nombre del individuo: m a u r a t i n u s > «Zeravus *Moratini*» (de donde el moderno *Moratín*), P o n t i u s > «Sancia *Poncii*» (moderno *Ponce*), * r o m a n i c u s > «Gudesteus *Romanci*» (moderno, como apellido también, *Romance*)[48]. Estas formaciones pasaron a los nombres con declinación germánica *(-a, -anis; -o, -onis)*, aunque su existencia no haya dejado reliquias actuales y, lo que es más importante, el genitivo - i c i cuenta con importantes valedores (Jungfer, Cornu, Carnoy, Meyer-Lübke, Hills, Caro Baroja, etc.) que ven en él el antecedente de nuestros apellidos en *-ez*[49].

49.4. A b l a t i v o : En los §§ 46-48 se han señalado los procesos latinos que llevaban a la supresión del dativo y el ablativo. En efecto, el acusativo ocupó sus puestos sin que del primero quedaran en español otros restos que los del pronombre (§§ 91.3 y 4). En cuanto a las pervivencias del ablativo, hay que señalar que se encuentran en algunos sintagmas de carácter adverbial *(cuanto... tanto,* h o c a n n o > *hogaño*[50], l o c o >

---

[46] MENÉNDEZ PIDAL, *Orígenes*, págs. 213-214; BASTARDAS, págs. 29-31.

[47] M. ALVAR, *Toponimia del alto valle del río Aragón*, Zaragoza, 1949, § 135.

[48] Ejemplos tomados de G. DÍEZ MELCÓN, *Apellidos castellano-leoneses*, Universidad de Granada, 1957, págs. 43-53. Téngase en cuenta para el dominio aragonés, ALVAR, *Dial. arag.*, §§ 48-49, y, para el riojano, *El becerro de Valbanera y el dialecto riojano del siglo XI* (*AFA*, IV, 1952, pág. 172).

[49] Un resumen de todas las teorías expuestas a propósito del sufijo se hace en la obra de DÍEZ MELCÓN aducida en la nota anterior, págs. 128-136.

[50] La voz va quedando restringida cada vez más al ámbito rural, pero hay zonas en las que tiene plena vitalidad; así ocurre en Andalucía, según se ve en el *ALEA* (IV, 837).

> *luego* y en la terminación -m e n t e > *-miente, -mientre,*
-mente [51]). En el *Fuero de Avilés*, cuya lengua es testimonio de
una extraña coexistencia asturiano-provenzal, aparece «sos *pin-
dres*», mientras que en el *Fuero de Ledesma*, escrito en leonés,
se lee «los *prindes*»; una y otra forma, según Lapesa, han salido
de construcciones en ablativo como «do *in pignore*», «mitto *in
pignore*» (cfr. portugués *penhor*) [52].

En la toponimia peninsular también queda algún resto de
construcciones en ablativo, aunque —es cierto— esos escasos
testimonios suelen quedar fuera del dominio castellano y aun
ellos no son las más de las veces irrecusables. Montenegro [53]
señala *Envall, Enmedio, Somonte, Solago*, etc., pero todos ellos
se explican por el uso de *in* o *sub* + acusativo [54]; las únicas formas admisibles son el catalán *Enviny* (Lérida), a través de *In
vicinio* (siglo IX) [55], y los portugueses *Chaves* < (A q u i s) F l a -
v i i s , *Sagres* < S a c r i s .

---

[51] Vid. *ELH*, II, pág. 18, § 21.
[52] R. LAPESA, *Asturiano y provenzal en el Fuero de Avilés*, «Acta Salmanticensia», II, 4, Universidad de Salamanca, 1948, págs. 59-60.
[53] *ELH*, I, pág. 529.
[54] *in* + acusativo = ablativo: «defico *in as tabelas*» (en una tablilla de
maldición, apud *DLLHI*, núm. 184), «conquiescentes *in locum* decime sacre
diue Diane» (*CIL*, 3015), «ossua eius *in unc locu sunt*» (*CIL*, III, 13374), etc.
No tengo en mi documentación casos semejantes de *sub* + acusativo = ablativo, pero el hecho mismo de que *sub* se construyera con ablativo ('permanencia bajo') o con acusativo ('id. con verbos de movimiento') sin que se
modificara el significado ayudaría a la sustitución. Aparte el proceso general que se ha señalado de todas las otras preposiciones que, seguidas de
acusativo, equivalían a un ablativo. Por lo demás, *Somonte* y *Solago* no son
distintos de otros *sub* + acusativo de la toponimia: *Somolinos, Sorribas*.
[55] Así lo quiere MEYER-LÜBKE (*BDC*, XI, 1923, pág. 19). En latín clásico,
v i c i n i a , - a e 'vecindad, cercanía', no es sino derivado muy próximo de
v i c i n u s 'el que es del mismo barrio o del mismo pueblo, vecino' < v i -
c u s (ERNOUT - MEILLET, s.v. *uicus*).

EVOLUCIÓN DE LAS DECLINACIONES LATINAS

50.1. La primera declinación latina (nombre en *-a*) se conservó porque tenía la característica del género femenino (§§ 6, 20, 23, 29), pero, por la pérdida de los casos (§ 44), quedó reducida a un singular en *-a (casa)* y un plural en *-as (casas)* (§ 45 a). Nombres de la quinta declinación latina (-i ē s, -ē s) pasaron a la primera; como ya en latín clásico había sustantivos declinables por una u otra (c a n i t i e s / c a n i t i a, m a t e r i e s / m a t e r i a), tal estado de cosas favoreció los hechos analógicos. Así Oribasio latino, en vez de c a r i e s usa c a r i a en la misma acepción que ha de durar hoy en aragonés (*quera* 'carcoma de la madera'[56]), y en él se documenta s a n i a m (VII, 25), por s a n i e s, de donde el español *saña*. Otros testimonios: *s c a b i a 'sarna' > vasco-románico *ezcabia* 'carcoma', *r a b i a > *rabia*.

50.2. También se enriqueció la primera declinación con algunos nombres de la tercera: c i n i s, que en latín era masculino o femenino, se convirtió en *c i n e r a, de donde el castellano *cendra* y el asturiano *cerna;* p u p p i s se hizo *popa* por influencia de p r o r a; t r a b s, femenino en latín, manifestó su carácter tomando la *-a* diferencial: *traba*. Más complejo, culturalmente hablando, es el caso de c o c h l e a r 'cuchara' (neutro latino), que, al parecer, sólo tardíamente tomó género femenino en español, sin que resulten convincentes las razones expuestas para explicarlo[57]. También han influido causas culturales muy precisas para que el neutro p a p a v e r se convirtiera en *amapola*, según una evolución en la que intervino el mozárabe *ḥaba-paura* que, a su vez, estaba condicionado por el árabe *ḥabba* 'grano de cereal; semilla de verdura'[58].

---

[56] « c a r i a lignorum» (*Syn.*, VII, 2 apud ROHLFS, *SVL*, pág. 37).

[57] ROHLFS, *Dif.*, págs. 129-130, y *DCELC*, s.v. Numerosos testimonios de la voz constan en ROHLFS, *SVL*, s.v. *cochleare* (pág. 72 a).

[58] Véase el excelente artículo que se dedica a la voz en el *DCELC* y ténganse en cuenta las formas del *ALEA*, II, 295. En mozárabe hubo *haba-*

50.3. Siguiendo una norma documentada en el latín medieval hispánico [59], algunos nombres en -*x* crean femeninos de esta declinación: t e n a x > *tenaza(s)*, f o r f e x (f.), 'tenazas' > ast. *furnazas* (¿acaso con influjo de f o r n u ?), *murgazas, morgazas* (*DEEH*, 2875 *b*), l i m a x (m. y f.) tiene derivados de una forma l i m ă c e (> sanabr. *diezma, yerma* 'babosa') y de otra l i m ā c e (> rioj. *limarza* 'babosa', cast. *limaza*), c a l x (f.) > cast. ant. *calza* [60]. La aparición de -*a* en las voces que, desde el latín, mantienen género femenino se explica por la pretensión de cohonestar el género gramatical y la forma que lo expresa; en otros casos, la dualidad latina de género se ha mantenido también en romance (§§ 27-28) y las voces son unas veces masculinas, otras femeninas, pero siempre con la terminación adaptada al género; por último, habrá que tener en cuenta si, en otras ocasiones, la -*a* no responde al desarrollo de algún tipo de oposición como las que se expusieron en el § 21. Consideración aparte merecen las hablas canarias en las que la adaptación del final de la palabra al género va más lejos de lo que es la norma castellana: de forma que ciertos sustantivos en -*e* pasan a serlo en -*a*. Así, *chinche* es femenino en casi todas las Islas, y de ahí salió la forma *chincha*, que está muy difundida; por su parte, *tizne*, puede ser masculino o femenino, pero, si se mantiene como masculino, y conserva la -*e*, en otros casos, hasta crea *tizno* (isla de Hierro), mientras que si es femenino se convierte en *tizna*. Con menor intensidad, se transcribió *clina* (< *la clin)*, en Fuerteventura [61].

50.4. En España hay algún resto de la declinación germánica -*a*, -*anis* en sustantivos femeninos no importa de qué origen: p u t a se declinó p u t a n e m y se formó el femenino *putana*,

---

bora, hababuera, hapapaura, hababura y, en soriano y zamorano, *ababola* (*DEEH*, 4785), arag. y cat. *ababol*.

[59] *GLM*, pág. XLX: *cervica, verteca, precoca, erpica, mirmica*, pero, al parecer, ninguna de estas formas dejó herederos en la Península Ibérica.

[60] Según la Academia (1884), pero, al parecer no se ha confirmado (*DCECH*, s.v. *cal*).

[61] *ALEICan*, III, 1029 *(chinche)*, 1107 *(tizne)*, 1041 *(crin)*.

aunque la forma castellana más generalizada fue *putaña* (un derivado, *putañero*, persiste hoy, pero en lo antiguo también existió *putanero*)[62].

50.5. Se incorporaron a esta declinación algunas voces griegas que o no eran femeninas o no tenían la terminación de tales: ἀμφορεύς (masc.), acus. -ρέα (> latín a m p h o r a), λαμπάς (fem.), acus. -άδα (> latín l a m p a d a), de donde los cultismos *ánfora, lámpara*[63].

51. La segunda declinación latina (sing. *dueño*, pl. *dueños*) se mantuvo como heredera del género masculino. En ella se vació íntegramente la cuarta (temas en -*u*), ya que se vino a confundir fonéticamente con la segunda (m a n u m — d o m i - n u m)[64].

Muchos sustantivos de la tercera pasaron a la segunda, según tendencia que se atestigua en el latín popular: «Hic ciscued Faustina... annorum quattordeci *mensurum* quinque» (*CIL*, IX, 648), «quod fecit *minsus* ille dies tantus» (*Form. Andenc.*, 10 *a*). Así los femeninos a b i e s > *abeto*[65], c a l x > piren. *calso* (que pervive también como femenino) o los neutros que adoptaron forma masculina (cfr. § 45): p a p a v e r > alav. *abibollo*, val. *abribollo*, v a s > v a s u m[66] > *vaso*, o s > o s s u m[67] > *hueso*.

---

[62] Cfr. *putanna* (Berceo, *Milagros*, edic. Marden, estr. 222, pág. 40), «no haya puta de las fijas de Israel, ni varón *putanero*» (*Deut*, XXIII, 17). En el *ALEANR*, *putanero* se documenta en la prov. de Teruel (mapa 589).

[63] Cfr. Ernout, *Morphologie*, págs. 61-62.

[64] Ténganse en cuenta los siguientes testimonios del latín vulgar: «sancto et innocenti *spirito*» (inscripción cristiana de Roma), «Bictori, digno *spirito*, coiux fecit» (ib.), «denontio tibe, inmondissime *spirite* Tartaruce» (tablilla de maldición recogida en el *CIL*, III, 961), todos en *DLLHI*, núms. 1043, 1042, 184*[3,11]. Esta tendencia venía de muy lejos: Plauto hacía *domi* como genitivo de d o m u s (*Trin.*, 841, 1027; *Amph.*, 503), *gemiti* de g e - m i t u s (*Aul.*, IV, 9, 11), *senati* de s e n a t u s (*Epid.*, II, 2, 5), *tumulti* (abl. *tumulto*) de t u m u l t u s (*Poen.*, I, 1, 79; *Bacch.*, 1120).

[65] Según la norma de hacer masculinos los nombres de árboles, cfr. § 29.

[66] Así ya en Plauto (*Truc.*, I, 1, 33, 34). Petronio usó la voz como masculino: *vasus fictilis* 'vasija de barro' (§ 57.1).

[67] San Agustín ofrece este magnífico testimonio: «Os... quod vulgo

Algunos masculinos reacomodaron su terminación al género que representaban y c u c u m i s se hizo *cohombro*, p u l v i s pasó a *polvo* [68], p a n t e x llegó a ser *pancho* 'panza' (cast.), *banzo* 'palo en que encajan otros' (cast.) [69], y l i m a x (m. y f.) se convirtió en *l i m a c u s para dar origen a los masculinos *lumiaco* 'babosa' (sant.), *lumiago* (id.), *lumaco* (leon.), *llimiago* (ast.), *limaco* (alav., arag.), etc.

También se incorporaron a esta declinación algunos sustantivos de la quinta: m e r i d i e s > *marizo* 'tiempo de la siesta del ganado' (si no es postverbal de *marizar*, DEEH, 4300), s c a b i e s > cast. *escazo* 'carcoma', salm. *escarzo*, sor. *escarfio* [70].

Es obvio decir que pertenecen a esta declinación todos los neutros en *-o* (§ 38) y los falsos nominativos ((§ 49 *a*).

52. La tercera y la quinta declinaciones se confundieron en sus formas de acusativo *(legem, leges; rabiem, rabies)*, pues hasta los temas en *-i* hicieron un acusativo plural en *-es*, que eliminó al de *-īs*.

Estas dos declinaciones dieron forma a los sustantivos que en español terminan en consonante, por eso los nombres en *-a* y en *-o* se incorporaron a las declinaciones que ya hemos considerado (§§ 50, 51). Sin embargo, se enriqueció con los casos de apócope de la vocal final, en que el sustantivo pasaba a terminar en consonante *(apóstol)*, con los galicismos en *-e (preste, chan-*

---

dicitur *ossum*... Sic enim potius loquamur: Melius est reprehendant nos grammatici quam non intelligant populi» (*Enarr. in psalm. 138*, cap. XX). La traducción latina de Dioscórides llama *ossus* a la 'concha de la jibia' (X, 190, 1) y CHIRÓN declina como acusativo, *ossum*, nuestro término (*Mulomed.*, § 691). Otros muchos testimonios en *DLLHI*, s.v. *os(s)u, ossua*.

[68] Pero los testimonios latinos mantuvieron hasta muy tarde las formas de la tercera declinación; permítasenos aducir un curioso testimonio que, para curar las anginas, propuso MARCELO EMPÍRICO: «Cuniculum vivum in olla rudi combures et *pulverem* de ipso costo et folio aequis ponderibus miscebis et... cum vino dabis» (§ XV, 66).

[69] Frente al más común *panza*.

[70] Compárense con el gall. *lazo* 'hielo' < g l a c i e s y el portugués *moliço* 'cama del ganado' < m o l l i t i e s.

tre) o con las voces patrimoniales que han cambiado la *-o* latina
en *-e* (*golpe* < * c o l p u , *rolde* < r ŏ t u l u , *doble* < d ŭ p l u).

La suerte de los neutros en *-r* y *-n* de esta declinación se
considera en el § 37 [71], y la de los en *-s*, en el § 34. En cuanto al
plural, etimológico o analógico, de los sustantivos de esta declinación, queda tratado en los §§ 41, 42 y 44.

53. De acuerdo con todo lo anterior, los tipos morfológicos
españoles que resultan de la evolución latina se pueden agrupar
—en las palabras patrimoniales— según los tipos siguientes:

>   1)   *-a / -as* [72]
>   2)   *-o / -os*
>   3)   *-e / -es*
>   cons. / *-es* [73].

[71] Los neutros en *-n*, como se ha dicho, crearon un acusativo analógico
m i n e y pasaron a ser sustantivos en *-e*. Algún raro caso, empero, se
mantuvo o, incorporado al vasco-románico antes de la acción analógica,
quedó al margen de toda posible analogía. S e m e n podía significar en
latín 'raza, casta', y de ahí, si no directamente de 'semilla' se obtuvo el
vasco *seme* 'hijo'. Recuérdese el comienzo de la parábola del hijo pródigo
estudiado por H. SCHUCHARDT: «Gizón batek zituen bi *seme*» = 'Un hombre
tenía dos hijos' (*Primitiae Linguae Vasconum*, Salamanca, 1947, pág. 37).
Ha de ser cultismo *semen* en las traducciones sagradas judeo-españolas,
por ejemplo, en la *Biblia* de Amsterdam de 1630 se documenta: «Que a
toda la tierra que tu vees, a ti la daré: y a tu *semen*, hasta siempre.
Y porne a tu *semen*, como polvo de la tierra: que si podra varon, por
contar á polvo de la tierra; también tu *semen*, ser à contado» (f. 8 *b* [*Gén.*,
XIII, 15-16]). En todos estos casos la voz significa 'descendencia', como en
otros sitios del f. 9 *b* [*Gén.*, XV, 3, 5, 13].

[72] Hubo alguna evolución dispar (en mozárabe) y la hay (en leonés).
De la primera se ha ocupado, con muy seguras razones, ÁLVARO GALMÉS,
Los plurales femeninos en los dialectos mozárabes (*BRAE*, XLVI, 1966, páginas 53-57) y *El dialecto mozárabe de Toledo* («Al-Andalus», XLII, 1977,
páginas 292-294); en cuanto a la segunda, baste con citar un trabajo de
carácter histórico: EMILIO ALARCOS LLORACH, *Sobre el área medieval del
plural asturiano -as > -es* (*AO*, I, 1951, págs. 167-169).

[73] La penetración de numerosos extranjerismos va obligando a formar
un nuevo tipo de plural terminado en cons. + *-s* (*clubs, Soviets, accésits,
fiords*), según se ve con frecuencia (EMILIO LORENZO, *Dos notas sobre la*

morfología del español actual, apud *EDMP,* VI, pág. 66). Bien es cierto que otras veces se oyen formaciones adaptadas a la fonética del español *(sovies, accesis)* y otras se crean plurales analógicos: colomb. *clubes* 'un especial sistema de venta a plazos', *fiordos.* Cuestiones marginales a la que estudiamos en el texto se consideran en M. SANTARELLI, *Spanish Plural Formation: Apocope or Epenthesis? (Lan,* XLVI, 1970, págs. 89-96), U. KROHMER, *Unregelmässigkeiten bei der Pluralbildung des Nomens im Spanischen (IR,* II, 1970, págs. 104-121), MARGHERITA MORREALE, *Aspectos gramaticales y estilísticos del número (BRAE,* LIII, 1973, págs. 351-375).

CAPÍTULO VI

EL ADJETIVO

54.1. Por más que la declinación del adjetivo no tenga formas propias [1], sí presenta ciertas variaciones con respecto a la del sustantivo. Los tratadistas de la morfología latina señalan tres grupos: 1) Adjetivos que se declinan como los temas en *-o/-e* (masculino-neutro) y *-a* (femenino) tipo *bonus, -a, -um; pulcher, -a, -um;* 2) Los que se declinan como temas en *-i (fortis, -e; acer, -is, -e)*; 3) Los que se declinan como temas en consonante *(quadrupes; vetus)*.

Ya era latina la tendencia a eliminar en el adjetivo la distinción masculino ∼ femenino y esta tendencia se mantiene —en líneas generales— en romance. Ahora bien, como el acusativo masculino y el neutro coincidían *(bonum, -am, -um)* vino a resultar que sólo funcionó la oposición masculino/neutro ∼ femenino en los adjetivos latinos del grupo 1; mientras que la pérdida de la *-m* final hizo que se confundieran los acusativos masculino/femenino y neutro *(acre[m] – acre, forte[m] – forte)* del grupo 2. Así, pues, no hubo distinción de los grupos 2 y 3, que se fundieron en una declinación sin marca de género, en tanto que

---

[1] ERNOUT, *Morphologie*, pág. 72, § 96; M. MANOLIU y otros, *Quelques remarques sur la flexion nominale romane*, Bucarest, 1970.

los del grupo 1 diferenciaron el femenino, que —igual que el sustantivo— tuvo su forma marcada en -*a* [2].

54.2. Cierto que la situación no estuvo exenta de irregularidades. Habida cuenta que el adjetivo va acompañando al sustantivo, ocurría de vez en cuando que la confusión del género de éste repercutía sobre aquél. Así, por ejemplo, los sustantivos neutros en -*er* y en -*us* eran igualados a los masculinos de la misma terminación, de donde resultaban concordancias como *cadauer mortus* en una inscripción pompeyana, *corpus exanimis* en un túmulo romano, *opus maximus* en una consagración de Hispellum [3].

54.3. No obstante, los resultados aducidos en la primera parte de este párrafo fueron bastante estables. En castellano la lengua literaria distingue entre *bueno, -a* y *pulcro, -a*, pero no en los demás casos; sin embargo, hay dialectos que siguen algunos hábitos distintos, y en ello coinciden con otras lenguas románicas. Así, por ejemplo, la *Vida de Santa María Egipciaca* (s. XIII) denuncia el aragonesismo —al menos del copista— en sus *cortesa, dolienta* y *genta* 'gentil' [4], el *Poema de Yúçuf* (texto aljamiado del s. XIV), por sus *onza* 'once' y *granda* [5] y así —también— en textos jurídicos tanto aragoneses como navarros. Este tipo de femeninos es idéntico a los del rumano (*greă* < g r a - v i s), engadino (*verda, nöbla*), provenzal (*alegra, paubra*), catalán (*dolenta, pobra*) y francés. Acaso sea de origen galo-románico la tendencia manifestada por el dialecto aragonés, por cuanto las formaciones de este tipo se documentan después de la venida de gentes transpirenaicas a la ocupación de Zaragoza. Hoy se

---

[2] En el latín se dio un proceso semejante: el *Appendix* censuraba «pauper mulier non *paupera* mulier» (n.º 42) y el gramático Probo, distinto del compilador del *Appendix*, escribía: «Nunc cum idem dicat Vergilius *pauper in arma pater* et genitore *Adamastro paupere*, et ideo *pauper domus*, non *paupera* pronuntiavit» (83, 17).

[3] *DLLHI*, núms. 272, 604 y 930, respectivamente.

[4] *Cortesa* también en la *Razón de amor* (v. 91); *dolienta* en el *Libro de miseria de ome* (42 c) y *genta* en Berceo, *Apolonio*, Hita, etc.

[5] Edic. MENÉNDEZ PIDAL (Granada, 1952, § 15).

oye *jovéna, proba* 'pobre', *granda* [6]. También en algunas comunidades sefardíes se documentan adjetivos en *-a (cruela, fidela,
peora)*, rasgo que —incluso— accede frecuentemente a la lengua
literaria [7].

Si alguno de estos adjetivos se convierte en nombre propio,
la terminación *-a* se adopta para el femenino: *Félix—Felisa,
Fidel—Fidela.*

54.4. A partir del siglo XIV, en Aragón se pudo recoger *tristo,
grando*, formaciones analógicas de masculino [8], semejantes en
todo a las que censuraba el *Appendix Probi* («tristis non *tristus*»,
número 56; «acre non *acrum*», núm. 41; «teter non *tetrus*», número 138) [9] y que han dejado descendencia en otras lenguas románicas. Así de t r i s t u s proceden el rumano *trist* y el italiano
tristo (*REW*, 8918), de n i g e r el rum. *negru*, it. *nero*, engad.
nair, esp. y port. *negro*, etc. (*REW*, 5917) y de a c r u m el rum.
acru, it. *agro*, logud. *agru*, esp. y port. *agro* (*REW*, 92) [10].

55. Son románicas las formaciones femeninas correspondientes a los adjetivos latinos en - o r (salvo en los comparativos),
- o n (y - a n u s , - i n u s) y - e n s i s («pájaro *cantor*», «ave *can-
tora*»; bretón, *-a; burgeses e burguesas*, en el *Cid*).

EL COMPARATIVO

56.1. Las formas comparativas latinas en - i o s no se añadían al tema del adjetivo, sino directamente a la raíz; de ahí

---

[6] ALVAR, *Dial. arag.*, § 105.2.

[7] WAGNER, *Konstantinopel*, § 63.

[8] Ibidem, § 105.3. En catalán, hay masculinos que —en plural— tienen
una forma en *-os;* así *audaç — audasos, feliç — feliços* (A. BADIA, *Gramática
histórica catalana*, Barcelona, 1951, § 117, III).

[9] Claro que también se daba el fenómeno inverso: «sobrius non *suber*»
(*Ap. Probi*, n.º 31). Como es lógico, los sustantivos padecían idénticas
asimilaciones que el adjetivo: «aper non *aprus*» (n.º 139).

[10] Es de otro tipo —sustitución de sufijos— la aparición, no rara en
latín, de sustantivos en - u r a , donde la lengua tenía - o r . Así * c a l u r a

que surgieran dobletes del tipo m a i o r (< *m a g - y o - s)
frente a m a g n u s (< *m a g - n o - s), nēquior ~ ne-
quam, propior ~ propinquus, senior ~ senex,
aunque fuera normal la igualación del tema comparativo al positivo [11]. Reliquias de la situación primitiva pueden rastrearse
tanto en español como en las otras lenguas románicas; tal es
el caso de los descendientes de m a i o r (esp. *mayor*, cat. *major*,
port. *maor*, *môr*, fr. ant. *maire*, it. *maggiore*) y sus derivados
(*mayordomo*, *mayoral*, arag. *mairal* 'presidente de una cofra-
día'), frente a los de m a g n u s (logud. *mannu*, prov. *manh*, esp.
ant. *manno* [12], fr. *maint* [13], esp. *tamaño*, port. *tamanho* y los topónimos it. *Montemagno*, cat. *Valmanyà*, arag. *Vachimaña*, *Villa-
mana*, port. *Caamanho*) [14], y tal es el caso de s e n i o r (esp.
señor, port., prov. *senhor*, cat. *senyor*, fr. *seigneur*, it. *signore*,
etc. y las formas abreviadas esp. *so*, *zo* [15], port. *seo*, *sô*, fr. *sire*,
it. *sor*, etc.) frente a s e n e x (log. *sénege*)—* s ĕ n ĭ c u s (aru-
mano *sinrecu*, camp. ant. *sénega*, prov. *senec*, *ma senega* 'mano
izquierda', etc.) [16].

56.2. En latín clásico, las formas en - i o r eran propias del
masculino - femenino, y las en - i u s , del neutro (a l t u s , - i o r ,

---

(por c a l o r), *p a v u r a (por p a v o r), *r a n c u r a (por r a n c o r),
antecedentes de *calura* (it., cat., cast., port.), *chalure* (fr.); de *paura* (it.),
pavura (esp.); de *rancura* (it. ant., prov., port.), *rancure* (fr.), *rencura* (esp.
ant.).

[11] ERNOUT, *Morphologie*, § 98. Vid., también, VÄÄNÄNEN, § 259.

[12] En Berceo aún no parece que se hubieran soldado *tan* y *magno*
(cfr.: «tanto priso grant cueyta e tan *manno* crebanto», *Duelo*, 110 *b*; «non
vidiese io tan *manno* pesar», ib. 128 *c*). El texto que suele aducirse de los
Milagros (47 *b*) no es válido, por cuanto lo que se transcribe es la forma
culta: «En Toledo la *magna*, un famado logar».

[13] Vid. G. TILANDER, «*Maint*». *Origine et Histoire d'un mot*, Estocolmo, 1955.

[14] El castellano *(de) mancomún* 'de acuerdo con otros' procede de
m a g n u m c o m m u n e 'la mayoría' (*DEEH*, 4036).

[15] Cfr. «*so* animal», «*zo*penco».

[16] *Nequior* y *propior* no tuvieron descendencia; de n ē q u u s hay en
prov. y cat. *nec* 'tonto, bobo', aparte otras lenguas menos relacionadas
con el español. P r o p i n q u u s se perpetúa en el prov. *probenc*, en el
port. ant. *provinco*, y en el cast. ant. *probinco*, *prominco*.

-i u s; a c e r, a c r i o r, -i u s; p r u d ē n s, -t i o r, -t i u s),
aunque se cita el testimonio de los historiadores arcaicos en los
cuales *prior* y *posterior* se emplearon como neutros. Por otra
parte, el latín utilizó el sufijo -(t) e r u s para oponer dos objetos
entre sí (*inferus* 'que está bajo' ~ *superus* 'que está arriba') [17],
pero perdida la conciencia de su valor, se recrearon comparativos como *exterior, inferior, superior*, en los cuales había dos
sufijos de comparación [18]. Las formas románicas —como es lógico— proceden de éstas, aunque haya algún aislado heredero
de las más antiguas [19]. En español, los derivados de e x t e r i o r,
i n f e r i o r, s u p e r i o r son cultismos [20] y sólo hay formas tradicionales en las palabras i n f e r n u, s u p e r n u, en las que
el sufijo modifica la forma, aunque no el contenido de las palabras. Así ĭ n f ĕ r n u, especializado con un sentido religioso, dio
el cast. ant. *ifierno, ihierno*, mod. *infierno;* s u p e r n u se continúa en *soborno*, en navarro ant. *soberna* 'riada', *sobernal* 'so-
brecarga', *sobronal·* 'id', *(pan) sobornado* 'el que en el tendido
se pone en el hueco de dos hileras'.

57. M i n o r no es un comparativo para los latinistas, sino
un derivado de * m i n u - 'disminuir, empequeñecer', que por
analogía con *maior, maius* ha servido de comparativo de *parvus*.
De cualquier modo, la acepción de 'el más pequeño' es la que
conservan las lenguas románicas en los derivados de m ĭ n o r
(cast. y cat. *menor*, port. *mêor*), en tanto que de m ĭ n u s salen
cast. y port. *menos*, port. ant. *meos*, cat. *menys*, todos con el
significado de 'menos'.

---

[17] Ascoli defiende que el sufijo en su origen indicaba una comparación
de grado igual: *mater-tera* 'como una madre' (Battisti, § 159).

[18] Ernout, *Morphologie*, § 98, págs. 73-74.

[19] En algún dialecto del Tesino, *infru* procede de ĭ n f ĕ r u s (*REW*, 4400).

[20] No así en otras lenguas románicas, donde hay algún derivado: cfr.
venec. ant. *dastier*, fr. ant., prov. *estiers*, cat. ant. *esters* (* e x t e r i u s).

EL SUPERLATIVO

58.1. En latín se empleaba el sufijo * - m o para indicar el superlativo (absoluto o relativo); sufijo que podía ir unido a otros (habitualmente - s o -). La forma más simple del morfema es la que se atestigua en p r ī m u s, s ŭ m m u s (< * s u p - m o s), e x t r e m u s, p o s t r e m u s, s u p r e m u s, cuyos derivados románicos —cuando los hay— han sufrido con frecuencia importantes cambios semánticos. Baste recordar cómo de p r i m u s proceden el término de parentesco *primo* o el valor adjetival 'delgado', que se recoge en Ribagorza (cat. *prim*); derivados suyos son *primor, primoroso*, etc. S ŭ m m u s se perpetúa en *somo* 'superior' o 'altura' (< s ŭ m m u m), mientras que el and. *zumel* 'montículo' supone una forma con el sufijo -ĕ l l u y el cast. *sámago* 'albura de la madera' exige * s u m m ĭ c u s y el nav. *sámbano* 'id' procede de s u m m ŭ l u s (*DEEH*, 6479, 6480)[21].

58.1.1. En cuanto a las formas alargadas del sufijo, sean con *o-m o- (*infimus* < * i n f-o-m o s, *postumus*), sean con *s o-m o- (*maxumus, maximus* < * m a g-s o-m o s, *pessimus* < * p e d-s o - m o-s, *proximus* < * p r o q-s o-m o-s < * *proque* por *prope*), sean con asimilación de -*rs*- a -*rr*- (*pulcherrimus* < * p u l c e r-s o - m o s)[22], sean con * -t o-m o (o p t i m u s, u l t i m u s), sean con *-i s-s o-m o- (f o r t i s s i m u s), no han dejado sino derivados cultos, como *ínfimo, póstumo, máximo*[23], *pésimo, próxi-*

---

[21] La familia proliferó en formas ya atestiguadas en latín: s ŭ m - m ā r i u s cast. *somero* 'superior', leon. *subera* 'techumbre'; s u m m a t i m 'en suma' gall. *asomade, asemade* 'en suma, de una vez'.

[22] En una inscripción hispánica, -*issimus* sustituye a -*errimus* («da *mi-serissimi* parentes alia minte in eis pena uenamus») en un texto donde se encuentran también *dulcissime, carissimi, carissimo, pientissime* (*DLLHI*, 430). El mismo adjetivo reaparece en otra inscripción hispánica de Carnuntum (ib., 464). Al parecer la confusión venía de lejos: ENNIO escribió *celerissimus*.

[23] En portugués antiguo, existió el verbo *marmar* 'aumentar' < m a - x i m a r e.

mo [24], *pulquérrimo, optimo, último*. El más frecuente de estos sufijos era -i s s i m u s , que es también el que ha accedido más veces a la lengua coloquial, aunque reducido a -*ismo (muchismo, durismo, feísmo)* [25].

58.2. Nos enfrentamos con problemas de léxico más que morfológicos cuando los comparativos y superlativos recurren a tema distinto del de su positivo [26]. Tal sería el caso de b o n u s - m e l i o r - o p t i m u s [27] (derivados populares: *bueno, mejor*), m a l u s - p e i o r - p e s s i m u s (> *malo, peor)*, m u l t u s - p l u - r e s - p l u r i m u s *(mucho, muy)*, p a r v u s - m i n o r - m i n i - m u s (> *parvo* 'pequeño', *parva* 'desayuno' en sant., 'porción de mies que se trilla', *menor*).

59.1. Los adjetivos latinos cuya última vocal temática iba precedida por otra vocal *(-eus, -ius, -uus)* no tenían comparativo ni superlativo, sino que recurrían a formaciones con m a g i s , p l u s y m a x i m e *(magis* o *plus* o *maxime idoneus).* Ya en una época muy temprana, estas perífrasis se extendieron a los adjetivos que podían tener formas sufijales (en Ennio se encuentra un *plus miser sim;* en Terencio, *magis severus quisquam nec magis continens)* y tal empleo parece haberse generalizado a partir de Tertuliano [28]. La Romania periférica (Península Ibérica, Dacia) prefirió m a g i s para este tipo de formaciones, en tanto la central (Galia, Italia, Raetia, Sardinia) [29] se inclinó por *plus.* Sin embargo, no puede decirse que Hispania ignorara los derivados de ésta; antes de la total victoria de *magis,* *plus* se documentó en las *Glosas emilianenses* en un texto que parece indicar la posi-

---

[24] Incluso *próximo* es voz culta; el único término evolucionado parece ser el nav. ant. *prosmano* 'próximo' < * p r o x ĭ m ā n u s *(DEEH*, 5245).

[25] Igual en fr. ant. *(bonisme, hautisme)* y cat. *(abundantisme, altisme).*

[26] Cfr. Ernout, *Morphologie*, pág. 17, § 100 C.

[27] En el Glosario de Reichenau, el término bíblico *optimos* es equiparado al vulgar *meliores* (núm. 254), con lo que se pierde la distinción entre el superlativo absoluto y el relativo.

[28] Cfr. Ernout, *Morphologie*, § 101; Väänänen, § 259.

[29] Fredegario (s. VII) escribe *plus recus* (IV, 48) y las *Compositiones Lucenses* (s. VIII), *plus fuscum.*

bilidad de emplear cualquiera de las perífrasis: «Asperius: *plus
aspero mas*» (n.º 105)[30]. *Plus* aparece también en Berceo, que
documenta un rarísimo *chus* (conocido también en gallego-por-
tugués)[31], y en el *Alexandre*, y *pus*, en catalán[32].

59.1.1. En las hablas populares de hoy pueden encontrarse
formas en las que se usan las formas perifrásticas, unidas a las
que proceden de un superlativo antiguo. Así en esp. pop. *más
mejor*[33], en el it. pop. *piu mejjo* o en fr. vulgar *plus meilleur*,
fórmulas que tienen su antecedente latino en el *magis stultius*
de Plauto. De cualquier modo, construcciones de este tipo no
hacen sino denunciar el proceso de gramaticalización que expe-
rimentan los sufijos; ya en latín, Ovidio pudo escribir *inertior
aetas* con un comparativo de superioridad vaciado totalmente de
significación, y empleado como positivo; otro tanto puede documentarse en San Agustín *(sancta atque dulcissima)*.

60. Meyer-Lübke[34] explica la difusión de las formas perifrásticas como una tendencia a hacer la expresión más circuns-
tanciada y, a la vez, más explícita, pues carece de sentido creer
que los comparativos en - i o r e podían confundirse con los positivos en *-u, -e* o aceptar que los cambios de consonante final del
tema seguida por la yod desinencial iban a producir homonimias
insalvables, ya que *grato, gratiore* no se hubieran confundido
nunca en italiano, ni *gret, *graiseur*, en francés[35]. Como tantas
veces, nos encontramos ahora con una expresividad lograda por
medios muy concretos (propios, fundamentalmente, de la lengua
popular) en tanto los recursos intelectuales (mucho más abstrac-

---

[30] *Orígenes*, pág. 327.

[31] Formas que faltan en LANCHETAS (*Gramática y vocabulario de las obras
de Gonzalo de Berceo*, Madrid, 1900).

[32] Cfr. notas 2 y 3 en la pág. 31 de ROHLFS, *Dif.*

[33] Nebrija emplea una construcción semejante al dar el significado de
más: «quiere dezir *mas mucho*» (pág. 62, § 1.29) y explica: «*io tengo mas
que tu* quiere dezir *mas mucho que tu*» (ib., § 1.33).

[34] *Grammaire*, III, págs. 62-63.

[35] En el l.v. tardío no se han documentado antecedentes de las formas
románicas con artículo ante el comparativo.

tos) son eliminados por menos representacionales. No de otra forma a como ocurre en la lengua popular de todos los tiempos: si el latín se valió para ello de *plus* y *magis*, no quiere esto decir que no recurriera a *sane, valde, vehementer, fortiter, bene, multum* [36], que ignorara la verbosidad repetitiva del *sordidatam et sordidam* (Terencio), que no uniera adjetivos y sustantivos de una misma raíz con fines afectivos que podrían acercarse al valor de un superlativo (*pulcram pulcritudinem*, en Plauto), que no duplicara el adjetivo en las comparaciones (*o melle dulci dulcior tu es*, Plauto), etc. [37]. Recursos que podríamos puntear también en las formas coloquiales del español: «*fuerte* piña» 'mazorca muy grande' (can.), *bien grande* 'muy grande', *mucho bueno* 'buenísimo', *tonto que tonto* 'tontísimo', *blanco blanco* 'blanquísimo', *la mar* 'muchísimo, muy', etc. [38].

61. En español coloquial el superlativo se logra mediante prefijos [39]: *re-* («esto es la *monda* y la *remonda*») [40], alargado en *rete-* y *requete-* (*retefino, requetebueno*), *archi-* (*archisabido*) [41]; en lo antiguo —en ciertos tipos de lengua, al menos— tuvo especial fortuna *per-*, «cultismo fomentado y desarrollado al abrigo de un uso dialectal» [42] y en el que tendría que ver el latín de los estudiantes salmantinos [43]. Otros procedimientos, como el

---

[36] Väänänen, § 262.

[37] Estos y otros procedimientos en Hofmann, §§ 83-90.

[38] Correas documenta «*muy grande* de bueno», «*muy mucho* bueno» y aún señala otros usos que tienen que ver con la fraseología (*Arte*, pág. 201).

[39] Cfr. Beinhauer, págs. 228-234.

[40] Su empleo está muy generalizado en el habla de Méjico: «está *rebién* (o *retebién*)», «es *rebueno* (o *retebueno*)».

[41] De origen culto, pero aplicado con carácter humorístico, cfr. «Magnánimo, poderoso y siempre augusto *archipámpano* de las Indias» (Avellaneda, *Quijote*, cap. XXXII). El novelista juega con la palabreja y la hace ser *Arcadepámpanos* o *Arapámpanos* y a su mujer *Archipampanesa* (vid. § 260).

[42] Vid. Frida Weber de Kurlat, *Latinismos arrusticados en el sayagués* (*NRFH*, I, 1947, págs. 166-170).

[43] Cfr. en latín *permagnus, perparce, pertristis* y, por tmesis, «*per* mihi gratum est» (Cicerón, *Att*, I, 4, 3), citado por Väänänen, § 262.

uso del diminutivo («churros *calentitos*» = 'muy calientes'), incluso con una silabización intensiva («de *ro-di-lli-tas* y a mis pies»), pertenecen a expresivismo estilístico y difícilmente se pueden considerar dentro de la morfología.

LOS NUMERALES: CARDINALES

62.1. En la serie de los c a r d i n a l e s, *uno, -a* procede normalmente de una declinación adjetival [44].

62.2. La suerte de d u o s, d u a s, ya es más complicada: en leonés antiguo se distinguía entre *dos, dous* (masc.) y *duas, dues* (fem.) [45] y esta situación persiste hoy: en el occidente del dominio, *dous* (masc.) es uniforme, pero el femenino tiene *duas* (Villapedre, Villaoril, Teberga), *duyas* (Santa Olaya), *dues* (Curueña, Astorga, Miranda) [46], *dugas* (Sisterna) [47]. La anomalía puede explicarse por la asimilación de las vocales velares en el masculino (d ŭ o s > d o s) frente a la imposibilidad de hacerlo en el femenino (se mantiene entonces d u a s). En la lengua literaria —desde el siglo XIII— se generalizó la invariabilidad del género [48].

62.3. *Tres* procede directamente del t r ē s latino.

62.4. El clásico q u a t t u o r se redujo a *quattor* en el latín africano, a *quattus* en el pompeyano e hispánico, a *quator* en una lápida romana, a *qattus* (año 566) en una inscripción de Montijo y a *qator* en otra de El Gara (África) [49]; lo mezclado de

---

[44] F. Morales Pettorino, *Apuntaciones sobre los numerales y los colectivos en español (AUCh,* CXIX, 1961, núms. 121-123).

[45] E. Staaff, *Étude sur l'ancien dialecte Léonais,* Uppsala, 1907, pág. 281. En las pizarras visigóticas hay *dus* por *duos* (Gómez-Moreno, pág. 60).

[46] Menéndez Pidal, *Dial. leon.,* págs. 91-92.

[47] L. Rodríguez-Castellano, *Aspectos del bable occidental,* Oviedo, 1954, página 197.

[48] El *Fuero de Guadalajara* (1219) emplea *duas; dues* en el *Cantar de mio Cid* (v. 255) y en Berceo *(S. Millán,* 437 c, 471 a). Menéndez Pidal considera extraña al *Cantar* la forma que acabamos de aducir *(Cid,* II, s. v.).

[49] *DLLHI,* números 782, 230, 1024, 6614.

todas estas documentaciones no permite deducir distribuciones
muy claras, aunque no deje de ser notable que frente al cast. y
port. con *w*, el gallego sólo tenga la forma *catro*, mientras que
el aragonés alterna *cuatro-cuatre* [50].

62.5. *Cinco* tiene su *-o* por analogía con *cuatro*, mientras que
la pérdida del primer wau *(quinque > qinque)* era una disimilación cumplida ya en el latín vulgar:

> «crixit annis quadracinta *cinque*» se lee en una inscripción de Ana-
> gnia (Italia meridional),
>
> «septuazinta et *cinqu*» en otra de Montijo (año 566),
>
> «bixit atnis *cinquae* mensibus *cinq*.» en otra de Roma [51].

62.6. La *i* del cast. *seis* se debe a un proceso puramente
fonético: -x- =-ks- y, después, se vocalizó la *k* [52]; el ribagorzano
sies presenta la diptongación normal de *ĕ* + yod, sin que la vocal
haya sido inflexionada.

62.7. S ĕ p t e m *(siete,* arag. *siet),* ŏ c t o (*> ocho,* arag. *huit,
hueito,* ast., arag. *güeito),* n ŏ v e m *(> nueve,* ant. *nuef,* arag.
nueu), d ĕ c e m *(> diez)* son evoluciones normales.

63.1. Ya en latín vulgar, la terminación *-im* era sustituida
por *-e,* analógica de *dece* [53]. Así en una inscripción de la Italia
meridional (Puteoli) se grabó: «annos dece menses septe dies-
que *sedece* plenos tulit» *(CIL,* 3148). También se atestiguan las
formas con *-i* y pérdida de *-m* final: *tredeci* (Roma), *quindeci*
(Tarragona). Sin embargo, las formas españolas, como las otras
romances, proceden del primer grupo. De ellas no ofrecen
ningún interés ŭ n d e c i m *> once,* t r e d e c i m *> tredze* [54],
trece, ribag. *treche,* ni q u i n d e c i m *> quince,* mientras que

[50] *ALPI,* mapa 56.

[51] *DLLHI,* números 901, 1024, 631.

[52] Hay grafías latinas de *cs* por *x: deficsa* (lápida de Stiria), *nicsit* (id. de
Sevilla, de Aguilar de Campoo, de Britannia, y de Italia), *salacs* (id. de Ar-
gel), etc.

[53] Recíprocamente, también alguna vez d e c e m *>* d e c i m («tertia *de-
cim»,* Turín, c. 609-624, *CIL,* V, 7136).

[54] Así en el *Auto de los Reyes Magos* (OELSCHLÄGER, s. v.).

d u o d e c i m (> cast. ant. *dodze, doize* [55], cast. *doce*, arag. ant. *dotze*, ribag. *doche*) pierde su *u* por evolución normal (cfr. d u o s > *dos*) y q u a t t u o r d e c i m *(> catorce)* es comparable a *cuatro*.

63.2. A partir de 'dieciséis' el castellano sigue una serie de formaciones analógicas, no sin que sobrevivan —o hayan sobrevivido— restos de la situación latina. S ē d ĕ c ĭ m duraba en Berceo bajo la forma *seze* (*S. Millán*, 474 *d*) y en documentos aragoneses de la edad media había *setze* (probable catalanismo) y *seze* [56]; derivados suyos, como el cast. ant. *seceno* 'dieciseiseno' y el arag. *secén* 'madero en rollo, de 16 medias varas de longitud', aún figuran en el *Diccionario* académico [57].

DECENAS

64.0. Las d e c e n a s en español proceden de sus respectivos antecedentes latinos; las discrepancias de evolución tienen carácter exclusivamente fonético.

64.1. V ī g i n t i hubiera debido tener una primera evolución **viinti > vinti*, según se lee en una inscripción africana de Sitifis; de ahí el log. *vinti*, fr. ant., prov., cat. *vint*, leon. ant., arag. ant., port. *vinte*. Por otra parte, **vĭĭnti* no cambió su ĭ en *e*, porque la -*i* final lo impidió; se tuvo, pues, un **viinte* (de donde se pudo llegar normalmente a **vinte*) que disimiló en *e* a la primera de las dos *ii* en contacto (cast. *veínte > véinte*). En aragonés antiguo, se recoge alguna vez *vient*, explicable desde formas apocopadas para que no haya acción de la -*i;* tales formas no serían raras en las enumeraciones: v i g ĭ n t ' *vient;* v ī g ĭ n t i se hizo * v ĭ g ĭ n t i por la ley de Fouché («en los proparoxítonos

---

[55] *Dodze* en *Sacrif.*, 9 *b; doize* en *S. Millán*, 363 *a*.

[56] B. Pottier, *Los numerales*, apud *Miscelánea de Filología aragonesa* (*AFA*, II, 1947, pág. 54).

[57] S e p t e n d e c i m , d u o d ē v ī g i n t ī , ū n d ē v ī g i n t i no tuvieron persistencia. Conviene no olvidar que el *CIL* (III, 2283) documenta ya *dece septe* y una inscripción cristiana primitiva *decem et octo* (*DLLHI*, número 1052).

cuya vocal acentuada es larga, ésta se abrevia por razones fisio-psicológicas, siguiendo la tendencia general de la economía de esfuerzos»)[58] y dio lugar a *vente, veyent*. Estos comentarios son válidos para la evolución de t r ī g ĭ n t a.

64.2. Q u a d r ā g i n t a dio en cast. ant. normalmente *cuaraenta* y, en lo moderno, *cuarenta*, pero en latín se conoció la forma *quarranta* (*CIL*, 7645), que deberá relacionarse con los numerales románicos en *-anta:* nav. ant. *quoaranta*, arag. *cuaranta*, cat. *coranta*, fr. *quarante*, it. *quaranta*. En cuanto al berciano *cuarinta*, tiene su *i* analógicamente de *vinte*.

64.3. Q u i n q u a g ĭ n t a, s e x a g ĭ n t a, s e p t u a g ĭ n t a, o c t o g ĭ n t a y n o n a g ĭ n t a dan *cincuenta, sesenta, setenta, ochenta* y *noventa* en la lengua oficial; no merece la pena anotar aquí sino la disimilación del wau en *qui-*, su eliminación en *-tua-* (favorecida por la analogía con *siete*) y la formación de *ochenta* y *noventa* sobre los simples *ocho* y **nove* (si ésta no es formación analógica sobre *setenta*, sin el diptongo de *siete*). Tampoco merecen más consideración los aragonesismos *cincuanta, sixanta, setanta, huytanta*[59], *vitanta, nonanta*, todos ellos en relación con el catalán.

65. La numeración vigesimal *(quatre-vingts)* tiene difusión en Francia y algunas reliquias en España. Para el país vecino, lo mismo que para Sicilia, parece razonable la explicación normanda, habida cuenta de que este sistema de contar es propio de los pueblos escandinavos[60], mientras que para el riojano *tres vent* habrá que pensar en el vasco *berrogei* '40 (dos veintes)', *irurogei* '60 (tres veintes)', etc. En otras partes, se recogen *dous veintes* 'cuarenta', *cuatro veintes* 'ochenta'[61] o designan el *ochentón* como *cuatro veintes* (Santander); en Andalucía, en las zonas

[58] Pottier, *AFA*, II, pág. 55.

[59] O c t a g i n t a se documenta en un edicto de Diocleciano *(CIL*, III, 811).

[60] Cfr. G. Rohlfs, *Lengua y cultura*, Madrid, 1966, pág. 69; *Die Zählung nach Zwanzigern im Romanischen* (*ASNS*, CLXXXIII, págs. 126-131).

[61] F. Krüger, *El dialecto de San Ciprián de Sanabria*, Madrid, 1923, páginas 121 *a* y 124 *b*.

rurales, suelen utilizar este mismo modo de contar la edad: un viejo tendrá *cuatro duros* o *cuatro duros y medio* a los '80 ó 90 años', ya que un duro vale *veinte reales* (80 = 4 veces 20 reales). Sin embargo, está muy extendida esta numeración vigesimal (albanés, copto, yaqui, náhuatl, chibcha, etc.) que procede de un sistema primitivo de contar: primero, los dedos de una mano; luego los de la otra; se sigue con los de un pie y se acaba con los del otro. Bástennos unas breves referencias: «[los chibchas] tenían palabras especiales para los números uno hasta diez; pasado este número, añadían la palabra *qhicha* que significa pie»[62], y, en yaqui, 'veinte' se expresa «por la palabra que significa *cuerpo*»[63].

CENTENAS

66.1. Las c e n t e n a s, salvo *cien* (< c ĕ n t u m), presentan formas analógicas: d ŭ c ĕ n t i , t r ē c ĕ n t i , hubieran dado *docientos, trecientos* (con -*os* de plural, en vez de -*i*, que en español dejó de funcionar). En efecto, *docientos* aparece desde el *Cantar del Cid* (1140) hasta el *Libro Verde de Aragón* (1507); *trecientos* desde el *Fuero de Guadalajara* (1219) hasta nuestros propios días. Pero sobre uno y otro actuó la presión de los numerales simples *(dos, tres)*. *Quinientos* —en vez de *quiñentos*— no se explica —sólo— por eliminación de la *g* (* q u i n ĕ n t o s), sino por la fuerza paradigmática de la terminación -*ientos*, puesto que la diptongación de ĕ > *ie* hubiera llevado a la palatalización de la *n*, como ha ocurrido —u ocurrió— en otras palabras *(Alemaña, saña, riñón)*.

66.2. S e x c e n t i dio normalmente *seiscientos; seicientos* (*S. Millán*, 863 *a*) tiene la reducción —fonéticamente explicable— de -*sc*- > *c*.

---

[62] E. URICOECHEA, *Gramática, vocabulario, catecismo i confesionario de la lengua chibcha*, París, 1871, pág. XXV. Cfr. M. ALVAR, *La gramática mosca de fray Bernardo de Lugo*, Bogotá, 1977, pág. 36.
[63] JEAN B. JOHNSON, *El idioma yaqui*, México, 1962, págs. 59, 48. Para el náhuatl, vid. A. DE MOLINA, *Arte de la lengua mexicana* (1571), II, 3 *r*.

66.3. *Cuatrocientos, setecientos, ochocientos* y *novecientos* son compuestos románicos, que reemplazaron a los latinos q u a d r i n g e n t i, s e p t i n g e n t i, o c t i n g e n t i, n o n-g e n t i.

MILLARES

67. Los m i l l a r e s están representados por el singular m i l l e *(mil)* y no por el plural m i l i a que aparecía en latín vulgar bajo formas tan poco cultas como *meilia* (Lucania, 132 a. c.) o *milae* (Salona). Un derivado suyo, m i l i a r i u s dejó el arag. ant. *millero* 'un millar', cat. *miller* 'millar' y, otro, m i-l i a r i u m 'piedra miliaria', fue antecedente del cast. *mijero* 'id., distancia, espacio de tiempo' [64]. Los derivados de m i l i a (*milla* 'medida de distancia', *amillarar* 'repartir contribuciones') presentan valores separados de su origen. *Milenta* —formado con la terminación de las centenas— debe ser relativamente tardío, pues falta en los testimonios primitivos; consta, sin embargo, en Juan del Encina y en doña Ana Abarca (s. XVII). *Dos, tres, cuatro mil*, etc. son formaciones románicas; *millón, billón*, etc., italianismos. En lo antiguo *cuento* equivalía a 'millón'; según este claro texto de Correas: «Diez vezes zien mil [...] hazen *un cuento* de maravedis, i si fueren ducados se llama *un millón* en cuenta de España» (*Arte*, p. 221) [65].

ORDINALES

68.1. Los o r d i n a l e s *primer(o), segundo, tercer(o), cuarto* y *quinto* tienen evolución popular desde las formas vulgares del latín [66], aunque *cuarto* y *quinto* han sufrido numerosos cambios

---

[64] Un pueblo de Navarra se llama *Piedramillera*.

[65] JERÓNIMO DE TEJEDA no establece ninguna diferencia entre el significado de estas palabras; a las dos da el equivalente francés 'milion' (pág. 45).

[66] P r i m u s, sustantivo, dejó paso a p r i m a r i u s; t ĕ r t i u s evolucionó normalmente en el arag. ant. *tierzo* 'tercio', cast. ant. *terzo*, top. *Tierz* a 5 km. de Huesca (= 3 millas romanas); q u a r t u s en toponimia se per-

semánticos. Las formas latinas al pasar a los romances peninsulares han emigrado de su campo originario para dar lugar a derivados de tipo diverso [67]:

68.2. S ĕ x t u s [68] se perpetúa en *siesta* (h o r a s ĕ x t a) y en sus numerosos derivados: *sestil, sestear*, etc. En el cantar de *Rodrigo* (v. 559), *posiesta* es la 'tarde, atardecer' [69].

68.3. S ĕ p t i m u s dio el cast. ant. *sietmo* y el top. *Siétamo* (a 7 millas de Huesca).

68.4. O c t a v u s es el origen de *(o)chavo* 'moneda' y del top. *Utebo*, a 8 millas de Zaragoza.

68.5. N ŏ n u s desapareció de la lengua coloquial, pero quedó fosilizado en el top. *Nueno*, a 9 millas de Huesca.

68.6. D ĕ c i m u s fue origen de *diezmo* 'décima parte', *deuma* (leonés y cat.), *dezmia* 'diezmo' (cast.) y sus derivados *dezmero, dezmar, diezmar*.

68.7. Q u a d r a g e s i m a especializada en la acepción de '46 días antes de la Resurrección' se convirtió en *cuaresma*, arag. ant. *coraesma*, lo mismo que q u i n q u a g e s i m a 'pascua del Espíritu Santo', fue *cincuesma* y *cinquaesma* en cast. ant. [70].

---

petúa en unos cuantos nombres de lugar *(Cuarte)* que están a 4 millas (de Huesca, Zaragoza o Valencia), vid. G. Rohlfs, *Studien zur romanischen Namenkunde*, Munich, 1956, pág. 35. *P o s t r a r i u s (> *postrero*) fue forma analógica que sustituyó a p o s t r e m u s; *p o s t r i m a r i u s dio origen a *postrimero*.

[67] Tal vez sea ésta la causa de que *sexto, séptimo, octavo*, etc., sean cultismos.

[68] Grafía culta, en vez de * *sestus*, cfr. *Sestius* (Ernout, *Morphologie*, página 110, § 164).

[69] Como f r a c c i o n a r i o derivado de él se utilizó *sesmo* 'la sexta parte' y, de ahí, *sesmero* 'jurado de cada distrito en que se dividía una ciudad' (cfr. *FSalamanca*, pág. 24, nota 46).

[70] Un manuscrito de Berceo lee *ciscuesma* en *S. Oria*, 188 *b* (C. Carroll Marden, *Cuatro poemas de Berceo*, Madrid, 1928, pág. 92).

69.0. Es conveniente estudiar juntos los adjetivos y adverbios por cuanto se repiten las mismas raíces y han de ser necesarias las mismas explicaciones para unos y para otros.

69.1. S i n g u l i , - a e, -a 'uno por uno' (adj.), s i m p l u s , s i m p l e x 'simple' (adj.), s e m e l 'una vez' remontan a * s e m - 'uno', de donde proceden *semper* 'una vez por todas', y *simul* 'juntamente, a una; un tiempo'. Los derivados españoles de estos étimos son: s i n g u l i > cast. *sendos, seños*, gall., leon. *senllos*, ast., sant. *sellos*, arag. *senglos*, nav. ant. *siendos;* s i m p l e (adv.) > *simple* 'bobo, sin composición'.

69.2. D u p l u s , d u p l e x 'doble' > cast. *doblo* 'duplo', *dobla* 'moneda' y un derivado pirenaico, *doplera* 'vaca que ha cumplido dos años'; de d u p l e 'doblemente' proceden *doble* 'dobladamente'[71]. No hay restos de b i s 'dos veces' (adv.) ni de b i n i , -a e, -a; únicamente los derivados de éste, * b i n a r e > > *binar* 'dar segunda mano al campo', berc. *bimar* 'id.'[72].

69.3. Q u a t e r n ī 'de cuatro'[73] da el cast. *cuaderno*, nav. *caderna, cacherna, cachorna* 'cobertizo', nav. *cuaderna* 'moneda de 10 céntimos'; q u i n i 'de cinco en cinco' > *quina* 'cuaderno de cinco pliegos; lance en el juego de la lotería'[74]; s e n i 'cada seis' es antecedente de *sena* 'el seis del dado', *senal* 'ma-

---

[71] En el campo léxico habría que situar d ŭ p l a r e 'doblar' > *doblar* y d u p l i c a r e > *doblegar* 'encorvar, doblar'.

[72] En relación con b i s está b ī m u s 'de dos años' con una variada descendencia pirenaica: *bima* 'vaca de dos años', *bimarro, mimarro, bimardo* 'ternero de dos años', ast. *bimaro* 'animal de dos años', sant. *mimón, mimal* 'id.'.

[73] T e r n i , t r i p l e x , t e r no dejan derivados patrimoniales, salvo *terno* 'vestido de tres piezas', *terna* 'conjunto de tres personas; lance en el juego de la lotería'.

[74] Los derivados suyos *quiñón* 'la quinta parte' y *quiñonero* 'repartidor del botín' tuvieron larga vida (cfr. *Cid*, II, s. v.).

roma trenzada con seis cabos'[75], s e p t ē n u s 'de siete' deja *seteno* 'séptimo', *-a* 'conjunto de siete'[76]; c e n t e n i 'cien por cien' > *centén* 'moneda que valía cien reales'[77], etc.[78]

---

[75] Sobre *seis* con el sufijo *-enus* se forma *seiseno* 'sexto', *-a* 'conjunto de seis', *seisén* o *sesén* 'moneda aragonesa de seis maravedís'; de *ocho* procede *ochosén* 'antigua moneda aragonesa, que valía ocho meajas' (vid. VICENCIO JUAN DE LASTANOSA, *Tratado de la moneda jaquesa de otras de oro y plata del Reino de Aragón*, Zaragoza, 1681, págs. 61, 62, por ejemplo).

[76] O c t o n i no tiene derivados, pero en nav. *ochena* es una supervivencia que se aplicaba hace unos años (muy viva en 1945) a la 'moneda de cinco céntimos'.

[77] No se perpetuaron los adverbios en - i e n s .

[78] CORREAS facilita la lista de los numerales que admitían el sufijo *-eno*; de las formas lexicalizadas (*terciana, cuartana*) y de los derivados (*tercinario*, etc.), vid. *Arte* (págs. 223-224).

Capítulo VII

LOS PRONOMBRES. PRONOMBRES ADJETIVOS

INTRODUCCIÓN

70. Los pronombres constituyen una categoría compleja, puesto que en ellos se agrupan elementos de diversa condición. Incluso series tradicionales como la de los p e r s o n a l e s o la de los p o s e s i v o s no son unívocas desde un punto de vista funcional: *yo* y *tú* pueden tener caso y número, pero no género[1], mientras que *él* sería semejante a los demostrativos por cuanto participa de las mismas funciones que ellos (número y género). Los posesivos aparecen en construcciones con artículo, pero se trata de sintagmas nominales en los cuales la combinación se produce dentro de la secuencia (cfr. «*el* tu *reino*» frente a «*el pan* nuestro»). Ante estos hechos conviene ordenar las formas de acuerdo con las funciones que puedan realizar.

LOS POSESIVOS

71.1. Los p o s e s i v o s son elementos integrados en la serie de los «pronombres-adjetivos» (como los demostrativos) por cuanto poseen caso, número, género y pueden llevar artículo,

---

[1] *Nosotros, vosotros* tienen género, pero por motivos históricos (*nos, vos + otros*), ya que, en su origen, el indefinido lo tenía.

rasgos que pertenecen a los adjetivos, aunque no todos éstos pertenezcan a la misma categoría; por otra parte, están en relación con los pronombres personales, ya que cualquiera que sea su forma se trata de adjetivos personales que sustituyen al giro «*de* + persona»[2]. Ahora bien, la situación actual difiere de la historia de estas palabras, porque, funcionalmente, los posesivos no son genitivos del pronombre personal (ya que permiten género y artículo, que no son aceptados por sus correspondientes pronombres personales), por más que en la situación latina los genitivos m e ī, t u ī, s u ī se hubieran tomado de los pronombres posesivos *meus, tuus, suus:* la evolución del latín al romance ha modificado la suerte de estas formas al establecer una oposición basada en el uso del artículo más que en cualquier otra cosa.

La diferencia de los posesivos frente a los demostrativos está en el hecho de que los primeros son *retrospectivos* (es decir, suponen una situación anterior sin la cual el contexto actual no estaría claro), mientras que los demostrativos son *presentativos* (muestran una situación por sí mismos, sin cualquier otra connotación)[3].

71.2. En cuanto a la forma de los posesivos depende de su posición en el sintagma, pues antepuestos se presentan como variantes apocopadas *(mi, tu su)* y pospuestos, como plenas *(mío, tuyo, suyo).* Ya en latín vulgar se generó, también, una serie sin acento que adoptó la forma *mo, to* y *so*[4], que fue estéril en las lenguas románicas, pues los asturianos *tó, só* son acentuados y no pueden proceder de los casos recién aducidos.

---

[2] Cfr. ALARCOS, *Gram. estr.,* § 82; POTTIER, *Introducción,* pág. 120; JOSÉ MONDÉJAR, *Sobre la naturaleza gramatical del pronombre en español (REL,* VII, 1977); FRANCISCO MARCOS, *Estudios sobre el pronombre,* Madrid, 1978.

[3] Vid. B. RADELL, *Los posesivos en español (NRFH,* XXVII, 1978, páginas 235-257). Para un planteamiento general, no sólo de los posesivos, vid. M. ALVAR EZQUERRA, *El determinante (LEA,* I, 1979, págs. 31-66).

[4] Al menos éstas son las formas documentadas en las lápidas: «coniugi *mo»* (inscripción de Rávena), «patri et matri *mo»* («Ephem. epigr.», VIII, 238), «coniugi *so» (CIL,* V, 2007). Cfr. *Manual,* 96, 2.

72. M ĕ u > **mieo* > *mío*, ant. *mió* y, en posición proclítica, *mi*. La forma *mieo* no se atestigua en la documentación medieval [5]; sin embargo pervive en las zonas más arcaizantes del arcaizante dialecto asturiano (La Sisterna, Sonande, Leiriella), así como en Babia y Laciana, en la Cabrera Alta, en Páramo del Sil y en Omañón [6]. Por tanto, en vez de recurrir a otras explicaciones resulta válida la que acabamos de exponer. Ya en época latina —según exige buena parte de los romances— el latín m ĕ a se cambió en *męa* por disimilación de la ę ante *a*. En castellano se obtuvo la forma *mía*, que debilitó la vocal final (*mie*, así aún en Babia) y pudo apocoparla después *(mi); en efecto hay textos medievales —por ejemplo el *Auto de los Reyes Magos*— que distinguen perfectamente entre el masculino («*mio* mayordomo», «*mios* averes») y el femenino («*mi* ley», «*mis* potestades») [7]. La traslación acentual *mió*, *miá*, *mié* consta en nuestra literatura más antigua y hoy *(mió, miá)* perdura en el bable centro-occidental. Así como la forma átona *mi* se generalizó para ambos géneros en castellano, la acentuada *mió* se emplea indistintamente en asturiano central y oriental. Son las hablas leonesas quienes presentan mayor complejidad en el uso de los posesivos, pues en el asturiano occidental, *miéu, mióu* se usa tanto acompañando a un nombre como pronominalmente («el *mióu* xato» ['mi ternero'], «ya *mióu*» ['es mío']); en femenino la distinción se basa en la traslación acentual: «la *miá* vaca», «esa ya *mía*». En el asturiano central y oriental se emplea como fórmula única cualquiera que sea el género o la función («el *mió* caballo», «la *mió* vaca», «ese prau ye *mió*» ['ese prado es mío'], «la casa ye *mió*» [8]). En el asturiano más oriental (Cabra-

---

[5] Vid. Friedrich Hanssen, *Sobre los pronombres posesivos de los antiguos dialectos castellanos* (AUCh, C, 1898), trabajo útil por el acopio de datos, pero inadmisible por los presupuestos de que parte. Se había publicado antes en alemán; sin embargo, la edición española está enriquecida.

[6] Vid. Rodríguez-Castellano, *Posesivo*, excelente estudio de riquísima información.

[7] Hasta en el siglo xvi se puede encontrar *mio mandado, mia fe*.

[8] En Cabranes, cambia el posesivo: «la fiya *mía*», «les fiyes *míes*».

les, Halles, Rivadeva, Panes), las formas que se emplean son las castellanas.

73. T ŭ u m y t ŭ a m trataron —según Menéndez Pidal[9]— de manera distinta a la vocal tónica: *tu̯o, tu̯a,* respectivamente. Esta situación se continuó en el ant. masc. *to*[10], fem. *tua*[11] y se perpetúa en el bable occidental (masc. *tóu,* fem. *túa*)[12] y en las hablas occidentales de León (Babia, Laciana, Lillo, La Cabrera, etcétera) y de Zamora (San Ciprián de Sanabria, San Martín de Castañeda); en el bable centro-occidental, *tó* sirve para masculino y femenino, adjetivo o pronombre («el *tó* šato, ye *tó*», «la *tó* vaca»; pl. *tós*).

74. S ŭ u m y s ŭ a m siguieron suerte pareja a los anteriores y las explicaciones todas son válidas ahora (cast. ant. masc. *suo, so*[13], fem. *so, sua*[14] > *sue*[15]; bable occ. *sóu, súa;* centro-oriental *só*). En lo antiguo, se escribía tanto «*suo* ermano» como «filio *suo*».

75. Las formas modernas *tuyo, -a, suyo, -a* son analógicas de c u i u s , -a, y se encuentran desde épocas muy antiguas (documentación en el *Cantar de Mio Cid,* Berceo, Fueros de Guadalajara y Madrid, etc.).

76. Ya en latín vulgar la forma clásica v e s t r u m era sustituida por v ŏ s t r u m , a imitación de n ŏ s t r u m . En el *CIL* (V, 7537 VII, 9081) aparece *vostrum* y el gramático Mario

---

[9] *Manual,* § 96, 2.
[10] *Tuo* aparece en docs. riojanos de 1150.
[11] Todavía en el siglo XIII había numerosas vacilaciones.
[12] Ejemplos: «lus *tóus* curdeirus» ['tus corderos'], «ese castañeiro ya *tóu*» ['ese castaño es tuyo'].
[13] Para *so* masc. y fem., vid. *Cid,* § 74, 3, y M. ALVAR, *El dialecto riojano* (2.ª edic.), Madrid, 1976, § 52.
[14] *Sua* en las *Glosas emilianenses,* 89; en docs. aragoneses, etc.
[15] Testimonios en la Rioja Alta (*Docs. ling.,* 74, año 1156).

100   Morfología histórica del español   § 78

Victorino (s. IV d. C.) escribía: «*voster, vortit* et similia per *e* non per *o* scribere debemus» [16]. De este modo, la suerte románica de nŏstrum, vŏstrum venía a ser coincidente, y como tal la consideraremos ahora. Son normales —por tanto— las formas castellanas *nuestro, vuestro* y las dialectales *nuesso, vuesso,* que viven en el bable occidental y tan usadas fueron por el lenguaje arrusticado [17].

77. En castellano se utiliza *suyo,* ant. *suo;* fem. *sua, sue;* átono *su,* que no plantea ningún problema que no haya sido considerado (ast. occ. *sóu* como pron. y adj. masc., *sua* fem.; ast. cent.-or., *só* masc. y fem.). Merecen consideración aparte los derivados de illorum, que dieron *lor* en aragonés, y, sobre todo, los de *illūrum, cuya *ū* es analógica de illūjus, illūi que sustituyeron a ilius, illi, según el modelo de cujus, cui. En aragonés, como *llur* en catalán, la forma *lur* es muy antigua (documentación desde 1043) [18] y llega al siglo XIV *(Fueros, Marco Polo,* etc.). Es aragonesismo *lur, -es,* que se encuentra en dialecto riojano, donde duró hasta mediado el siglo XII [19], y como provenzalismo deberá interpretarse el *lor* que se lee en el Fuero de Avilés y en el de Valfermoso de las Monjas [20].

78. La forma del posesivo depende de su posición en el sintagma y en tales casos se dispone de sendas variantes combinatorias de distribución complementaria («*mi* hijo» ~ «hijo *mío*»). En los dialectos, los adjetivos posesivos admiten artículo «*el mi* padre» (leonés, donde —además— es tónico), «*al tu* pa-

---

[16] KEIL, VI, 10.
[17] *Nueso* aún llega al *Quijote* (edic. R. MARÍN, IV, 215). Juan de Valdés decía: «si diziendo *vra. m.* pronunciase el *vra.* con *r,* qualquier castellano que me oyese juzgaría que soy extrangero [...]. Es bien verdad que la pronunciación más ordinaria es sin *r*» *(Diál. lengua,* pág. 107).
[18] Cfr. *Est. dial. arag.,* I, pág. 103, § 55.4, y BASTARDAS, pág. 67.
[19] *Dial. rioj.,* pág. 66, § 63.
[20] Vid. R. LAPESA, *Asturiano y provenzal en el Fuero de Avilés,* Salamanca, 1948, pág. 69, § 28.

dre», «*el so* enterramiento», «*o suyo* mocé» ['su hijo'] (arag.) [21];
en aragonés antiguo, si un posesivo se refería a dos sustantivos
o a un sintagma de sustantivo + adjetivo, entonces se interpo-
nía: «caueros *nuestros* e conçiudadanos», «cort *nuestra* general».

79. Como los posesivos son adjetivos personales que reemplazan al giro «de + persona», hay numerosas áreas hispánicas
donde *tuyo, suyo, nuestro* carecen de empleo habitual y son
reemplazadas por *de ti, de él, de Vd., de nosotros.* Así en algunos sitios de Asturias (donde también puede oírse, en el bable
occidental, *de mióu, de tóu*) [22], en Andalucía y, virtualmente, en
todos los países de América [23], aunque Correas censurara el
uso [24]. Por otra parte, como *su* no tiene una determinación implícita, no equívoca (sí la tienen *mi* y *tu:* «*mi* libro», «*tu* casa»),
ya que «*su casa*» funciona como una segunda persona —referida a usted— o como una tercera —referida a él—, muchas
veces es necesaria la actualización *su de usted* o *de él, ella* («*su*
casa *de usted*», etc.) o la aparición del personal en genitivo («*la*
casa *de ella*»).

80. El neutro *lo de* se emplea para indicar la posesión en
salmantino [25], castellano vulgar [26] y castellano clásico [27], en mur-

---

[21] *Dial. arag.*, § 187, 3. Las dos primeras formas son medievales. En los
romanceros del siglo XVI se ve la pugna entre esta construcción y la moderna: el más arcaico de todos resulta ser el *Cancionero de romances,* sin
año (c. 1550), de Amberes, que mantiene el artículo ante el posesivo. En
Berceo había una clara tendencia a emplear el sintagma *art. + posesivo
+ sustantivo;* se establece una clara tendencia a distinguir la *posesión in-
herente,* sin artículo *(mi pierna),* de la *posesión externa,* con él *(el mi
caballo).*
[22] RODRÍGUEZ-CASTELLANO, *Posesivo,* pág. 16.
[23] Cfr. KANY, págs. 47-48.
[24] *Arte,* pág. 163.
[25] A. LLORENTE, *Estudio sobre el habla de la Ribera,* Salamanca, 1947, página 161, § 123.
[26] SÁNCHEZ SEVILLA, *El habla de Cespedosa de Tormes (RFE,* XV, 1928, página 246, § 92).
[27] Cfr. VALDÉS: «Y en castellano, quiriendo dezir nuestra hazienda o su

ciano [28], aragonés [29], andaluz y español de América [30] y en algunos sitios —Chile central, por ejemplo— se reduce a *lo (Lo Bravo, Lo Guzmán)*. Un aspecto particular de este *lo*+posesivo es el empleo, ya señalado por Correas, para dar a entender «las partes onestas o vergonzosas de ombre i muxer, entre quien habla con malizia o quiere encubrir los propios vocablos» [31].

LOS DEMOSTRATIVOS

81.0. Participan los d e m o s t r a t i v o s de las marcas de género y número que tiene el sustantivo. En alguna ocasión, puede oponerse *-e/-a (este, esta; ese, esa)* o signo cero en el masculino frente a la forma habitual *-a* (que puede ir acompañada de alternancia consonántica) en el femenino *(aquel, aquella)*. Hay formas neutras en *-o*.

81.1. El latín conocía un sistema con tres indicadores de posición: h i c, ĭ s t e, ĭ l l e, que fueron gravemente afectados por la evolución fonética: cuando dejó de pronunciarse la *h-* se produjeron aproximaciones entre los paradigmas de *hic, haec, hoc* y de *is, ea, id* (pronombre anafórico o de reenvío) que, aumentadas por la estructura fonéticamente muy corta de muchas de esas formas y por la abreviación que experimentaban en una pronunciación rápida [32], llevaron a la confusión. En efecto, h ū i c se hizo h ŭ i c bajo el influjo de ĕ ī; h e i (arcaico),

---

hazienda, dezimos *lo nuestro* o *lo suyo: Quien da lo suyo antes de su muerte, merece que le den con un maço en la frente*, a donde dize *lo suyo* por su hazienda; y Luciano, en la mesma significación, dize *ta imetera*» (pág. 56).

[28] GINÉS GARCÍA MARTÍNEZ, *El habla de Cartagena*, Murcia, 1960, pág. 119.

[29] *Dial. arag.*, § 189. Cfr. gascón y cat. *ço, so*.

[30] KANY, págs. 129-130.

[31] CORREAS, *Arte*, pág. 164.

[32] Los demostrativos venían a ser una especie de proclíticos unidos a una palabra acentuada; se pronunciaban muy brevemente y ello explica su acortamiento fonético. Así, por ejemplo, *huius* podía ser monosilábico (ERNOUT, *Morphologie*, § 129). Esto explica que aparezca alguna vez la epéntesis de *-h-*, sin duda para impedir la sinalefa: *huhuic* en una inscripción romana sin año.

h ī se documentan como **h e i s**, a imitación de **i s**; **h ī s** pasó a **h ī b u s** por el modelo de **ī b u s**[33]. Por otra parte, la reducción del cuerpo fónico de las formas de **i s**, **e a**, **i d**, era conocida: **e m**, **i m** por **e u m** se documentan en testimonios tan viejos como los de las *Leyes de las doce tablas* (I, a; VIII, 12); **i u s** por **e i u s** en una lápida de Gorna Orcchovia (Illiria?). Para obviar la homonimia, no había más camino que el de sustituir un paradigma por otro o la eliminación de ambos cuando las confusiones hicieron inútil cualquier intento de ordenación[34]. Antes de esto, aún hubo un proceso de terapéutica verbal para salvar tanta forma herida: las inscripciones permiten documentar formas alargadas como *honce* (Espoleto, *CIL*, I, 366), *hance* (133-118 a. C., *Tablas Bautinas*, II), *hisce* (Capua, 108 a. C.), *hasce* (siglo II a. C.), etc. Pero la lengua prefirió la supresión tanto de **h i c** como de **ī s**[35], ya que este sufijo -**c e** hacía perder por completo la imagen flexiva dentro del paradigma general de los demostrativos. **H i c** duró en romance en algunos compuestos como **h a c h o r a** > *agora*, **h o c a n n o** > *hogaño*, **a d h ī c** > > *ahí*, **e c c u m h ī c** > *aquí*[36], **p e r h o c** > *pero*[37].

81.2. Por tanto, el triple ordenamiento latino *(hic, iste, ille)* quedó reducido a *iste, ille*[38]. Ahora bien, como el sistema ter-

---

[33] Todos en ERNOUT, *Morphologie*, § 129. Hay en español una buena exposición de conjunto: ANTONIO FONTÁN, *Historia y sistemas de los demostrativos latinos* («Emerita», XXXIV, 1965, págs. 71-107); con otro enfoque, CARMEN CODOÑER, *Introducción al estudio de los demostrativos latinos (REL, III, 1973, págs. 81-94).

[34] Por eso el anónimo de la *Útil institución* (1555) pudo escribir:

En la Lengua Española estos tres pronombres *hic, iste* y *is* se vierten por un mesmo vocablo (pág. 31).

[35] En la *Peregrinatio*, **i s t e** reemplaza a **h i c**: «per *istas* septem septimanas» ('durante estas últimas siete semanas').

[36] Alguna vez se ha hecho derivar el antiguo y dialectal *y* de **h ī c**, pero hay que desestimar esta hipótesis (vid. § 219.1).

[37] En aragonés, como en otras lenguas románicas, se conoció **e c c e h o c** > *ço, zo* (siglo XIII), vid. J. COROMINAS, *Notes etimològiques (BDC, XIX, 1931, pág. 22).

[38] I d e m, pronombre de identidad, desapareció porque la caída de su -*d*- lo llevaba a situación pareja a la descrita a propósito de **h i c** ~ **i s**.

nario funcionaba en los pronombres personales *(yo — tú — él)* y en los posesivos, que forman con ellos correlación paradigmática *(mío — tuyo — suyo)*, se intentó reconstruir un sistema totalmente paralelo al de ellos; con lo que hubo que crear una casilla entre la pareja *iste—ille*, que —por ser sólo dos— estaban polarizados como extremos. El término elegido fue i p s e , cuyo valor era el de demostrativo anafórico o determinativo en concurrencia con i s t e y con i l l e , según se ve en la *Peregrinatio:* «placuit, ut [...] per mediam vallem *ipsam* [...] rediremus ad iter cum hominibus Dei, que nobis singula loca [...] per *ipsam* vallem ostendebant» (Löfstedt, 64-66).

82. La situación descrita podría resumirse así:

1. HIC	1. ISTE	1. *este*
2. ISTE	—	2. *ese*
3. ILLE	3. ILLE	3. *(aqu)el*

En el cuadro, los números indican la proximidad o el alejamiento de la función demarcativa; por eso, al perderse h i c la serie binaria quedaba reducida a señalar —simplemente— lo que estaba cerca *(este)* y lo que no estaba cerca. Claro que uno y otro conceptos son relativos y no se puede decir que el campo quedara perfectamente acotado; lo que sí es cierto es que ·i s t e indicó —en cualquier situación— una mayor proximidad, esto es, la casilla ocupada por h i c , mientras que i l l e cubría todo el campo que de manera absoluta o relativa le dejaban los conceptos 'iste', 'ille' (2, 3 de la primera columna). Al reestructurarse la situación ternaria, las ideas simples de 'cercanía' ~ 'no cercanía' se matizaron con *ese*, que vino a precisar el campo cubierto por i l l e . Pero como i s t e — i l l e constituían un sistema mínimo de oposición, el nuevo demostrativo se instaló

Cfr. José Javiero Iso, *En torno al sistema deíctico pronominal en latín y su paso a las lenguas románicas (REL*, IV, 1974, págs. 459-471).

donde menos perturbaba a la oposición ya existente, y quedó
como intermedio entre ambas situaciones extremas. Ahora bien,
la columna de las formas románicas no se estabilizó en el nivel
transcrito hasta una época muy tardía, pues era frecuente encontrar tan atenuado el valor de los pronombres que se convertían en fórmulas cuasi gramaticalizadas. Tal ocurre con *esse*
empleado como artículo «*essos* christianos» ['los cristianos'],
«*es* dia es salido» ['el día ha salido'] (*Cid*, vv. 797, 1699), «mal-
dize *essa* hora en que nasçiste» (*Egipciaca*, v. 121), etc.; también
se da un proceso semejante con *aquel* y *este*[39]. Pero es *ese* quien
ofrece, como es lógico, la mayor cantidad de testimonios ajenos
a la precisión situacional 2, ya que *este* y *(aqu)el* cuentan con
una situación muy clara por su propia estabilidad ('cerca' ~ 'no
cerca'). A los ejemplos aducidos añádanse estos otros que resultan harto significativos: en un documento de 1271 se lee «si
non que *por esso* pierda *este* bien», que debería ser interpretado
como 'si no que por *esto mismo* (fuera de cualquier situación
relativa), pierda *este* (proximidad de citación) bien', o en otro
texto de 1486: «nos entregaron en *esse* punto la dicha villa»
(= 'inmediatamente, al punto'). El moderno *por eso* 'por eso
mismo' que se opone a *esto es* 'esto, lo que acaba de citarse'
no hace sino continuar —en un empleo fosilizado— la distinción
originaria[40].

---

[39] *Cid*, I, § 139.2, págs. 329-330; *Egipciaca*, § 323, pág. 237. Siquiera sea
en esta nota, merece la pena señalar que el latín visigótico confundía la
terminación del pronombre, y escribía *ipsut* por *ipsum* (GÓMEZ-MORENO, página 33). Para distinguir los pronombres y los adjetivos (*éste - este*, etc.),
VALDÉS recurrió a un arbitrio que no ha prosperado:

> hame parecido, por no hazer tropeçar al letor, poner la e quando son
> pronombres, porque el acento stá en ella, y quitarla quando son
> verbos, porque, estando el acento en la última, si miráis en ello, la
> primera e casi no se pronuncia, aunque se scriva (pág. 79).

[40] Vid. ANTONIO BADIA, *Los demostrativos y los verbos de movimiento en
iberorrománico* (*EDMP*, III, págs. 3-31); VIDAL LAMÍQUIZ, *Estructuración
del demostrativo español* (*LNL*, núm. 177, 1966, págs. 66-85); J. SCHMIDELY,
Les démonstratifs variables de l'espagnol (*HAJR*, págs. 1099-1107); PEDRO CAR-
BONERO CANO, *Deíxis espacial y temporal en el signo lingüístico*, Sevilla, 1979.

83. Suele decirse que *este* procede del nominativo i s t e , fonéticamente posible, pero morfosintácticamente imposible. El demostrativo concertaba en latín, como concierta en romance, con el sustantivo al que acompaña; por tanto, si el sustantivo va en acusativo, en acusativo irá *iste*. Sería absurdo pretender una concordancia latina del tipo «*iste* hominem», cuando —además— el plural era «istos homines» (no * «isti homines»). Lo que ocurrió fue un proceso fonético regular: *esto* masc. (< < ï s t u m) iba antepuesto al sustantivo y su *-o* se apocopó como la de *bueno (*«*buen* pan», pero «pan *bueno*») y la de * *elo* (> *el)*. Entonces resultó una serie *est, esta, esto*. Al reponerse la vocal final, no pudo restablecerse una *-o*, porque hubiera producido la homonimia de masculino y neutro y toda la serie era inequívoca en el empleo de *-o* como signo de neutro *(esto, eso, aquello, ello, lo);* por otra parte, *est* no podía subsistir por intolerancia de la lengua a finales en *-st* y la única vocal aceptable para resolver toda esta serie de aporías era la *-e* (no puede haber *-i*, ni *-u*, y la *-a* es forma marcada de femenino, como la *-o* de neutro); de ahí *este*. La explicación es válida para *ese* en la misma medida; acrecentada la crisis por la confusión de *es* con el verbo *ser* («*es* hombre»='ese hombre' o 'es hombre').

84. Henríquez-Ureña estudió la situación de *ello* [41] en la historia lingüística del español. Hoy es un pronombre con muy poca vitalidad en el habla —un caso más de la crisis de los pronombres de tercera persona *sí, consigo*— aunque vivo en la literatura, bien que no sin limitaciones. La marginación de *ello* parece haberse acentuado a finales del siglo XIX tras una larga historia en la que funcionó como pronombre reproductivo («vivid, que el amor os anime a *ello*»), con toda una situación como antecedente *(*«*ello* es que no hay remedio», Martínez de la Rosa), pleonástico, como pronombre de identidad («Parecióle que *aquello*,

---

[41] *RFH*, I, 1939, págs. 209-229. Véase, también, el estudio de BARRY L. VELLEMAN, que abarca a otros pronombres (*Neutro, colectivo e identificación de masa) (NRFH*, XXVIII, 1979, págs. 306-312).

que *dello* hablaban», Mateo Alemán), sin antecedente («aquí fue *ello»*) y, a partir del siglo XVI como encabezamiento mecanizado de una oración, de donde procedería el valor enfático que se encuentra en numerosos testimonios *(«ello* has de casarte», Rojas Zorrilla) y que se refuerza aislando el pronombre con una pausa *(«Ello,* sin embargo, el amor no alimenta», Larra). Desde los monumentos literarios más antiguos, *ello* funcionó como pronombre neutro, referido a hechos o cosas ya mencionados; de 1140 a 1500 su uso principal fue el de complemento con preposición y, a partir de 1500, también como sujeto, aunque en menor proporción que como complemento; desde 1500 se va generalizando el uso de *ello* expletivo, que se consolida en el XVIII con un valor puramente enfático [42].

85.1. Junto a la serie normal, hubo otra serie enfática alargada con *a c c u (< e c c e). Ya el latín coloquial había utilizado este recurso, según se acredita en Plauto *(«eccillum* video», *«eccistam* video») o en la *Peregrinatio («ecce ista* via, quam videtis», *«ecce hic* est in ducentis passibus») [43]. Surgió así la serie *aqueste, -a, -o, aquese, -a, -o* y, naturalmente, las formas apocopadas *aquest, aqués,* que se documentan desde la más vieja literatura escrita. Sin embargo, a fines de la edad media, la lengua tendió a eliminar las formas largas que —semánticamente— coincidían con las cortas, sin añadir ningún tipo de conno-

---

[42] Baste recordar el testimonio de Correas: «Dizese neutral y enfaticamente esta parte *ello* ausoluta i suelta: *ello bueno será leer, ello no será malo estudiar, estudiese ello que ello se sabrá, bueno fuera ello madrugar»* *(Arte,* pág. 162). En mallorquín existe *ell* como paralelo del castellano *(«ell* el Rey s'en hagué de tornar») y en portugués *isso* («lá *isso* Deus me mate con gente nova») o *aquello* («n'*aquella* casa é una república»). En catalán, *el(l)* procede de i l l u d , según un vocabulario de 1502, donde el pronombre neutro va con verbo impersonal («*el* es ver» = 'es verdad') y en un otro de 1489 («*ell* es de necessidat»), datos que coinciden con la aparición del *ello* expletivo en castellano («cfr. L. SPITZER, *Paralelos catalanes y portugueses de* «ello», en *RFH,* III, 1941, pág. 272).

[43] VÄÄNÄNEN, pág. 131; cfr. ROHLFS, *SLV,* s.v.

tación[44]. En efecto, se cumplieron las simplificaciones en los casos de *aqueste/este* y *aquese/ese*, pero no se pudo cumplir en el de *aquel* por cuanto *él* se había especializado como pronombre personal y no podía volver a la casilla demostrativo sin producir una grave homonimia. Que el hecho es así se comprueba por otra vía: *ello* no utilizable en ninguna otra categoría gramatical (imposible un neutro de persona) ha podido subsistir junto a *aquello*. En el cuadro siguiente, se intenta resumir el movimiento de todas estas formas; las cabezas de los vectores indican los caminos seguidos y, cuando hay doble marca, se pretende señalar el carácter intercambiable o reversible del significado:

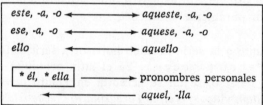

85.2. En los tratadistas gramaticales de la edad de oro hay referencias muy heterogéneas que señalan cuán poco clara estaba la situación en los siglos XVI y XVII y cómo debió darse más de una diferencia de tipo social o regional. Para Juan de Valdés, *aqueste* figura entre las palabras «que algunas personas en su habla usan ordinariamente, las quales ni se scriven ni tampoco me acuerdo oíroslas dezir jamas a vos [Valdés]»[45]. La *Útil institución* no se plantea ningún problema («también dezimos en el singular *aqueste*, en el plural *aquestos*, etc.», p. 3), y Correas[46] nos facilita una información muy precisa: hay formas poco usadas *(aquesos)*; otras intensifican su carácter deíctico, añadiendo *otro (estotro, esotro, aquestotro,* «aunque se pueden decir enteros: *esto otro, ese otro, aqueste otro»).*

---

[44] FERNANDO GONZÁLEZ OLLÉ, *Precisiones sobre la etimología de «aquel»* («Hom. Muñoz Cortés», Murcia, 1977, págs. 863-869).

[45] *Diál. lengua,* pág. 151.

[46] *Arte,* pág. 162.

86.1. El pronombre i p s e expresaba la identidad, pero desde el momento en que entró en la serie mostrativa, el carácter enfático que la identificación lleva consigo hizo que el simple i p s e dejara de funcionar como indicador de identidad. En efecto, el latín conocía formas enfáticas con m e t , pero en ellas la partícula se posponía a personales y posesivos como se atestigua en Plauto y Salustio *(egomet, tutimet, meamet,* etc.); sin embargo, el sufijo pasó a ser prefijo a través de combinaciones como *temet ipsum, semet ipsum,* documentadas en el latín de los comienzos de nuestra era. El pueblo llevó a cabo falsas interpretaciones y descompuso *te metipsum* o *se metipsum,* de tal modo que el gramático Donato condenara la construcción *ego met ipse.* Como por otra parte, i p s ĭ m u s era forma enfática por ĭ p s e (testimonio de Salustio), nació un * m e t ĭ p - s ĭ m u s , de donde proceden numerosas formas románicas [47]. En la Península Ibérica las formas enfáticas fueron numerosísimas, sólo en los documentos riojanos de 1037 a 1152 se atestiguan *memetipsum, meipsum, me medipsum* [48], en aragonés (1032-1135) recogemos *ipsemet, metipse, med ipse, meipsum, ille me ipse, ille meo ipse, memetipsa, tumedipsum, medipso, -os* [49] y en leonés (970-1077) *meedipsum, medipsos, simediso* [50]. Las formas actuales *mismo, mesmo* remontan a una intermedia *meismo* [51].

86.2. En el *Fuero de Madrid* (c. 1202) hay otro refuerzo de i p s e con la partícula e n : *ennese* 'él mismo, él en persona'; variantes como *enés, enessos* no son abundantes, pero se dieron en el siglo XII [52] y, en el dominio navarro-aragonés, se encuentran

---

[47] Cfr. GRANDGENT, § 66.
[48] Aparte *egomet, egomed,* vid. *Dial. rioj.,* § 51.
[49] *Dial. arag.* I, § 55.3.
[50] *Orígenes,* § 62.2, pág. 348.
[51] *Misma* debió ser propio de la Rioja Alta, pues sólo consta en Berceo y en algunos documentos de San Millán; el ms. A del poeta repudió la forma que figura únicamente en el I, el más dialectal *(Dial. rioj.,* pág. 51, nota 192). CORREAS utilizó *mesmo,* mientras que *mismo* era forma menos usual sobre la que se formó el superlativo *mismísimo* «con forma latina» *(Arte,* pág. 176).
[52] Vid. R. LAPESA, *Notas etimológicas* (RFE, XXIII, 1936, págs. 402-403).

en los Fueros de Novenera, General de Navarra, y de Jaca. Tienen mayor frecuencia las formas con el sufijo -p s e , partícula invariable que —en definitiva— parece estar ya en i p s e (i + i p s e)[53].

86.3. En latín vulgar, i p s e se combinaba con los demostrativos dando lugar a compuestos como h i c i p s e , i l l e i p s e , i s t e i p s e , que se han atestiguado en romance: en las *Glosas*, se documenta *eleišo* (< i l l e *i p s e u*), comparable al italiano *stesso* (< i s t e i p s u), *sise* (< s i b i i p s e), *súyose* (< s u u s i p s e), etc.[54]. Se ha pensado en *i c s e* como antecedente del aragonés *eše* (*eiso* en lo antiguo), razonable hipótesis que trató de impugnar Tilander, reemplazándola por otra en la que un compuesto i p s e u m , documentado en el latín de la Francia meridional bajo la forma i p s i u , serviría para explicar nuestros *exo, eixo, eisso* (consta en Vidal de Canellas); la *-e* sería analógica de *este, ese*[55]. Sin embargo, la presencia de *ixi* en el latín plebeyo de un senador citado por Suetonio haría inútil la hipótesis[56].

EL ARTÍCULO

87. La aparición del artículo en las lenguas románicas ha sido señalada como un proceso de debilitación de los demostrativos. Un importante estudio de Rafael Lapesa[57] ha venido a

---

TILANDER (*StN*, XIX, 1946-47, 294-296) prefiere partir de i l l e i p s e > *elesse*, *eleise* y por disimilación con la *e* del artículo anterior *(el elecse), enesse*.

[53] Cfr., en los autores arcaicos, *eapse, eumpse, eopse, eapse* (ERNOUT, *Morphologie*, pág. 96).

[54] Cfr. MENÉNDEZ PIDAL, *Manual*, § 98.1, y *Orígenes*, pág. 348.

[55] Vid. GUNNAR TILANDER, *Ethymologies romanes* (*StN*, XIX, 1946-47, páginas 294-296) y *Dial. arag.*, págs. 213-214.

[56] «Nec ego id notarem, nisi michi mirum uidetur tradidisse aliquos, legato eum consulari successorem dedisse ut rudi et indocto, cuius manu *ixi* pro ipsi scriptum animaduerterit» (*Aug.*, LXXXVIII, edic. H. AILLOUD, París, 1931).

[57] *Del demostrativo al artículo* (*NRFH*, XV, 1961, págs. 23-44). Trata de este asunto el trabajo de BERNARD POTTIER, *Fonética y sistemática* («Indianorromania», I, 1962, págs. 34-36). Cfr. IORDAN-MANOLIU, págs. 242-256, §§ 246-261.

mostrar la dificultad de ver cuándo, en construcciones anafóricas, *ille* o *ipse* son demostrativos o cuándo son artículos (los «articuloides» de que habla Aebischer)[58]. Lo que el latín tardío desarrolló (siglos IV-VI) fue una extraordinaria frecuencia en el empleo de *ille* e *ipse* y, con ella, la interpretación actualizada —no virtual— del nombre, con lo que el latín adquiría un nuevo estilo, totalmente diferente de la impersonalidad que lo caracterizaba. Justamente estos hechos se producen al mismo tiempo que el cristianismo creaba una nueva espiritualidad «vinculada a la relación personal del individuo con Dios y con el mundo»[59]. En la Península Ibérica hay casos evidentes de artículo en sintagmas en los cuales el sustantivo se aduce por vez primera —uso no anafórico— y que datan del siglo VII. Las pizarras visigóticas permiten aducir testimonios como «at *illa ammica* tua oris dirige», «ediciantur de cilla e de *ilas auitaciones* ejus», y en los documentos de los siglos VIII-XII las declaraciones orales abundan también en casos de *ille, ipse*, sin referencia a un sustantivo anterior, lo que hace pensar que ya no tenían carácter demostrativo.

88.1. Las lenguas románicas han formado su artículo sobre i l l e o sobre i p s e (gascón antiguo, Alpes Marítimos, catalán «salat», mallorquín, dialectos sardos), lo que hizo pensar en una antigua paridad de valores para toda la Romania[60]. Sin embar-

---

[58] *Contribution à la protohistoire des articles «ille» et «ipse» dans les langues romanes* («Cultura neolatina», VIII, 1948, pág. 186). Cfr. S. HEINIMANN, *Die Lehre vom Artikel in den romanischen Sprachen von der mittelalterlichen Grammatik zur modernen Sprachwissenschaft* (*VR*, XXIV, 1965, págs. 23-43), EMILIO ALARCOS, *El artículo en español* («To Honor Roman Jakobson», La Haya, 1967, t. I, págs. 18-24).

[59] LAPESA, art. cit., pág. 29. No deja de ser significativo el empleo de artículo románico en los autores latinos medievales (GABRIEL MARÍA VERD, *El artículo «li» y el latín escolástico*, «Miscelánea Comillas», XXXVII, 1979, páginas 239-248).

[60] La pretendida unidad mediterránea con un artículo procedente de i p s e es ilusoria. AEBISCHER ha demostrado que el beréber *tsaburt* (< i p s a p o r t a) es un espejismo, pues se trata de formas como *tablurt* o *taburt*.

go, parece que hubo —desde una época muy antigua— una clara participación entre las regiones que preferían i l l e y las que se inclinaban por i p s e : en un momento, i p s e se extendió de Gascuña hasta los Alpes, de Quercy a Cataluña[61] y, lejos de este dominio, en Apulia, Campania, las Marcas, Sicilia, Lípari y Cerdeña, pero su presencia fue combatida por la de i l l e . Aebischer explica así el desarrollo de esta lucha: aunque ambos demostrativos llegaron a estar muy próximos en cuanto a su significado[62], su pasado gramatical hizo ver que *ille* usado como artículo era un «barbarismo de primer grado», en tanto *ipse* era un «barbarismo de segundo grado», pues del significado de 'mismo' tuvo que pasar al de 'este' y, después, gramaticalizarse como artículo. La labor de las escuelas hizo ver que *ipse* no significaba lo mismo que *ille* y, por tanto, no eran intercambiables; por eso *ille* se fue generalizando muy lentamente en Etruria, en las Galias, en Iberia, en todos aquellos territorios donde pesó un adoctrinamiento más intenso, y tardío, del latín; mientras que en las regiones antes y más fuertemente romanizadas se mantuvo el doble barbarismo *ipse*.

88.2. A las razones históricas y culturales se pueden añadir otras funcionales. Hemos visto (§ 87) que la distribución de *ille* e *ipse* en España obedecía a causas relativamente tardías y que, desde el punto en que abocan a la nivelación de un sistema, son totalmente estables. Esto hizo que, en una época antigua, *ille* —convertido en signo de referencia anafórica— se apartara de su función demostrativa, que aún puede conservar alguna vez y, recíprocamente, que el carácter puramente demostrativo, con un contenido pleno, con un significado preciso y no difuso, se

---

Si el latín africano confirma la hipótesis de tal unidad, pugnan contra ella los documentos de la Italia septentrional.

[61] A comienzos del siglo IX, toda la Provenza (entre el Ródano y Marsella) no conocía sino i l l e ; la sustitución de i p s e tuvo lugar, en el Languedoc, por los años 960-972; en Conques, a partir del 888 (naturalmente, en la documentación escrita de que se dispone).

[62] No se olvide —no obstante— que *ille* era un adjetivo demostrativo, mientras que *ipse* un adjetivo-pronombre con valor intensivo.

refugiara en las formas enfáticas (e c c e + i l l e). Cierto que
i p s e pudo haber aspirado a la función de artículo, pero, utilizado para indicar que algo ya había sido citado, no pudo convertirse —en Hispania— en artículo, porque antes que él había
llegado *ille*. De ahí que i p s e fuera perfilando su sentido como
demostrativo (tal era la misión referencial que tenía en los contextos), y conforme lo hacía perdía la posibilidad de ser artículo.
Pero una misión mostrativa —imprecisa en su propio origen,
porque, si no lo hubiera sido, i p s e se hubiera fosilizado en su
valor original— carece del valor enfático que tiene la identificación, y era muy difusa si se tiene en cuenta que los polos
inequívocamente marcados *(este — aquel)* ya estaban definidos.
Resultó entonces que la identidad se decidió por el uso de las
formas incrementadas con m e t -. Razones todas que explican
por qué en el documento de San Millán (año 800) hay 22 casos
de *ille* como artículo por seis de *ipse* y que las *Glosas Emilia-*
nenses o las jarchas no tengan otras formas de artículo que *elo*,
ela [63].

89.1. La etimología del artículo es ῐllum (no ῐlle), ῐlla
(cfr. § 68), de donde salieron * *el·lo*, * *el·la*, que al ser utilizados
en proclisis perdieron énfasis articulatorio *(elo, ela)*. Los dialectalismo *lo, o* confirman la procedencia del acusativo y no del
nominativo. En cuanto al femenino *ela*, ante vocal se reducía a
el («*el* espada»), uso que sólo se ha perpetuado cuando el sustantivo empieza por *á* tónica *(«el* alma», pero «*la* aduana») [64].

89.2. Entre los dialectos antiguos, *lo, la, los* eran las formas
documentadas en el riojano de los siglos XI-XII, mientras que
los documentos del XIII presentan ya una total castellanización [65]; el leonés mantuvo por más tiempo la forma *elo*, sin res-

---

[63] Cfr. Lapesa, art. cit., págs. 33-34.
[64] De la información que sobre el artículo facilitan los autores antiguos
es singularmente valiosa la de Valdés (págs. 64, 65, 69, 71). Cfr. *Útil insti-*
tución, pág. 8.
[65] *El becerro de Valbanera y el dialecto riojano del siglo XI* (*AFA*, IV,
1952, § 23, págs. 168-169); *Dial. rioj.*, § 48, pág. 49.

tos actuales [66], y el aragonés —siglo XI— tenía *la, lo* [67]; en topónimos, *a* (1105, 1129), y era poco frecuente *ero, ro,* de origen gascón.

89.3. Las formas modernas del artículo palatalizan —como cualquier *l-* inicial— en leonés (hasta en el del siglo XVIII) y el rasgo parece perpetuarse en la Maragatería; en leonés, hay restos de *lo* en los conjuntos de preposición + artículo («pocho» ['por lo'], *cono, eno, no)* y en las apócopes del tipo «*l*'outeiro» «*l*'orru» ['el otero', 'el hórreo']; mientras que en San Ciprián de Sanabria, *us* (masc. pl.), *a* (fem. sing.), *es* (fem. pl.) y en Sisterna *il* (masc. sing.), *a* (fem. sing.), *us, as* (pl. respectivos). Las hablas pirenaicas se dividen en dos grupos, no claramente definidos, aunque pueda señalarse que la mayor difusión de *o, a* está en la región de Jaca [68], *lo* en cheso y *ro* en localidades dispersas del Somontano, por más que la toponimia hace pensar en otra situación para lo antiguo.

89.4. Desde las *Glosas,* se recoge con mucha frecuencia la fusión de algunas preposiciones con el artículo al que rigen. En los textos castellanos, la frecuencia de *enna* (< i n i l l a) en el siglo XIII se registraba en la Montaña, Campó, Castilla del Norte y, mucho menos, en Burgos y Toledo [69], siguiendo en la enumeración el orden de frecuencia. En los *Documentos lingüísticos,* de Menéndez Pidal, asimilaciones de este tipo duran hasta mediados del siglo XIII en la Rioja Alta, mientras que faltan —por completo— en la Baja. *Enna, conno,* etc., son, pues, arcaísmos castellanos que persisten en la Rioja más próxima a la Vieja Castilla [70]. En el *Fuero de Zamora,* de carácter muy leonés, se recogen las asimilaciones *enno, enna, enas,*

---

[66] En el Fuero de Avilés, el uso de *el—lo* depende del uso sintáctico (LAPESA, *Fuero de Avilés,* pág. 61).

[67] *Lo* duraba aún en los autores del siglo XVII que escriben en dialecto.

[68] El femenino plural *es* aparece en pueblos recónditos y, muy abundantemente, en la toponimia (*Dial. arag.,* pág. 218).

[69] Lógicamente, cuando en Aragón se encuentra *eno* se trata de un fenómeno distinto *en + o,* y no *en + lo.*

[70] *Dial. rioj.,* pág. 50.

pelos (< *per* + *(e)los*), *pelas*, *polo* (< *por* + *(e)lo*), *polas*, virtualmente desconocidas por el de Salamanca [71]. En el castellano coloquial de hoy se oye *pol* 'por el', *pal* 'para el', etc.

---

[71] *FSalamanca*, § 118. Para una consideración que no ha cabido en el texto, vid. ANTONIO SALVADOR PLANS, *Los actualizadores en la tradición oral sefardí* («Actas Jornadas Estudios Sefardís», Cáceres, 1980, págs. 40-48).

CAPÍTULO VIII

PRONOMBRES SUSTANTIVOS

PRONOMBRES PERSONALES

90. Según las circunstancias del discurso (contexto), hay categorías que pueden ser modificadas por medio de *sustitutos funcionales*, sin que ello nos haga olvidar la naturaleza de alguno de estos sustitutos. Esta serie está representada por los pronombres personales cuyo carácter es p r e s e n t a t i v o *(yo, tú)* o r e t r o s p e c t i v o *(lo)* (cfr. § 60.0), en tanto que los interrogativos e indefinidos, que también pertenecen al grupo, son pronombres-sustantivos (sustitutos de sustancia predicativa). Por el contrario, el sintagma artículo + adjetivo en función pronominal no es otra cosa, dentro del discurso, que una variante combinatoria funcional de otros elementos que pertenecen a hechos de lengua.

Dentro de los pronombres personales, *yo* y *tú* pueden tener caso y número (los compuestos *nosotros*, *vosotros*, también género); *él*, caso, número y género; *usted*, caso y número; *se*, únicamente caso [1].

---

[1] WARTBURG, págs. 105-110; ALARCOS, *Gram. estr.*, pág. 92. Véanse también los estudios de H. N. DEL RÍO, *Los pronombres personales y su distribución* («Actas V Asamblea Interuniversitaria de Filol.», Bahía Blanca, 1968,

91.1. La situación latina se ha conservado relativamente bien en romance: hay herederos del nominativo *(ego, tu)*, del acusativo *(me, te)*, del dativo *(mihi, tibi)*, y el genitivo y el ablativo han adoptado las formas del dativo con preposición. La explicación de este mantenimiento puede encontrarse en el hecho de que, siendo los pronombres personales sustitutos f u n c i o n a l e s, hayan conservado —en buena parte— los casos, que son, precisamente, variantes funcionales. La especial situación que acabo de describir ha hecho nacer dos series pronominales: una acentuada *(yo, tú, mí, ti)*, otra sin acento *(me, te, se)*, y, en romance, la función del dativo se ha confundido —formalmente— con el acusativo *(«me* da», *«te* digo»).

91.2. En latín, ĕ g o cumplía las funciones de sujeto y así pasó al español, aunque veremos que, en algún dialecto, se emplea también en casos regidos.

Las variantes vulgares del latín *(aego, eco, eqo, eko)* fueron asignificativas para la evolución ulterior; no —en cambio— la reducción *ĕ o, exigida por todos los romances y ocasionada por el empleo proclítico del pronombre. En leonés, la ĕ diptongó *(yeu* aún existe en el asturiano de Sonandi) y pudo presentar variantes secundarias: así, el bable occidental y el leonés de Astorga, Riodonor, Guadramil, La Cabrera y San Ciprián, conservan *you* [2]. En castellano, si es válida la explicación que suele darse, *ĕ o > *yeo > yo* habría que considerar que las cosas no son tan fáciles: 1.º *ĕ o tendría, como es lógico, su ĕ acentuada; 2.º producido el diptongo (no documentado en castellano), el acento de la *é* (ĕ > *ié*) debería haberse trasladado a la *o* por razones semejantes a las de m ĕ ŭ > *mieo*, d̦ ĕ u > *dieo;*

---

páginas 114-131); María del Carmen Bobes, *Las personas gramaticales*, Santiago de Compostela, 1971; D. Ejarque, *El pronombre personal sujeto en español (CFM*, VII, 1977, págs. 29-83), y la visión románica que dan Iordan-Monoliu, págs. 290, §§ 300-304.

[2] El diptongo *ou* es analógico de las muchas palabras que lo tienen; en Bandujo (Narcea) y la Cabrera Alta, se documenta *yau*, con *a* explicable según *taupo*, etc., o por diferenciación desde *you*, cfr. L. Rodríguez-Castellano, *El pronombre personal en asturiano (BIEA*, núm. 15, 1952, páginas 4-5).

3.º la reducción del triptongo se podría producir desde este punto *(yeó > yo)*[3].

91.3. M e , en función de objeto directo, dio *me,* sin ninguna complicación. Más interés presenta el dativo m i h i que en la lengua normal se realiza como *mí,* precedido siempre por preposición, y que ha sufrido numerosos avatares a lo largo de su historia. Ya en el latín de los siglos IV y V se documentan formas como *mici, michi* en las cuales se ha producido el desarrollo de una *-k-* enfática para evitar que m i h i —perdida la *h*— se confundiera con m ī[4]; no de otro modo a como n i h i l se convirtió en n i c h i l (> cast. *aniquilar*). Estos *mici, michi,* fueron abundantes en las *Glosas* del siglo X y en el aragonés del siglo XI[5]. También debe remontar al latín la analogía * m i b i (a imitación de t i b i), pues *mibi* aparece en las jarchas XVI y XLI (edic. Stern), *mib* en las IX, XXII y XXXI, *mibe* en documentos leoneses del siglo XI[6], *mebe* en un doc. aragonés de 1034, *mee* en otro de 1046[7].

91.4. T u (> *tú*), t e (> *te*), no ofrecen motivos para comentario[8]. T ĭ b ī : en latín vulgar, se atestiguaba el paso de -ĭ > e[9], hecho de suma importancia para la suerte ulterior,

---

[3] En Constantinopla, hay una traslación acentual, *ío,* como pronuncian —también— los mallorquines.

[4] BATTISTI, § 168, pág. 223. La discusión de esta *ch* [k] dio lugar a largos comentarios; un eruditísimo fraile del siglo XVI resumió autoridades y expuso doctrinas (MIGUEL SALINAS, *Libro apologético que defiende la buena y docta pronunciación que guardaron los antiguos en muchos vocablos y acentos,* etc., Alcalá, 1563, págs. 278-279). En el latín hispánico de los visigodos se atestigua tanto *mici* como *nicil* (GÓMEZ-MORENO, págs. 50 y 49, respectivamente).

[5] *Dial. arag.,* I, § 55.1, pág. 102.

[6] *Orígenes,* § 66.2.

[7] *Est. dial. arag.,* I, § 55.1, pág. 102.

[8] CERVANTES (*Quijote,* XXXVI, 136) empleó *tuautem* como 'lo más importante para lograr un propósito' que no son sino las palabras con las que acaba el *Breviario* («*tu autem,* Domine, miserere nobis»).

[9] En un *Elogio de Escipión* del siglo II a. C.: «quibus sei in longa licuiset *tibe* utier uita, / facile facteis superases gloriam maiorum» (*CIL,* I, 10).

ya que si la -ī se hubiera mantenido (y otro tanto vale para *mibi*) la ĭ habría sido inflexionada y no serían posibles formas como *teue* (o sus correspondientes *mebe, mee* en la primera persona) que se encuentran en un documento leonés de 1034. En el párrafo anterior hemos visto cómo surgió, enfáticamente, una forma *michi* con -*k*-; resulta curioso comprobar que la analogía se cumplió siguiendo esta vez caminos inversos: *tibi,* contaminado, se convirtió en *tichi,* al menos así lo acredita el castellano *tiquismiquis* (documentado a mitad del s. XVII), del lat. macarrónico *tichi michi* 'para ti, para mí', alteración vulgar de *tibi, michi,* según pronunciación de las discusiones conventuales (*DCELC,* s.v. *tú*). En cuanto a las formas normalmente evolucionadas, tendríamos que señalar *tib* en la jarcha 22 y el castellano actual *ti.*

92.1. En latín, los demostrativos *is, ille* suplían al pronombre de tercera persona no reflexivo. Desaparecido i s (§ 66.1) quedó sólo i l l e . Su evolución fue la de i l l e demostrativo o artículo: ĭ l l e > *elle > él,* ĭ l l a > *ella,* etc. En Rioja se encuentra *eli* 'él' (c. 1099) y *elli* (1237), utilizado éste por Berceo en 101 casos frente a uno de *elle* y 79 de *el*[10]; esta terminación -*i* propia del gran poeta riojano —como *essi, esti,* etc.— se explica por analogía con *qui*[11]. En las jarchas, las formas acentuadas del pronombre regidas por preposición tienen la forma *ellu* («por *ellu*», «sin *ellu*», n.º 5) o *el* («por *el*», 15).

92.1.1. *Él* como pronombre tardó en llegar a las gramáticas. Así, Correas [1625] aún decía que los pronombres son *yo, tú, aquél,* aunque en lugar de éste pueden usarse *otro, alguno* «o cosa cualquiera» (*Arte,* p. 242). Sin embargo, Jerónimo de Tejeda, que enseñaba español a los franceses [1619], tenía *él* como pronombre de tercera persona y facilitaba unos informes que

---

[10] *Dial. rioj.,* pág. 50, § 50.
[11] Cfr. GUNNAR TILANDER, *La terminación «-i» por «-e» en los poemas de Gonzalo de Berceo* (*RFE,* XXIV, 1937, pág. 8). *Elli* o *illi* subsisten hoy en asturiano central, en tanto que el femenino toma la forma *eśa* en el bable occidental (masc. *él*).

tienen indudable valor: «Ase de aduertir que este pronombre nunca lo husa el Español en presencia de vna persona [en el texto francés se añade: ''auec qui il parle''] ni en carta que le escriue, sino en lugar de él pone *vuestra merzed*» (p. 64). Sin embargo, cuando hablaba de las personas en la conjugación repetía la serie consabida: *yo, tú, aquél* (p. 76).

92.2. La generalización de *él* como pronombre personal no debió hacerse rápidamente, pues si bien es cierto que ya consta en el enunciado de los paradigmas verbales de la *Gramática* de Nebrija, *aquel* aún podía documentarse mucho después con la acepción de 'él'. Un autor como Alonso de Torquemada (escribe por 1552), cuya lengua está teñida de regusto arcaizante, podría decir:

> *haber* así se declina y dezimos: *yo he, tú has, aquel ha, nosotros hauemos, vosotros haueys venido, aquellos han caminado* (páginas 93-94).

Y el anónimo de la *Útil institución* (1555) hacía alternar *el—aquel, ella—aquella, ello—aquello* (p. 33) y en los paradigmas verbales sólo emplea *aquel, aquellos*.

92.3. El dativo i l l i, por su condición átona, se documentaba en latín vulgar bajo las formas *ili* (inscripción de la Galia narbonense) o *lei* (fórmula Marculfi del s. VII). En nuestros textos más antiguos aparece como *le* (doc. arag. de 1062) o como *li* (*Glosas silenses* y numerosa documentación posterior). Tanto en los documentos estudiados por Menéndez Pidal [12] como en los de Alvar [13], *li, lis* es la forma propia de la Rioja Alta en el siglo XIII; sin embargo, el resto de Castilla puede decirse que ignora estos derivados, conocidos en el dialecto navarro-aragonés antiguo y moderno. La explicación de la -*i* final es etimológica para Menéndez Pidal, lo que parece más probable, en tanto para Tilander procedería de los casos en que el pronombre iba acompañado de i b i (*loi* 'se lo', *lai* 'se la'); después, desde el singular, la *i* se

---

[12] *Orígenes*, pág. 341, § 66 B *a*.
[13] *Dial. arag.*, pág. 102, § 55.2.

propagaría a las formas del plural [14]. En asturiano antiguo, las formas tienen *ll-* inicial *(lle, lli)* que, en lo moderno, ha pasado a *y-* *(ye, yes)*, se reducen a *i, is* o *che* («diu*ch*elu» = 'dióselo', al sur de Cangas del Narcea) o *s̑e* («echa*s̑e*» = 'echarle', Pola de Lena, Quirós, etc.) [15]. En leonés, es fenómeno del occidente de la región, donde se encuentra bajo las formas, *ye, lle* (en Astorga), etc. El arcaísmo *li* se recoge en bastantes lugares de Ribagorza y de Sobrarbe.

El conjunto de i l l i + i l l u dio **(e)lyélo* > *gelo* que, a partir del XIV, cedió paso a *selo*, por cuanto el elemento *ge* [* z̑e*] aislado en la serie morfológica fue reemplazado por *se*, que aparte la afinidad fonética, se encontraba también ante *lo* en el discurso («*se* lo hizo»), de donde resultó la homonimia *selo*, que, en el ejemplo citado valdría tanto para 'lo hizo para sí mismo', 'lo hizo por sí mismo' o 'él lo hizo para otro'. En aragonés antiguo, y a imitación suya alguna vez en riojano, los pronombres se presentan bajo la forma *lillas* («solto-*lillas*» = 'soltóselas'), precediendo al acusativo el dativo («dio *les* le» = 'dióselo a ellos', «*lel* tornase» = 'se lo'; en belsetá de hoy, «tóma*lelo*») [16]; sin embargo, en este dialecto, el empleo de los derivados de ĭ n d e ha hecho que las cosas no se presenten del mismo modo, puesto que i l l i + i n d e resuelve todos los problemas —disimilación, analogía— que hay en castellano: *dilene* 'díselo', *dálene* 'dáselo' o, como escribía doña Ana Abarca en el siglo XVII: «no *len* agredejón» = 'no se lo agradecieron' [17].

93. El reflexivo tiene las formas s ĭ b ī (acentuada), s ē (átona). Esta última no presenta cuestiones de mayor interés ni en latín (alguna inscripción con la grafía *sae*) ni en romance [18].

---

[14] Vid. *Dial. rioj.*, págs. 50-51, § 50.

[15] RODRÍGUEZ-CASTELLANO, *Pronombre*, pág. 5 y siguientes.

[16] *Orígenes*, pág. 345, § 66.5.

[17] Cfr. *Dial. arag.*, § 196.4.

[18] Citemos sólo el vulgarismo español *sen* cuando el pronombre va enclítico en la tercera persona del plural; rasgo, por lo demás, conocido en América y no sólo limitado —allí— al pronombre *se*, sino a otros (*men,*

Los problemas que afectan a s i b i son en todo paralelos a los de t i b i : en Roma puede encontrarse alguna inscripción con *-u-*[19] y, en Galia Narbonense, otras formas evolucionan en su vocalismo *(sebe).* Debemos señalar la presencia, frecuente desde las *Glosas* hasta el siglo xv, y muy frecuente en el xiii, de formas reforzadas con *-pse* (s e p s e > *sese,* s i b i i p s e > *sipse, sise*)[20] que —por lo demás— eran conocidas en latín; Terencio escribió: «Qui? —quia habet aliud magis ex *sese* et maius» (*Andr.*, 954). Junto al castellano *sí,* normal en su desarrollo, los textos más antiguos sólo documentan formas con vocalismo latino. En la actualidad *sí* sufre la concurrencia de *él,* que lo desplaza en algunos usos («se lo guardó para *él*», «está en desacuerdo con *él* mismo»).

94. N o s , v o s en latín se utilizan como formas únicas de nominativo y acusativo. El hecho de que el plural tenga tema distinto del singular es lógico, por cuanto *nos* o *vos* no son 'varios yo' y 'varios tú', sino 'yo y los otros', 'tú y los otros', conciencia que queda bien patente cuando el español lexicaliza el sintagma *nos + otros, vos + otros* en *nosotros, vosotros.* Un resto del carácter compuesto de estos pronombres está en el hecho de que ignorando el género los pronombres *yo* y *tú,* lo admitan —sin embargo— *nosotros* y *vosotros,* pero en tales casos la distinción no afecta a *nos* y *vos,* sino al segundo elemento del componente. La aclaración de por qué fue necesario que surgieran estas formas compuestas hay que buscarla en dos hechos dis-

---

len, etc.): Argentina, Uruguay, Chile, Ecuador, Colombia, Venezuela, América Central, Méjico y Santo Domingo (Kany, págs. 113-114). Cfr.: María Antonia Martín Zorraquino, *Desviaciones del sistema y de la norma de la lengua en las construcciones pronominales españolas*, Madrid, 1978. Otras cuestiones en Fernando Rodríguez-Izquierdo, *La pervivencia de la función de dativo en el pronombre reflexivo español «se»* (*LEA*, II, 1980, págs. 81-102). Samuel Gili Gaya trata de cuestiones relacionadas con el pronombre en su librito *Nuestra lengua materna*, San Juan de Puerto Rico, 1966, págs. 95-106.

[19] «Iulia Victoria fecit se uiba *siui* et sibus libertis libertabusque posterisque aeorum» (*DLLHI*, núm. 641).

[20] *Orígenes*, § 68.2, pág. 348.

tintos: uno de carácter sintagmático (*nos* era un plural inclusivo; *nosotros*, exclusivo [21]) y otro paradigmático (distinción entre *nos* sujeto y *nos* complemento [22]). A estos valores había que añadir el carácter enfático que tiene el empleo de *otros*, carácter enfático derivado —precisamente— de su empleo exclusivo [23].

Nos y *vos* subsisten como formas acentuadas en el bable occidental (*nosotros, vosotros* en el central), en la Montaña, en Astorga, en mirandés [24], mientras que en los otros dialectos hay variantes que atañen a su propia condición fonética; tal sería el caso de *nusaltros, vusaltros* de Bielsa o Benasque (Pirineo aragonés); *nusotros, vusotros*, ruralismo de ciertas zonas, con *u* producida por la inestabilidad de la vocal inacentuada, etc. La *n-* ha sufrido diversas alteraciones analógicas: en el habla vulgar y en judeo-español balcánico, es *mosotros* [25], forma motivada por *me*, que —también— actúa sobre *nos* (> *mos* [26]), y que en Canarias [27] y Murcia es *losotros*, con su paralelo *los*, analógico de *le, lo* (Chile, Méjico, Argentina, Costa Rica, El Salvador, Guatemala, Cuba [28]).

En posición enclítica, *nos* se ha conservado hasta hoy mismo,

---

[21] Entendiendo por *inclusivo* la pertenencia a un grupo y por *exclusivo* el deliberado propósito de solidarizarse un grupo en oposición a todos los demás.
[22] En la época primitiva coinciden ambos *nos* y sólo en el siglo XV se generaliza el empleo de *nosotros*. Lo normal era el uso de *nos* y *vos*. Vid. YAKOV MALKIEL, *Stressed «nós, vós», vs. weak «nos, vos» in Old Spanish* (RPh, XVI, 1962-1963, pág. 137).
[23] Vid. S. GILI GAYA, *Nos-otros, Vos-otros* (RFE, XXX, 1946, pág. III); hipótesis reforzada por L. SPITZER, *Vosotros* (ib., XXXI, 1947, págs. 170-175).
[24] MENÉNDEZ PIDAL, *Dial. leonés*, pág. 93.
[25] *Konstantinopel*, pág. 128.
[26] LOPE DE RUEDA emplea *mosamo* 'nuestro amo' (KENISTON, § 10.151), donde *mos* remonta a *nos(s)o*.
[27] M. ALVAR, *Nosotros, nos ~ los otros, los*, apud *Estudios canarios*, I. Las Palmas de Gran Canaria, 1968, págs. 103-104. Restos aislados se encuentran en otras partes.
[28] KANY, págs. 100-101. Cfr. GASTÓN CARRILLO, *A propósito del pronombre reflexivo «nos» en la frase «hay que matarnos por esta revolución»* (BdFS, XIII, 1961, págs. 311-314).

mientras que *vos* perdió la *v-* inicial en la época del Emperador [29], pero este uso de la lengua normativa no afectó al judeoespañol, separado entonces del tronco peninsular, ni a dialectos arcaizantes como el leonés (asturiano, maragato, mirandés), por más que Torres Villarroel empleara *us*, y otro tanto ocurre en algún punto del aragonés pirenaico, donde va siendo eliminado. Sobre *os* han actuado *se*, y se ha formado el vulgarismo —muy difundido— *sos*, *sus*, y *te*, que da lugar al *tos* de varias zonas de la provincia de Huesca.

95. El *Appendix Probi* reprobaba «nobiscum, non *noscum*», «vobiscum, non *voscum*», formas que nos sirven para doble fin: la pérdida de n o b i s , v o b i s y el empleo de *-cum*. En efecto, el portugués antiguo *(nosco, vosco)* y el leonés *(nosco)* participaron de esa sustitución del dativo-ablativo, por más que tuviera un cierto valimiento en castellano antiguo *(connusco, convusco)* [30]. En latín se conocían otras formas fundidas con la preposición pospuesta. Así m e c u m aparece en una inscripción romana y m e c u en otras de África y de Italia meridional. Aun teniendo en cuenta que de ellas procede el portugués antiguo *mego*, *tego*, no parece que sean el antecedente inmediato de *tigo* (asturiano, maragato, Ribera salmantina, Santo Domingo), pues falta el correlato **migo;* antes bien, suele explicarse como una tardía —y equívoca— descomposición de *contigo = con + tigo*, en la que *tigo* se interpreta como forma independiente del pronombre *tú*. Por extraño que esto parezca, no es sino un caso paralelo al pleonasmo latino que pasamos a con-

---

[29] Sea permitido aducir un texto importante de Juan de Valdés:

MARCIO. ¿Tenéis por bueno lo que algunos hazen, especialmente scriviendo libros, poniendo una *v* que parece superflua, donde, por dezir *yo os diré*, dizen, *yo vos diré;* y dizen también *porque vos hablen*, por *porque os hablen? (Diál. lengua*, pág. 87).

[30] Se documentan desde los primeros momentos y en una serie de textos del siglo XIII, acopiados por OELSCHLÄGER; llegaron a Quevedo que utilizó *connusco* en un romance de carácter burlesco y *convusco* en un romance del Cid.

siderar: *mecum, tecum, secum,* etc., se creyeron lexemas inseparables y en las construcciones de ablativo funcionaron como tales. De ahí que se volviera a poner una preposición (*cum +
secum,* etc.) que —de nuevo— produjo la lexicalización del sintagma en casos como los de *connusco, convusco,* acabados de aducir, y en los que se ordenan a continuación.

C u m m e c u m debería haber dado **comego,* pero tomó la *i* de *mi* y rehizo la inicial *con-,* según el modelo de *conmigo, contigo.* La forma intermedia *comigo* era conocida en la literatura antigua (*Cid,* Berceo, etc.) y duraba en el s. XVI (Torquemada); hoy subsiste en asturiano *(cumigu).* En aragonés se oye *con mí* (y *con ti*).

C u m t e c u m > *contigo* (con la *i* de *ti*), ya en el *Cid.*

C u m s e c u m era *consico* en las *Glosas; cunsigo* en el *Fernán González* y en el *Fuero de Avilés* y *consigo* en el *Cantar de Mio Cid* (v. 67); la acción de *sí* (< s i b i) sobre s e c u m es antiquísima, pues sólo así se explica la desaparición de *conseco sin haber dejado rastros.

96. Los pronombres personales precedidos de preposición dan lugar a formas no siempre aceptadas en la lengua oficial. En algunos sitios de Asturias (Faidiel, Irrondo, Cangas del Narcea) *ente* 'entre' rige *mí* y *ti* («ente *ti* ya *mí* tou ta bien» = 'entre tú y yo todo está bien') [31]; en aragonés medieval, el dativo, sobre todo el de tercera persona, se construía con la forma tónica precedida de la preposición *a: dar a mí, a ella,* etc. 'darme, darle', «si alguno acusame *a él* de furto», «pueden salvar *a ella* sus parientes». También en los *Fueros* medievales de la región se usan *con mí, con sí* en un sintagma que todavía dura hoy; otra construcción muy generalizada es *pa tú, a tú* 'para ti, a ti', y, con mayor localización geográfica, *pa yo* 'para mí', *con yo* 'conmigo', *de yo* 'mío, de mí', *a yo* ' a mí'.

---

[31] RODRÍGUEZ-CASTELLANO, *Pronombres,* págs. 5-6.

APÓCOPE DE LOS PRONOMBRES PERSONALES

97. La pérdida de la -*e* final en los pronombres átonos *me, te, se, le* no es sino un aspecto parcial de la apócope de -*e* y -*o* [32]; su valor resulta singular para la datación de textos antiguos [33], de tal forma que su frecuencia coincide con la cronología. Así, en función decreciente, podría establecerse el siguiente orden: *Cid, Alexandre, Historia troyana* [34], *Apolonio* y, por delante de todos ellos, la *Vida de Santa María Egipciaca.* Texto éste en el que un original francés ha impuesto la práctica con un máximo de intensidad [35]. Claro que los planteamientos no valen del mismo modo para un poema —y sobre todo si es de métrica regular— que para la versión romance de un *Fuero;* no obstante, en estudios de este tipo en los que se hayan hecho inventarios rigurosos, también la información será válida y, en efecto, en el *Fuero de Sepúlveda,* por ejemplo, la conservación de la vocal final nos lleva a una fecha posterior a la de todos los textos aducidos y muy anterior —por ejemplo— al *Libro de Buen Amor* [36]. Por otra parte, no hay que olvidar las condiciones de cada región, ya que frente a zonas del máximo conservadurismo (León) hay otras de ostensible frecuencia apocopadora (Aragón), y estos principios no se podrán olvidar al caracterizar cualquier texto. A finales del siglo XIV se restableció la reposición de -*e* (y -*o*) [37].

---

[32] Cfr. el estudio de R. Lapesa, *La apócope de la vocal en castellano antiguo. Intento de explicación histórica* (*EDMP*, II, 185-226).

[33] Vid., para todo ello, R. Menéndez Pidal, *Historia troyana en prosa y verso, texto de hacia 1270*, Madrid, 1934, págs. XXXIX-XLI.

[34] Aunque su datación hay que rastrearla por el uso que hace de la sinalefa.

[35] *Egipciaca*, I, §§ 83-87.

[36] *FSepúlveda*, págs. 609-612.

[37] Vid. E. Gessner, *Das spanische personal Pronomen* (*ZRPh*, XVII, 1893); R. J. Cuervo, *Los casos enclíticos y proclíticos del pronombre de tercera persona en castellano* (*Ro*, XXIV, 1895, 219-263); E. Staaff, *Les pronoms abrégés en ancien espagnol*, Upsala, 1906, y *Contribution à la syntaxe*

ACENTUACIÓN DE LOS PRONOMBRES ENCLÍTICOS

98. Contra lo que es norma habitual, pueden encontrarse en la literatura antigua casos de tonicidad del pronombre enclítico: las rimas atestiguan tal carácter, sobre todo cuando el verso va en imperativo [38]. En tales casos, el acento individualiza, enfáticamente, al pronombre. Este uso está extendido por diversas áreas del español: en aragonés, el acento es resultado de la repulsión al esdrújulo (no *déjameló*, sino *dejameló*), mientras que en el Río de la Plata, destaca la independencia del pronombre, con lo que ha venido a perder su carácter enfático [39].

LAÍSMO, LEÍSMO, LOÍSMO

99.1. El funcionamiento del sistema pronominal de tercera persona está basado en la estructura latina: i l l u m , i l l a m , i l l u d (> *lo, la, lo*) se oponen a i l l i (> *le*), pero *le* no es forma marcada para caracterizar género y, entonces, surge un nuevo ordenamiento basado, no en el caso (etimología), sino en la coherencia del género: *le* (masculino), *la* (femenino), indistintamente de su origen, *lo* (neutro).

Tendríamos, pues, un esquema totalmente paralelo a los de

---

du pronom personnel dans le poème du Cid (*RF*, XXIII, 1907); ERNST GA-MILLSCHEG, *Zum spanischen Artikel und Personal Pronomen* (*RLiR*, XXX, 1966, págs. 260-266). Es importante el trabajo de E. LERCH, *Proklise oder Enklise der altfranzösischen Objektspronomina?* (*ZRPh*, LX, 1940, 417-501), porque plantea la tesis de que muchos casos de los que —en francés— se consideran enclíticos, en realidad, son proclíticos (*je la voi*, no *je le voi*), contra las teorías de Meyer-Lübke, Tobler, ley de Darmesteter, Melander. MARY E. BUFFUM, ha estudiado el pronombre antepuesto, pero sus planteamientos no se pueden suscribir sin restricciones (*The Post-Positive Pronoun in Spanish*, «Hispania», X, 1927, págs. 181-188). Carácter general tiene el estudio de H. RAMSDEN, *Weakpronoun Position in the Early Romance Languages*, Manchester, 1963.

[38] Tirso rima *fue* y *háblamé*; Moratín, *yo* y *déjaló*.

[39] A. ALONSO y P. HENRÍQUEZ-UREÑA, *Gramática castellana*, Buenos Aires, 1945.

este, -a, -o; ese, -a, -o, que ayudará a la fijación del laísmo como estructura coherente en el orden de los pronombres. Claro que, producido el desajuste, las formas no han llegado en todas partes a un mismo tipo de nivelación y sobre ellas han actuado nuevas tensiones.

99.2. El *laísmo* (empleo de *la* por *le* femenino) ha penetrado en todos los usos del dativo y aun cuando los tratadistas digan que su extensión y frecuencia no se puede comparar con el *leísmo,* el hecho cierto es que cada vez está más difundido y no se puede decir que —ni sobre los académicos laístas— pese mucho la sanción académica [40]. El laísmo propio de las dos Castillas y León no afecta a Aragón ni a Andalucía (ni, por supuesto, a las grandes áreas vinculadas con el habla de Sevilla: Canarias, América); Correas sancionaba el laísmo y creía que los usos etimológicos eran simples eufonías [41].

99.3. En un artículo magistral [42], Cuervo explicó el *leísmo* (intrusión de *le* en el campo de lo masculino) como una doble motivación de hechos morfológicos y hechos sintácticos. A los primeros pertenecería el empleo frecuente de *m', t', s'* por *me, te, se* en la literatura antigua («a lo que*m* semeia», *Cid*), y con indiferencia de que esas formas apocopadas procedieran de dativo o de acusativo. Otro tanto ocurriría con *l',* apócope de *lo* (acusativo) o de *le* (dativo), no por su empleo, sino para formar serie con *m', t', s';* en consecuencia, desde las formas apocopadas se habría producido la igualación de dativo y acusativo. Por lo que respecta a los hechos sintácticos, Cuervo señala en la

---

[40] Una exposición de los hechos con su historia documental y doctrinal se puede ver en S. FERNÁNDEZ, págs. 201-202; del mismo autor, *Un proceso lingüístico en marcha* (*PFLE*, II, págs. 277-285). Vid., también, RAFAEL LAPESA, *Sobre los orígenes y evolución del leísmo, laísmo y loísmo* (*HWW*, I, páginas 523-552); MARÍA TERESA ECHENIQUE, *El sistema referencial en español antiguo: leísmo, laísmo y loísmo* (*RFE*, LXI, 1981, págs. 113-157).

[41] Véanse sus págs. 190-191 y 194.

[42] *Los casos enclíticos y proclíticos del pronombre de tercera persona en castellano* (*Ro*, XXIV, 1895, 219-263). Alcance distinto tiene el estudio de HARRI MEIER, *Die spanische Pronominalenklise als Stilphänomen. Eine Skizze zu «me dijo: díjome»* (*RJ*, XXIII, 1972, págs. 271-293).

literatura antigua 173 casos de *l'* dativo masc. y fem. por 70 de *l'*
acusativo masc., de donde se infiere con claridad la invasión del
primer caso dentro de los dominios del segundo[43]. En cuanto
a la geografía del leísmo se ve centrada en Madrid y provincias
limítrofes (testimonios de Lope, Tirso, Calderón, Venegas, Ma-
riana, Cervantes, Santa Teresa, etc.).

99.3.1. Los tratadistas no formularon una doctrina coherente
hasta que Correas da el siguiente paradigma (*Arte*, p. 187):

	SINGULAR	PLURAL
masc.	*le*	*les, los*
fem.	*la*	*las*
neutro	*lo*	

En él, se aprueban todos los abusos castellanos[44]: rechaza
lo acus. masc. (su hueco lo cubre *le*), *la* pasa a ser dativo femenino, acepta *los* por *les*. Es decir, se había impuesto el uso vulgar de Salamanca. La primera vez que se expusieron unos principios normativos fue en la 4.ª edición de la *Gramática* de la
Academia (1796) y en ellos triunfó el uso madrileño: *le* acusativo; *la* dativo. Salvá intentó una fórmula de compromiso (*le*
acusativo que representa a seres animados y *lo* para los inani-
mados) que fue aceptada por Bello. Un académico aragonés,
Alejandro de Oliván (1847), replanteó las cosas desde los su-
puestos etimológicos: *lo* acus. masc. (sólo excepcionalmente podría aceptarse *le*), *la* acus. fem., *le* dativo. Desde 1854 la Academia renunció al exclusivismo de *le* y condenó el *les* plural.

99.4. El *loísmo* (empleo de *lo* como dativo) está mucho más
limitado geográfica y, sobre todo, socialmente. En América *lo* se
emplea referido a personas («*lo* habló», «quiere hablar*lo*»), aunque, en tales casos, la literatura escrita puede utilizar *le*[45]. Los

---

[43] Desde el siglo XVI, *lo* se identifica con la noción de cosa (neutro), y
ello facilita la penetración de *le* en una amplia área del acusativo.

[44] Es leísta en *La tabla de Kebes* («en franzes *le* ['lo'] ái», pág. 119) y
laísta, en la *Ortografía* («porque [a la *g*] *la* an dado dos ofizios», pág. 16),
etcétera.

[45] No hay que excluir la imitación que en ello pueda haber del uso
literario español (KANY, pág. 106).

datos que Kany agrupa [46] atenúan la idea de un *lo* totalmente generalizado y, posiblemente, las deducciones que pueden inferirse de este hecho no son absolutamente justas. Por eso el autor aclara que, en Ecuador, *le* «is used very commonly as direct object for persons not only in writing but also in conversation» (p. 103).

EL VOSEO. EL PRONOMBRE DE CORTESÍA

100. En una exposición del problema, que tiene validez, José Pedro Rona ha puntualizado qué se debe entender por *voseo:* no sólo la sustitución de *tú* por *vos* (morfología pronominal) sino el empleo de formas verbales como *tomás* (*tuteo* sería el uso de *tú + tomas,* mientras que *tu tomás* o *vos tomas* serían híbridos) [47]. De este modo el problema se centra —como ya señaló Tiscornia [48]— no en la consideración aislada del pronombre *(vos; a, con vos),* sino en la correspondencia verbal en plural. En castellano antiguo existían construcciones como «*entrá vos y mirá*» *(Lozana andaluza),* *vos tenés* (Timoneda) que implícitamente poseen todos los rasgos del voseo. Desde la época más antigua, *vos* fue fórmula respetuosa —incluso en el seno familiar— frente al *tú* aplicado a gentes de poca edad o baja condición; por eso *vos* fue desplazando a *tú,* por un hecho sociológico, e incidió en su campo desplazándolo, pero produciendo el desajuste de emplear un pronombre de plural para un sujeto singular [49]. Pero a su vez, la nueva familiaridad que iba alcanzando

---

[46] Páginas 102-107.

[47] *Geografía y morfología del «voseo»,* Pôrto Alegre, 1967, pág. 11. Otros problemas en relación con éste se pueden ver en RAFAEL LAPESA, *Personas gramaticales y tratamientos en español* (*BUM,* XIX, 1970, págs. 141-167). Conviene tener en cuenta una exposición más reciente: J. PÁEZ URDANETA, *Historia y geografía hispanoamericana del voseo,* Caracas, 1981.

[48] *La lengua de «Martín Fierro»,* Buenos Aires, 1930.

[49] Conviene no olvidar la presión escolar: FRIDA WEBER señala que en Buenos Aires, el Consejo Nacional de Educación recomienda tratar de *tú* a los niños en el colegio (*Fórmulas de tratamiento en la lengua de Buenos Aires, RFH,* III, 1941, pág. 107).

vos motivó que el voseo degenerara y una nueva fórmula cortés
hizo su aparición: *vuestra merced*, que concuerda con verbo en
tercera persona. Sin embargo los campos no se mantuvieron
acotados y ya en Lucas Fernández hay formas de las que hoy
se llaman híbridas en América: «¿quién *sos tú?*» En la Península,
vos sólo queda en algún rincón arcaizante (Asturias, Salamanca),
pero en América el *vos* —aplebeyado— arraigó tan pronto porque se encontró en una tierra donde eran distintas las conven-
ciones sociales y ello dio lugar a la pérdida de *tú, ti*, al empleo
de *te* con *vos*, a la lucha de *tú* y *vos* con los resultados híbridos
ya aducidos, etc. [50]. El pronombre *vos* se construye siempre con
formas verbales en plural, cualesquiera que sean el modo y el
tiempo empleados. El voseo —en líneas generales— cubre toda
la América meridional —salvo Perú, zona oriental de Ecuador,
costa atlántica de Colombia y Venezuela y Panamá—, América
Central y estado de Chiapas (Méjico).

101. Según queda dicho, el avulgaramiento de *vos* [51] produjo
la necesidad de crear una nueva fórmula de tratamiento respe-
tuoso, fue *vuestra merced*. De este modo el distanciamiento

[50] Correas hace una viva descripción de los usos de las fórmulas de
tratamiento (*Arte*, 212-213), pero para lo que aquí interesa basta con señalar que *merced* era el más común, mientras que los que no alcanzaban
cierta consideración social, criados y aldeanos, eran tratados de *vos*, en
tanto que el *tú* se reservaba a niños. Tejeda reducía el uso de *vos* para
hablar con súbditos, vasallos, criados o inferiores, mientras que daba el
tú a la amada, a los hijos y niños, a los criados de poca estima y a los
pícaros (pág. 62).
[51] En unos cuantos textos de Gracián podría seguirse la historia de
estas valoraciones sociales (*Criticón*, edic. A. Prieto). *Vos* es sentido como
arcaísmo, pero digno de estimación lingüística («En otro tiempo habíais
de haber venido —le dijo un viejo hecho al buen tiempo—, cuando todos se
trataban de *vos* y todos decían *vos* como el Cid», II, pág. 521), pero el
pronombre ha sufrido una excesiva generalización a clases económicamente
enriquecidas («el que ayer no tenía para pasteles, asquea el faisán; blasona
de linajes el de conocido solar; el *vos*, es señoría», I, pág. 62) y con ello
puede envilecerse en sus empleos («aunque fuera un gran señor, le avisaba
que no le caía bien el *vos* con todos, que podría tal vez descuidarse con
su príncipe y hablarle del mismo modo, o tan sin él», II, pág. 497).

—frente a la impertinencia del *vos* [52]— se cumplía no sólo en la forma del pronombre, sino en el distanciamiento que exige la forma verbal en tercera persona. De ahí que *vos* siguiera con su segunda persona —también en los países voseantes de América— y *vuestra merced* rigiera tercera. La evolución ulterior del pronombre ha dado lugar a una larga serie de formas inventariadas por Pla Cárceles [53], desde la primera mitad del siglo xv, en que el sintagma se documenta, hasta su lexicalización en *usted*. El uso de *vuestra merced*, «tratamiento cortesano aplicable a personas principales, pero no pertenecientes a la nobleza», estaba bien asentado por 1533, cuando Fr. Antonio de Guevara escribía: «El estilo de la Corte es decirse unos a otros: 'Beso las manos de *vuestra merced*'» (*Epístolas*, II, 1) [54]. A finales de ese siglo empiezan a aparecer variantes evolucionadas del sintagma: *voacé, vuacé* (en el valentón —vulgarismo, por tanto— cervantino), *vosasted* (en la *Grammaire* de César Oudin); en los primeros años del xvii, *vosançe, vuesançé, vuesançed* (Lope de Vega), etc. La historia de gran parte de estos vulgarismos aparece trazada en el trabajo de Pla Cárceles, aunque no siempre se puedan aceptar sus interpretaciones [55]. De cuál era la abigarrada coexistencia de las evoluciones de *vuestra merced* nos puede dar buena idea la comedia de Tirso *Por el sótano y el torno* (*vuesancé, vuestra merced, vuesamercé, vuesarced, vuasar-*

---

[52] Cfr. testimonio en el *DCELC*, s.v. *vos*, y, sobre todo en el artículo aducido en la nota siguiente. También ahora es Gracián quien da una visión sarcástica de los tratamientos, en la que el juego de palabras fuerza más a la ironía:

—¿Y todos esos fueron reyes? —preguntó Critilo.

—Sí, todos, que aunque en España nunca llegó la borrachera a ser *merced*, en Francia sí a ser señoría; en Flandes, excelencia; en Alemania, serenísima; en Suecia, alteza, pero en Inglaterra, majestad (*Criticón*, II, pág. 451).

[53] *La evolución del tratamiento «vuestra-merced»* (*RFE*, X, 1923, páginas 244-280).

[54] *Su merced* vive todavía —o ha tenido acceso a la literatura costumbrista— en América: Chile, Ecuador, Colombia, El Salvador, Méjico (cfr. Kany, págs. 92-93).

[55] Cfr. T. Navarro Tomás, «*Vuesasted*» 'usted' (*RFE*, X, 310-311).

ced, vuesa merced, usancé, sin salir del acto primero); por lo que respecta a *usted* la primera documentación es de 1620, en *El examinador de Miser Palomo,* de Antonio Hurtado de Mendoza [56]. El cuadro de conjunto que Pla Cárceles añade al final de su trabajo deberá ser corregido, pues las formas sin diptongo (motivadas por el empleo proclítico de *vostra,* según apuntó, entre otras soluciones, Zamora Vicente) [57] constituyen una serie distinta de las que tienen *ue, ua.* El enrevesado panorama podría resumirse así:

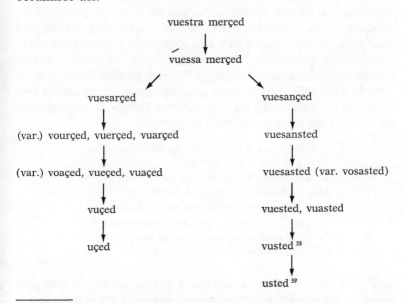

vuestra merçed

vuessa merçed

vuesarçed

(var.) vourçed, vuerçed, vuarçed

(var.) voaçed, vueçed, vuaçed

vuçed

uçed

vuesançed

vuesansted

vuesasted (var. vosasted)

vuested, vuasted

vusted [58]

usted [59]

[56] Aducido por Pla Cárceles en «*Vuestra Merced > usted*» (ib., 403, con error en la fecha de impresión).

[57] Edición de *Por el sótano y el torno,* Buenos Aires, 1949, pág. 72, v. 188.

[58] Continúa en algunas zonas de América (Chile, Ecuador, Colombia, Venezuela), según la documentación de Kany, págs. 92-93.

[59] Para su persistencia en América, cfr. Kany, págs. 94-95. La exposición que se hace en el texto se puede completar con un libro de Luís F. L. Cintra, *Sobre «formas de tratamento» na língua portuguesa,* Lisboa, 1972.

102. En lingüística se ha señalado que toda lengua que posee el interrogativo *(¿qué?)* posee el indefinido *(que)*. La razón de estas dos series se explica porque ambas constituyen el mismo movimiento del pensamiento, que va de lo general a lo particular y de lo particular a lo general. En efecto, «*¿quién* fue a Sevilla?» significa que de todos los seres vivos que pueden ir a la ciudad se intenta identificar a uno de ellos (el pensamiento procede de lo universal a lo particular). En «*¡Quién* supiera escribir!» la singularidad está casi expresada y la máxima particularización conduce a la primera persona; en efecto, la muchacha del poema de Campoamor hubiera podido decir: «¡Si yo supiera escribir!». En un viejo texto medieval se encuentra una situación paralela y útil en este instante porque la acumulación de indicios da valor inequívoco al contexto:

> Bien *sé* que desta fiebre non *podré* terminar,
> Non a menge nín fisico que *me pueda prestar*,
> Si non Sancta María, estrella de la mar.
> Mas, *¿qui* será osado que la uaya rogar?
> Io, mesquino fediondo que *fiedo* más que can,
> Can que iaçe podrido, non el que come pan,
> Non me querrá oir, esto *sélo* de plan,
> Ca *fuy* contra ella torpe e muy villán [60].

Por el contrario, en «quien fue a Sevilla perdió su silla», se parte de un individuo singular y se proyecta su experiencia a toda la colectividad; de ahí el uso de *quien* en los refranes y proverbios, cuya eficacia está —precisamente— en su sentido generalizador [61]. Reducido todo esto a un esquema, tendríamos [62]:

---

[60] BERCEO, *Milagros*, 761-762. El último verso de la primera cuaderna significa '¿tendré atrevimiento de irle a rogar?'

[61] Cfr. JULIO CASARES, *Introducción a la lexicografía moderna*, Madrid, 1950, sobre todo la tercera parte.

[62] POTTIER, *Introduction*, págs. 147-148.

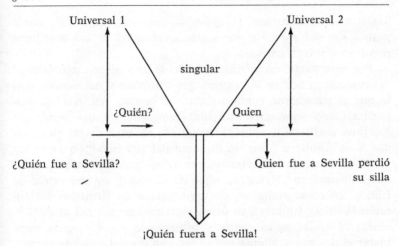

Universal 1   Universal 2

singular

¿Quién?   Quien

¿Quién fue a Sevilla?   Quien fue a Sevilla perdió
                                          su silla

¡Quién fuera a Sevilla!

103. Los r e l a t i v o s e i n t e r r o g a t i v o s están integrados en la clase de los pronombres sustantivos, como los personales; y, como las conjunciones, rigen heterosintagmáticamente
morfemas extensos, en su conjunto no constituyen un grupo
homogéneo porque pueden llevar o no artículo y son invariables en cuanto al género; *quien* sólo admite plural; *cual* coincide
con *que* en el uso del artículo y con *quien* en la posibilidad del
plural; en tanto que *cuyo* —posible con artículo, en plural y en
femenino— [63] actúa como variante combinatoria de *quien* y *que*.

104.1. La situación latina muestra cómo el relativo y el interrogativo eran una misma cosa; tan sólo diferían en el nominativo singular [64]. Así se explica que el relativo q u ī , q u a e
acabara absorbiendo al interrogativo q u i s (mas. y fem.) y
q u o d al neutro q u i d [65]. Väänänen (p. 133) explica el hecho por

---

[63] ALARCOS, *Gram. estr.*, pág. 93. Ejemplos en la rica documentación del
Dicc. const., de CUERVO (s.v.).

[64] Cfr. A. MEILLET, *Esquisse d'une histoire de la langue latine* (5.ª ed.),
París, 1958, pág. 61.

[65] *Quid*, cultismo, aparece en sintagmas muy difundidos: «el *quid* de la
cuestión», «ese es el *quid*», «dar en el *quid*», forma no recogida por BEIN-

fonética sintáctica (una sucesión de palabras como *quis vocat*
pasa a ser *qui vocat*) y por sintaxis (afinidad de las oraciones
relativas e interrogativas).

Por otra parte, en el mismo latín, se produjeron extensiones
del masculino dentro del campo del femenino y del neutro, con
lo que el paradigma venía a reducirse mucho. Así, q u i se empleaba como nominativo singular femenino en una lápida de
Kurtlovica (Iliria) [66], en otra romana [67], en otra de las proximidades de Aquileya [68], en un diploma del rey Silo [69]; q u e m su-
plantaba al acusativo femenino en unas tablillas deprecatorias
de Hadrumetum (África, no lejos de Cartago), en una estela de
Itálica, en otras romanas, en unos versos de Uruinum Mataü-
rense (Urbino, Umbría), en otros —cristianos ya— del año 380 [70],
en las fórmulas andecavense y bituricense, etc. [71] y, para completar el desorden, alguna vez se recogen q u o d como femenino,
q u e como neutro o q u a s como masculino. Dentro de estos
desajustes, se ve que las formas de masculino han ido eliminando a las femeninas hasta sustituirlas, fenómeno que —además— tenía una amplia extensión sobre las tierras del Imperio.
De este modo, las formas latinas quedaban reducidas virtualmente a expresar la oposición masculino-femenino contra neutro,
y esta situación acabaría por prevalecer.

104.2. El desorden latino al que nos acabamos de referir,
se perpetúa en la Península Ibérica en cuantos intentos se hacen
por escribir la lengua de Roma [72]. Lo único que perduró —en

---

HAUER, a pesar de su carácter coloquial, pero sí en el *Diccionario de uso
del español*, de MARÍA MOLINER.

[66] «Aurelius Crescentio ex prepositis et Vincentia coniux eius Aurelie
Vericie bruti suae *qui* uixit annis XXIII» (*DLLHI*, núm. 491).

[67] «Claudie Tihycine coniugi pintissime, *qui* uixit anis XXXVIII» (ib., 629).

[68] Ibidem 1035. Es otra estela funeraria.

[69] «Per alia petra ficta *qui* stat in montem super tabulata» (ib., 1062).

[70] Todos los testimonios en *DLLHI*, núms. 190, 191, 421, 630, 635, 935,
1037, 1055, 1058.

[71] Las transcribimos como ejemplo idóneo, y sin ninguna otra preocu-
pación: «hic quiescit ancilla dei, [...] *quem* amice deflen».

[72] *Orígenes*, pág. 349, § 69.1.

nominativo— fue la distinción *qui ~ que*, mantenida durante mucho tiempo. La geografía y la cronología van concordes en la conservación de la pareja opositiva: las regiones más septentrionales (Campoo, Castilla del Norte, la Montaña, Burgos, Rioja Alta) son más conservadoras (*qui* llega a 1237), tras ellas Valladolid y Cerrato (1223), después Segovia, Ávila, Cuenca, Osma (1221) y Toledo (1215). Por eso, regiones como Andalucía, reconquistadas más tarde, no atestiguan ningún caso de *qui*. Ciertamente, las fechas todas no son de un rigor absoluto, pues no hay que olvidar el arcaísmo de la lengua escrita frente a la hablada y, por tanto, se hace necesario retrasar algo los datos aducidos y pensar —también— en la naturaleza de los textos, origen de los escribas, etc., pues todo coadyuva a atenuar las afirmaciones demasiado categóricas [73]. En cuanto al *qui* tónico sustantivo llegó hasta el siglo xiv en que fue reemplazado por q u ĕ m [74].

La situación es distinta en Aragón; allí *qui* no se usó ni con femenino ni con cosa masculina, pero llegó hasta 1495 referido a persona masculina [75], de tal modo que *qui* se mantuvo en el aragonés escrito unos doscientos años más que en Castilla, pero se perdió mucho antes que en Valencia, la región de habla catalana menos conservadora. Claro que tampoco ahora valen unas cifras absolutas [76], pues un escritor tan culto como Fernández de Heredia utilizará *qui* referido a personas masculinas en un 83 % de los casos; los *Fueros de La Novenera* (Navarra, siglo xiii), en casi un 86 %, los *Fueros de Aragón* (códice de comienzos del siglo xiv), en un 60 %. Lo que nos vendría a situar la lengua de los fueros entre el descuido de los documentos notariales y el atildamiento de los eruditos [77].

---

[73] Cfr. *FSepúlveda*, págs. 625-627.

[74] A. PAR, «*Qui*» y «*que*» en la Península Ibérica (*RFE*, XIII, 1926, páginas 347-348).

[75] Ibidem, XVIII, 1931, págs. 225-234.

[76] Podían expresarse así: en Aragón, en el siglo xiii, *qui* domina de manera abrumadora sobre *que*; el predominio va decreciendo hasta el siglo xv en que se documenta un notable progreso de *que*.

[77] *Dial. arag.*, 289-291. *Qui* vive hoy todavía en las hablas chesa y ansotana.

105. El acusativo q u ĕ m se continúa en el masc., *quien*,
forma que no tenía —como era lógico— más que singular. Sin
embargo, en el siglo XVI apareció *quienes* que se abrió camino
muy lentamente: sólo Guevara lo utilizó entre los escritores de
la primera mitad del siglo [78] y se fue generalizando con antecedentes en plural («conviene tenelles tales en *quienes* quepa la
honra», Diego de Hermosilla), referido a un antecedente plural
indicando personas («los señores [...] a *quienes* el rey [...] hiço
merced», Zapata), como sustantivo relativo («se van [...] a mur-
murar [...] con *quienes* nunca [...] se compadescieron», Guevara). Tardó en llegar *quien* a los libros gramaticales: Nebrija
aduce *quien*, como corresponde a su época, pero es ignorado
por la *Útil institución* (1555), por la *Gramática Castellana*, del
Licenciado Villalón (1558) y por la de Lovaina (1559). Es Correas [1625] el autor que, como en tantas cosas, da la información más precisa; merece la pena copiar íntegramente su texto:

> *Quien* pregunta de persona onbre o muxer, i ansi es comun de
> dos, i vale por singular i plural: *quien es aquel cavallero?*, *quien
> son esos estudiantes?*, *quien es aquella señora?*, *quien son esas da-
> mas?* Ia le dan i se usa otro plural *quienes*, formado en *es* por la
> rregla comun: i es propio, mas no tan usado, ni antiguo: *quienes
> son aquellos onbres?*, *quienes son esas muxeres?* (*Arte*, pág. 166).

En el habla popular, *que* cubre con frecuencia el campo semántico de *quien*, en España («aquel hombre viejo *que* ['a
quien'] le di un achuchón», Granada) [79] y en América («ando
como el tigre/*Que* ['a quien'] le roban los cachorros», *Martín
Fierro*) [80].

106. El genitivo c u j u s se conserva en español [81], arcaísmo
morfológico que hay que considerar junto a otros específicos

---

[78] Éstos y los datos siguientes proceden de KENISTON, 15.154, 15.227 y 15.79.
[79] Vid. BEINHAUER, págs. 336-337.
[80] KANY, págs. 132-133, con testimonios de Chile, Ecuador, Venezuela, Honduras, Guatemala, Méjico y Santo Domingo.
[81] También en portugués y logudorés.

de esta lengua [82], cuando en latín padeció los ataques de otras formas analógicas. Tal es el caso de un q u e i u s que se recoge en una inscripción del sur de Italia: «Didius Felix coiugi bene-merenti fecit de *queius* castitate nunquam questus sum» [83]. Nebrija no incluye *cuyo* entre las formas de relativo, que faltan también en las *Gramáticas* de 1555, Villalón y de Lovaina (1559). En el siglo XVI, *cuyo*, como pronombre, ocupaba los empleos de *quien* o; a lo menos, tenía sincretismo con él: «dando la culpa a *cuya* es» (Enríquez de Guzmán), «El médico le dixo que tenia *cuya* era aquella arina muy diversos humores» (Melchor de Santa Cruz), etc., y del mismo modo se procedía si se trataba de un pronombre interrogativo: «¿*Cúya* era la gente?» (A. de Valdés), «¿*Cúyo* eres?» (Pérez de Oliva). Pero entonces mismo podía ser sustituido por otras construcciones: *de* + relativo («en tiempo *del qual*», Pérez de Hita), pronombre relativo + po-sesivo («el duque de Milán, *que su* hijo fue Galeazzo», Galíndez Carvajal), etc. Giros éstos que lejos de estar en desuso van coad-yuvando a la crisis de *cuyo* («el padre, *que su* ['cuyo'] hijo tra-baja en el campo»). Claro que la inseguridad lingüística lleva a errores como los que se documentan en Nuevo Méjico, donde *cuyo* entra en el campo de *que:* «las leyes *cuyas* [=que] la comisión acaba de revisar», «veinte cadáveres *cuyos* no fue posi-ble identificar» [84]. En algunas áreas marginales parece tener *cúyo* alguna vitalidad [85], así en Cespedosa de Tormes o en el Ecuador meridional o en el estado colombiano de Antioquia («¿*cúyo* es el libro?» = '¿de quién...?') [86].

107.1. Q u a l i s no ofrece problemas ni en latín ni en ro-mance. En la época de orígenes, el castellano no aceptaba el

---

[82] MEYER-LÜBKE, *El español comparado con las otras lenguas romances,* Madrid, 1922.

[83] Pagus Veianus, s.a., apud *DLLHI*, núm. 833.

[84] Ejemplos tomados de KENISTON, §§ 15.84, 22.52, 22.54.1.

[85] Parece ser que en algún pueblo salmantino se había dado un curioso cambio semántico: *mi cuyo* 'mi marido'.

[86] KANY, pág. 133.

artículo antepuesto y, en tales casos, el pronombre se equipa-
raba a 'el que, aquel que'; la anteposición del artículo le hacía
valer tanto como 'el + sustantivo + *que*', según se ve en el siguiente ejemplo de las *Glosas emilianenses:* «*qual* dueno get ena
honore e *qual* dueno tienet ela mandatione» = 'el señor que está
en la honor, el señor que tiene el poderío'[87]. En lo antiguo *cual*
se usaba sin preposición ni artículo[88] y entonces era equivalente
a otras formas como a *la que* («llevava [...] una muy fina y del-
gada cota, *qual* dizen jacarina», Pérez de Hita), *cualquiera* («os dé
una cota [...], *cual* más quisiérdes», Enríquez de Guzmán[89]).
Correas facilita una valiosísima información sobre los usos y
sustitución de *lo cual* en su tiempo. Sus comentarios son tanto
más significativos porque, en las censuras que formula, hace
entrar algún coloquio de don Quijote y Sancho; aunque no es
éste el lugar para comentar el pasaje por extenso, sí es necesario
aducir unos cuantos párrafos, porque ayudan a fijar la cronología
y la geografía de los hechos:

> Advertiré una cosa, i es que este rrelativo neutro tan elegante i
> claro *lo qual* á caído en fastidio entre algunos zerzenadores de los
> vocablos, por preziarse de mas cortesanos que otros, lo qual aunque
> se lo conzeda, les niego ser lexitimos castellanos, ni propios hixos de
> Castilla, i en lugar de *lo qual*, usan estos cultos *lo que*, que es de
> mui diferente sentido i propiedad. *Lo qual* rrefiere xeneralmente sin
> excluir nada de lo pasado. *Lo que* rrefiere con espezialidad i limi-
> tadamente lo que se sigue despues del [...] Tal manera de hablar de
> *lo que* por *lo qual* é visto en onbres criados fuera de Castilla en la
> Corona de Aragón (*Arte*, pág. 171).

---

[87] *Orígenes*, pág. 349, § 69.2.

[88] Los ejemplos que siguen proceden de KENISTON, §§ 15.218, 15.82, 24.1.

[89] En toda la ejemplificación de este tipo, figura el verbo *querer* en el
contexto, lo que nos sitúa en el camino de una lexicalización *cual* [...]
quisiere paralela a la que se ha cumplido en *cualquier*. En efecto, cuando
cual aparece como adjetivo atributivo puede tener sincretismo con *cualquier*: «haya en él *cual* castigo le pareciere» (Mateo Alemán). Para otros
usos y valores, vid. CORREAS, *Arte*, pág. 167.

107.2. La lengua vulgar ha creado unas formas dotadas de género y que vuelven a reestructurar el sistema de los pronombres conforme a los paradigmas *este, esta, esto; ese, esa, eso; aquel, aquella, aquello; cual, cuala, cualo,* con sus correspondientes plurales (leonés, aragonés, judeo-español de Constantinopla) [90].

107.3. El interrogativo *cuál* se usó neutralizado con *qué* («¿*cuál* mayor bien hay que no hacer mal?», Mateo Alemán) y con *cómo* en las cláusulas interrogativas indirectas («en acordándome *cual* la dexé», Sancho de Muñón; «como me vi tan tullida [...] y *qual* me avian parado los médicos», Santa Teresa), usos que —parcialmente— subsisten hoy con idénticas formas («¿*cuál* libro tiene usted?», «no sé a *cuáles* asuntos se refiere») tanto en España como en América.

INDEFINIDOS

108. No es fácil reducir de manera sistemática el conjunto de palabras que en español pueden actuar como pronombres indefinidos. Y no lo es porque la situación latina fue enrevesada y difícilmente se ordenó tanto elemento disperso. Suele aceptarse que *nada, algo, nadie, alguien* son pronombres indefinidos porque todos ellos son sustitutos de un sintagma nominal cuya base es un sustantivo: *ninguna cosa, alguna cosa; ninguna persona, alguna persona.* Ahora bien esta clasificación es esencialmente semántica, basada en el significado más que en la forma (que puede ser muy variable, según veremos); se trata de adjetivos predicativos cuya significación muy simple (= 'pocos componentes semánticos') permite empleos sumamente frecuentes. De ahí también que en situaciones límite [91] se creen sustitutos léxicos para reemplazar a las formas analíticas. Así pues no será difícil encontrar indefinidos que formalmente sean adjetivos *(cierto, todo)* u otros en los que descubramos variantes de un

---

[90] *Konstantinopel*, pág. 134 *b*, § 105.
[91] Consideramos tales a la posición relevante de una progresión: comienzo, fin, centro, etc.

mismo contenido (así con carácter negativo aparecen oposiciones relativas a persona o cosa, *nadie ~ nada;* oposición de género, *ninguno, -a;* oposición personal sin marca de género o con selección, *nadie ~ ninguno, -a*).

109.0. Por su abundancia y frecuencia, consideraremos en primer lugar a los compuestos de q u i s . Con un principio puramente formal se podrían ordenar así: 1. reduplicación; 2. tema pronominal + *quis;* 3. partícula + pronombre; 4. pronombre + partícula indefinida; 5. pronombre + forma verbal.

109.1. En latín existía un compuesto por reduplicación q u i s q u i s , q u a e q u a e , q u i c q u i d , que ya era sustituido en la lengua vulgar por q u i s q u e , según se dice en el § 109.4. Así, pues, no hay herederos suyos en ninguna lengua románica.

109.2.1. De la serie a l i q u i s , -a, - i d , formada sobre un nominativo sin desinencia a l i - + q u i s , el español tiene un conjunto muy heterogéneo de derivados. En primer lugar, del simple a l i u d convertido en a l i i d [92] en latín vulgar (lo que hace innecesaria la etimología de Meyer-Lübke) salieron los antiguos cast. *ál* y el arag. *ali;* de una forma incrementada, a l i - q u n u s , procede *algún, -o* (variantes ant. *aligo, algund, algunt*), vivo desde los primeros tiempos del idioma [93], y, por último, de a l i q u e m arranca *alguien,* cuya dificultad hace que nos ocupemos de él en último lugar. En un nutrido y extenso trabajo, Yakov Malkiel [94] ha resuelto satisfactoriamente el intrincado

---

[92] En una inscripción pompeyana, «qui hoc leget, nuncquam posteac *aliid* legat». *Al* dura en español hasta el siglo XVI (KENISTON, 13.1), pero conviene tener en cuenta que en la corte del Emperador ya estaba arrumbado: «No digo *ál* adonde tengo que dezir *otra cosa,* aunque se dize *So el sayal ay ál* y *En ál va el engaño*» (VALDÉS, pág. 119).

[93] Innovación de la Romania central que se documenta con mayor densidad a lo largo de las vías de comunicación del Imperio; falta —sintomáticamente— en rumano.

[94] *Hispanic «algu(i)en» and related Formations. A Study of the Stratification of the Romance Lexicon in the Iberian Peninsula,* Berkeley-Los

problema. Habitualmente se dice que a l i q u e m sufrió la influencia de q u ĕ m , por lo que el acento se trasladó a la última
sílaba y la voz pudo diptongar *(alguién);* sin embargo, frente al
portugués *alguém,* el castellano —desde finales del siglo XVIII—
dice *álguien;* esto es, ha habido un doble traslado acentual:
áliquem > aliquém; alguién > álguien. Para resolver las cuestiones hay que tener en cuenta la localización geográfica de
alguien (centro y occidente peninsulares, pero desconocida en
catalán) y de acuerdo con ello *alguém* se documenta en portugués desde el siglo XIII, mientras que es desconocido por Alfonso X, don Juan Manuel, *Zifar,* el *Corbacho;* ello nos hace
pensar —fundadamente— en un lusitanismo favorecido por la
boga de la poesía gallego-portuguesa, y que sólo arraigó muy
tarde (con Bécquer), mientras lo ignoran algunas hablas como
el papiamento o el español de Santo Domingo. Sobre el portugués *alguém* (que penetró en Castilla a partir del s. XIV) actuó
quien, y la forma *alguién* es la que se usó hasta tiempos de Cervantes; sólo con la generación de Lope de Vega, se volvió a la
pronunciación *alguien* por influjo de *algo* [95]. Desde un punto de
vista funcional, este pronombre era innecesario en español, donde la impersonalidad se expresaba con abundantes palabras y
construcciones, pero al seguir —siglos XV-XVII— un largo camino
hacia la eliminación o limitación de palabras multifuncionales
(cosa, hombre) se aceptaron formaciones más específicas como
algo, nada, nadie y dentro de ese sistema es donde la expansión
de *alguien* tiene plena justificación [96]. A imitación de a l i q u e m
se creó * a l t e r e m > port. *outrém,* cast. ant. *otrien.*

Ángeles, 1948. Este importante libro será tenido en cuenta a lo largo de
estas líneas.

[95] El maestro Correas, que tan cuidadoso suele ser, dice que *alguién*
iba dejándose por viejo o vulgar y en su lugar usaban *alguno,* «que no le
iguala en propiedad i significación»; además, por finura, algunos retraen
impropiamente el acento, y dicen *álguien,* «i ansi es mas valido entre xente
grave, que no habla lo común» (*Arte,* pág. 184).

[96] En asturiano-leonés, hay una serie de indefinidos *dalguien* y *dalguno,*

109.2.2. Del neutro a l ĭ q u o d (sustituyendo la serie interrogativo-indefinida por la relativa) salió *algo* 'alguna cosa' y 'bienes, riqueza', sentido éste que aún dura en Burgos y Palencia. El derivado gozó de muy próspera fortuna no sólo para sí mismo, sino por su afortunada fusión con (f i l i u >) *fi, hi,* de donde procederían *hidalgo* y sus muchos derivados [97].

109.2.3. El romance extendió el tipo de compuestos que ahora nos ocupa. La partícula a l i - se unió a otras palabras y dio lugar a unos cuantos indefinidos antiguos, así a l i q u a n-t u s 'un poco' se documenta en Berceo bajo la forma *alguantos* [98], *alquantos* [99] y la acepción de 'algunos'; el mismo valor tiene *alquandas* que en las *Glosas emilianenses* (n.º 73) traduce a *alicotiens* [100]. También a este grupo pertenece a l i q u a n t ŭ l e 'una pizca' > *alquantre* en las *Glosas silenses* (n.º 126) [101], cast. ant. *alguandre.*

109.3. En latín había unos cuantos indefinidos formados por partícula + pronombre (e c q u i s, e c q u a, e c q u i d '¿quién, cuál, hay alguno que?', e c q u a l i s, -e '¿cuál?' [102]) que desaparecieron sin dejar ningún derivado. Sin embargo, apareció alguno nuevo, como j a m q u a l e > *yaqual,* j a m q u i d >*yaqué,*

---

daquién, daqué, dacuando, dayure, etc. que se explican por *de* pronombre y no se necesita recurrir, como Schuchardt, a *n...n > d...n (nenguno > denguno)* y de ahí la *d-* pasó a *dalguien,* etc.

[97] La voz adquirió connotaciones históricas. Cfr. A. CASTRO, *España en su Historia,* Buenos Aires, 1948, pág. 71 y sigs. Otras etimologías parecen inciertas.

[98] «En unas tierras dan vino, en otras dan dineros, / En algunas çevera, en *alguantas* carneros» (*S. Millán,* 466 *b*).

[99] «...*alquantos* de los avien buena creençia» (*Duelo,* 85 *d*).

[100] Con sonorización de *t* tras nasal, cfr. W. D. ELCOCK, *De quelques affinités phonétiques entre l'aragonais et le bearnais,* París, 1938, págs. 131-147.

[101] Creemos preferible este étimon a pensar en a l i q u a n d o con ensordecimiento de la *d* tras *n.*

[102] Paralelas son las formaciones adverbiales e c q u a n d o '¿sucedió alguna vez?', e c q u o '¿dónde, adónde no?'.

donde j a m aparecía como en algunos adverbios y conjunciones latinos de marcado carácter arcaico [103].

109.4. Los compuestos de pronombre + partícula indefinida eran en latín q u ī d a m 'un tal', q u i s n a m 'quien', q u i s- p i a m 'alguno', q u i s q u e 'cada uno' y un derivado u n u s- q u i s q u e. Tampoco esta serie fue muy afortunada, pues los restos han sido muy escasos: el cultismo *quidam* se usa como despectivo 'un cualquiera' y debe tener cierto arraigo, pues se documenta en Moratín hijo. También es culto *quisque* que pro- cede de un q u i s q u e que, en latín vulgar, reemplazaba a q u i s q u i s, según puede verse en la *Sententia Minuciorum* (117 a. C., cerca de Génova), en una tablilla deprecatoria de Salona, en varias inscripciones romanas y en otras africanas [104]. Aunque *quisque* había sido usado por Berceo (*Duelo*, 42 c; *Mila- gros*, 139 d), no vuelve a documentarse hasta hoy, lo que hace pensar, con toda verosimilitud, en un latinismo más, de los muchos que usa el poeta. En el habla coloquial, con mayor difu- sión de lo que se ha dicho, aparece siempre en el sintagma pleo- nástico *cada quisque* [105]. En cast. antiguo existió *cascuno* < q u i s q u e u n u s 'cada uno'.

109.5. Q u ī v ī s, q u a e v i s, q u i d v ī s 'cualquiera' y q u ī l i b e t, q u a e l i b e t, q u i d l i b e t 'cualquiera, quien- quiera', formados por pronombre + forma verbal, no dejaron restos; sin embargo se crearon otros compuestos: q u a l i s v i s, q u a l e v i s (> *qualbis*), q u a (l e) l i b e t (> *qualibe)* [106]. La sustitución del verbo por otro románico dio lugar a los ant.

---

[103] En unos pocos textos del siglo XIII; más abundante fue *yaquantos*, que pudo significar 'algunos' (< i a m q u a n t o). Cfr. MALKIEL, *Alguien*, notas 323 y 324, págs. 423-424.

[104] Llevan los números 35, 441, 609, 610, 664, 682, 715, 853, 863 y 874 en *DLLHI*. Estos testimonios hacen innecesario pensar en otra etimología para la voz española.

[105] Para los sustitutos de *quisque*, vid. § 109.1. En cuanto a este tipo de formaciones, nos remitimos a D. NORBERG, *Zur Geschichte der Partikel «-que»* (apud *Beiträge zur Spätlateinischen Syntax*, Uppsala, 1943).

[106] *Orígenes*, pág. 350.

quiquier, -a, -e, documentado desde los primeros textos literarios[107], y mod. *quienquiera*[108].

110.1. Ya en latín, o m n i s cedía el puesto a t o t u s (Plauto escribe «*totis* horis» y Cicerón, «*totis* noctibus») y, salvo el italiano, las otras lenguas románicas no conocen sino derivados de éste[109]. Las formas españolas son: *todo,* ast. *tou,* arag. *toto;* el *tute* 'juego de naipes' tiene esta etimología a través del italiano *tutti* 'todos'.

110.2. A l t e r 'el uno o el otro (de dos)' formaba pareja con a l i u s 'otro', que desapareció (vid. § 109.2), en tanto fueron continuadores suyos los ant. *otri, otre, otrie, otrien,* el ant. y mod. *otro* y los dialectales *otre* (influido por *que*) en Soria, Rioja y Cuenca, *otri*[110] en Aragón, Navarra, Rioja y Soria, *utri* (con la *u-* de *uno*) en Navarra, *utro* en asturiano-leonés. Compuesto de *otro* es el indefinido *quillotro* 'algo, lío, trazas'[111], de frecuente

---

[107] Todavía Correas podía escribir: «*que?* pregunta neutralmente de cosa *quequiera* o qualquiera, que no sea onbre o muxer» (*Arte,* pág. 167).

[108] ALF LOMBARD, *A propos de* «*quienquiera*» (*StN,* XX, 1948, págs. 21-36).

[109] Vid. V. GARCÍA DE DIEGO, *Divergentes latinos* (*RFE,* V, 1918, páginas 139-142). La genealogía allí establecida es:

$$* \text{TO\d{Y}ETON} \begin{cases} \text{TŌTUM (esp. } todo\text{)} > \text{TŎTTUM (rum. } touta\text{).} \\ * \text{TŎTTUM (prov. } tota, \text{ fr. } tout\text{).} \\ * \text{TŪTUM (port. } tudo?\text{)} > \text{TŬTTUM (arag. } toto?\text{).} \\ * \text{TŬTTUM (it. } tutto\text{).} \end{cases}$$

Añádanse: ÁNGEL PARIENTE (*Totus,* apud *Estudios de fonética y morfología latina* [sic]. Salamanca, 1949, págs. 57-62; en la misma obra se estudia *omnis,* págs. 269-276) y BASTARDAS (págs. 3-5).

[110] Y. MALKIEL, *Old Spanish* «*nadi(e), otri(e)*» (*HR,* XIII, 1945, págs. 204-230), ha dado razones suficientes para derivar *otri* del dativo analógico a l t e r i. *Otre* —considerado aldeano por Correas— no sería sino una forma analógica de *este, ese; otrien,* forma inspirada en *quien, alguien; otrie,* combinación de *otri + otre,* era considerada forma «a lo viejo» por Correas, mientras que *otri* «agrada más» aunque no es «muy recibido» (*Arte,* página 184).

[111] Vid. M. ROMERA-NAVARRO, «*Quillotro*» y sus variantes (*HR,* II, 1934, págs. 217-226). Cfr. *quillotre* en Lope de Rueda (I, 300), inspirado en *otre.* Véase el testimonio de VALDÉS que, como siempre, es de singular importancia:

uso en la literatura ruralesca y que, no documentado por Keniston en el siglo XVI, todavía utilizaron Horozco, Tirso y Mateo
Alemán [112]; sin embargo, el sentido etimológico (< *aquell otro*)
se había perdido y nuevos contenidos rellenaban las voces:
quillotrar 'pensar', *quillotrado* 'enamorado', *quillotrador* 'seduc-
tor'. Es de sumo interés para nuestro objeto, el siguiente texto
del maestro Gonzalo Correas:

> En *aquel otro* algunos doblavan la *l*, i la mudavan en *ll*: *aquello-
> tro*, de donde salió *quillotro* entre rrusticos, con que se sinifican
> todas las cosas, que no se les acuerda, ni ofreze de presto como se
> llaman: i el verbo *quillotrar* por hazer qualquiera cosa (*Arte*, pá-
> ginas 162-163).

C ĕ r t u s (se perdió q u i d a m) se continúa en el normal
cierto y, un derivado suyo, c e r t a n u s es el antecedente del
cast. ant. *certano* 'cierto' [113].

111.1. Los negativos —perdidos n e m o y n u l l u s [114]— tuvieron que formarse tardíamente. Así n e c u n u s [115] que dio
neguno en cast. ant. y en los *Fueros* leoneses (de Alfaiates, de
Riba-Coa, de Salamanca) [116] y, por el sincretismo de las partículas

---

VALDÉS. Un *quillotro* dezían antiguamente en Castilla por lo que
acá [en Italia] dezís un *cotal;* ya no se dize de ninguna manera.
MARCIO. ¿Ha sucedido algún otro vocablo en su lugar?
VALDÉS. Ninguno, ni es menester, porque aquel *quillotro* no servía
sino de arrimadero para los que no sabían o no se acordavan del
vocablo de la cosa que querrían dezir (pág. 129).

[112] Autoridades en FONTECHA, s.v. y, sobre todo, en el *Diccionario medieval*, de CEJADOR, s.v. *aquellotrar, aquellotro, quellotro, quellotrar*, etc. *Quillotrado* aún duraba en el *Quijote* de Avellaneda (cap. XIV).
[113] Sólo se encuentra en Berceo y aparece en rima, lo que le quita mucho
valor probatorio: «Pusieron de su paga su termino *çertano*» (='fijo,
concertado') (*Milagros*, 653 *b*).
[114] En cast. ant. se conoció *nul* (Berceo, *Fuero de Avilés*, documentos
montañeses de 1220, pero no en textos posteriores). Cfr. BASTARDAS, pág. 77.
[115] Cfr. «ita ut *nec unam* habitationem habeat» (*Peregrinatio*, 8.1).
[116] En leonés persistió más tiempo por la vitalidad de la partícula *ne*,
frente a *ni* (cfr. *FSalamanca*, pág. 86).

negativas, *nenguno, niguno, ninguno* [117]; en la edad media —y pese a su pronta difusión— no tenía una fontera claramente definida con *alguno*. R e s n a t a vino a reemplazar a n i h i l, que se perdió [118]; el sintagma enfrentó el castellano *nada* a los romances del oriente peninsular (arag., cat. *res, ren*), pues r e m había desaparecido del centro de la Península alrededor del año 1000 y, del portugués, poco antes de la Era de los Descubrimientos: la vida de *res, ren* condicionó a la de *algo*, que alcanzó su mayor difusión en las zonas donde aquél fue repudiado. Las variantes *nadi, nadie* [119], *nadien* son analógicas de la serie *otri otrie, otrien* y, en su desarrollo ulterior han dado lugar a numerosas variantes fonéticas, tanto en España como en América y judeo-español (*naide* [120], *naye, naire*, etc.).

111.2. Posiblemente como un eco del latín n e h e m o > > n e m o pudo surgir el empleo de *homo* en fórmulas negativas: *omne*, acentuado, aparecía con el valor de 'alguien, alguno' y se documenta desde antes que *alguno;* el sintagma negativo *ningún hombre* es paralelo al de *algún hombre.*

112. En sustitución de q u i s q u e (§ 88.4) apareció la preposición griega κατά, tomada de la lengua eclesiástica. Su significado era 'siguiente, con ocasión de'. En la *Peregrinatio* de Eteria se encuentran testimonios como «*cata* singulos ymnos [...] orationes dicunt» = 'a cada himno...', «ut *cata* mansiones monasteria sint cum militibus» = 'en cada etapa hay puestos militares' (ib., 7, 2); en la *Vulgata*, «*cata* mane mane» = 'cada mañana' [121]. *Cata* pasó a ser pronombre indeclinable y como tal subsiste en casi toda la Romania [122], en castellano, *cada* va seguido

---

[117] Cfr. GARCÍA DE DIEGO, *Divergentes latinos*, citados antes, págs. 132-135.

[118] Ya en Terencio, «e *re nata* melius fieri haud potuit» (*Ad.*, 295).

[119] Juan de Valdés contraponía *ninguno* a *nadie*: «mejor vocablo es *ninguno* que *nadie*, aunque a *nadie* le da reputación aquel galaníssimo dicho: *Quien a sí vence, a nadie teme*» (pág. 127).

[120] «Es más propio, o lo fue antes» (CORREAS, *Arte*, pág. 185).

[121] Ejemplos de VÄÄNÄNEN, § 289.

[122] En las *Glosas* se emplea *quiscataqui* con el valor de 'unusquisque' y, en el *Cid, quis cada uno* < q u i s q u e + c a t a + u n u (*Orígenes*, pág. 350).

de *cual, uno* y aun puede fundirse en ciertos casos (arag. *cada-guno*), pero en Navarra, *cada* va en construcción absoluta, tanto en lo antiguo [123] como en lo moderno [124]; por lo demás, la voz es étimo de otros elementos léxicos: cast. *cadañera* 'hembra que pare cada año', rioj. *cadañar* 'sembrar todos los años', rioj. *calañar* 'id.'.

113. En el § 109.5 ha habido ocasión de hablar de verbos románicos que entran en la formación de ciertos indefinidos. Ahora puede completarse el cuadro saliendo del marco impuesto por q u i s . Comparables a *quiquier*, son *cualquier, -a* (Berceo), *qual quisier* [125], *-e* y *qualsequiera*. No con q u a e r o , sino con v o l o , hubo derivados que sólo subsisten en la lengua de Berceo, *siuuelqual* 'cualquiera' (*S. Millán*, 84 *c*; *Milagros*, 179 *d*), *siuuel-que* 'semejante, cualquiera' (*S. Domingo*, 277 *d*; *Sacrif.*, 235 *d*) y el temporal *siuuelquando* 'algún día' (*Loores*, 35 *d*).

114. Se emplean, o se emplearon, como indefinidos una serie de voces o de sintagmas habilitados como tales: *citano* [126], *cualque cosa, dello, fulano* [127], *gente* [128], *gentes humanas, no sé*

---

[123] En el *Fuero General de Navarra*, se lee «ayan el alcalde et los tres canaylleros *cada* diez sueldos», como en el aragonés del siglo XV: «semblantes cedulas fueron feytas para las VIII parroquias restantes en do ha *cada* dos conselleros» (*Dial. arag.*, pág. 289, núm. 5).

[124] «Un vaso a *cada*» (*El habla de Oroz-Betelu*, RDTP, III, 1947, pág. 468, § 39).

[125] Su plural *quales quisier* en un doc. de 1206 (*Esp. Sagr.*, 36); TORQUE-MADA (pág. 82) escribe *qualesquiera*.

[126] Su base es de creación expresiva y tiene muchas variantes (cfr. *zutano, sitano*, etc.).

[127] Del árabe f u l â n 'tal', documentado desde 1155. Se empleó sustantivado para indicar nombre desconocido de persona («*Fulana* de Melo», Enríquez de Guzmán) y como adjetivo («*fulana* mongía», Berceo). Las formas antiguas fueron *fulán* (cast. y arag.) y *folén* (arag.). Además de *citano* y *fulano*, el tercer elemento de la serie era *roviñano*, no usado en plural y en desuso en tiempos de Correas (mod. *mengano, perengano*).

[128] Sinónimo de *alguien*, «¿está *gente* dentro?» (Enríquez de Guzmán), «*gente* está a la puerta» (Sancho de Muñón).

qué [129], *persona* [130], *tal* [131], *todo el mundo, todo viviente, uno,* etc. Valdés usa el italianismo *qualque* (págs. 10, 51).

---

[129] Paralelo del neutro *algo;* «esperando *no sé que* que nunca viene» (Enríquez de Guzmán), «dezian *no sé qué* de vuessa merced» (Lope de Rueda).

[130] Se usó, sobre todo, ante cláusulas relativas, en juicios afirmativos o negativos y en oraciones independientes (introducidas por *si* y *sin*). El uso pronominal de persona, raro en el español anterior al siglo XV, debe ser galicismo.

[131] «Enfaticamente con admirazion se dize *que tal!* i *que tales!,* encareziendo en bien o en mal» (CORREAS, *Arte,* pág. 167).

CAPÍTULO IX

EL VERBO: CUESTIONES GENERALES

115. Dentro del sistema verbal indoeuropeo, la conjugación latina había adquirido unas características fuertemente diferenciadas. Frente a un sistema basado en la cualidad de la acción, el latín pretendía establecer unas relaciones de tipo temporal. Esto hizo que el aspecto (con sus múltiples enfoques subjetivos) dejara paso a unas oposiciones muy simples: presente ~ no presente. Dentro de esta dualidad, el pasado tenía relevancia (era una experiencia que se había comprobado), mientras que el futuro exigía un máximo de abstracción (capacidad para suponer aquello que no había existido). De ahí que el presente o el pasado se mantuvieran como formas virtuales, y el futuro se sintiera como una necesidad de actualizar lo que se deseaba o se creía en un tiempo desconocido. Sólo así puede explicarse que en unas lenguas (el catalán, por ejemplo) el pasado se exprese como en otras (el rético, por ejemplo) el futuro: sentimiento del hablante que posee una sola realidad —la del hoy o su tiempo inmediato en el pasado— y no alcanza a esas otras que se cumplieron fuera de su memoria o no sabe si tendrán virtualidad.

Ahora bien, la idea temporal en latín se fundamentaba sobre dos sistemas muy precisos: el del presente y el del pasado; pero

en ellos la idea temporal no era exclusiva, sino que —concomi-
tante— subyacía otra aspectual: acción no acabada *(infectum)*
y acción acabada *(perfectum)* [1]. Tal es la idea de la escuela francesa, que vino a establecer dos series de planteamientos expresados por *amat* 'ama', *amabat* 'amaba', *amabit* 'amará' y *amavit*
'ha amado', *amaverat* 'amó', *amaverit* 'habrá amado'; es decir,
acciones no acabadas y acciones terminadas en el presente, en
el pasado o en el futuro. Las lenguas románicas significaron una
vuelta al estado de cosas indoeuropeo: ya en el latín tardío re-
surgió la idea del aspecto y, por tanto, la idea de acción pasada
y terminada, pero con resultados en el momento en que se habla.
Esto, que era inexpresable en latín clásico, tomó la forma de
habeo + participio perfecto, y al debilitarse el significado resul-
tativo de este sintagma *(habeo scriptum* = 'tengo escrito'), se
llegó a expresar una acción perfectiva (= 'he escrito') [2]. Pero

---

[1] Con lo que venía a perderse el aoristo que frente al presente (proceso
considerado en su duración) veía el proceso sin considerar su duración,
que no tenía interés para el hablante (cfr. VENDRYES, págs. 124, 135). Como
la noción verbal no tenía duración en el aoristo, se pudo considerar reducida a un punto y vino a confundirse con el perfecto. En español existe
un libro que nos atañe en este momento: RUFO MENDIZÁBAL, *Monografía
histórico-morfológica del verbo latino*, Madrid, 1918.

[2] Cfr. W. E. BULL - R. FARLEY, *An Exploratory Study of the Nature of
Actions and the Function of Verbs in Spanish* (*Hisp*, XXXII, 1949, pági-
nas 64-73); K. TOGEBY, *Mode, aspect et temps en espagnol*, Copenhage, 1953;
T. B. IRVING, *Completion and Becoming in the Spanish Verb* (*MLJ*,
XXXVII, 1953, págs. 412-414); M. BASSOLS, *La cualidad de la acción verbal
en español* (*EDMP*, II, págs. 135-147); SEBASTIÁN MARINER, *La oposición in-
fectum / perfectum ante un análisis estructural* («Actas del primer Congreso
Español de Estudios Clásicos», Madrid, 1958, págs. 529-533); WILLIAM E.
BULL, *Time, Tense, and the Verb. A Study in Theoretical and Applied Lin-
guistics, with Particular Attention to Spanish*, Berkeley-Los Angeles, 1960;
MARTÍN S. RUIPÉREZ, *Observaciones sobre el aspecto verbal en español* (*AcS*,
XVI, 1962, págs. 427-435); LUIS JENARO MCLENNAN, *El problema del aspecto
verbal. Estudio crítico de sus presupuestos*, Madrid, 1962; J. CERNY, *Sobre
la asimetría de las categorías del tiempo y del aspecto en el verbo español*
(*PhP*, XII, 1969, págs. 83-93); JOSÉ PEDRO RONA, *Tiempo y aspecto: análisis
binario de la conjugación española* (*ALM*, XI, 1977, págs. 211-223); L. TOBÓN
y J. RODRÍGUEZ, *Algunas consideraciones sobre el aspecto verbal en español*

habeo scriptum y *scripsi* venían a tener un significado próximo, con lo que fue necesaria una diferenciación que los mantuviera independientes, y entonces *scripsi* se conservó con su valor absoluto de pasado, en tanto *habeo scriptum* se matizaba como un pasado, perfecto, sí, pero con resultados actuantes sobre el presente [3]. Nacieron de este modo todas las formas compuestas en las que el *perfectum* que ellas expresaban tendía siempre hacia un presente. *Habeo* + participio era, pues, un tiempo perfecto (aspecto) y expresión, también, de la anterioridad con respecto al presente (tiempo relativo) y este valor acabó imponiéndose. La situación fue claramente sentida por los autores clásicos; baste recordar cómo el anónimo de la *Útil institución* escribió con toda claridad:

> Los Hespañoles tienen dos preteritos. El primero es conforme al aoristo de los griegos: porque significa lo passado, pero sin determinar tiempo: como *yo amé, yo salté*. El segundo significa el tiempo praeterito mas cerca passado, y determinando tiempo: como *yo he amado, yo he saltado*. Del qual usamos quando oy, o ayer, o poco antes auemos amado o saltado (pág. 41).

Surgió así una conjugación mucho más compleja que la latina, pero menos coherente, y ello obligó a una reordenación funcional de los tiempos, por cuanto se delimitaban dos órdenes en la conjugación: la imperfectiva (tiempos simples) y la perfectiva (tiempos compuestos, más el perfecto absoluto). Resultado de ello fue que la perífrasis se generalizó para indicar la perfec-

---

(*BICC*, XXIX, 1974, págs. 34-47); Nelson Cartagena, *Acerca de las categorías de tiempo y aspecto en el sistema verbal del español* (*REL*, VIII, 1978, páginas 373-408). Desde otra perspectiva, vid. M. Molho, *Sistemática del verbo español. (Aspectos, modos, tiempos)*, Madrid, 1975, págs. 79-127. Para cuestiones que podemos considerar en este momento, vid. Klaus Heger, *La conjugación objetiva en castellano y en francés* (*BICC*, XXII, 1967, páginas 112-119), y A. Llorente - J. Mondéjar, *La conjugación objetiva en español* (*REL*, III, 1973, págs. 1-60). En un plano general, vid. André Jacob, *Temps et langage*, París, 1967.
[3] R. Lucot, *Remarque sur l'emploi de «habeo» avec le participe en «to»* («Mél. Ernout», 1940, págs. 247-249).

ción, con lo que los tiempos latinos tuvieron que reestructurarse de acuerdo con las nuevas necesidades, o desaparecieron. Así las desinencias latinas de pluscuamperfecto de indicativo (- e r a m , - e r a s , etc.) por pertenecer a un tiempo simple no sirvieron para expresar la perfección y vinieron a usarse como imperfecto de subjuntivo (a m a v e r a m 'había amado' > *amara); las del pluscuamperfecto de subjuntivo (- i s s e m , - i s s e s , etc.), como imperfecto del mismo modo (a m a v i s s e m > *amase)* y las del imperfecto de subjuntivo, al futuro romance de ese mismo modo (a m a v e r i m > *amare)*. Precisamente, la nueva estructura del verbo románico (creación de perífrasis en sustitución de las formas analíticas latinas) dejó inservibles algunos instrumentos originarios que se trasladaron de uso al tener que reajustar el sistema para rellenar los huecos producidos por la evolución lingüística [4]. Por mil caminos se llegaba a la vieja afirmación de Nebrija:

> La maior dificultad de la gramática no solamente castellana mas aun griega i latina i de otro cualquier lenguaje que se oviesse de reduzir en artificio está en la conjugación del verbo i en como se podrá traer por todos los modos, tiempos, números i personas [5].

TENDENCIAS ANALÍTICAS Y SINTÉTICAS

116.1. Partiendo del concepto saussureano del signo lingüístico, Bally intentó revisar el valor de los términos *análisis* y *síntesis*, devolviéndoles su justo valor, pues venían aplicándose a

[4] Hace más de un siglo, Tobler señaló las tres posibilidades que, en la conjugación, mostraba el latín popular: evolución fonética hacia las modalidades romances, construcciones analógicas y formaciones independientes (*Darstellung der lateinischen Konjugation und ihrer romanischen Gestaltung*, Zürich, 1875, pág. 20).

[5] *Gramática*, pág. 121. Cfr. Klaus Heger, *Die Bezeichnung temporal-deiktischer Begriffskategorien in französischen und spanischen Konjugations System*, Tübingen, 1963; José Roca Pons, *Estudio morfológico del verbo español* (*RFE*, XLIX, 1966, págs. 73-89); Martín Sánchez Ruipérez, *Notas sobre la estructura del verbo español* («Problemas y principios del estructuralismo lingüístico», Madrid, 1967, págs. 89-96).

los caracteres más superficiales de la lengua[6]. Porque, si decimos que el significante lingüístico es convencional, en la afirmación va implícita la idea de que una misma forma se aplica —convencionalmente— no sólo a un significado, sino a otros varios; de ahí la *homonimia* y la *polisemia*. A su vez, una forma, al acumular varios significados *(venga* puede ser primera o tercera persona del presente de subjuntivo, tercera del imperativo y de uso impersonal), se llena de «plétora semántica» y amontona conceptos; de ahí la *distaxis*. Hasta Bally, distaxis y sinonimia no habían sido tenidas en cuenta al hablar de análisis y síntesis en lingüística; para él, la síntesis es —en el discurso— el conjunto de hechos lingüísticos contrarios a la linealidad, y, en la memoria, a la monosemia. Por ello, una forma es tanto más analítica cuanto más satisface las exigencias de la linealidad y de la monosemia, y las lenguas se diferencian por la mayor o menor posibilidad de manifestar linealidad o monosemia. Claro que ambas tendencias pueden converger: al perderse una buena parte de la conjugación latina (pasiva, futuro de indicativo, infinitivo pasado, participio de futuro y supinos), así como la flexión nominal, se necesitó recurrir a perífrasis que vinieran a sustituir los elementos en trance de pérdida, o se les dejó perder definitivamente. Por otra parte, fijados estos compuestos en un uso, la lengua tendió a refundirlos e incluso las dos tendencias subsisten *(soy amado* y *amaré)*. Por eso no puede aceptarse sin vacilación el hecho de considerar la tendencia analítica como criterio de progreso lingüístico, por cuanto gana la lengua en claridad; ni que responda a una expresión intelectual que elimina los elementos extraños a la idea pura para convertirlos en signos gramaticales, por cuanto estos procesos se cumplen en una época (siglos II-VI) de decadencia cultural[7].

---

[6] *Linguistique générale et linguistique française* (2.ª edic.), Berna, 1944, §§ 213-216.

[7] La escritura estabiliza a la lengua y sofrena la rapidez de su evolución, mientras que el coloquio emplea multitud de formas que difícilmente podrían acceder a ella. Recuérdese, por ejemplo, el papel que, en la historia del latín, juegan las tablillas deprecatorias: testimonio de un mundo inac-

El castellano se ve en la necesidad de sustituir todos estos elementos inservibles; así la pasiva por la construcción part. pas. + *esse* (en la Italia septentrional por *fieri*)[8]: «littera *scribitur*» > «littera *scripta est (fit)*», o por otras activas o impersonales *(movetur* > se *movet);* los perfectos —según se ha dicho— por combinaciones con *habeo* (y, en los intransitivos, con *sum),* empleo iniciado en la Galia (s. IV) y generalizado en el siglo VI en las otras partes del Imperio; el futuro de indicativo por una serie de sintagmas a los que nos referiremos más adelante; mientras que desaparecieron, sin ser sustituidos, el infinitivo pasado y los dos supinos.

116.2. En función con lo dicho, hay que situar la suerte de los deponentes, que, si entre el pueblo se hicieron activos, muestran usos vacilantes en autores como Petronio[9]. Según es bien sabido, los deponentes son verbos de sentido medio o activo, pero cuyas desinencias son las de la voz pasiva; su nombre mismo hace referencia al hecho: verbos con significado activo o próximo a él, que han abandonado *(deponere)* las desinencias activas (válganos el testimonio de *sequor* 'sigo')[10]. Es muy conocida la abundancia de autores que convertían en activos a estos verbos deponentes; eran escritores cuya lengua se acercaba a la del pueblo: tal es el caso de Plauto o de Petronio; de éste es un bello ejemplo que transcribimos:

> Ceterum Ascyltos, intemperantis licentiae, cum omnia sublatis manibus eluderet, et usque ad lacrimas rideret, unus ex conlibertis Trimalchionis excanduit, is ipse qui supra me discumbebat, et: Quid

---

cesible desde la literatura clásica, y, sin embargo, antecedente bien claro de la transformación hacia las lenguas románicas. No lejos de estas cuestiones están las que estudia JOSEF FELIXBERGER en su libro, muy sugestivo, *Untersuchungen zur Sprache des spanischen Sprichwortes,* Munich, 1974.

[8] Para la pérdida de la diátesis, vid. BATTISTI, pág. 229. En cuanto a su expresión en nuestra lengua, vid. FÉLIX CARRASCO, *Sobre el formante de «la voz pasiva» en español (REL,* III, 1973, págs. 333-341), y JEAN-CLAUDE CHEVALIER, *Verbe et phrase. (Les problèmes de la voix en espagnol et en français),* París, 1978.

[9] Cfr.: «Quia tu, qui potes loquere, non *loquis» (Satyricon,* § 46).

[10] ERNOUT, *Morphologie,* § 169; BATTISTI, pág. 231.

rides, inquit, berbex? An tibi non placent lautitiae domini mei? Tu enim beatior es et *convivare* melius soles (57, 1).

En época tardía los ejemplos pueden multiplicarse: en Fredegario (s. VII), «contra gentem qualibet *agrediebant*» *(Chron.,* IV, 48); en las *Fórmulas* de Marculfo (s. VII-VIII), «nulla iusticia ex hoc aput vos *consequere* possit» (§ 14)[11]; en los *Nomina flubiorum* [sic] (s. X), «Flubius Tagus, qui inrigat Toleto *nascit* in campo Spaniae»[12].

En español, los deponentes desaparecieron[13] (como *contionor* o *gratulor),* o se incorporaron a la primera o a la tercera conjugación, de acuerdo con la que hubiera sido su forma activa de infinitivo. Así, c a v i l l o r, c o n s o l o r, i n t e r p r e t o r pasaron a ser *cavilar, consolar, interpretar,* mientras s e q u o r se hacía *seguir.* Otros de tales verbos se reestructuraban sobre el participio (c o n f i t e o r dejaba paso a c o n f e s s a r e, formado sobre c o n f e s s u s, de donde *confesar)* o permitían derivados del mismo étimo: s o r t i o r desapareció, pero se hizo *sortear* sobre s ŏ r t e.

LAS CLASES DE MORFEMAS

117. Prefijos e infijos son los mismos que en el sistema nominal (vid. caps. XV y XVI), pero en el verbo aparecen como específicos los morfemas m o d o - t e m p o r a l e s («am-*a*»), los de p e r s o n a («am-a-*mos*») y los de n ú m e r o («am-a-*n*»). De este modo, la estructura morfémica verbal tendría la siguiente forma:

	Prefijo	Lexema	Infijo	Mod-temp.	Persona	Número
Verbo	(+)	+	(+)	+	+	+
Auxiliar		+		+	+	+

---

[11] Sobre este texto, véase el estudio de ALF UDDHOLM, *Marculfi formularum libri duo,* Uppsala, 1962.

[12] DÍAZ, *ALV,* pág. 200, l. 5.

[13] «Deponente no lo ay en la lengua Hespañola» *(Útil institución,* pág. 41).

En el cuadro se ve cómo cualquier verbo está constituido por el lexema que contiene la significación predicativa *(am-*o) y dos tipos de formantes: los c o n s t i t u t i v o s (propios de la categoría verbal, van marcados con una +) y los f a c u l t a t i v o s , que pueden ser infijos (mord-*isc*-ar), prefijos *(des-*hacer), sufijos aspectuales (en-negr-*ec*-er) (marcados con (+) en el cuadro).

Lo que caracteriza al verbo es la posesión de unos morfemas extensos; esto es, capaces de caracterizar no a un sintagma (lexema + morfema intenso), sino a un nexo u oración. De ahí que —en el cuadro anterior— sean específicamente verbales los morfemas modo-temporales (caracterizan oraciones enteras y, en el caso de la *consecutio temporum*, a varias) y los de persona (caracterizan a la oración entera); por eso, si faltan los morfemas extensos, el verbo ya no funciona como tal, sino que es en todo idéntico al sustantivo. Así el infinitivo, que, si se nominaliza, exige género masculino y puede tener alternancia de número *(«el* hablar», «*los* hablar*es*»); así el gerundio, que puede ir acompañado por preposición o funcionar como adjetivo de un verbo («*en acabando* esta carta», «hablaban *riendo*»), y así el participio *(partido, -a, -os, -as).*

LOS LEXEMAS VERBALES

118.0. Al enfrentarnos con la conjugación encontramos varias clases morfológicas de lexemas. El hecho no es nuevo, ni afecta sólo al español. Baste recordar que conjugación *(coniungere)* no es otra cosa que la pretensión lingüística de unir el tema de infecto con el de perfecto, creando formas paralelas en ambos temas. Porque —efectivamente— conociendo uno de esos temas era imposible deducir, por una simple operación lógica, cuál sería la forma del otro, aunque hubiera razones históricas, fonéticas, etc., que pudieran explicarlo *(edo, essi; vinco, vici; veho, vexi,* etc.); por ello el latín trató de uniformarlos estableciendo unas mutuas relaciones más estrechas [14]. El hecho lo vamos a encontrar también en español.

---

[14] ERNOUT, *Morphologie*, págs. 113-114.

118.1. Hay unos l e x e m a s a r b i t r a r i o s f i j o s que son los que constituyen los llamados verbos regulares. Dado un determinado lexema, cuya arbitrariedad está determinada por ser un signo lingüístico, resulta que su forma se mantiene inalterable en todo el conjunto de realizàciones que llamamos conjugación. Así, *cant*- no se modifica en ningún tiempo *(cant*-o, *cant*-é, *cant*-aba, *cant*-ar-é), en ningún modo *(cant*-as, *cant*-es, *cant*-a, *cant*-ar), en ninguna persona *(cant*-o, *cant*-as, *cant*-a, *cant*-amos, *cant*-áis, *cant*-an).

118.2. Pero en otras ocasiones nos enfrentamos con l e x e - m a s a r b i t r a r i o s p o l i m o r f o s, los que constituyen las llamadas conjugaciones irregulares. En ellos distinguimos tres series: una v i v a, en la que cada una de las formas del lexema tiene actividad para la formación de derivados; otra m u e r t a, en la que los elementos discordantes carecen de tal capacidad, y una tercera o s e m i - v i v a, en la que funcionan los principios analógicos que le dan vitalidad en un sentido, aunque en otros sea estéril [15].

118.2.1. La primera está constituida por verbos del tipo *contar* en quienes alternan una forma sin diptongo *(cont-')* y otra con él *(cuént-)*. En los paradigmas verbales este tipo de alternancia es muy frecuente, pues opone las formas acentuadas en la raíz a las que se acentúan en la desinencia: c r ĕ p o > *quiebro*, pero c r ĕ p a m u s > *quebramos* (alternancia /ie/ ∼ /e/); m ŏ l o > *muelo*, pero m ŏ l ē m u s > *molemos* (alternancia /ue/ ∼ /o/). En ocasiones, esta alternancia puede conducir a una anómala igualación del paradigma, en busca —precisamente— de esa uniformidad que motiva la existencia de una conjugación: l ĕ v o > *lievo*, frente a l ĕ v ā t i s > * *leváis;* pero como la *ly*- de *lievo* pasó a *ll (llevo)*, todo el verbo se reestructuró sobre la *ll* de las formas diptongadas *(llevar, llevamos,* etc., que deberían comenzar por * *lev*- y no por *llev*-).

---

[15] No se confunda con los verbos vivos y muertos que, en la doctrina de GUILLAUME, afectan a los aspectos inmanente o trascendente, vid. M. MOL-HO, *Sistemática del verbo español. (Aspectos, modos, tiempos),* Madrid, 1975, página 106.

Su normal evolución fonética *(ŏ, ĕ* átonas se conservan como *o, e; ŏ, ĕ* acentuadas pasan a *ué, ié)* ha hecho que existan paradigmas r e g u l a r e s históricamente, por más que se dé la alternancia *o-ué, e-ié* [16]:

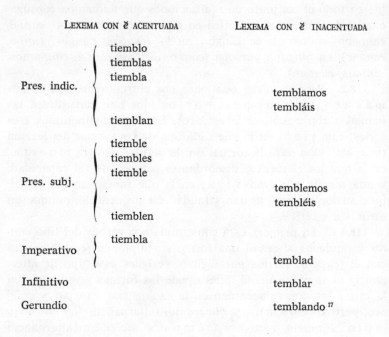

	Lexema con ĕ acentuada	Lexema con ĕ inacentuada
Pres. indic.	tiemblo tiemblas tiembla tiemblan	temblamos tembláis
Pres. subj.	tiemble tiembles tiemble tiemblen	temblemos tembléis
Imperativo	tiembla	temblad
Infinitivo		temblar
Gerundio		temblando [17]

---

[16] Para esto, cfr. Fouché, *Présent*, págs. 346-347, aunque no todos sus ejemplos sean igualmente válidos. Por otra parte resulta curioso ver cómo Fouché ignora el trabajo fundamental de Gassner, imprescindible para su propio estudio. Vid., también, César Oro, *Regularidad e irregularidad en el verbo castellano (REL*, VIII, 1978, págs. 361-371).

[17] Pertenecen a este tipo *quebrar, cegar, negar, pregar* (ant.), *confesar, errar, gobernar, membrar* (ant.), *tentar, segar*, etc.; *querer, perder, tender, tener, defender, encender*, etc. De r ĕ p ŭ t a r e deriva *re(p)tar*, en lo moderno igualado en el lexema *ret-*, pero que en lo antiguo tenía *ret- / riept-*.

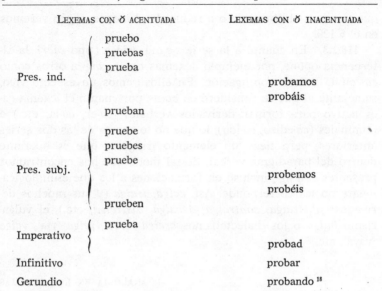

	LEXEMAS CON ŏ ACENTUADA	LEXEMAS CON ŏ INACENTUADA
Pres. ind.	pruebo pruebas prueba prueban	 probamos probáis
Pres. subj.	pruebe pruebes pruebe prueben	 probemos probéis
Imperativo	prueba 	 probad
Infinitivo		probar
Gerundio		probando [18]

Las analogías que perturban estas evoluciones normales se consideran a continuación (§ 119) y no debe olvidarse que muchas formaciones se hacen sobre cambios cumplidos en romance y no directamente sobre la situación latina *(costar—cuesto* no puede remontar a c ō n s t a r e, sino al influjo de c ŏ s t a > *cuesta).*

118.2.2. A la serie que llamamos m u e r t a pertenecen los verbos del tipo *poder,* con tres tipos de alternancias: *pued- / pod- / pud-.* Evidentemente, hay causas fonéticas que explican la pluralidad formal de los lexemas (vid. § 11), pero no es menos cierto que *pued-* y *pud-* carecen de capacidad para crear palabras vivas [19]. Esta complejidad resulta enojosa para el hablante

---

[18] Del mismo modo se conjugan: *acordar, colgar, holgar, degollar, almorzar, contar, rogar, sonar, soñar,* etc.; *cocer, doler, moler, soler, mover, oler, poder,* etc.

[19] En el *DRAE* no hay ni una sola palabra que empiece por *pued-* y las que empiezan por *pud-* nada tienen que ver con p o t e r e, sino que remontan a p u d o r *(pudor* y sus derivados) o a p u t i d u s *(pudio).*

que tiende a uniformarla o a reducirla al menos, según veremos en el § 120.

118.2.3. En cuanto a la serie s e m i - v i v a (tipo *caer)*, la alternancia opone, por ejemplo, lexemas como *caig-* a otros como *ca-* en la misma conjugación. En ellos vemos un aspecto vivo, semejante al que se consideró en *cont-*, por cuanto el lexema *ca-* es activo para formar derivados verbales *(ca-*er, *ca-*ía, etc.) o nominales *(ca-*edizo, *ca-*ída), lo que no lo aparta de las dos series anteriores, pero tiene un elemento irregular que es operante dentro del paradigma verbal; de tal modo que nos encontramos presentes con *-ig-*, incluso en formaciones a las que etimológicamente no les corresponde. Así, *caiga, traiga* (y sus muchos derivados: *abstraiga, contraiga, decaiga, distraiga,* etc.), el vulgarismo *haiga* o los dialectalismos *creiga* 'crea', *reiga* 'ría', *vaiga* 'vaya', etc. [20]

ANALOGIA EN LOS LEXEMAS

119.0. En dos sentidos opera la acción analógica sobre los lexemas verbales: una, regulando las formas del paradigma de acuerdo con los propios modelos del verbo; de otra, conforme con esquemas ajenos, pero que ejercen la fuerza coercitiva del conjunto.

Al primer caso pertenecerían los verbos con vocal diptongada en el infinitivo *(amueblar, despiezar)* por extensión desde los sustantivos *(mueble, pieza)* o desde las formas etimológicamente diptongadas *(amueblo, despiezo)* [21]. Lógicamente, estas formaciones hay que explicarlas desde formas diptongadas; esto es, modernas: todo el paradigma verbal parte no del latín, sino de los resultados romances *(amueblar* procede de *mueble* y no de

---

[20] *ALEA,* VI, 1814, 1815; *ALEICan,* III, mapas 1162-165 y lámina 1218; *ALEANR, Paradigmas verbales* del t. X y mapas correspondientes en el tomo XI.

[21] FOUCHÉ, *Présent,* pág. 350, recoge este lugar común de las explicaciones analógicas.

m o v i b i l e ; *despiezar,* de *pieza* y no de * p ĕ t t i a) [22]. Ahora bien, en todos estos casos no se puede hablar, sino muy lasamente, de morfología verbal, por cuanto se trata de formaciones extraparadigmáticas (su constitución en modelos es ajena a la evolución del sistema flexivo). Pero otras veces los procesos históricos podían derivar hacia soluciones discrepantes dentro del propio paradigma verbal; entonces —desde dentro del paradigma— se ha restablecido la uniformidad. Tal sería el caso de * s ŭ t i s > *sodes* > *sois* en vez de e s t i s , puesto que la única forma con la que e s t i s constituye sistema (ĕ s) [23] había quedado obsoleta en castellano y había sido reemplazada por e r i s ; entonces apareció ese * *sutis* que igualaba los lexemas en latín s ŭ - m , s ŭ - m u s , s ŭ - n t y, al evolucionar, en castellano: *so-y, so-mos, so-n* (vid. § 145). Del mismo modo, la vocal tónica de *hice* está explicada por la metafonía que produce la *-i;* naturalmente cuando no existe *-i* no puede haber metafonía *(fezo)* [24], pero —en tales casos— se uniformó el lexema, y todo el paradigma tiene *hiz- (fiz* en lo antiguo): *hice, hiciste, hizo,* etc. [25].

119.1. La acción de moldes ajenos sobre un determinado esquema verbal se ve en la manera de generalizar analógicamente un elemento extraño a esa conjugación. Válganos el testimonio

---

[22] A veces se quiere ver diferencias semánticas entre las formas con o sin diptongo: *atierra* 'derriba a tierra'—*aterra* 'atemoriza, asusta', *atienta* 'trata con prudencia' — *atenta* 'ataca', *acuerda* 'decide' — *acorda* 'templa un instrumento', etc., pero no siempre resultan válidas tales distinciones.

[23] Correlación *tú-vosotros* (2.ª persona del singular - 2.ª del plural).

[24] Otro caso de este tipo sería la generalización de *z* a las formas incoativas del tipo *florezco* (por *floresco),* vid. más adelante § 129.

[25] En efecto, *fezot* se documenta en las *Glosas emilianenses* (núm. 111) y *fezo,* en documentos toledanos de 1206 y en Gonzalo de Berceo *(Duelo,* 38 *b),* entre otros casos; en el siglo XVI alternaban todavía *heziesen—hiziere* en una sola página (TORQUEMADA, pág. 123). Esta tendencia a uniformar los paradigmas vino a contravenir otras normas: así, todavía en la edad de oro, se decía *heriendo,* en vez de *hiriendo,* porque la forma del lexema *her-* se hizo analógica de todos los que tenían *-e- (herir, herimos,* etc.) contra la acción de la yod secundaria y contra la metafonía propia de los verbos en *-ir* (cfr. § 99.2). En la misma situación está *deziendo* atestiguado en TORQUEMADA. Véase § 99.3.

de la *g* en *tuelga* o *valga* (o del vulgarismo *hai-g-a*): analógica de los verbos con *-ng-*, que la tenían [26].

120.1. En los §§ 9 y 11 hemos tenido ocasión de ocuparnos de algunos aspectos de la analogía verbal, que manifiestan una clara tendencia a crear estructuras cerradas. Es lo que hace que *veo* no sea * *viyo* (< v ĭ d e o) [27], ni *debo* sea * *diyo* (< d ē b ĕ o), ni *mido* sea * *meço* (< m ē t i o) [28]. En todos estos casos ha desaparecido la acción de la yod, pero mientras los verbos de la conjugación en *-er* prescinden siempre de ella, los de la tercera la aceptan, produciendo la metafonía de la vocal, incluso contra las normas de la fonética no condicionada [29]. De este modo tenemos:

120.1.1.

d ē b ĕ o	*debo* (no * *diyo*)
d ē b e s	*debes*
d ē b e t	*debe*
d e b ē m u s	*debemos*
d e b ē t i s	*debéis*
d ē b e n t	*deben*

Y, paralelamente:

---

[26] Cfr. *Dial. arag.* § 121.2, donde se puede comprobar la extraordinaria frecuencia del rasgo en ese dialecto. En el § 118.2 hemos hablado de *serie semiviva*, dentro de los lexemas arbitrarios.

[27] En la edad de oro, este verbo se conjugaba con un doble paradigma: *veo, ves, ver* y *veo, vees, veer*, que acabó fundiendo las *ee* en una *e (veemos, veeis, veen > vemos, veis, ven)*, pero el imperfecto *vía, vías* repuso su *e (veía, veías)* de manera un tanto sorprendente —tan grande fue la acción de la analogía, pues si creemos a Correas «la irregularidad deste verbo está en que pierde su *e* por sincopa [...] i entero es menos usado; mas porque se halla en libros antiguos es bien ponerle como viexo i por su conpuesto *proveo* que era *proveia*» (*Arte*, pág. 316).

[28] GRANDGENT (§ 416) dice —y aporta bibliografía— que muchos verbos en *-io* perdieron la yod y se crearon * *audo* (por a u d i o), * *dormo* (por d o r m i o), * *parto* (por p a r t i o) y, en efecto, desde el siglo VII, se documentan *serventes, servat* en la poesía.

[29] Las vocales predesinenciales *e, i* no jugaban papel pertinente en las

dēbĕam	*deba*	(no * *diya*)
dēbĕas	*debas*	(no * *diyas*)
dēbĕat	*deba*	(no * *diya*)
dēbĕamus	*debamos*	(no * *diyamos*)
dēbĕatis	*debáis*	(no * *diyáis*)
dēbĕant	*deban*	(no * *diyan*)

Con lo que resulta inalterada la vocal temática, esté o no seguida por una yod.

120.1.2. Mientras que en los verbos en -ĕre, que pasaron a la conjugación en -īre *(* metire* por mētĕre, ** petire* por pētĕre)[30], la vocal temática queda siempre analógicamente condicionada por la *i* de la primera persona:

mētĭam	*mida*
mētĭas	*midas*
mētĭat	*mida*
mētĭamus	*midamos*
mētĭatis	*midáis*
mētĭant	*midan* [31]

Y, paralelamente:

---

oposiciones que determinaban a los tiempos y modos *(debet* se oponía a *debeat,* por la presencia de la *a; debeo* a *debeam* por la alternancia *o / a),* probablemente ésa es la causa que llevó a la desaparición de la *-e-* sin dejar ninguna huella (caída morfológica) en los verbos en *-er.* La caída de la *-i-* en los verbos en *-ir* es más tardía, puesto que tuvo tiempo de inflexionar a la vocal (POTTIER, *Introduction,* pág. 174).

[30] Cfr. GASSNER, págs. 24-28; MEYER-LÜBKE, *Grammaire,* II, 191; ANNE WUEST, *Stem Vowels of Spanish «-ir» Verbs (PhQ,* XXIX, 1950, págs. 171-181); D. M. ATKINSON, *A Re-examination of the Hispanic Radical-changing Verbs (EDMP,* V, págs. 39-65); EUGENIO MARTÍNEZ CELDRÁN, *Estudio morfofonemático de la vocal temática en español (REL,* V, 1975, págs. 165-175).

[31] * *Meza,* * *mezas,* * *meza* vendrían a transgredir la tendencia a estructurar el paradigma (no se olvide que se trata de formas tardías, no etimológicamente antiguas) obligando a una alternancia *med- / meθ-* en el lexema. Además la transgresión llevaría a confundir el campo semántico de 'meter' con el de 'mecer' (< mĭscēre), determinando una peligrosa homonimia.

mḗtĭo	mido	(no * medo ni * meço)
mḗtĭs	mides	(no * medes)
mḗtit	mide	(no * mede)
mḗtimus	medimos [32]	
mḗtitis	medís	
mḗtent	miden	(no * meden)

120.2. Naturalmente, la misma analogía ha hecho que los verbos con vocal velar presenten un tratamiento explicable de una manera afín:

120.2.1.

cŏllĭgo	cojo
cŏllĭgis	coges
cŏllĭgit	coge
cŏllĭgimus	cogemos
cŏllĭgitis	cogéis
cŏllĭgent	cogen

Mientras que el aragonés *cullir* (al lado de *collir*) permite formas como *culle, cullen, cullirán; cuylla, cuylldrá, cuyllido; culliere; acullieron, accullie* [33].

120.2.2. Es lógico que los verbos latinos en -ī r e tengan siempre *u* como vocal tónica, con independencia de que exista o no una yod:

---

[32] En *medimos, medís*, la *i* acentuada ha obligado a una disimilación *i ... i > e ... i*. Cierto que *midimos, midís* se documentan en las hablas populares de diversos países (ROSENBLAT, *Notas*, pág. 217) y en muchos puntos de Andalucía (MONDÉJAR, § 19, págs. 101-103; *ALEA*, VI, 1772). La explicación vale para *medir* por *midir* o *pedir* por *pidir*. La ī larga debiera mantenerse siempre *(vivir, escribir)*, aunque pudo disimilarse según los numerosos verbos con *i...e > e*, y así se escribió, y se dice, *vevir, escrebir*, documentados ambos ya en BERCEO.

[33] *Dial. arag.*, § 151.1; G. TILANDER, *Los Fueros de la Novenera*, Uppsala, 1951, pág. 28; *Los Fueros de Aragón*, Lund, 1937, pág. LX; L. COOPER, *El Liber Regum*, Zaragoza, 1960, pág. 68; M. ALVAR, *Documentos de Jaca (1362-1402)*, Zaragoza, 1960, § 46.2 *b*, passim. Téngase en cuenta que *yll = ll* y que en algunos casos la yod pudo haber motivado la inflexión.

f ŭ g ĭ o [34]	*huyo*	(no **hoyo*)
f u g i s	*huyes*	(no **hoyes* u **hoes*)
f u g i t	*huye*	(no **hoye* u **hoe*)
f u g i m u s	*huimos*	(no **hoímos*)
f u g i t i s	*huís*	(no **hoís*)
f u g e n t	*huyen*	(no **hoyen* u **hoen*) [35]

Claro que la posibilidad de que la *ŭ* se continuara etimológicamente en *o* existe, y valgan como testimonio tres verbos de la lengua general: *podrir* (alternante con *pudrir*), *dormir* y *morir* [36]. Sin embargo, lo general es en el español actual la uniformación *vocal velar... i > u...i* [37], por más que en lo antiguo hubiera vacilaciones: en Juan Ruiz se encuentran *foid, foidas, foir* y una sola vez *fuir* [38].

120.3. Juan de Valdés se ocupa de las alternancias *e/i, o/u* en las vocales temáticas, bien es verdad que mezclando con los

---

[34] En latín, f ŭ g ī r e reemplazó a f ŭ g ĕ r e . Así Comodiano (segunda mitad del s. III?, Africa?) escribió «vos matronae bonae vanitatis *fugite* decorem» (II, 18) y en el *Edictus Rothari* (año 643) se lee: «si quis foris provincia *fugire* temptaverit, morti incurrat» (§ 1); por eso el gramático Probo (s. IV) aún pretendía restituir la forma antigua cuando decía: «Nunc cum dicat Vergilius *fuge litus avarum*, utique iam infinito modo *fugere*, non *fugire* facere pronuntiatur» (185, 24). Del bajo latín f ŭ g ī r e proceden el francés *fuir, fouir*, italiano *fuggire*, rumano *fugì*, catalán y provenzal *fugir*, portugués *fugir (REW*, núm. 3550, 2). El denominativo (d i s -) t r i - b u ō , tomó una *-y-* analógica de *huir* en las formas *distribuyo, -es*, etc. (como *huyo, -es*, etc.).

[35] Este paradigma, perdida la aspirada inicial, hubiera caído en el de *oír* (< a u d ī r e) .

[36] FOUCHÉ, *Présent*, pág. 356; MENÉNDEZ PIDAL, *Gram. hist.*, §§ 105 y 111. En el primero de estos sitios se señala cómo verbos alternantes en *-er (competer, querer, verter)* y en *-ir (competir, requerir, advertir)* tienen distinto tratamiento vocálido, en función de la terminación del infinitivo *(competa-compita, queramos-requiramos, vertamos-advirtamos)*. Para los verbos con vocal velar, valgan *recorra-recurra* (de *recorrer* o *recurrir*), *recorramos-recurramos*, etc. Cfr. JOSÉ NEIRA, *Las alternancias acentuales de los verbos en «-iar» (AO*, XXIII, 1973, págs. 135-147).

[37] *Foir* se atestigua en *Cid* (v. 771), *Egipciaca* (v. 963), *Apolonio* (386 *d*), etcétera.

[38] Remitimos a los índices de MIGNANI, s. v.

hechos verbales otros que afectan al nombre. Ateniéndonos a lo que en este momento nos interesa vamos a comentar sus palabras:

> MARCIO. En algunos vocablos avemos mirado que muchos de vosotros ponéis *i* donde otros ponen *e* [...] *escrevir* o *escrivir* [...]
> VALDÉS. Si bien avéis mirado en ello, en todos éssos pongo yo siempre *i* y no *e*, porque me parece mejor y porque siempre lo he usado assí y veo que los más primos en el escrivir hazen lo mesmo. Los que hazen el contrario, por ventura es por descuido (pág. 80).
> MARCIO. En estos vocablos que diré, como son [...] *cubrir* o *cobrir* [...], *tullido* o *tollido* [...] ¿quál tenéis por mejor, la *o* o la *u*?
> VALDÉS. En todos essos siempre escribo la *u*, porque la tengo por mejor; creo hazen assí los más (pág. 87).

El motivo es suficiente para lanzar una de sus habituales invectivas contra Nebrija [39], por más que la explicación tal vez sea más compleja: la lengua que estudia Nebrija es el español preclásico [40], todavía con ciertas inestabilidades, arrastres del sistema medieval, mientras que Valdés se ocupa de una lengua mucho más estable, y en la que la corte del Emperador —como más de una vez dice— señala normas lingüísticas que se apoyan —ya— en el uso de los buenos autores [41]; pensemos, por ejemplo,

---

[39] «MARCIO. Por descuido no puede ser, porque Librixa en su vocabulario los escribe con *e*. VALDÉS. No me aleguen otra vez para la lengua castellana la autoridad de Librixa, andaluz, que me haréis perder la paciencia» (pág. 80). Es cierto que sólo en la *Gramática* Nebrija escribe *hezimos* (páginas 126, 139, 178), *complir* (pág. 177), *mollir* (pág. 179), *polir* (ib.), *recebir* (pág. 180).

[40] Cfr. A. ALONSO, *Examen de las noticias de Nebrija sobre antigua pronunciación española* (*NRFH*, III, 1949, pág. 8, nota 10, aunque no trata expresamente del cambio que nos interesa); R. MENÉNDEZ PIDAL, *La lengua en tiempos de los Reyes Católicos. (Del retoricismo al humanismo)*, apud «Cuadernos Hispanoamericanos», V, 1950, págs. 9-24. ANTONIO QUILIS, en el estudio que figura al frente de las *Reglas de Orthographia en la lengua castellana*, de Nebrija (Bogotá, 1977, págs. 67-73), se ocupa de los sonidos vocálicos en el sistema del tratadista.

[41] «Como a hombre criado en el reino de Toledo y en la corte de Spaña, os preguntaremos de la lengua que se usa en la corte, y si alguna vez tocaremos algo dessotras provincias, recibireislo con paciencia» (pág. 62).

que un escritor como Torquemada que defiende, ni más ni menos que Valdés, el valor lingüístico del uso [42], emplea mucho más las formas con *e* y con *o*, que las que tienen *i* o *u*, incluso en infinidad de ejemplos en los que hay una yod siguiente (*heriendo, heriere, heziese, heziere*, etc.; *podiere, ouiere, oviéremos, posiesen*, etc.), lo que hace pensar, además, en el arcaísmo de áreas marginales (Sevilla, León) con respecto a ciertas normas cortesanas que irradiarían desde Toledo [43].

121. También en los §§ 9 y 11-15 se han señalado temas de reestructura paradigmática teniendo en cuenta otro motivo que funciona en la flexión verbal: la disposición del acento. Tendiendo a esta nueva ordenación se pueden salvar las ruinas a que conduce la evolución fonética, de lo que encontraremos buenas muestras al hablar del tema de perfecto (§§ 166-170); más aún, el español hizo llanas todas las formas esdrújulas de los cultismos, con lo que se regularizaron los paradigmas, cuando menos a partir del siglo XIII (*sacrifico* no *sacrífico, vivifica* no *vivífica*, etcétera); del mismo modo, se rehicieron paradigmas sobre el infinitivo y no sobre la acentuación latina (*honrar* y de ahí *honro*, no *honoro*, etc.) o, a imitación de los verbos en *-ear* (infinitivo *pasear*, presente *paseo*), la conjugación de los verbos en *-iar* se rehizo con un nuevo acento (*vaciar—vacío*, aunque en el *Cid* aparecen «alcándaras *vázias*», v. 4), que vino a hacer más cerrada la estructura verbal, distanciándola de los sustantivos del mismo étimo. De este modo vemos que a u x i l ĭ o , c o n c i l ĭ o , van dejando el paso a *auxilío, concilío*, frente a los normales *auxilio, concilio*, que resultaban muchas veces homonímicos con los sustantivos correspondientes [44].

---

[42] Véanse sus páginas 110 y 250. En cuanto al origen de sus ideas —como las de todos estos tratadistas— proceden de Quintiliano y Horacio.

[43] Como aportación de informes, vid. las listas de testimonios aducidos por GASSNER, págs. 20-22. La situación medieval —como es lógico— distaba mucho de la normalización: Juan Ruiz escribe *feriendo* y no *firiendo, feziese(n)* y no *fiziese(n), podierdes, podieren*, etc.

[44] MENÉNDEZ PIDAL, *Gram. hist.*, § 106, 1, 2. En latín hubo alternancia entre -e o / -i o y la oposición tenía valor significativo (i a c e o 'estoy ten-

Correas comprendió muy bien el funcionamiento de los paradigmas verbales y, al estudiar la acentuación, hizo observar su sencillez: tendencia a acentuar la penúltima sílaba, en el presente (§ 13). Las dudas —gráficas— están en los verbos en *io* y *uo*, si no se escribe *ío*, *úo*, y, para obviar dificultades, establece unas series en las que pretende establecer un orden:

1) Los verbos en *io* «cuaxan la *i* con la *o*», es decir, se pronuncian con diptongo (*alivio*, *vendimio*, *remedio*), señala las excepciones, de cuya exactitud no es el momento de hablar. Pero sí conviene considerar su información para lo que es válido en nuestra historia lingüística: en su tiempo, aún tenían uso *vázia* y demás formas de los presentes, mientras que se pronunciaba *contrarío*.

2) Los verbos en *uo* «todos tienen el azento en la *u*» (*efectúo*, *rúo*, *sitúo*), y percibe bien cómo abundan los cultismos (*actúo* es «verbo de escuelas», junto a *eszetúo* hay *eszetar*, *habitúo* «es de escuelas i españolizado») [45].

En latín alternaban m o r i r i y m o r i, pero las formas en - i r i se atestiguaban en escritores arcaicos como Ennio, en cuyos *Anales* (v. 392) se lee: «nunc est ille dies, cum gloria maxima sese / nobis ostendat, si vivimus, sive *morimur*»; por otra parte el proceso latino vulgar de pasar los verbos en - e o a los que tienen - i o, etimológico, hizo que surgieran nuevos infinitivos como f l o r ī r e, *implīre (en vez de los clásicos f l o r ē r e, i m p l ē r e) [46], de donde las formas sománicas *înflorî*

---

dido' — i a c i o 'arrojo'), aunque era mucho más frecuente la oposición - e o / - o (c a n d e o 'soy alumbrado, brillo' — a c c e n d o 'alumbro', p e n d e o 'estoy colgado' — p e n d o 'cuelgo', p l a c e o 'soy agradable' — p l a c o 'aplaco, sosiego'), cfr. Ernout, *Morphologie*, § 222.

[45] *Arte* (págs. 323-324). Los en *guo* «siempre cuaxan la *u* con la *o*» (*atestiguo*, *averiguo*, *santiguo*).

[46] *Floreo*, *impleo* fueron pronunciados *florio, *implio y estas formas llevaron a un paradigma en *-ire*, donde la flexión tenía unas correlaciones ahora sentidas como modelo: f ī n ī r e — f ī n i ō, f e b r ī r e — f e b r i ō, ē r u d ī r e — ē r u d i ō (Ernout, *Morphologie*, § 229). En nuestro texto,

(rum.), *fiorire* (it.), *fleurir* (fr.), *florir* (cat.) y *emplir* (fr., prov.), *umplir* (cat.), *fenchir* (gallego), *henchir* (esp.) [47]. He aquí, pues, una serie de fenómenos que, cumplidos en lenguas y épocas diferentes, pueden parangonarse con los resultados actuales del español.

LA VOCAL TEMÁTICA

122.0. De un modo general, las formas verbales se caracterizan por una *vocal temática* [48], por un *morfema de persona y de número* y por un *morfema de tiempo y de modo*.

122.1. La v o c a l t e m á t i c a ha determinado la división de los verbos en tres grupos, según estén caracterizados por la *a* (tipo *amar*), manifiesta en todos los tiempos, salvo en el presente de subjuntivo (tiene *e*); por la *e* (tipo *temer*); y por la *i* *(partir)*, que en todas sus formas tienen una dominante palatal *(e, i, ie)*, con excepción del presente de subjuntivo (lo tienen en *a*). La vocal temática falta en la persona Yo del presente de indicativo *(am-o, tem-o, part-o)* y de las personas Yo y Él del perfecto absoluto *(am-é, am-ó; tem-í, tem-ió; part-í, part-ió)* [49].

123. Estas tres conjugaciones ya constan en la *Gramática* de Nebrija:

---

florire no lleva asterisco porque se documenta, por ejemplo, en San Agustín *(Doctrina christiana,* 2, 12, 20):

> illud etiam quod iam auferre non possumus de ore cantantium populorum: *Super ipsum autem floriet sanctificatio mea* (Ps. 131, 18), nihil profecto sententiae detrahit; auditor tamen peritior mallet hoc corrigi ut non 'floriet' sed 'florebit' diceretur, nec quicquam inpedit correctionem nisi consuetudo cantantium (apud Díaz, *ALV,* página 204, 1. 53).

[47] *REW,* núms. 3380 y 4310, respectivamente.

[48] El término procede de la enseñanza del latín, donde se distinguen los verbos *temáticos* y los *atemáticos,* según la desinencia se una al tema por una *e* o una *o,* llamada temática *(leg-e-re),* o directamente *(es-se, fer-re).* En latín, virtualmente, sólo hay verbos temáticos, los atemáticos son pocos.

[49] La *i* de tem-*í* o tem-*ió,* part-*í* o part-*ió* no es temática, sino desinencial, según veremos en el § 170.3.

> Las conjugaciones del verbo son tres: la primera que echa el
> infinitivo en *ar*, como *amo amar, enseño enseñar;* la segunda que
> echa el infinitivo en *er*, como *leo leer, corro correr;* la tercera que
> echa el infinitivo en *ir*, como *oio oir, huio huir* (cap. IV, pág. 113).

Esta situación recién transcrita no hace sino heredar un
orden que era conocido por los gramáticos latinos. Como es
sabido [50], Varrón, basándose en la segunda persona del singular
del presente de indicativo, distinguía tres conjugaciones: la primera en -*ā*-, la segunda en -*ē*- y la tercera en -*ĭ*-; en la época imperial, de esta última se hicieron dos grupos: uno con -*ĭ*- y otro
con -*ī*-. Tal vez fuera Q. Remmio Palemón (s. I d. C.) quien por vez
primera distinguió las cuatro conjugaciones, aunque la formu-
lación que conocemos se debe al gramático Sacerdos que, en el
siglo III de nuestra era, escribió: «tertia producta quam quidam
quartam vocant» [51]. Sin embargo, esta clasificación sólo es válida
para el tema de presente, no para el de perfecto, y aun su
vigencia queda disminuida si consideramos que agrupa juntos
verbos bien diferenciados (como *lego* y *capio*). No obstante, los
intentos de mejorar este orden no han sido demasiado afortu-
nados y en nuestra exposición procederemos conforme con la
tradición.

124.0. En latín sólo eran productivas dos conjugaciones, la
del tipo *amāre* y la del tipo *audīre* que motivan los verbos débiles o acentuados en las desinencias, mientras que las conjugaciones del tipo *lego, capio* o *moneo, impleo* (en buena medida
verbos fuertes o con acento en el lexema) apenas si tuvieron
enriquecimiento. El español se atiene también a este orden: los

---

[50] ERNOUT, *Morphologie*, § 171; PENA, págs. 33-40, § 2.1.1.-2.2.

[51] En las *Introductiones in Latinam Grammaticam* (Alcalá, 1523, f. LII;
primera edición: Salamanca, 1483), NEBRIJA se aparta de Prisciano, a quien
sigue en la definición de verbo, que hacía hasta seis órdenes de verbos;
también se aparta de Donato y Diomedes, que sólo distinguían dos, y se
acomoda con el juicio de los que llama gramáticos *iuniores* que estable-
cieron las cuatro conjugaciones que conocemos (vid. *Gramática*, pág. 270).

verbos en *-ar* y en *-ir* son mucho más numerosos que los en *-er*, por cuanto facilitan la posibilidad de nuevas formaciones.

124.1. Así, por ejemplo, en latín había unos 3620 verbos en *-a-*, muchos de ellos antiguamente atemáticos y otros formados por sufijos (*-igare, -icare, -ficare, -itare*, etc.); en español el origen de los verbos en *-ar* es muy variado, según pasamos a considerar:

124.1.1. L a t i n o [52]: de radical monosílabo (s t ō , s t ā r e > > *estar*) o bisílabo (a r ō , a r ā r e > *arar*); verbos primarios en los que la *a* no aparece sino en el tema de presente (d o m ō , d o m ā r e > *domar*, el perf. latino era d o m u ī; p l i c ō , p l i - c ā r e , perf. p l i c u ī > *plegar* [53] o *lleg*ar [54]; s e c ō , s e c ā r e , perf. s e c u ī > *segar* [55]); verbos en *-ā-* (m ā n ō , m a n ā r e > > *manar*), deverbativos (s t ō > d e - s t i n ō > *destinar*), frecuentativos en -t ō , -s ō , -i t ō (c a n ō > c a n t ō > *cantar*, p e l l ō > p u l s ō > *pulsar*, d o r m ī t ō > *dormitar* [56]), derivados en *-ā-* procedentes de verbos radicales [57] (c u b ō , - a s > *(in)- cubar*, frente a -c u m b ō , -i s; l a v ō , - a s > *lavar*, frente a l a v ō , -i s), denominativos, procedentes —en su mayoría— de sustantivos de la primera declinación, aunque por analogía se incluyeran en el grupo verbos de otros temas. Así de c o q u i n ā > > c o q u i n a r e > *cocinar*, de c ū r a > c u r a r e > *curar*, de c o r ō n a > c o r o n a r e > *coronar*, pero, también, de d ō - n u m > d o n a r e > *donar*, m ō n s t r u m > m o n s t r a r e > > *mostrar*, de l a b o r > l a b o r a r e > *labrar*, de l e v i s > l e -

---

[52] Seguimos la clasificación de ERNOUT, *Morphologie*, §§ 212-219.

[53] En su origen debe ser un préstamo del oriente peninsular por la conservación de PL-. Para la voz, vid. ROHLFS, *Dif.*, págs. 65-67.

[54] La *ll-* inicial asegura su castellanismo. La palabra figura en el *Cid*.

[55] La voz se atestigua desde la época de orígenes, vid. OELSCHLÄGER, s. v.

[56] Los frecuentativos tenían un alto grado de expresividad, por lo que eran muy usados en la lengua coloquial, por más que fueran evitados en la literaria; de ahí su trascendencia para las lenguas románicas, pues sirvieron para la formación de numerosos derivados. Valgan algunos ejemplos: «iactus: *iactatus* vel cassus» *(Glosario Amploniano*, copiado en el siglo IX), «Hunc vulgus captum a captura vocant. Alii dicunt quod *cattat*, id est videt» (*Etimologías* de San Isidoro, 11, 2, 38). Cfr. GRANDGENT, § 34.

[57] Suelen tener valor durativo en relación con el verbo del que proceden.

v a r e > *llevar,* de m e m o r > m e m o r a r e > *membrar, lem-brar,* de f l u c t u s (tema en *u*) > f l u c t u a r e > *flotar,* del indeclinable n e c > * n e g - > n e g a r e > *negar* [58]. Este procedimiento de derivación era el más sencillo, cómodo y de paradigma regular; por eso su fortuna en latín y, como vamos a ver en los apartados siguientes, en español.

124.1.2. G e r m á n i c o : pasaron a la conjugación latina en *-a-* los verbos germánicos en *-on* y en *-an* (no en *-jan*) [59]. La primera no podía, numéricamente, compararse con la segunda, y en ella se integraban diversos verbos del germánico común. A pesar de los problemas que plantea la derivación de los germanismos en español [60], en el *REW* figuran los siguientes, que dejaron herederos en castellano o en alguno de sus dialectos [61]: a i s k ô n 'solicitar' > montañés *ascar* 'buscar' (302 *a*) [62], b r a m - m ô n > *bramar* (1270), r a p ô n > *rapar* (7057), r a u b ô n > > *robar* (7092), s p e h ô n > *espiar* (8137), s t a m p ô n > *estampar* (8223), t ā l ô n > *talar* (8544 *a*), * t r i p p ô n > *trepar* (8915).

En cuanto a los verbos en *-an* sus restos son mucho más numerosos en las lenguas románicas, aunque, en español, y siguiendo siempre el *REW,* sólo se encuentran los siguientes: b ō t a n (fránc.) 'empujar' > *botar* (1228 *c*), b r ĭ k a n (gót.) 'romper' > *bregar* (1299), b r ŭ z d a n (germ.) 'bordar' > esp.

---

[58] Debemos hacer algunas observaciones: para *llevar,* vid. § 118.2.1. M e m o r a r e sufrió la influencia de *nombrar* y dejó en cast., gall. y port. un derivado *nembrar; lembrar,* vivo en ast. y port., presenta disimilación *m...m* > *l ... m;* en aranés *bremba,* la equivalencia acústica *m = b* está favorecida por un fenómeno, también ahora, de disimilación. La evolución f l u c - t u a r e > *flotar* no parece exenta de dificultades fonéticas (*-kt-* debiera dar *ch*), por lo que Corominas piensa en un préstamo del fr. *flotter* (< fránc. * f l o t a n 'ir en barco, nadar').

[59] GRANDGENT, § 398, pág. 244.

[60] Interesan, sobre todo, dos trabajos de E. GAMILLSCHEG: el t. I de su *Romania Germanica* (Berlín-Leipzig, 1934) y la *Historia lingüística de los visigodos (RFE,* XIX, 1932, págs. 117-150 y 229-260).

[61] Tanto en éste como en otros casos, compulsamos las etimologías y rechazamos las que no parecen acertadas.

[62] Entre paréntesis postpuesto figura el número que la cuestión tiene en el *REW.*

ant. *brozlar* (1349)[63], b r y t t i a n (anglosajón) 'romper, quebrar' > *britar* (1349 *a*)[64], h a r p a n (germ.) 'coger, agarrar' > > *arpar* 'arañar o rasgar con las uñas' (4056)[65], k a p p a n (germ.) 'dividir' > *capar* (4673 *a*), r i d a n (ant. alto al.) 'amenazar' > fr. *rider* > esp. *enridar* 'encrespar', t e r a n 'desgarrar' (germ.) > *tirar*[66], s k i u h a n (fránc.) 'temer, espantarse' > *esquivar* (8002)[67], s l ī p a n (germ.) 'deslizarse' > montañ. *eslapar* (8030.1)[68], t h r e i h a n (gót.) 'apretujar, empujar' > *triar* 'escoger, separar' (8713)[69], t h r i s k a n (germ.) 'trillar' > *triscar* (8715), * w a l a h l a u p a n (fránc.) 'saltar bien' > [fr. a. *galoper* >] *galopar* (9489)[70], *guiñar*[71], w ī p a n (fránc.) 'envolver' >

---

[63] Documentada desde muy antiguo en sus derivados; el infinitivo era corriente en el siglo XV. Cfr.: *broslador* (*Ex.*, XXVI, 36), *brosladura* 'bordado' (*Biblia Ferrara, MLN*, XI, pág. 42; *Tamorlán*, pág. 91), *broslado* (*Canc. Baena*, edic. 1851, págs. 68 *a*, 97, 164), *broslar* (*NBAAEE*, XIX, páginas 217, 542, etc.).

[64] El *REW* no da derivados españoles, pero existen: OELSCHLÄGER recoge testimonios del *Fernán González* y del *Fuero de Avilés*.

[65] La definición es la del *DRAE*. Para la voz —y su complejidad cultural—, vid. MARÍA ROSA LIDA DE MALKIEL, *Arpadas lenguas (EDMP*, II, páginas 227-252). El adjetivo se encuentra en la provincia de Soria *(ALEANR*, mapa 700).

[66] La etimología no es nada segura, pero las demás que se han propuesto aún son peores.

[67] La voz falta en el *REW*, pero *esquivo* era conocida en castellano antiguo: BERCEO la utilizó reiteradamente (vid. LANCHETAS, s. v.) y sus valores semánticos fueron variados, también desde lo antiguo *(DCECH*, s. v.).

[68] En el *DEEH* (6191 *a*) se recogen otras formas peninsulares: murc. *eslapizarse* 'resbalarse', cat. *esllavissarse* (influido por *desllisar)*, cat. *llapissós* 'resbaladizo'.

[69] El *REW* sólo atestigua la voz portuguesa, pero la castellana —al menos en algún dialecto— tiene plena vitalidad. El *DCELC* no acepta el étimo como irrefutable, ni mucho menos.

[70] La voz también falta en el *REW*, aunque en el núm. 9489 (< fráncico * w a l a h l a u p a n 'saltar bien') se recogen otras formas románicas emparentadas con la nuestra, que procede del francés.

[71] El étimo remoto es el fránc, w i n g j a n, pero la voz ha llegado a España a través de un intermediario (prov. *guinhar)*, pues *-jan* en castellano da *-ir* y no *-ar*. Habría que añadir *ganar* probablemente del gót. * g a n a n 'codiciar', que sufrió la influencia de w a i d a n j a n 'cosechar, ganar' *(DCELC*, s. v.).

> fr. *guiper* > *guipar* 'ver, descubrir' (9550, aunque falta el término español).

124.1.3. Á r a b e : como era previsible son muchos los verbos españoles derivados de esta lengua; ya es más difícil saber si proceden de palabras que en árabe lo fueran o si son formaciones románicas hechas sobre sustantivos. Al considerar los germanismos nos hemos atenido a la correspondencia verbo-verbo, y este criterio es el que trataremos de seguir, pues de otro modo estaríamos ante formaciones romances. El inventario se hace sobre el diccionario de K. Lokotsch [72]: ḥ a f a l a 'bruñir, pulimentar' > *alifar* 'pulimentar' (770), ḥ a l l a k a 'pulir' > *halagar* (802), r a ḳ a m a 'tejer listas en una tela' > *recamar* (1694), r a s s a ' a 'cubrir, revestir' > *(a)taracear* (1706), ṣ a ḳ a l a 'pulir' > *acicalar* (1901). Ciertamente son pocos los verbos con correspondencia directa según un diccionario general, pero tampoco se aumenta mucho la nómina si consideramos algún estudio específico; por ejemplo, E. K. Neuvonen [73] no acrecienta la lista sino con el aragonés *atamar* 'dar fin a una cosa, extinguirse' < t a m m a , con idéntica significación (pág. 244), pues todos los otros verbos que atestigua (y no son muchos) son coetáneos de los correspondientes sustantivos (*albarda* y *albardar*, página 181; *alcahuete* y *alcahotear*, pág. 146; *alcohol* y *alcoholar*, página 147; *alferza* 'reina del juego de ajedrez' y *alferzar* 'rodear la reina con peones', págs. 233-234; *alquilé* y *alquilar*, pág. 214; *rafez*, *refez* y *refeçar*, págs. 202-203; *açote* y *açotar*, pág. 36; *enxeco* y *enxecar*, págs. 204-205) o posteriores a ellos, por lo que no sirven para establecer un préstamo directo. En este caso se encuentran los sustantivos, documentados en el siglo XI, *alboroço*, *algara*, *atalaya*, *forro* 'libre', *maquila*, mientras que sólo aparecen en el XIII los verbos correspondientes (y derivados de ellos): *alboroçar*, *algarear*, *atalayar*, *aforrar* 'hacer libre', *maquilar* [74]. Ambas series nos sirven para enunciar un hecho que, si

---

[72] *Etymologisches Wörterbuch der europäischen (Germanischen, Romanischen und Slavischen) Wörter orientalischen Ursprungs*, Heidelberg, 1927.

[73] *Los arabismos del español en el siglo XIII*, Helsinki-Leipzig, 1941.

[74] NEUVONEN, págs. 126, 114, 68-70, 98-100 y 41, respectivamente.

marginalmente toca a la morfología, afecta de manera plena al léxico: fueron muy pocos los verbos que pasaron directamente del árabe al español, en tanto el ancho río de los préstamos afectó de manera muy significativa a los lexemas nominales. Estos sustantivos permitieron la formación de verbos en *-ar*, de acuerdo con la vitalidad del sufijo [75].

124.1.4. N e o l o g i s m o s: como se ha dicho, la conjugación en *-ar* tiene plena vitalidad en español y a ella se incorporan las formaciones nuevas o los verbos importados de otras lenguas. Así los g i t a n i s m o s como *achantar, diquelar, guillarse* o *pirárselas* [76]; los g a l i c i s m o s *controlar, dimisionar* o *portar* [77]; los a n g l i c i s m o s *aparcar, boxear, filmar* o *chutar* [78]; los verbos de más o menos r e c i e n t e aparición, *chivarse, estrapelear* o *rumbar* [79]. La vitalidad de formaciones de este tipo se comprueba también por otros caminos: el judeo-español [80], al ponerse en contacto con diversas lenguas, admitió numerosos préstamos, que tomaron forma verbal en *-ar*. Así, del turco salen *batearse* 'sumergirse' (< b a t m a k), *bozdear* 'cambiar' (< b o z - m a k), *durdear* 'provocar' (< d ü r t m e k); del hebreo, *enheremar* 'excomulgar' (< h e r e m); del árabe, *aljadrar*

[75] Sólo hay un infinitivo en *-ir* procedente del árabe: b ā ṭ i l 'gratis' > > *desbaldir* 'gastar en vanidades' (NEUVONEN, págs. 166 y 170).

[76] Vid. C. CLAVERÍA, *Estudios sobre los gitanismos del español*, Madrid, 1951, aunque se trata de varias monografías independientes. El mismo autor hizo una visión de conjunto en la *Enciclopedia Lingüística Hispánica*, t. II, Madrid, 1967 (*Argot*, págs. 349-363).

[77] Es clásico el estudio de J. B. DE FOREST, *Old French Borrowed Words in the old Spanish with Special Reference to the Cid, Berceo's Poems, the Alexandre and Fernán-González* (*RR*, VII, 1916, 370-413; reseña en la «Revista de Filología Española», VI, 329-331), al que hay que añadir el más reciente, y de conjunto, de B. POTTIER, *Galicismos* (*ELH*, II, 127-151). Debe consultarse también R. M. BARALT, *Diccionario de galicismos*, Madrid, 1874.

[78] RICARDO J. ALFARO, *Diccionario de anglicismos*, Madrid, 1964. Es importante el prólogo titulado *El anglicismo en el español contemporáneo*.

[79] M. MOLINER, *Diccionario de uso del español*, Madrid, 1966. Téngase en cuenta que la *ch* aparece incorporada en *c + h*.

[80] *Konstantinopel*, cols. 164-165; *Endechas*, pág. 104.

'estar presente' (< ḥ . d . r 'presentar'), *jorrear* 'arrastrar' (< ž u r r), etc.

125.1. En latín, los temas verbales en *-e-* comprendían unos 570 verbos, no todos con igual grado de vitalidad. La ordenación hecha por Ernout, *Morphologie* (§§ 220-225), nos permite ver que, en español, no ha continuado ninguno de los ejemplos que da de verbos primarios con raíz en *-e-* (*fleō* 'lloro', *neō* 'hilo', *pleō* 'lleno', *deleō* 'destruyo', *reōr* 'calculo'); sin embargo, sí persisten muchos de los que indican estado [81] (i a c e ō > > *yacer*, p e n d e ō > *pender*, p l a c e ō > *placer*), de los que son causativos o factitivos [82] (m o r d e ō > *morder*, m o v e ō > *mover*, n o c e ō > ant. *nocer* [83], t o r q u e ō > *torcer*) y de algunos de los que son denominativos (ā r ǐ d u s > a r d ě ō 'arder, abrasarse' > *arder*) [84].

125.1.1. En época antigua, podían encontrarse dobletes salidos de una misma raíz, como f u l g ō — f u l g ē r e al lado de f u l g ě ō — f u l g ē r e, pero en latín clásico, f e r v ě ō, o l ě ō, s t r i d ě ō, reemplazaron a f e r v ō, o l ō, s t r i d ō, que se ampararon en el lenguaje poético [85]. Esta situación se generalizó en latín vulgar, donde - ē r e no sólo afectaba a gran número de verbos intransitivos, sino también a los que indicaban estado

---

[81] De c a n d ē r e 'arder' deriva i n c ě n d ě r e 'quemar, incendiar', que dejó el español *encender*, mientras que el verbo base se perpetúa en el mozárabe *caned* 'arde' o en el aragonés *candirse* 'consumirse por una enfermedad'.

[82] Son causativos los verbos en los que el sujeto es autor de un proceso que modifica al paciente [«Pedro *durmió* (*enfureció*, *mató*, etc.) a Carlos»]; factitivos aquellos en los que el sujeto actúa para que otro realice el proceso [«Mi primo *hizo dormir* (o *hizo enfurecer*, *hizo matar*, etc.) a Carlos»].

[83] La forma falta en OELSCHLÄGER y BOGGS, que sólo atestiguan *nocir*, *nucir*; sin embargo, *nozer a alguien* es sintagma que aparece en los *FAragón*, s. v.; *nozer*, en el *FTeruel* y en el VIDAL DE CANELLAS, s. v., y en otros documentos aragoneses (*Est. dial. arag.*, I, § 12.1). En *Apolonio*, *nozir* (t. III, s. v.).

[84] Estos verbos en latín normalmente daban formaciones en *-a-*, y así se continuó en romance (cfr. arriba, § 124.1).

[85] ERNOUT, *Morphologie*, § 225.

(como c a d ē r e > *caer*, fr. *choir*) [86], por ello la situación románica no hizo sino continuar un estado que venía desde mucho
antes.

125.2. En español, se perdió la conjugación en -ĕre, que
no dejó más heredero que los antiguos *far* (< f a c ĕ r e) [87] y las
formas conjugadas *femos* (< f a c ĭ m u s), *feches* (> f a c ĭ -
t i s), *fech* (< f a c ĭ t e) [88] y *tred* (< t r a h ĭ t e), que se consideran en el § 151. Sin embargo, ninguna de estas formas debió
de ser muy frecuente en lo antiguo, según la documentación sumamente pobre que se encuentra en los despojos hechos por Oelschläger. En lo moderno sólo se perpetúan *vamos* (< v a d ĭ m u s)
y *vais* (< *vades* < v a d ĭ t i s), por más que sea una evolución
anómala, ya que hubieran debido llegar a * *vemos*, * *vedes* > * *veis*
(como *tred* < t r a h ĭ t e), pero la homonimia hizo imposible
el resultado, que venía a coincidir con v i d e r e > *ver*.

125.2.1. En cuanto al paso de los verbos en -ĕ r e a la conjugación en -*er* (< -ē r e) es de notar que se cumple en los que
tenían dos vocales breves en latín (f ă c ĕ r e > *hacer*, i ă c ĕ -
r e [89] > *yacer*, s ă p ĕ r e > *saber*). En tales verbos, la *i* del pre-

---

[86] Las formas del francés antiguo tienen una clara correspondencia en
español: *cies* = 'cayes', *caï*, *ciet* = 'cayo', vid. *Egipciaca*, II, pág. 195.

[87] Para GRANDGENT (§ 404) la forma * *fare* debió existir en latín vulgar;
estaba muy influida por *dare* y *stare*, y desarrolló un presente de indicativo sobre los verbos del tipo *amo*. Cfr.: «Por nuevas no penedes, *har*se an
viejas, y saberlas hedes» (para este tipo de futuro, § 123).

[88] En las obras que remedan a las hablas rústicas, *her* se repitió hasta
la saciedad; véanse, por ejemplo, el glosario a la *Colección de Autos, farsas
y coloquios* de ROUANET (t. IV), las citas que se pueden extraer de las *Span.
Eklog.*, de KOHLER (págs. 263, 321), el uso que Tirso hace de la voz en el
lenguaje villanesco (A. CASTRO, edic. del *Vergonzoso en palacio*, Clás. Cast.,
página 28, y referencias que aduce) o el testimonio de CORREAS *(Arte,* página 301) según el cual *her, hiendo* eran formas de los rústicos. LAMANO
aún recogió la palabra en Ciudad Rodrigo y la Sierra de Francia, y consideraba al término como uno de los «vocablos del *tiempo viejo*».

[89] En latín debieron confundirse i ă c ē r e 'estar echado' y i ă c ĕ r e
'arrojar'; de donde las formas castellanas *yacer*, etc., derivan del primero
y, el segundo, ha perdurado a través del frecuentativo i a c t a r e 'arrojar,
lanzar frecuentemente, en gran número' > cast. *echar*, arag. *jetar*, arag.,
nav. *gitar*, rib. *chetar*, arag., ast. *itar*, etc. Hubo también un derivado

sente de indicativo era breve, con lo que en el fonetismo del latín vulgar se convirtió en yod, y desapareció sin dejar rastro en la conjugación castellana. Para Grandgent (§ 402) el paso de los verbos de la tercera a la segunda conjugación se vio «probablemente favorecido por una fusión parcial de *ĕsse* y *sedēre*».

126. La conjugación latina en -ī r e se conservó en romance, tanto en los verbos que tenían dos vocales largas (a u d ī r e > *oír*, d ō r m ī r e > *dormir*, r ū g ī r e > *rugir*), cuanto en los que respondían al esquema ◡◡– (ă p ĕ r ī r e > *abrir*, s ĕ p ĕ l ī r e > antiguo *sobollir*)[90], mientras que, como era lógico, se perdieron los monosílabos (c i ō[91], f i ō, s c i ō). En latín tardío, esta conjugación vino a enriquecerse con los verbos en -ĕ ō , que, al pronunciar -i̯ ō en el presente de indicativo, determinaron un infinitivo en -ī r e , como, por ejemplo, f l o r ĕ o hecho f l o r ī r e , i m p l ĕ o hecho *impl ī r e , l u c ĕ o hecho *l u c ī r e[92] (cfr. § 121), etc.; conjunto éste que vino a unirse a los muchos verbos que generalizaron la -*i*- como los denominativos (f ī n i s > f ī n ī r e > *finir*, m ē n s > m ē n t ī r i > *mentir*). Entre estos denominativos abundan los intransitivos y los que expresan un estado físico *(febrīre, sitīre, dentīre, fulgurīre)*, lo que determinó que se incorporaran a ellos otros temas consonánticos procedentes de las declinaciones primera, segunda y cuarta[93],

---

* j a c t i ā r e que dejó *yasar* 'desbordarse un río' (rioj.), *chazar* 'detener o arrojar la pelota' (cast.), contra la aceptación habitual de que la voz sea un galicismo (vid. *DEEH*, núm. 3581).

[90] Procede de * s e p u l l i r e < s e p e l ī r e + s e p u l t u s , cfr. *Egipciaca*, s. v. Ya en las *Glosas* de Reichenau (manuscrito del s. IX), se da la forma correcta junto a la popular: *sepulta = sepelita*.

[91] Es una forma primitiva que se encuentra en los compuestos a c c i o , e x c i o ; posteriormente se documentó como c i ĕ o 'poner en movimiento, remover'. Al parecer, de este c i ē r e no deriva el español *ciar* 'remar hacia atrás', voz que se considera de origen incierto *(DCELC,* s. v.); en el *DEEH*, no figura el étimo de la voz, aunque se haya puesto referencia en la primera parte del diccionario.

[92] Ténganse en cuenta las formas románicas: *lucì* (rum.), *l'užir* (eng.), *luisir* (fr. a.), *luire* (fr.), *lluhir* (cat.), *luzir* (port.), etc. *(REW*, 5136, 2).

[93] ERNOUT, *Morphologie*, § 229, pág. 151.

bien es verdad que no muchos prosperaron en su paso al romance; citemos, sin embargo, s e r v u s > s e r v ī r e > *servir*. En latín pertenecían también a esta categoría una buena colección de verbos que expresaban sonidos o gritos (b i l b i ō 'hacer glu, glu', b o m b i ō 'zumbar', g a n n i ō 'gañir, refunfuñar', etc.) de los que el romance conservó, o conserva, entre otros, g a r r ī - r e 'charlar, parlotear' > ant. *garir*[94] y b u l l ī r e > *bullir*[95].

127. No siempre hay correspondencia entre el infinitivo castellano y las formas dialectales. Ya Gassner (págs. 199-200) señaló que en el dominio leonés (hay que eliminar el gallego, que es lengua diferente) hay infinitivos en *-er* frente a la serie castellana en *-ir;* sin agotar el cotejo podemos confirmar el aserto con el testimonio de *aduzer* (*Alexandre*, 765 *a*, 2214 *b*, ms. O) — *aducir* (*Cid*, 144), *dizer* (*Alexandre*, 765 *b*) — *dezir* (*Cid*, 30), *morrer* (*Alexandre,* 78 *d,* ms. O) — *morir* (*Cid*, 30), *reñer* (*Alexandre*, 2280 *a*, ms. O) — *reñir* (*Sacrificio Misa*, 73), etc. Recíprocamente, por más que sea menos frecuente, a verbos castellanos en *-er*, corresponden dialectalismos en *-ir: leer* (desde la época más antigua) — *leyr* (arag. desde el s. XIII). Esta situación, comentada también por Menéndez Pidal[96], dura todavía hoy: asturiano *dicer, morrer*[97], *rañer* 'reñir', *oyer* 'oír'.

Por lo que respecta al aragonés, hay infinitivos en *-ir* donde el castellano tiene *-er* (* r ĕ n d ĕ r e > *rendir*) y, al revés, la conjugación en - ĕ r e pasaba a *-er* en aragonés antiguo (c o m - b a t t ŭ ĕ r e > *combater*, r e n d ĕ r e > *render*) y la en - ē r e

---

[94] Aparece en las jarchas bajo las formas *gar* (núms. 2, 23), *garid* (número 4), *garme* (núm. 17), y la forma latina tiene herederos en macedorumano, engadino, dialectos italianos y portugués *(REW,* 3691); en las hablas populares de España, *garrido* 'balido lastimero' y *garlear* deben reconocer el mismo étimo *(ALEANR*, mapas 633 y 1160).

[95] El verbo, para su difusión, pugnó con f e r v ĕ r e (>*hervir*), cfr. ROHLFS, *Dif.,* págs. 40-41.

[96] *Dial. leonés*, págs. 99-100.

[97] Para este verbo, vid. Y. MALKIEL, *Español «morir», portugués «morrer», con un examen de «esmirriado, morriña, murria» y «modorra» (BHi,* LVII, 1955, págs. 84-128).

a -*ir* (p o s s i d ē r e > *possedir*, n o c ē r e > *nozir*, alternante con *nozer*). En las hablas vivas se atestiguan también las diferencias con el castellano: *(a)rrier* 'reír', *atrivir* 'atrever', *escontraecer* 'contradecir', *tešir* 'tejer'[98].

También en judeo-español —como resultado de una etapa dialectal— se atestiguan discrepancias con respecto a la norma castellana; tal es el caso de *vister* 'vestir', *suber* 'subir', *diser* 'decir'[99], *escriber* 'escribir'[100].

En otras hablas, incluidas las meridionales, o dependientes de la norma de Sevilla, se documentan *cernir* 'cerner' y *herver* 'hervir'[101], *flurir* 'florecer', *sernir* 'cerner', *roir* 'roer'[102].

LA -*r* DEL INFINITIVO

128. En el *Diálogo de la lengua*, Marcio pregunta si es más correcto *dezirlo*, *hazerlo*, a la manera de Valdés, o *dezillo* y *hazello*, como otros muchos. La respuesta es que «lo uno y lo otro se puede dezir; yo guardo siempre la *r* porque me contenta más» (pág. 100). La asimilación venía de atrás, según consta en Nebrija[103], y, a pesar de Valdés, estaba en boga en la corte del

---

[98] *Docs. Jaca*, § 48, y *Dial. arag.*, § 119.
[99] *Endechas*, § 152.1, y bibliografía que allí se aduce.
[100] *BRAE*, XIII, pág. 353.
[101] Por ejemplo, en el *ALEA*, VI, 1764 y 1765.
[102] M. ALVAR, *El español hablado en Tenerife*, Madrid, 1959, § 46.1; *ALEICan*, III, 78 (*cribar*), 80 (*anhechar*), 175 (*cerner*), 591 (*hervir*), etc.
[103] De la *Ortografía* (pág. 147, edic. QUILIS) son estas palabras:

> Mudamos también la «r» final del infinitivo en «l», y con la «l» del nombre relativo «le», «lo», «la», «les», «los», «las», pronunciamos aquel son que diximos ser propio de nuestra lengua *ll*, y por dezir «a Dios deuemos amarlo» y «amarle», dezimos «amalle» y «amallo»; y a los santos «honrralles» y «honrrallos», por «honrrarles» y «honrrarlos».

JERÓNIMO DE TEJEDA intentó una explicación que sería difícilmente aceptable, pero que, al menos, suscita un deseo de resolver las cosas:

> Muchas veces el español puniendo algun articulo o relatiuo que comienza por *l*, detras de el infinitivo de el verbo o futuro que

Emperador: su amigo Garcilaso escribía *querello, hazello, havello, dezillo, sufrillo, considerallo* [104]. Si se repasa un libro como la antología de José Francisco Pastor [105], se puede ver cómo el cambio *-rl-* > es predominante en algún escritor como Malón de Chaide (1530?-1596), mientras que en otros, como Ambrosio de Morales, hay alternancia *rl ~ ll* con notable predominio de la forma plena, y la asimilación o la conservación, de manera indiscriminada, podrá llegar hasta Luis Cabrera de Córdoba (1559-1623), el historiador de Felipe II, que escribe *asoldallas* y *saberlo*, mientras que otros como el leonés Antonio de Torquemada (*Manual*, pág. 120), el sevillano Francisco de Medina (1544?-1615), el toledano Cristóbal de Fonseca (1509-1621) o el extremeño-salmantino Correas (1630) continúan prefiriendo *ll*[106]. En cuanto a los tratadistas gramaticales habría que recordar que en la *Útil y breve institución* (1555) se dice que

> estos articulos algunas vezes puestos a la fin de los verbos, valen tanto como articulos demostrativos, o relativos: como adonde esta vuestro padre, por que vengo a visitarle? Dixo Juan de Mena a la mujer mala ni verla, ni oyrla (pág. 9).

Para Amado Alonso y Raimundo Lida [107] *-rl-* era pronunciación del centro y del sur; hoy quedan pocos restos de esta *ll (> y)* en el occidente peninsular o en Murcia, mientras que ha desapa-

---

acaba en *r*, la tal *r* de el verbo la trueca en *l*, y ansi pronuncia el articulo o relatiuo junto con el verbo con dos *ll*, por la dulçura de la pronunciacion. Exemplos: «tenemos de amarle o ammalle [sic]; dexar le hemos, dexalle hemos», etc. (pág. 292).

[104] *Sonetos*, I, III; *Canciones*, III, IV, etc. Citamos, únicamente, ejemplos en la rima (edic. Elías L. Rivers, Madrid, 1964).

[105] *Las apologías de la lengua castellana en el siglo de oro*, Madrid, 1929.

[106] Herrera, sevillano (1534?-1597), escribe *librallos* (v. 37), *guardallos* (v. 40), *tocallo* (v. 258), *merecello* (v. 635), *vello* (v. 687), *sentillo* (v. 989), etcétera; citamos por la edición de García de Diego en «Clásicos Castellanos». En *La tabla de Kebes* (1630), Correas escribe *tenello* (pág. 106), *desestimallas* (109), pero en el *Arte* dirá que «es tan usado de una manera como de otra» (pág. 272).

[107] A. Alonso y R. Lida, *Geografía fonética: -L y -R implosivas en español* (*RFH*, VII, 1945, pág. 335).

recido de Andalucía [108], de Canarias y, al parecer, del español de América.

En la Edad Media, el paso *-rl-* > *ll* se dio en el *Alexandre*, en Berceo y en el Arcipreste de Hita *(astragallos, tragallos, dexallo,* etcétera)* [109]; la seguridad de la pronunciación palatal del grupo asimilado se atestigua por rimas como *vocealla—falla—agalla—batalla* [110].

CAMBIOS ROMÁNICOS EN LAS
CONSONANTES DE LA RAÍZ

129.0. La evolución fonética experimentada por los sonidos latinos tuvo, también, repercusión sobre los paradigmas verbales. Repercusión que actuó principalmente sobre los verbos incoativos y sobre los que tenían *g*.

129.1. En los i n c o a t i v o s , el infijo *-sk-* sufrió distinto tratamiento según le siguiera vocal palatal o vocal velar (incluyendo en este grupo a la *a*), pero tal hecho en nada afectaba al origen del verbo o a la situación que pudiera haber tenido en la historia del latín [111]. El romance no fue proclive a los incoativos latinos cuya raíz se presentaba en forma reducida [112],

---

[108] Sólo se encuentra en dos puntos del sur de Córdoba y en otro meridional de Jaén *(ALEA,* VI, 1723). Hay que modificar mucho las afirmaciones de Rodríguez Marín, transcritas en el artículo de Alonso-Lida (pág. 335).

[109] Cfr. una lista en MIGNANI, pág. XI.

[110] Alonso-Lida, pág. 338. Para otros tratamientos (metátesis, aspiración, asimilación o pérdida de la *r*), hay que recurrir al mismo trabajo de Alonso y Lida. Los resultados son fonéticos y afectan a los dialectos de hoy. Véase ahora el estudio de FERNANDO LÁZARO MORA, *RL > ll en la lengua literaria* *(RFE,* LX, 1979-1980, págs. 267-283).

[111] Cfr. YAKOV MALKIEL, *New Problems in Romance Interfixation: The Velar Insert in the Present Tense (with an Excursus on «-zer/-zir» Verbs),* en *RPh,* XXVII, 1974, págs. 304-355; C. BLAYLOCK, *The Romance Development of the Latin Verbal Augment «-sk-»,* en *RPh,* XXVIII, 1975, págs. 434-444. Hay un viejo trabajo sobre el tema: E. DAMÉHN, *De verbis latinis «-sco-» formatis,* Lund, 1896.

[112] Del tipo *pŏscō* < *porcscō, o, con reduplicación, *dīscō* < *did-cscō).

ni a los derivados en - i s c o, - i s c o r [113], sí hacia los que tenían vocal larga [114] y, sobre todo, a los derivados de verbos, de adjetivos o sustantivos que tomaron las formas - e s c o, - i s c o [115] que, en el latín coloquial, sirvieron para hacer no sólo intransitivos, sino causativos con significado transitivo (m o l l e s c e r e 'ablandar' [116]). A partir del siglo III, los verbos del tipo *parēsco*, *dormīsco* perdieron su carácter incoativo (Grandgent, § 413).

129.1.1. En todas las lenguas románicas, los incoativos mantuvieron su capacidad [117], y en español se formaron no pocos verbos nuevos con el sufijo *-ecer: meçer* o *mesçer* (< m i s - c e r e) que se conjugó *mezca* o *mesca* desde el *Fuero Juzgo* hasta Hermosilla (s. XVIII), y que así sigue utilizándose en la Argentina, Chile, Costa Rica, Santo Domingo y Méjico [118]; f l a c - c e s c o que tiene formas como *flaqueçio, enflaquecer*, etc. junto a *enflaquir* [119]; m u t e s c o [120] > *enmudeces, enmudeciste* [121]; p a - r e s c o > *pareces, paresca, parescades, paresçia, paresçer, paresçió*, etc. [122], etc. Hay formaciones modernas cuya característica (-sc-, -zc-) recuerda a los incoativos: *tosco* 'toso', *bendisco* 'bendigo' (Nuevo Méjico), *esdizca* 'desdiga' (Cespedosa de Tormes), *ozco* 'oigo' (leonés) [123].

---

[113] Ejemplos latinos: *apiscor, adipiscor, concupisco, proficiscor*, etc.

[114] Cfr.: c r ē s c o > *crecer,* n ā s c o (r) > *nacer,* (c o g) n ō s c o > *conocer.*

[115] T r i s t e > *entristecer;* i n - c a l ē s c o > *escalecer (Alexandre,* 1130), imp. *(in)cal;* o b d o r m ī s c o > *adormecer;* t r e m i s c o > ant. *tremecio,* mod. *estremeció,* al lado de *tremio* (GASSNER, pág. 52, § 99). La lista de estos verbos en GASSNER, págs. 62-63.

[116] Cfr. sus derivados *amollecer (Alex.,* 1699; *Partida I,* pág. 227; ALONSO DE PALENCIA, *Vocab.,* f. 464), *mollecer* (ALONSO DE PALENCIA, *Vocab.,* f. 475 *v*).

[117] Una larga lista de documentaciones en español antiguo se puede ver en GASSNER, págs. 49-55.

[118] ROSENBLAT, *Notas,* págs. 288-289.

[119] Ejemplos en GASSNER, pág. 50.

[120] FERNANDO GONZÁLEZ OLLÉ ha intentado, con buenas razones, acercar a esta palabra la etimología de *mozo (Fil.,* XVI, 1972, págs. 231-243).

[121] GASSNER, pág. 51.

[122] GASSNER, pág. 51.

[123] ROSENBLAT, *Notas,* págs. 289-290. En lo antiguo, *ozcas* y *ozcades* aparecen en el *Alexandre; ozca* en el *Fuero Juzgo* (GASSNER, pág. 58, § 107).

129.2. Las formas románicas tienen las terminaciones *-sco* y *-ce*, según sean de primera persona o de las otras cinco (c r e - s c o > *cresco*, c r e s c ī s > *creces*, etc.), pero la *s* de Yo se cambió en *z* por influjo de todas las demás [124]. También es analógica la forma Yo *crezo*, propia del leonés, donde se ha generalizado la *z* de tal modo que se ha reestructurado por completo la forma, tanto en el presente de indicativo cuanto en el de subjuntivo: *merezo, padezo, naza, agraeza*, etc. El fenómeno se documenta desde Asturias hasta Extremadura [125] y aún llega atenuado a algún punto del noroeste de Huelva, donde se siente la presencia leonesa, y, perdido, al pueblo granadino de Ventas de Zafarraya, lo que tal vez pudiera hacer pensar en alguna repoblación tardía [126]. Como leonesismo —uno más del habla de las Islas— habrá que interpretar el *merezo* de La Laguna [127] y las formas del verbo *conducir* (*conduzo, conduza*, etc.).

En cuanto al judeo-español, en Monastir, «los verbos incoativos siguen la conjugación regular: *aburriser, aburresu; cuniser, cunesu; miriser, miresu; uvidiser, uvidesu*» [128]; es decir, a la manera leonesa.

129.3. Un verbo con *-x-* se incorporó a los incoativos por causas estrictamente fonéticas y no morfológicas. El presente de e x i r e fue en español antiguo *exco* (*Cid*, v. 156), *esca* (*Fuero*

En aragonés antiguo: *constituezcan, provedescan, repellescan*, etc. (*Dial. arag.*, § 120).

[124] Al ser *-ces, -ce, -cemos*, etc. las formas de los verbos incoativos, se igualó a ellos algún verbo que daba los mismos resultados en romance, aunque tuviera distinta etimología latina. Así i a c ī s , i a c ī t , etc. > *yaces, yace*, etc. Entonces el presente i a c e o (> *yago*) se convirtió en *yazco* por una falsa identificación con la persona Yo de los incoativos.

[125] *Dial. leon.*, pág. 1001 y A. ZAMORA VICENTE, *Leonesismos en el extremeño de Mérida* (*RFE*, XXVI, 1942, págs. 89-90). A la muy rica documentación de ROSENBLAT, *Notas*, págs. 290-292 (español antiguo, Castilla y, sobre todo, occidente peninsular), hay que añadir la novo-mejicana de ESPINOSA (*NMéjico*, pág. 89).

[126] *ALEA*, VI, 1781 (*agradezco*).

[127] *Español de Tenerife*, § 46.4; *ALEICan*, III, 1130 *.

[128] LURIA, *A Study of the Monastir Dialect*, New York, 1930, págs. 173-174, § 118.

de Melgar de Suso, año 950, *Fernán González, Fuero de Avilés*), *yscamos* (*Cid*, v. 685)[129]. En todas estas formas, la *x* fue interpretada como *cs*, con lo que el resultado fue un verbo de apariencia incoativa.

129.4. Correas dio unas explicaciones para justificar la alternancia -*zo* (*renazo*) y -*zco* (*renazco*) que no son válidas, aunque resulta útil su información sobre la legitimidad y arcaísmo que ve en la terminación -*zo*. En su tiempo, tales formas debían considerarse vulgares por cuanto «los que se tienen por mas curiosos i bien hablados que el vulgo, estienden la palavra i entremeten la letra *ca* en la primera persona del presente de indicativo, i en todo el presente suxuntivo». En este lugar conviene traer a colación los últimos verbos de su lista, que no son incoativos, pero presentan otro problema aún no considerado: l u c ē r e > *lucir* y t r a d u c ē r e > *traducir* tienen un presente con formas l u c e o > *luzo*, l u c e s > *luces*, t r a d u c o > *tradugo*, t r a d u c e s > *traduces* (ant. *trozes*), que de algún modo se relacionan —fonéticamente— con los incoativos (c r e s c o > > *crezco*, c r e s c i s > *creces*); esto hizo que se planteara una ecuación del tipo *luzo : luces :: renazo : renaces* y, tras ella, otra: si *luces* tiene una primera persona *luzo*, *traduces, traduce* tendrá otra *traduzo* (o *traduzco*, cumplida la analogía recién explicada). Y, por otra parte, r e d u c o > *redugo*, c o n d u c o > *condugo*, atraídos a los incoativos por otro tipo de coincidencias (*reduces, conduces* se igualaban con *naces, conoces*), se convirtieron en *reduzo, conduzo*, que cruzados con las formas etimológicas *redugo, condugo*, dieron lugar a *reduzgo, conduzgo*. De ahí la serie de verbos que derivan de d ū c o en los que se cumplió una analogía (*induzo / induzco / induzgo, traduzo / traduzco / traduzgo*), como se había cumplido, por otra parte, en los derivados de l u c ē o (*luzo / luzco / luzgo, reluzo / reluzco / reluzgo, trasluzo / trasluzco / trasluzgo*)[130].

---

[129] También hay formas con -xc- (*exca, ixca* en el *Fuero de Guadalajara; excan* en un documento burgalés de por 1200), cfr. OELSCHLÄGER, s.v. *exir*, y *Cid*, I, §§ 82.4 y 83.2, págs. 267 y 269, respectivamente.

[130] *Arte*, págs. 294-295, y GARCÍA DE DIEGO, *Gram. hist.*, pág. 203.

130.1. No significaron nada para la evolución románica los verbos latinos con nasal sufijada [131], ni los que tenían nasal infijada seguida de *d (fundo, scindo, tundo)*, de *p (rumpo)* o de *b (lambo)*, por cuanto en castellano *-nd-* y *-mp-* se mantuvieron normalmente y *-mb-* se redujo, normalmente también, a *b*. Fue distinto cuando tras la nasal había *k* o *q*, sin que para ello contara el tratarse de verbos cuya nasal sólo apareciera en el tema de presente *(frango, tango, vinco)*, en el presente y en otro tema *(fingo, mingo, stringo)* [132], en todos los temas verbales *(iungo, plango, emundo)* o que la nasal se manifestara en combinación con otros sufijos *(nanciscor)* o perteneciera a la raíz verbal *(cingo, clango)*. El problema no es de índole morfológica, sino fonética; lo que hace que sea considerado en este lugar es que el paradigma verbal se reestructuró a partir de un limitado hecho fonético. Así, la *k'* convertida en θ se generalizó a la primera persona del indicativo y a todas las del subjuntivo en las que debía mantenerse su carácter velar:

v i n c o	* venco	v i n c a m	* venca
v i n c i s	vences	v i n c a s	* vencas
v i n c i t	vence	v i n c a t	* venca
v i n c i m u s	vencemos	v i n c a m u s	* vencamos
v i n c i t i s	vencéis	v i n c a t i s	* vencáis
v i n c e n t	vencen	v i n c a n t	* vencan

130.2. En cuanto a los verbos con G hay que tener en cuenta los distintos tratamientos que puede experimentar la velar según sea la vocal siguiente y la posición de la *g* con respecto al acento. El grupo *-NG-* se conservaba cuando precedía a una velar (l ŏ n g u > *luengo*, f ŭ n g u > *hongo*), mientras que daba la solución *-nθ-* si iba ante el acento (g ĭ n g ī v a > *encía*) o *-ñ-* si aparecía pospuesto (l ŏ n g e > *lueñe*). Esta situación se uniforma en los

---

[131] Cfr. *cer-n-o* (perfecto *crevi*), *li-n-o* (perf. *levi*), *si-n-o* (perf. *sivi*), etc.
[132] Perf. *finxi*, part. *fictus*; perf. *minxi*, part. *mictum*; perf. *strinxi*, part. *strictus*.

paradigmas verbales donde se generaliza la ñ, por ser más frecuentes las personas acentuadas en el lexema:

t a n g o	taño, no * tango
t a n gĭ s	tañes
t a n gĭ t	tañe
t a n gĭ m u s	tañemos
t a n g i t i s	tañéis
t a n g e n t	tañen
t a n g a m	taña, no * tanga
t a n g a s	tañas, no * tangas
t a n g a t	taña, no * tanga
t a n g a m u s	tañamos, no * tangamos
t a n g a t i s	tañáis, no * tangáis
t a n g a n t	tañan, no * tangan

Cierto que no todos los verbos alcanzan esta regularidad, por cuanto la heterogeneidad en el tratamiento fonético ha dejado restos de diversos sentidos. Así, por ejemplo, r i n g o muy raramente dio *ringo* [133] y r i n g i s nunca * *rinces*, pero —sin embargo— i u n g o ha generalizado *unzo* [134], como i u n gĕ r e, *uncir* (y no *uñir* [135]). Tras todo esto pueden entenderse las alternancias antiguas o modernas del tipo *plango - plaño, frangues - frañes - frances*, etc.

130.3. Del resto de la larga nómina de verbos latinos con formas sufijadas o infijadas, no hay especiales consideraciones que hacer, por cuanto los que no desaparecieron evolucionaron normalmente. Así los verbos en -d ō (c r e d o > *creo*) y en -ll ō (t o l l o > ant. *tollo*).

---

[133] «*Rriño* los rústicos le estienden con *rringo, rriñes*, suxuntivo *rringa, rringas*, como a *taño, tañes* en *tango, tañes*, suxuntivo *tanga, tangas* por *tañer*, tocar i harrear las bestias con la vara» (CORREAS, *Arte*, pág. 309).

[134] En la edad de oro, bien que en lenguas jergales se documenta *uñan* 'unan' (F. GÓMEZ, *Lope*, s.v.).

[135] Por más que sea forma viva en Maragatería y Salamanca; en navarro, aragonés y salmantino *juñir*. En los dialectos, alternan paradigmas con *n*, influidos sin duda por *unir* (*DEEH*, núm. 3627).

CAPÍTULO X

EL VERBO: LAS DESINENCIAS

131.1. Desaparecida la voz pasiva (vid. § 116), las desinencias latinas quedaron reducidas únicamente a la expresión de persona y número, y aun con muchas limitaciones por cuanto el índice de persona sólo está marcado en Tú *(-s, -ste)*, Nosotros *(-mos)*, Vosotros *(-is)* y, en el perfecto, Ellos *(-ro-)* [1]. El índice de número sólo aparece en Ellos *(-n)*, lo que es natural, ya que Nosotros y Vosotros (como bien se dice en el § 131.3) no son los plurales respectivos de Yo y Tú [2]. Claro que esta situación tan

---

[1] MARÍA DEL CARMEN BOBES, *Las personas gramaticales*, Santiago de Compostela, 1971; CÉSAR HERNÁNDEZ ALONSO, *Las categorías de persona y número en el verbo español* (*REL*, V, 1975, págs. 121-137); JACQUES SCHMIDELY, *La personne grammaticale et son expression en la langue espagnole*, Lille-Paris, 1979.

[2] El verbo incide sobre la persona del sustantivo: todos los sustantivos son de tercera persona, salvo los pronombres llamados de primera y segunda. Estas dos personas son los elementos marcados de la oposición y los morfemas verbales correspondientes bastan para caracterizar la persona: «dormía-*s*», «escrib-*o*». Por el contrario, «cant-*a*» no tiene sentido en sí misma, pues exige una determinación externa que se encuentra en el sustantivo: «Pedro *canta*».

Pedro ↔ canta
los pájaro-*s* ↔ canta-*n*

(Vid. POTTIER, *Introduction*, pág. 154).

sencilla padeció una serie de avatares que pasamos a considerar. Para ello tendremos en cuenta los grupos de desinencias según los usos gramaticales, pero hemos de hacer hincapié en el sentido que para la evolución de las formas tuvo el desgaste fonético: tanta transformación de los sonidos produjo la ruina de las desinencias flexionales y esto llevó a crear numerosas situaciones de sincretismo, bien que en español no tantas como en francés, donde se aproximaron formas distintas como a m a s, a m a t, a m a n t, pronunciadas todas [*em*]. Esto lleva a desarrollar el empleo del pronombre-sujeto, que entonces cumple la misma misión que las desinencias, tal sería el caso del francés o de los dialectos españoles del mediodía peninsular[3], y la necesidad de especificar con un nuevo instrumento lingüístico unas funciones que ya no se manifiestan por los procedimientos antiguos establecería un claro paralelismo con la creación del sistema preposicional de casos, una vez que las desinencias nominales dejaron de funcionar.

131.2. En las desinencias hay que distinguir las que son comunes a todos los tiempos y a todos los modos, de las específicas del imperativo y del perfecto absoluto. Pero, en cualquier caso, con las desinencias se expresan las ideas de persona y de número a que han quedado reducidas sus funciones al perderse en las lenguas románicas la voz pasiva.

131.3. La situación del español viene dada en el esquema que transcribimos inmediatamente, pero a ese resultado se ha podido llegar tras unos largos, y complejos, procesos históricos, que serán el objeto de las páginas que siguen. Los índices personales son:

1.ª:	∅	4.ª:	*-mos*
2.ª:	*-s*	5.ª:	*-is*
3.ª:	∅	6.ª:	∅

En el perfecto se registran el elemento *-ste-* en la persona Tú

---

[3] Vid. M. ALVAR, *La suerte de la -s en el mediodía de España,* apud *Teoría lingüística de las regiones,* Madrid, 1975, pág. 88.

(con variantes populares que se comentarán en su momento) y -*ro*- en la persona Ellos.

Como índice de número sólo se dispone de -*n*, utilizado en la sexta persona; lo que es lógico, pues Nosotros y Vosotros no son simples plurales de Yo y Tú[4], sino formaciones compuestas.

A la situación que expresa el cuadro anterior se ha llegado por tres factores que dominan la evolución: u s u r a   f ó n i c a (que tiende a reducir o modificar el cuerpo de la desinencia), d i f e r e n c i a c i ó n relativa (que permite identificar cada una de las desinencias frenando el desgaste que produce el primer elemento), u n i f i c a c i ó n formal de las desinencias, que presentan características semejantes en contextos diferentes.

La usura fónica hizo que el latín vulgar prefiriera las formas cortas a las largas: perfecto sincopado (§§ 168.2 y 171.0), doble conjugación de algunos verbos (§§ 145, 148, 150), síncopas de carácter románico (§ 170.1), pérdida de la -*d*- (§§ 132.5-132.5.3).

La limitación del desgaste fónico se manifiesta en evoluciones discrepantes (§ 157.2).

La acción de la analogía se atestigua en la igualación acentual de las conjugaciones (§§ 11, 13, 120), integración de los deponentes (§ 116.2) y de los verbos germánicos (§ 124.1.2), sustitución de perfectos fuertes por débiles (§ 178), restablecimiento románico de -*e* (§ 135), desinencias en -*eis* analógica de -*áis*, -*éis* (§ 134.5), desinencia en -*o* en la tercera persona del perfecto simple (§ 134.3).

SUERTE DE LAS DESINENCIAS

132.1. La -*m* de la primera persona lógicamente no se ha conservado, porque ya en latín dejó de ser significativa[5]. Recuér-

---

[4] Pottier, *Introduction*, pág. 152.

[5] Vid. P. Krestschmer, *Introducción a la lingüística griega y latina* (trad. S. Fernández Ramírez y M. Fernández-Galiano), Madrid, 1946, págs. 74-75. Cfr. Pirson, *Merow.*, pág. 904.

dese que cualquier *-m* desinencial (tanto en el nombre como en el verbo) no contaba en' métrica si iba seguida de vocal [6], y con harta frecuencia no se escribía [7], lo que acredita que ya no se pronunciaba [8]. Así podían encontrarse testimonios como uno de Roma, donde *eorunt* es una ultracorrección por 'eorum' [9] o los ·numerosísimos en que falta la *-m*, incluso en formas monosílabas, como en una inscripción romana del siglo IV («nomen si-quaeris, Julia bocata *so*» [10]) o en un *carmen epigraphicum* de Ostia («hoc ego *su* in tumulus» [11]). Teniendo esto en cuenta, nada extraña que no queden restos de la nasal en español.

132.2. La *-s* se ha mantenido a lo largo de los siglos, y su conservación evita toda suerte de explicaciones. Hay que señalar, sin embargo, que su pérdida en el andaluz meridional repercute sobre el sistema haciendo que la terminación *-as* palatalice su *-a* final y en las terminaciones *-es* la abertura de la vocal oponga fonológicamente esta ę a la ẹ de la persona Ellos [12]. Situación especial es la que se encuentra en algunos textos judeoespañoles de Marruecos: cuando la forma verbal va seguida de un pronombre, se pierde la *-s* desinencial y se añade otra analógica al pronombre (*cobiẑemes* 'me cobijes', *cobriésemes* 'me cubrieses') [13]. La explicación habitualmente dada es de que se trata de formas de subjuntivo por imperativo, aunque tal vez sea preferible buscar una sistematización con lo que luego diremos (§ 133.2): al tomarse un pronombre enclítico *(cobiẑes + me)*,

---

[6] M. BASSOLS, *Fonética latina*, Madrid, 1973, § 254, pág. 191.

[7] CARNOY, págs. 220-221.

[8] ALDRETE (*Del origen y principio de la lengua española*, Roma, 1606) pondera que el castellano «huye en las finales la *m* y la *t*, difíciles i duras, que con razon Quintiliano [I, 2 y XII, 10] deseo ver quitadas en la lengua Latina».

[9] *CIL*, VI, 19345. Lápida del museo de Nápoles.

[10] DIEHL, núm. 1537.

[11] *CIL*, XIV, 914.

[12] Cfr. ALVAR, *La suerte de la -s*, citada en la nota 3, pág. 72 y sigs.; R. DE SOUZA, *Las desinencias verbales correspondientes a la persona* vos/vosotros *en el «Cancionero General» (Valencia, 1511)* (Fil., X, 1964, págs. 1-95).

[13] *Endechas*, § 79, pág. 101.

la -s caracterizadora de la persona Tú quedaba en posición interior, con lo que el verbo *(cobiẑesme)* perdía el rasgo externo de la persona; entonces se tomó una -s que sirviera para caracterizarla *(* cobiẑesmes)*, igual que en muchas hablas vulgares la -*n* (índice de Ellos) se incorpora al pronombre enclítico como marca de otro modo no percibida *(sientensen* o, por disimilación, *sientesen).* Una vez formado el analógico * *cobiẑesmes*, las dos *eses (s...s)* se consideraron redundantes, e igual que -*stes* > -*tes*, tras una analogía bien parecida a la que estamos comentando, -*smes* > -*mes* (cf. § 132.5).

132.3. En la tercera persona del singular, la -*t* latina tenía una doble procedencia: heredaba a una desinencia primaria * -*ti* o a una secundaria * -*t*, pero, aunque hubo lenguas (como el osco y el umbro) que conservaron la distinción, no ocurrió así en latín, que fundió a las dos. De ahí que en el paso del latín al romance nos encontremos con la desinencia única -*t* que, además, podía perderse en latín popular como acreditan las inscripciones pompeyanas *(ama* 'amat', *peria* 'pereat', *valia* 'valeat')[14] y otras de diversos lugares del Imperio[15]. Sin embargo, Menéndez Pidal señala que «la reacción cultista obró tenazmente para mantener o restaurar este sonido»[16], lo que sirve para explicar la conservación de la -*t* en muchos textos antiguos de la Península[17]; baste con recordar su arraigo en las *Glosas* emilianenses

---

[14] Ernout, *Morphologie*, § 176. El texto completo (Diehl, 594):
    quisquis *ama valia, peria* qui nosci amare,
    bis tanti *peria*, quisquis amare vota.

[15] En una de Turín, *dorme* por *dormit* (s.v.), en otras de Hispania, *requievi* por *requievit* y *quievi* por *quievit* (s. VI y VII).

[16] *Orígenes*, pág. 351, § 70.1, y, especialmente, § 70.5.

[17] Algún autor antiguo tuvo conciencia de la sustitución de la -*t* final del latín, aunque sus razones son inexactas. Copiamos su testimonio como documento histórico y sólo por ello:
    En latín hállase [la *t*] muchas vezes en fin de diçiones y partes, y muy pocas la *d*. En la lengua castellana es al revés de esto, que estas letras paréçense mucho en el sonido quando son las vltimas letras de las diçiones, y siempre vsamos de la *d*, sin aprouecharnos de la *t* en diçión ninguna; creo que es porque, como somos descui-

y silenses y en numerosos textos castellanos [18], que conservaban la consonante en los primeros años del siglo XIII (*Fuero de Madrid*, documento de Toledo). En las áreas marginales, la -*t* desaparece en leonés mientras que se conserva abundantemente en aragonés [19].

Esta -*t*, debilitada en -*d*, lo que sería prueba de una pronunciación relajada, era muy corriente en época antigua y aún duraba en aragonés por el año 1139. La lectura de las jarchas nos ofrece innumerables testimonios (*vernad* 'vendrá', 2; *vénid* 'viene'; *exid*, 3; *querid* 'quiere', 10; *serad* 'sería', 16; etc.) y no menos en el riojano [20] y en dialecto aragonés (*camiod, afrontad*) [21], mientras que en leonés parece escasear, pues sólo hay ejemplos aislados [22].

Fue rara la solución -*z*, probablemente representación de una -*d* fricativa, que atestigua Menéndez Pidal en *conponaz* 'componat' (Sahagún, año 1094), *scripsiz* 'scripsit' (prov. Burgos, 1112) e *intrez* 'intret' (Santo Toribio de Liébana, 1151) [23].

132.4. La terminación -*mus* se atestigua en la forma de hoy (-*mos*) a partir del año 993 (documento de Oña) y de 1027 (documento de León) [24] y debe ser mucho más tardía en Aragón [25], mientras que en la Rioja, habida cuenta del carácter arcaizante

---

dados, no tenemos qüenta con que la lengua torne a tocar algún tanto en el paladar como hazen los latinos (TORQUEMADA, págs. 112-113).

[18] Duraba en un documento de Alfaro de 1240 (*Dial. rioj.*, § 54.1; también el § 40).

[19] *Orígenes*, loc. cit.; *Est. dial. arag.*, I, § 46.1, págs. 92-93.

[20] *Orígenes*, pág. 353, § 70.4. Vid., también, *Dial. rioj.*, § 40. Se trata de un documento de Valbanera de 1044, fuertemente romanceado (*Fuero para el aprovechamiento de las dehesas de Madrid*). Para Francia, vid. PIRSON, *Merow.*, pág. 896.

[21] *Est. dial. arag.*, I, pág. 92, § 46.1.

[22] *Orígenes*, pág. 353, § 70.4.

[23] *Orígenes*, pág. 353, § 70.4. Un problema actual se estudia en la monografía de CARMEN GÓMEZ, *Las formas pronominales de tercera persona en los verbos transitivos* (*LEA*, III, 1981, págs. 73-157).

[24] *Orígenes*, § 35.2.

[25] Ha sido inútil una lectura en diversas colecciones de documentos, cuyos últimos textos están fechados en 1094.

del dialecto, la forma romance empieza a registrarse muy tardíamente: en algún documento de 1080, se atestigua *-mus*, mientras que *-mos* sólo aparece generalizado en documentos escritos en romance a comienzos del siglo xiii (1206).

132.4.1. En lo moderno, la terminación *-mos* ha sufrido diversas alteraciones. Así, por ejemplo, en aragonés, bajo la acción de *nosotros, nos*, la desinencia pasa a ser *-nos* en una amplia zona pirenaica (desde Hecho hasta Bielsa)[26]; en andaluz, no hay otras modificaciones que las inherentes a la pérdida de la *-s*, mientras que en canario la forma *losotros, los* 'nosotros, nos'[27] ha influido sobre la desinencia verbal produciendo formas como *vámolos* 'vámonos'[28].

En judeo-español, la terminación *-mos* no presenta sino el cierre de la vocal en *u (-mus)*, que se documenta en Monastir[29]. Lo que estas hablas atestiguan no es influjo de los pronombres personales sobre la terminación verbal, según acabamos de ver, sino el hecho inverso: la adopción de la *m* desinencial por los pronombres *nosotros, nos*, que pasan a ser *mosotros, mos* (vid. arriba § 94).

132.5. La terminación latina *-tis*, de la segunda persona del plural, ha planteado diversos problemas en cuanto a su origen: para unos la *-s* es analógica de la persona Tú; para otros, no es sino la alternancia de dos desinencias antiguas, una con *-s* y otra sin ella. De cualquier modo, en español no hay restos de este problema, por cuanto el latín - t i s es el único en dejar herederos. Éstos pueden tener diversas formas, aparte la puramente culta: *-dis, -tes, -des*. La primera de ellas aparece en el latín popular leonés (*adueadis* 'habeatis', *podueridis* 'potueritis', siglos x-xi)[30],

---

[26] *Dial. arag.*, pág. 221, § 117.1.

[27] Cfr. *Est. can.*, I, págs. 103-104; *ALEICan*, III, 1192.

[28] Se oyen, incluso, en las grandes ciudades; por ejemplo, el cobrador de autobús al dar al conductor la orden de salida.

[29] M. A. LURIA, *A Study of the Monastir Dialect*, Nueva York, 1930, página 148, etc.; C. CREWS, *Recherches sur le judéo-espagnol dans les pays balkaniques*, París, 1935, pág. 39.

[30] En el asturiano de Sisterna se recoge esta desinencia, aunque no tenga

lo mismo que la segunda *(dates)*, mientras que *-des* se recoge en León *(adueades*, año 1021)[31]. En Aragón la documentación de que se dispone es muy tardía, pues la -T- se conserva en el dialecto y hoy todavía, como en el siglo XVII, - t i s pasa a -*z* (por toda la región pirenaica)[32]. En la Rioja, *-tis* perdura largamente[33], por el conservadurismo de la región, al que ya hemos aludido.

132.5.1. La situación moderna, de una gran complejidad, depende de unas largas circunstancias históricas. Cuervo, en un artículo importante[34], había trazado la historia del problema. Partiendo de la terminación *-des*, general en el siglo XIII, pudo comprobar que, en el siglo XIV, la *-d-* desaparecía en las terminaciones paroxítonas: *vayaes* 'vayades', *soes* 'sodes' (en la *Danza de la Muerte*), *irés* 'iredes' (Hita), *abrés, avés, darés (Danza);* en el siglo XV, la pérdida de la dental fue extendiéndose *(Cancioneros,* Villena) de tal modo que la *-d-* escaseaba a finales del siglo, y a comienzos del XVI, el uso común era *buscáis, perdéis, decís,* de acuerdo con las normas de Nebrija[35]. Los casos como *sepades, fagades* son arcaísmos de lenguas de grupo (escribanos, notarios, etc.). La reducción en *é* (< *-ee* de los verbos en *-er* e *-ir*) no prosperó por influjo de los verbos en *-ar* que tenían *-ais* (de donde *-eis*)[36].

---

carácter etimológico sino secundario (- t i s > *-des* > *-dis*): *cantadis, cantábadis,* etc. (J. A. FERNÁNDEZ, *El habla de Sisterna,* Madrid, 1960, pág. 59).

[31] *Orígenes,* pág. 355, § 35.5.

[32] *Dial. arag.,* págs. 220-221, § 117.1.

[33] En un documento del 953 (Albelda): *studeatis, habeatis, adeatis,* etc. *(Dial. rioj.,* pág. 105).

[34] *Las segundas personas del plural en la conjugación castellana* («Romania», XXII, 1893, 71-86).

[35] «En la segunda persona del plural, las más vezes hazemos syncopa, i, por lo que aviamos de dezir *amades, leedes, oides,* dezimos *amais, leeis, ois*» (edic. cit., pág. 124). Lógicamente, en idéntica situación se encuentra el futuro de indicativo: «dezimos *amareis vos* por *amaredes vos*» (ib. página 125). TORQUEMADA emplea juntos *veis, tratáis, usáis* (pág. 257).

[36] Los procesos en el romancero se estudian por M. ALVAR, *Transmisión lingüística en los romanceros antiguos,* apud *El romancero: transmisión y pervivencia* (2.ª edic.), Madrid, 1974, págs. 315-316.

132.5.2. En los esdrújulos *(hubiésedes, quedásedes)* la *-d-* se mantuvo por mucho tiempo [37], de tal modo que en la *Galatea* (1590) aparece por vez primera *quedareis*, sin que esto indique una preferencia de Cervantes, partidario decidido del final *-'ades*, *-'edes;* la alternancia (con o sin *-d-*) [38] duró mucho y aunque los autores las usaban de modo indiscriminado, la preferencia parece ir en favor de las plenas (Cascales, Lope, Tirso) [39], aunque conforme avanza el siglo XVII el predominio de las formas sincopadas fue en aumento o se convirtió en exclusivo (Solís, Gracián) [40]. A finales de siglo (salvo en tal cual uso cancilleresco) el triunfo de *-ais*, *-eis* podía considerarse asegurado. Así pues, la pérdida de la *-d-* en las formas graves habría precedido unos doscientos años a la desaparición de la dental en los esdrújulos (aproximadamente 1500 y 1700). En opinión de Malkiel, la exposición de estos hechos por parte de Cuervo no ha aclarado el problema [41]. Para él, desde un punto de vista estructural, la

---

[37] Justamente en oposición a la nota anterior, NEBRIJA escribe: «la segunda persona del plural puede recebir cortamiento desta letra *e*, que por *amáredes, leiéredes, oiéredes* dezimos *amardes, leierdes, oierdes*» (ib. 128); y TORQUEMADA (que escribe *hablardes, leyerdes, hezierdes* y, también, *escriuiéredes, mandáredes, halláredes*) consignó en su *Manual de escribiente:* «porque como dezíamos *enseñaríais*, dezimos agora *enseñariades; leeríais, leeríades; amariais, amariades*, cosa que nunca se vsó hasta el tiempo presente, ni lo hallaréis escrito en ningún romançe antiguo que sea bueno» (págs. 119-120). En la *Util institución* (1555) se escribe *erades* (pág. 58) y *aureis* (pág. 60).

[38] TIMONEDA (1573) usaba formas con o sin *d*, mientras que en la *Silva* de Zaragoza (1550) predominaban *-ais*, *-eis* (*op. cit.* en la nota 36, pág. 515).

[39] En su *Gramática*, JERÓNIMO DE TEJEDA pone una serie de paradigmas verbales en los que alternan *hauiades / hauiais, fuerades / fuerais, huuierades / huuierais, huuiessedes / huuiesseis, fuessedes / fuesseis*, etc., pero dice que todas las formas «que van puestas en segundo lugar de los preteritos simples y futuros, y de los futuros y preteritos compuestos en los plurales de los verbos no las husa el español cortisano [sic] sino el villano» (pág. 100).

[40] CORREAS, en una página (la 79) de *La tabla de Kebes*, apud *El Enkiridion de Epikteto* (Salamanca, 1630), escribe *estuviéredes, entendiéredes*, pero *sepáis, seréis* o, en otra (pág. 106), *hizieredes, perseveredes*, pero *biviréis.*

[41] *The Contrast 'tomáis' ~ 'tomávades', 'queréis' ~ 'queríades' in Classical Spanish* (*HR*, XVII, 1949, págs. 159-165).

reducción *vayáis, tomáis* era aceptable porque el diptongo *ái,* acentuado, existía en español *(donaire, aire),* mientras que el grupo de tres vocales *-iai- (escribíais)* no existió en el sistema primitivo de la lengua, ni tampoco el diptongo *ai* inacentuado. Por tanto, para aceptar las formas sin *-d-* en los casos de esdrújulos, había que vencer la inercia lingüística que no contaba en sus sistemas con formaciones como las que producía la pérdida de la dental. Sin embargo, estos razonamientos no aclaran la cuestión, pues si bien es verdad que existe el diptongo *ai* en español, sólo aparece, y escasamente, en voces cultas, lo que pugna con el pretendido vulgarismo de la pérdida de *-d-;* además, los triptongos existían y no tenían nada de extraño en castellano; bastaría recordar cómo el maestro Correas los enumera y, si bien *iái, iéi* son resultados que se dan en la conjugación, no es menos cierto que el esquema fónico no es imposible [42]. La persistencia de la *-d-* en los esdrújulos posiblemente obedece a causas muy sencillas: como se trata de palabras proparoxítonas, se conservan estáticamente por considerarse cultismos; sólo tarde evolucionan las palabras cultas, y cuando el paradigma verbal se estabilizó con un determinado tipo de acentuación, entonces se perdió la *-d-.* Quedó anómala la persona Nosotros, pero la *-m-* impedía cualquier regulación. Por otra parte, soluciones como *hiciermos, hicierdes,* aunque existieron, no prosperaron por cuanto el paradigma imponía su forma *-ére-+-s, -mos, -is, -n* y no aceptaba la dualidad *-ére- / -ér-.*

132.5.3. En los dialectos de hoy la situación resulta complicada: en asturiano, la *-d-* se conserva, aunque tras *a* no es rara su pérdida *(faláis* 'habláis') y en algún sitio (Valle de San Jorge, en el oriente de la región) la *-d-* cae, pero persiste la *e* *(sóes, llamáes);* el mirandés y el leonés general siguen la norma del siglo XVI *(pártades, partírdes)* [43], que para algunos aspectos

---

[42] «Tritongos de tres vokales en una silaba ái linpios estos kuatro *iái, iéi, uái, uéi,* komo en *preziáis, preziéis, aguáis, aguéis, guai, buei»* (*Ortografía,* pág. 21). Otra explicación propone R. Lapesa, *Historia de la lengua española* (1980), p. 394.

[43] Menéndez Pidal, *Dial. leon.,* págs. 98-99; *Gram. hist.,* pág. 278.

está favorecida por la evolución del portugués. En las zonas pirenaicas de Aragón, la terminación - t i s pasa a -z [44], mientras que
en las hablas meridionales hay que tener en cuenta las amplias
zonas donde Vosotros ha sido reemplazado por Ustedes; sin embargo, en las que se conserva la segunda persona del plural, se
atestiguan *-éis* o *-ís* [45], y en judeo-español de Marruecos se mantiene la antigua desinencia *-des (queriades, besedes)* al lado de
adobéis, dejedéis [46], aunque lo más común es reducir el diptongo *ei* a *i (desmayís, perdonís)* o *é (ponés, hasés)*, como *-ais* a
-ás (tengás, estás 'estáis'); en los Balcanes también se da la reducción *(dicís, traés)* o la conservación del diptongo *(creséi, pa-
reséi)* [47].

132.6. La terminación - n t de la tercera persona del plural
remontaba en latín a una desinencia primaria * - n t i , que no
dejó reliquias, y a una secundaria * - n t , fundida con la primera [48]; ya en latín vulgar hay algún testimonio de la pérdida
de *-t (quiescun, sun,* etc.), que alcanzó también a Hispania [49], y
así continuaron las *Glosas emilianenses* (que sólo tienen *-n)* y
las *Silenses* (en las que predomina *-n* frente a *-nt)*, el latín
notarial leonés (aunque en él predominara *-nt)* y el aragonés [50].

132.6.1. En el presente de indicativo, la terminación - ŭ n t
era sustituida por - ĕ n t , ya en latín vulgar, según se acredita
reiteradamente. Valgan unos pocos testimonios: «Vicia intesti-
norum *inferent* per hanc racionem» *(Mulomedicina Chironis*, segunda mitad del s. IV, 3, 208), «non omnes *vadent*» *(Itinerarium
Egheriae,* s. V, § 43). El neologismo se extendió al presente de

---

[44] Vid. arriba, § 132.5, nota 32.

[45] MONDÉJAR, págs. 68-69, § 12.

[46] *Cantos boda,* págs. 178-179, § 153.3.

[47] J. SUBAK, *Das Verbum im Iudenspanischen,* «Festgabe Mussafia», página 323.

[48] Cfr. ERNOUT, *Morphologie,* § 179.

[49] En sendas inscripciones del Lacio se documentan *dedron* 'dederunt',
coraueron 'curauerunt' *(DLLHI,* núms. 91 y 92). Para Hispania, vid. CAR-
NOY, págs. 175-177.

[50] *Orígenes,* § 71.3.

subjuntivo: «Omines intrent et canes *detraent*»[51]. En el latín hispánico también se documenta la sustitución, aunque en época tardía, pues falta en las inscripciones estudiadas por Carnoy[52].

133.1. La desinencia - t e del imperativo es la única que ha subsistido de cuantas pueden caracterizar a ese modo, ya que el romance perdió íntegramente el imperativo futuro *(amato, amatote, amanto)*[53] y la segunda persona del imperativo presente carecía de ella. Lógicamente el imperativo es difícil de documentar en muchos textos, no obstante en los que remedan el habla popular pueden rastrearse testimonios, según recoge Hofmann en *El latín familiar* (por ejemplo, en las págs. 100, 165).

133.2. Las formas modernas del imperativo son las que describió Nebrija en su *Gramática*, por más que no sea exacto su planteamiento.

> Las segundas personas del plural fórmanse mudando la *r* final del infinitivo en *d* como de amar *amad*, de leer *leed*, de oir *oid*, mas algunas vezes hazemos cortamiento de aquella *d*, diziendo *ama lee oi* (pág. 126).

Juan de Valdés había considerado estos hechos y había intentado darles explicación, y solución. Al planteamiento de Marcio («entre vosotros unos ponéis algunas vezes una *d* al fin de las segundas personas de los imperativos, y otros siempre la dexáis»), Valdés responde:

---

[51] Por *detrahant*, en una tablilla execratoria de El-Auja, sin fecha, pero muy vulgar (apud DÍAZ, pág. 78).

[52] La terminación -*ent* se atestigua en Álvaro Cordobés (s. IX) y en las *Glosas* (*Orígenes*, § 71.4).

[53] En las *Introductiones latinae*, de Nebrija, hay una glosa al capítulo V, que, en el castellano de la edición de 1495 dice: «No tiene esso mesmo el castellano el venidero, mas tiene el instante del imperatiuo» (edic. Galindo-Ortiz, pág. 134), que los editores modernos consideran como el primer planteamiento del problema de la significación de las formas del imperativo románico. Vid. EMILIO ALARCOS LLORACH, *Sobre el imperativo* (*AO*, XXI, 1971, págs. 389-395).

Póngola por dos respetos: el uno por henchir más el vocablo, y el otro, porque haya diferencia entre el *toma*, con el acento en la *o*, que es para cuando hablo con un my inferior, a quien digo *tú*, y *tomad*, con el acento en la *a*, que es para quando hablo con un casi igual, a quien digo *vos*; lo mesmo es en *compra* y *comprad*, en *corre* y *corred*, etc. [54].

133.2.1. De estas formas sin *d* [55] proceden las actuales con pronombre enclítico *(veníos, comeos, acercaos)*, por más que lo correcto sea el mantenimiento de la *-d* siempre, salvo en ese caso. En leonés se conserva la *-e (dade, traede, oíde)* [56], que puede alternar con la pérdida de la *-d- (dae > day, ponede > poney)*; las formas en *-i (cantay, hacey*, etc.) son corrientes por todo el dominio, como lo fueron en la literatura antigua y registran los tratadistas modernos, y como se documenta en ciertos dominios del judeo-español, sometidos a influencia leonesa [57].

133.3. Las formas del imperativo con *-d*, si van seguidas de un pronombre enclítico que empiece por *l-*, pueden metatizar ambas consonantes. El fenómeno es antiguo: Valdés escribía *ordenadle* (pág. 51) y *dadle* (pág. 65), pero no dejaba de corregir las formas metatizadas:

> También pertenece a la gramática el saber juntar el pronombre con el verbo, en lo qual veo un cierto vso, no sé de dónde sea nacido, y es que muchos dizen *poneldo* y *embialdo* por dezir *ponedlo* y *embiadlo*, porque el *poned* y *embiad* es el verbo, y el *lo* es el

---

[54] VALDÉS había dado una razón, la acentual, poco válida. Bastaba con haber puesto en práctica su recomendación: «quando yo escrivo alguna cosa con cuidado, en todos los vocablos que tienen el acento en la última, lo señalo con una rayuela. Bien sé que ternán algunos ésta por demasiada y supérflua curiosidad, pero yo no me curo, porque la tengo por buena y necessaria» (*Diál. lengua*, pág. 71). Las formas del tipo *pagá, vení, mirá* llegaron hasta Calderón (GASSNER, pág. 79) y se recogen en los tratadistas gramaticales como el anónimo de la *Útil institución* (pág. 27, 1.17).

[55] Duran en judeo-español de Marruecos (*Cantos boda*, § 15.4; *Endechas*, § 7 *a*).

[56] Documentadas en lo antiguo *(dade, enbiade, entrade)*, según atestigua GASSNER, pág. 77.

[57] *Dial. leonés*, pág. 102; *Endechas*, § 11.

pronombre; no sé qué sea la causa porque lo mezclan desta manera; yo, aunque todo se puede dezir, sin condenar ni reprehender nada, todavía tengo por mejor que el verbo vaya por sí y el pronombre por sí (pág. 74).

Sin embargo, y como tantas veces, Torquemada usaba la forma repudiada por Valdés *(guardalda*, pág. 234), que se ha refugiado en el habla de los sefardíes, según veremos inmediatamente [58]. Gassner (pág. 78, § 138) hizo el inventario de la metátesis -ld- en sus textos (desde el *Cid* hasta el *Quijote*) y encontró en Cervantes casos como *llevalde* (*Quijote*, VI, 3), *echalde* (*Quij.*, VI, 1), *leelde* (íd., VI, 3), *tenelde* (íd., VI, 4) [59], pero Herrera ya escribía *oidla* (v. 580). En la transmisión del romancero, encontramos *ejecutaldo* en un códice del siglo XVI y *pedilda* en la *Silva* de Zaragoza (1550), mientras que Timoneda (1573) rehuyó semejantes formas [60].

Como apuntábamos, en judeo-español se pueden documentar *abrilda* 'abridla', *dezilde* 'decidle', *treldo* 'traedlo' [61] en Oriente [26], mientras que *ezilde* 'decidle', *levaldos* 'llevadlos' se atestiguan en epitalamios marroquíes [63]. En judeo-español de Constantinopla, el encuentro de varios pronombres hace que muestren una forma parecida a la que hemos considerado (*dalme l'alma, comévoldo, empresentámeldo* = 'dame, coméoslo, preséntamelo').

En el *Cid* se da un fenómeno semejante, y produce la metátesis -nd- en casos como *dandos* 'dadnos' *(Cid*, v. 3469), *tenendos*

---

[58] *Cantos boda*, pág. 179, § 153.4. También se atestiguaba en Oriente (Sofia, Rustschuck, Filipópolis), según J. SUBAK, *Forschungsreise nach der Balkaninsel zur schriftlichen und phonographischen Aufnahme des Judenspanischen*, «Kaiserliche Akademie der Wissenschaften in Wien», VI, 1914, páginas 33-39.

[59] *Seguilda, dalda, fabralde*, etc., en Juan Ruiz (MIGNANI, pág. XI). CORREAS reconoce la existencia de estas formas, pero no las comenta (*Arte*, página 271).

[60] Cfr. ALVAR, *Transmisión lingüística en los romanceros*, ya citada, página 316.

[61] *Konstantinopel*, pág. 128, § 77.

[62] *Observaciones*, pág. 220, § 18.

[63] *Cantos boda*, pág. 175, § 145.3, 4.

(íd., 3581), *yndos* 'idnos' (íd., 833); se trata, en definitiva, de un proceso fonético que también tiene repercusión en otras formas verbales (c a t e n a r e > * *cadnar* > *candar*) o nominales (* r ĕ - t i n a > *rienda).

134.0. Los tratadistas de morfología latina señalan como peculiaridades del t e m a d e p e r f e c t o tener especiales elementos formativos, desinencias propias en el perfecto de indicativo y, en los verbos radicales, un tema construido directamente sobre la raíz verbal con independencia del tema de presente [64]. En este momento nos interesan las desinencias específicas del perfecto absoluto de indicativo:

134.1. La -ī de la primera persona pasó a -*e* por su condición átona. En los perfectos fuertes v ē n ī , f ē c ī , f ŭ ī , la -*i* actuó como yod y cerró la vocal anterior *(vine, hice)* [65], lo mismo que en los verbos con velar la *o* pasó a *u*, aunque no se tratara de verbos fuertes: h a b u ī > * *hobi* > *hube*, p o s u ī > *puse*, etc. (vid. § 169.1). En cuanto a las terminaciones - a v ī , - e v ī , - i v ī , la -ī se funde con las vocales y los resultados -*é*, -*i* son los que se comentan en el § 129.3 y 4.

134.2. El latín - s t ī pasó regularmente a -*ste*, y la terminación padeció las modificaciones que la geografía o la cronología le impusieron. Así en Rioja aparece -*sti*, como en tantas terminaciones en las que -*e* > -*i;* en otros textos [66] puede haber apócope de la vocal final *(-st)* y, por último, se pueden dar numerosas analogías que vamos a considerar. Está muy difundido el vulgarismo -*stes* [67], cuya -*s* está tomada de todas las segundas

---

[64] ERNOUT, *Morphologie*, § 266.

[65] En un documento de Nájera (prov. Logroño, 1249), como muchas veces en Berceo, f ē c ī > *fizi*, con una -*i* que Tilander cree analógica de *vendi, viví*, pero que se explica mejor dentro de la serie de formas en las que el riojano tiene *i* (y se trata de posición átona) frente a castellano con -*e* (cfr. *Dial. rioj.*, § 54.2, pág. 63).

[66] Aunque la -*i* también se documenta fuera de la Rioja (*Orígenes*, § 75.1, página 361) y hoy en Astorga y Maragatería (apud ROSENBLAT, *Notas*, página 225), en Cespedosa de Tormes (§ 60) y andaluz (MONDÉJAR, pág. 71).

[67] Véase la riquísima información de ROSENBLAT, *Notas*, págs. 222-226

personas que la llevan; la cronología de su documentación es
tardía porque, como señala Rosenblat, hasta el siglo XVII la oposición singular ~ plural se basaba justamente en la ausencia o
presencia de esa -s *(tomaste ~ tomastes)* y sólo cuando Vosotros
generalizó la forma analógica -steis se pudo usar sin ambigüedad
-stes como desinencia de la persona Tú; sin embargo, -stes debió
emplearse vulgarmente mucho antes, por cuanto ha prevalecido
(bajo la forma -tes, que consideraremos en seguida) dentro de
todas las modalidades del judeo-español [68]. La variante -stis (cruce de -sti + -stes) se atestigua en Astorga y Maragatería, en Cespedosa de Tormes, en Zamora y Extremadura [69], y en judeo-español tanto de Oriente [70] como de Marruecos [71] (entre los sefardíes bajo la forma -tis), lo que sería un motivo más para unir la
hakitía al occidente peninsular [72].

134.2.1. En cuanto a la pérdida de la primera de las *eses* en
la desinencia vulgar -stes (> -tes y variantes) la explicación que
da Rosenblat, amparada en variados testimonios, nos parece
plausible [73]: al aparecer una terminación con dos sibilantes, la
conciencia idiomática se fijó en la final, a la que consideró como
índice de segunda persona de plural, y eliminó a la primera. En
efecto, la -s era ya un denotador de segunda persona (del singular) y como tal se había extendido a la segunda persona (del
plural), pero —dentro del español— no resulta difícil sentir la
-s como indicador de plural, con lo que la posición débil de la
primera s se debilitó más cuando la conciencia lingüística que
añadió una -s no etimológica se encontró favorecida por la doble
significación que la -s final tenía. De ser esto cierto, habría que
deducir la antigüedad de la terminación -stes (anterior a 1492),

---

(§ 198). Es forma de los clásicos: muy usada por tiempos del Emperador
(Garcilaso, Boscán, Valdés).

[68] Rosenblat, *Notas*, pág. 225; *Endechas*, § 80, pág. 101; *Cantos boda*,
§ 153.2, pág. 180.

[69] Rosenblat, *Notas*, pág. 225.

[70] Ibidem.

[71] *Endechas*, § 80, pág. 101.

[72] Cfr. *Endechas*, § 95, pág. 106.

[73] *Notas*, pág. 228.

puesto que se documenta en judeo-español levantino [74] y marroquí, y, después, la posterioridad de la pérdida de la primera *s* que no tiene que ver con la aspiración de -*s* + *t*- en andaluz (puesto que cae también en judeo-español que mantiene la *s* implosiva). Además, en andaluz hay documentación de -*ate(h)*, lo que prueba que ante *t* no había aspirada, mientras que la -*h*, conservada en ocasiones, habla de un estado anterior con -*s* [75]. Las formas -*ati*, -*iti* ya se documentan en la *Util institución* (1555), y a ellas habrá que remontar los dialectalismos de hoy.

134.3. La -*t* de la persona Él sigue la misma suerte que la del presente (vid. § 132.3). Ya en latín vulgar había documentación del paso -*t* > -*d* en el perfecto; en una inscripción parietaria de Pompeya se lee: «Secundus *pedicavd pueros*» [76], que puede aducirse como antecedente de nuestros *matod* riojano [77] y *camiod* aragonés [78], mientras que en las jarchas aparece un *adamay* 'adamé' en el mismo poema donde se lee *kyridlu* 'quiérelo', con -*d* en el presente y ante consonante, lo que hubiera facilitado la pérdida de la dental [79]. Así, pues, la caída de la -*t* (> -*d*) es muy antigua, aunque la lengua escrita no siempre lo atestigüe.

134.4. - m u s es terminación que coincide con la del tema de presente (§ 132.4), valgan, pues, las observaciones hechas a ese respecto.

134.5. La segunda persona del plural tenía en latín la desinencia - s t i s , procedente de un elemento - i s - seguido de la terminación - t i s , característica de la persona Vos; la haplolo-

---

[74] Por más que en Salónica parece que ha desaparecido por completo, vid. L. Lamouche, *Quelques mots sur le dialecte espagnol parlé par les israélites de Salonique* (RF, XXIII, 1907, pág. 985).

[75] Cfr. mapas 26-29 en el libro que citamos por Mondéjar.

[76] Diehl, núm. 622.

[77] *Glosas emilianenses*, apud *Dial rioj.*, § 40, aunque domina, al parecer, la -*t* conservada.

[78] *Est. dial. arag.*, I, §§ 46.1 y 57.1. En el latín notarial leonés «abunda la -*t* perdida [...] en inflexiones verbales puramente latinas» (*Orígenes*, página 352, § 70.2).

[79] Jarcha núm. 41 de la colección de Stern.

gía que determinó la final - s t i s se atestigua en Virgilio [80]. Lógicamente, la solución castellana fue -*stes*, como aún duraba a
principios del siglo XVI; sin embargo, a finales del siglo XVII se
había generalizado -*steis* [81]. El diptongo átono ha de ser analógico
del que se documenta en la persona Vosotros de otros perfectos
(*hubiérades* > *hubierais, quedásedes* > *quedaseis*), pues no parece aceptable que pudieran influir las formas de presente (*amáis,
tenéis*) porque en ellas el diptongo es acentuado. La aparición de
-*steis* supone un proceso posterior a la generalización de -*s* en
la persona Tú, por cuanto la necesidad de recurrir al diptongo,
o a cualquier otro proceso que hubiera podido cumplirse, se dio
en el momento en que la segunda persona del singular, al tomar
la -*s* analógica, se vino a confundir con el plural Vosotros (*vinis-
te* + *s* = *vinistes*). Creemos que ésta es la causa de un hecho
denunciado por Cuervo: -*tes* desaparece al mismo tiempo que
-*des;* efectivamente, generalizada la pérdida de la dental, las formas del presente se hicieron *voc.* + *is;* y sólo en este momento
se pudo transferir el diptongo (inexistente antes) a la terminación -*stes* [82].

134.5.1. En la Edad de Oro, Aldrete empleó -*stis* a comienzos del siglo XVII, mientras que Calderón vacilaba entre *escu-
chastes* y *matastis;* a finales del siglo (1683) y, a pesar del triunfo
del final -*steis*, algún documento arcaizante podía escribir *probastis, averiguastis* [83]. Vosotros -*stis* se habría formado bajo el
influjo de su paralela Tú. Lógicamente, tampoco pudo prosperar -*stis* porque se hubiera confundido con la segunda persona
del singular como en el caso de Tú -*te* + -*s* = Vosotros -*tes.* También ahora hay que creer que las analogías se cumplieron mucho

---

[80] ERNOUT, *Morphologie*, § 304.B.
[81] CUERVO, *Ro*, XXII, págs. 82-83.
[82] Cfr. F. KRÜGER, *El perfecto de los verbos -ar*, que citamos en la
nota 88.
[83] CUERVO, *art. cit.*, pág. 83. Según MENÉNDEZ PIDAL, -*tis* se usa «algo en
Asturias y en Miranda» (*Dial. leon.*, pág. 103, § 8).

antes que la documentación por cuanto los judíos marroquíes en alguna oína dicen *dejatis* [84].

134.6. De todas las desinencias latinas, -(ĕ) r e (sin herencia románica), -(ĕ) r u n t (con supervivencias en catalán, francés e italiano), -(ē) r u n t, el español sólo aceptó la última, que bajo la forma *-ron* se documenta en el latín leonés desde el año 980 *(leuaron, taliaron)*. La forma *-ron* tiene diversas modificaciones en los dialectos españoles: *-ren* (con *e* analógica de *salen, saliesen*, etc.), documentada en Ribadesella, en tierra de Salamanca [85], en Astorga y Maragatería [86], en el pirenaico del valle de Bielsa [87]; la *e* de esta desinencia se cierra en *i* en pueblos maragatos donde se oye *llororin, cantorin, tocorin.* En otros sitios, la final es en *-nen (compronen, baixonen)* como en Terroso, Ribadelago; *-non (falonon, queimonon)* en Terroso, Santa Cruz, Rionor, Santa Colomba, Cobreros, etc. [88]; *-nun (zarranun, cantanun)* en Babia y Laciana [89], Sisterna [90]. Merece especial consideración el ámbito sanabrés al que pertenecen los pueblos acabados de citar porque es de una complejidad inusitada y por poderse documentar en él toda clase de realizaciones. En líneas generales, hay *-onon* en el sur y centro de Sanabria y en puntos aislados del norte, y *-onen*, alrededor del lago, norte y este de la región.

---

[84] *Endechas*, § 80.

[85] MENÉNDEZ PIDAL, *Dial. leon.*, págs. 103, 104. Añádase el sanabrés, según las monografías de L. L. CORTÉS (*Dialecto galaico-portugués hablado en Lubián (Zamora)*, Salamanca, 1954, pág. 71) y de KRÜGER (*RFE*, XXXVIII, página 79).

[86] GARROTE, *Astorga*, pág. 83.

[87] *Partioren* en el paradigma de la pág. 130 (A. BADÍA, *El habla del valle de Bielsa, Pirineo aragonés*, Zaragoza, 1950).

[88] Vid. para todo esto, F. KRÜGER, *El perfecto de los verbos -ar en los dialectos de Sanabria y de sus zonas colindantes* (*RFE*, XXXVIII, 1954, páginas 48, 51, 52).

[89] GUZMÁN ÁLVAREZ, *El habla de Babia y Laciana*, Madrid, 1949, pág. 252.

[90] M. MENÉNDEZ GARCÍA, *Cruce de dialectos en el habla de Sisterna* (*RDTP*, VI, 1949, pág. 371).

LA APÓCOPE VERBAL

135. Al hablar de las formas de imperativo, Nebrija dice:

algunos verbos hazen cortamiento i apocopa del fin, como estos: pongo pones *pon* por pone, hago hazes *haz* por haze, tengo tienes *tien* por tiene, valgo vales *val* por vale, digo dizes *diz* por dize, salgo sales *sal* por sale, vengo vienes *ven* por viene [91].

Es una parte —sólo— del problema de la apócope verbal, por cuanto afecta a otras muchas formas verbales. Y no por ser de un determinado tiempo o modo, sino porque se trata de un problema fonético, inesquivable de la suerte que hayan corrido las vocales tras ciertas consonantes. Menéndez Pidal señaló [92] la posibilidad de perder en el nombre la *-e* tras *t, d, n, l, r, s, z,* y tal tratamiento es también aplicable al verbo, aunque ahora la apócope sea más frecuente en el indicativo que en el subjuntivo, sin que las razones aducidas se puedan considerar como definitivas [93].

La lengua moderna ha conservado algunas formas apocopadas en el imperativo *(sal, pon, ten, ven, haz)* que, además, son monosílabas, con lo que la expresividad del mandato o la orden se acentúa. Lógicamente, en los dialectos se conservan más casos de apócope, en razón del propio arcaísmo de tales hablas. Menéndez Pidal dijo que la pérdida de *-e* tras *l, r, n, s, z,* «en la persona El del presente de indicativo, o Tú del imperativo de los verbos en *-ER* o *-IR,* es cosa corriente en todo el territorio leonés: *güel* 'huele', *val, quier, vien*» (Asturias, Santander, Salamanca, Miranda) y, además, «la apócope es también general en las tres conjugaciones para las personas Yo y El de los sub-

---

[91] Página 126 de la *Gramática* en la edición que venimos citando.

[92] *Gram. hist.,* § 63.1. Como siempre, es útil la lista de formas (con y sin apócope) que enfrenta GASSNER en sus páginas 67-70.

[93] Sobre la apócope, vid. R. LAPESA, *La apócope de la vocal en castellano antiguo. Intento de explicación histórica* (*EDMP,* II, 1951, págs. 185-226).

juntivos en *-re* y *-se: vinier, cantás, comier,* etc.»[94]; las investigaciones modernas han extendido el conocimiento del fenómeno a Astorga y Maragatería, a algunas zonas de la provincia de Santander (Cabuérniga), a la Sierra de Gata y a Sanabria[95]; de acuerdo con la tendencia del dialecto[96], la apócope es abundantísima en aragonés[97] y se conoce también en andaluz, en regiones conservadoras. Fuera de la Península, hay testimonios de Nuevo Méjico, Colombia y Chile[98], y alguna expresión como *dizque* se extiende por toda América, con vinculaciones en el dominio leonés[99]. También los judíos españoles de Oriente mantienen algunos de estos casos.

---

[94] Las dos referencias en *Dial. leon.*, pág. 99, § 18.2. La situación de la apócope verbal en los *Fueros leoneses* se estudia en *FSalamanca*, páginas 146-150, §§ 104-106.

[95] Los materiales aparecen ordenados por ROSENBLAT, *Notas*, págs. 232-233.

[96] *Est. dial. arag.*, I, págs. 69-76, 28-30.

[97] *Dial. arag.*, págs. 222-223, § 118.

[98] ROSENBLAT, *Notas*, pág. 232.

[99] ROSENBLAT, *Notas*, págs. 211-212. Era muy usada por VALDÉS, *Diál. lengua*, págs. 48, 75, 132.

CAPÍTULO XI

EL VERBO: TIEMPOS Y MODOS. EL PRESENTE

EL ELEMENTO MODO-TEMPORAL

136. *Modo* es «la toma de posición en un nivel más o menos avanzado en la realización de la imagen temporal, considerada por el hablante»[1]. Por eso las formas del infinitivo no están comprometidas en un movimiento de realización *(cantar, cantando, cantado)* ni tienen valor constitutivo de enunciado, ya que —propiamente— no son verbos. La realización verbal plena se expresa por el indicativo; el subjuntivo es —de manera básica— una repulsa del indicativo[2]. Este estado de cosas podría representarse así:

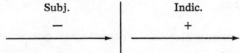

Subj.   Indic.

—   +

---

[1] Para todo esto, vid. POTTIER, *Introduction*, págs. 155-157. En cuanto al carácter temporal del verbo, vid. GUILLERMO ROJO, *Acerca de la temporalidad del verbo español (BRAE*, LIII, 1973, págs. 351-375) y *La temporalidad verbal en español* («Verba», I, 1974, págs. 68-149).

[2] El planteamiento previo a la situación románica consta en SEBASTIÁN MARINER, *Estructura de la categoría verbal «modo» en latín clásico* («Emerita», XXV, 1957, págs. 449-486) y, por lo que respecta al español, su artículo *Triple noción básica en la categoría modal castellana (RFE*, LIV, 1971, páginas 209-252).

El indicativo representa la realización, en tanto el subjuntivo encierra un fuerte contenido de hipótesis. Como por otra parte el futuro de indicativo es, por su posición en el tiempo, hipotético, las oposiciones modales funcionan también en este dominio. Así se puede comparar: «me dijeron que *atravesaría* el río por un vado y no por un puente» (indicativo) = se me dijo que, ciertamente, tendría que atravesar el río, etc. (visión de la realización), y, frente a ello, «me dijeron que *atravesara* el río, etc.» (subjuntivo) = se me dijo que atravesara, de atravesar, etc. (visión de posibilidad, deseo), o —incluso—

> «se puso en medio del camino, de modo que el otro no
> *podía* pasar»   (realización considerada)
>
>   =
>
> «se puso en medio del camino, de modo que el otro no
> *pudiera* pasar»   (posibilidad considerada)

El imperativo, modo de discurso directo, es comparable al vocativo en el dominio nominal. Las únicas formas propias del imperativo (§§ 133.1 - 133.3) son las de interpelación, o segunda persona; en ellas, el verbo se presenta en su forma desnuda (lexema + vocal temática: *cant-a),* con un índice de pluralidad en -*d*. Los otros empleos llamados «imperativos» son, en realidad, optativos (volitivos, desiderativos) y toman sus formas del subjuntivo *(cant-e).*

137. En cuanto al *modo* o *aspecto* hay que señalar diversos niveles:

1. I n f i n i t i v o o representación del punto de partida con infinitas posibilidades de realización: *cantar* es una perspectiva abierta que será válida para el futuro *(cantar-é);* el gerundio asienta el proceso en su realización *(cantando)* y por tanto se emplea para expresión del aspecto durativo *(está cantando);* el participio pasado expresa el fin del proceso *(cantado).*

2. El s u b j u n t i v o actual conoce tres formas: *cante, cantase, cantara;* la primera funciona como «presente-futuro» («hoy

conviene que *cantes*», «convendrá que mañana *cantes*») y las otras dos cubren el pasado con ciertas diferencias.

3. El i n d i c a t i v o es el proceso visto en su realización, sea en el presente, el pasado o el futuro, los tres tipos del indicativo que describen el fenómeno de manera objetiva. El presente es el elemento no marcado de estas oposiciones y puede sustituir a los otros dos («reconoció a su hijo y casi se *desmaya*», «irás al mercado y *me compras* un queso»). Junto a estos tiempos objetivos, existen dos formas relativas, es decir, no autónomas. Si se dice *ayer escribía* o *mañana escribiría* se espera una información complementaria: «cuando vino Fulano», «... si encontrara su dirección». Estas dos formas son imperfectivas, semántica (no se atiende al término del proceso) y funcionalmente (sólo en un contexto apropiado se realizan como formas del enunciado: circunstancia, entonación, etc.).

137.1. El *imperfecto* es un presente imperfectivo o relativo y el *condicional* un futuro imperfectivo o relativo.

138. Las dificultades mayores de estudio surgen en el subjuntivo, por cuanto ha evolucionado mucho a lo largo de la historia lingüística del español y en la actualidad se comprueban ciertas tendencias al desarrollo de nuevas posibilidades. En cuanto al indicativo, hay que tener en cuenta —sólo— la aparición de formas que expresan —fundamentalmente— la idea de aspecto.

La mayor matización del estudio del subjuntivo debe hacerse en torno a la alternancia *-ra / -se*, pues aunque la primera de las variantes se orienta hacia el futuro y la segunda hacia el pasado, hay no pocas alternancias producidas porque una y otra forma tienen representaciones afines.

Todo cuanto hemos dicho sobre las formas personales se puede reducir a un esquema teórico [3]:

---

[3] POTTIER, *Introduction*, págs. 163-164, que se modifica en esta exposición.

Pasado ←   → Futuro

SUBJUNTIVO
  IV   ← *escribiera* 2 →
  III   *escribiese*   *escriba*

INDICATIVO
  II ← *(escribiera* 1),   ← *escribía* →   ← *escribiría*
  I   *escribí*   *escribiré*

← *escribo* →

139.1. Consideradas las desinencias verbales, se han visto ciertos caracteres específicos del verbo (las personas) y otros (el número) que, si no lo son, en él funcionan de manera propia. Pero, en la estructura verbal, entre el lexema y la desinencia, puede aparecer otro elemento que es índice de modo y de tiempo; a este elemento modo-temporal suele llamársele *sufijo* (vid. § 122). El sufijo es un morfema variable con el tiempo, con el modo, con cada conjugación e incluso puede no ser necesario (presente de indicativo, imperativo). Desde un punto de vista estrictamente formal, la diferencia entre desinencias y sufijos está en el carácter universal de aquéllas (válidas para todos los temas y para todas las conjugaciones) y la diversidad de éstos. Sírvanos un ejemplo fácil y en el que el elemento modo-temporal aparece aislado; sean los presentes de indicativo y de subjuntivo:

  cant-*a*-mos   cant-*e*-mos
  tem-*e*-mos   tem-*a*-mos
  part-*i*-mos   part-*a*-mos

En los testimonios recién copiados, el presente de indicativo se caracteriza por una vocal o morfema distinto, según sea la conjugación a la que el verbo pertenece, mientras que en el presente de subjuntivo se produce sincretismo de las conjugaciones 2.ª y 3.ª Y aún habría que añadir que en un solo morfema suelen integrarse [4] las dos categorías de tiempo y de modo; así, en «cant-á-*se*-mos», el infijo -*se*- evoca tanto el modo (subjuntivo) cuanto el tiempo (pasado); -*ba*- en «cant-á-*ba*-mos», el indicativo y el imperfecto, etc. [5].

139.2. La evolución del latín al castellano ha condicionado diferencias que se manifiestan en el estado actual de la lengua, como en el imperfecto, donde razones de carácter fonético han llevado a separar *amábamos* de *teníamos - partíamos*, todos con -*b*- en su origen: a m a b a m u s , t e n e b a m u s , p a r t i b a-m u s ; otras veces, la caracterización de hoy pugna con la historia: cuando se dice que la desinencia del futuro es -*ré*, -*rás*, etc., se unen un morfema de infinitivo con el presente de indicativo del verbo h a b e o , mientras que el sufijo -*ar*- (cant-*ar*-emos) del mismo futuro sería la desinencia de infinitivo convertida en sufijo por la gramaticalización del auxiliar. Tendríamos, pues, una serie de convergencias determinantes de diversas homonimias; desechemos el considerar -*ré*, -*rás*, etc., como índices de futuro, por cuanto en ellos se mezclan elementos heterogéneos que no sirven para caracterizar. Consideremos —sin embargo— la realidad histórica, por más que hoy no sea sentida por el hablante, pero que sirve tanto para entender la diacronía cuanto la sincronía. El lexema *cant*- unido al morfema -*ar* constituye la forma tradicionalmente llamada «presente de infinitivo», pero esta forma no tiene morfema extenso, luego carece de especificidad verbal y funciona como sustantivo *(el cantar, los cantares);* entonces -*ar* es un elemento disponible por cuanto pertenece al paradigma verbal, pero no es estrictamente verbo (no tiene tiempo ni persona). Por otra parte, *emos* en su origen era una forma que poseyó contenido semántico (< h a b ē m u s), pero que, al gramaticalizarse y perderlo, pasó a coincidir con morfemas verbales en -*emos* que podrían ser sufijo + desinencia *(-e + mos),* por

---

[4] Suelen, aunque no siempre: «com-ía» / «com-e-*r*-ía», sólo manifiestan oposición de tiempo, mientras que se neutraliza la oposición de tiempo en *cantamos* = presente o pretérito (en oposición a *debemos / debimos*). Confróntese POTTIER, *Introduction,* pág. 153.

[5] POTTIER, *Introduction,* pág. 152.

cuanto -*e* vale como índice modo-temporal (presente de subjuntivo de los verbos en -*ar;* de indicativo de los en -*er),* y -*mos* es la desinencia de las primeras personas de plural. Por tanto, en la historia lingüística del español, -*emos* era expresión de una función verbal *(cantemos* y *tememos)* y a esta casilla, ocupada ya, vino a llegar *emos* (< h a b ē m u s), que, como morfema, carecía de cualquier contenido léxico; es decir, era también un morfema. Al unirse la forma *cantar* con el morfema *emos* surgió una forma fundida *(cantaremos)* perfectamente caracterizada: lexema *cant-*+*ar*+*e*+desinencia -*mos;* quedaba por dotar de contenido a los dos elementos infijados: -*ar-* vino a ser el sufijo verbal identificable con todos los demás sufijos modo-temporales (éste y ahora índice de futuro) y la vocal alternante *e (cantaré, cantarémos, cantaréis)* ~ *á (cantarás, cantará, cantarán)* sería un sufijo temporal de presente. De esta manera, el futuro habría venido a ser una forma verbal con dos sufijos, en los que se disociaba la función modo-temporal, que en las otras formas verbales aparece unida: *cant-* (lexema) + -*ar-* (sufijo modal) + -*e-* (sufijo temporal de presente) + -*mos* (desinencia).

La explicación valdría para el condicional, cuyo origen está en el imperfecto del verbo h a b ē r e (> h a b ē b a > *ía).* Sólo que ahora no hay alternancia vocálica: -*ía-* es válido para todas las personas, y, además, expresión aspectual más que puramente temporal con respecto al futuro; lo que tampoco es difícil de entender: futuro y condicional son manifestación de sendas posibilidades de un presente que se proyecta; lo que indican son, justamente, matices (con mayor grado de certeza o de incertidumbre) de una realidad que no se puede conocer.

EL PRESENTE

140.0. En latín había cuatro tipos de presente (l e g ō , a m ō , m o n e ō , a u d i ō) y una quinta conjugación mixta, vinculada a *legō* y a *audiō* (c a p i ō). Ernout (§ 231) señala cómo la flexión de cada grupo difiere de las demás por la natura-

leza y calidad de la vocal temática y por la formación del subjuntivo [6]; sin embargo, las cuatro conjugaciones pueden emparejarse
en dos grupos: uno en el que entrarían la primera y la segunda;
otro, con la tercera y la cuarta, pues —para lo que interesa a las
lenguas neolatinas— se podría establecer el orden propuesto
según la manera de formar el subjuntivo. Hemos considerado
anteriormente (§§ 131-135) las repercusiones que todo ello tuvo
sobre la vocal temática del español. Ahora hay que estudiar con
independencia cada uno de los tiempos y modos.

140.1. El p r e s e n t e d e i n d i c a t i v o, en latín, carece
tanto de sufijos modales como temporales, por ello, las particularidades que ofrece al pasar al español son exclusivamente fonéticas y dependen —en buena parte— de reajustes analógicos del
paradigma. En tal situación se encuentran las formas fuertes
(acentuadas en el lexema) con ĕ u ŏ frente a las débiles (acentuadas en el sufijo); las primeras diptongan (m ŏ v e o > *muevo*,
r ŏ g o > *ruego*), mientras que las otras no (m ŏ v a m u s > *mo-*
vamos, r ŏ g a m u s > *rogamos*). Ahora bien, las formas sin diptongo son: dos en el presente de indicativo *(movemos, movéis)*,
otras dos en el de subjuntivo *(movamos, mováis)*, otras dos en el
imperativo *(movamos, moved)*, las seis del imperfecto de indicativo, el infinitivo, el gerundio y el participio de presente (sin
salir del tema de presente); estas formas atrajeron a las que
debieran tenerlo —o lo tenían en lo antiguo— e igualaron el
paradigma, eliminando los diptongos [7]. Así el medieval y dialectal *entriego* cedió su puesto a *entrego, tiemplo* a *templo* o
aniego a *anego* (cfr. *niego* como forma literaria) [8] y, del mismo
modo, *derrueca, confuerta,* o *asuela* retrocedieron ante *derroca,*

---

[6] En latín, también por el tipo de futuro, pero perdido éste, no tuvo
consecuencias para las lenguas románicas.

[7] Esta explicación es preferible a la de pensar en el influjo de los muchos textos leoneses (cfr. GASSNER, pág. 9).

[8] La documentación antigua, la regional (muy pobremente representada)
y la americana (casi todo el continente), en ROSENBLAT, *Notas*, págs. 281-282.
Añádanse el judeo-español *(Cantos boda,* pág. 170, § 140.4), andaluz *(ALEA,*
VI, 1774) y canario *(ALEICan,* III, 1174 * y 1175 *).

conforta, asola [9]. Tal y como había señalado Nebrija (*Gramática*, 123-124):

> Avemos aqui de mirar que los verbos, que mudaron la *e* en *ie* diphtongo [...], i los que mudaron la *o* en *ue* diphtongo [...] siguen la primera persona en la segunda i en la tercera persona del singular i en la tercera del plural, mas en la primera i segunda persona del plural siguen la razón del infinitivo, como de pensar *pienso piensas piensa pensamos pensáis piensan* [...], de trocar *trueco truecas trueca trocamos trocáis truecan*, aunque Juan de Mena, siguiendo la proporción del infinitivo, dixo en el principio de su *Labyrintho*
>
> > Estados de gentes que giras i *trocas*
> > Tus muchas falacias, tus firmezas pocas [10].

140.1.1. La generalización del diptongo a las formas que no debieran tenerlo se debe a otro proceso analógico, reforzado, si no motivado, por los sustantivos que lo tienen; en última instancia se trata de deverbativos que están diseminados por todo el mundo hispánico: *encuevar* (Méjico, Honduras, Costa Rica), *encuerar* (Honduras), *espuelear* (Costa Rica), *engruesar* (Colombia, Ecuador), *deshuesar* y, con *ie*, en *mielar, diezmar, despiezar*.

140.1.2. Consideración aparte merece *oler*, pues unas veces generaliza el diptongo (*güeler*, Santo Domingo; *hueleré*, Chile), otras la *o* (*ole*, Costa Rica; *ola*, Chile, Argentina, Asturias), otras la *g-* a formas sin diptongo (*goler*, Colombia, Astorga y Maragatería) [11]. Las hablas meridionales de España son un buen espécimen de la situación: el refuerzo de la *g-* (*güelo*, etc.) no ofrece demasiados comentarios, pues es un hecho fonético harto conocido *(we- > güe-)*; analógicamente, esta *g-* se generalizó a las personas del paradigma que no tenían diptongo *(golemos, goléis)*; hubo —además— otra extensión analógica: el diptongo *we-* a esas mismas personas *(güelamos, güeláis)* producida por el cambio

---

[9] Rosenblat, *Notas*, págs. 282-283.
[10] Correas adujo el mismo testimonio de Mena, en su *Arte* (pág. 311).
[11] Rosenblat, *Notas*, pág. 286.

acentual a la sílaba radical [12]. En Canarias, documentamos analogías semejantes: *golemos - güelamos* 'olamos', y *olo* 'huelo', *ola* 'huela' (*ALEICan*, III, 1174 y adición).

140.1.3. La alternancia a que dan lugar los casos estudiados en los dos párrafos anteriores, creó una cierta inestabilidad que pudo alcanzar a la lengua culta. Así f r ĭ c o , que nunca hubiera dado sino *frego*, ha generalizado *friego, friegas*, etc., en tanto la forma etimológica se ha reducido a las hablas populares (Chile, Aragón, Canarias, judeo-español) [13]; *riego* (< r ĭ g o), *pliego* (< p l ĭ c o), serían otros casos de la misma acción analógica. En verbos cuya vocal es velar, vuelven a repetirse idénticas soluciones, pues *cuela, cuesta* tienen ō y *huella,* ŭ, y alguna de estas formas tienen una geografía muy dilatada; por ejemplo, *tueso, tueses* 'toso, toses' se documenta en Chile, Argentina, Colombia, Ecuador, Costa Rica, Honduras, etc. (< t ŭ s s i r e); *cueso* 'coso' aparece en Méjico, Chile, Argentina; *cues* 'cose' en Asturias [14] (< c ō n s u e r e), *cuerre* 'corre' en Ecuador (< c ŭ r r i t), etc.

141.0. Considerada la situación de la y o d en el verbo, no hace al caso hablar de lo ya dicho: su eliminación sin influir sobre la consonante (§§ 11, 120.1, 120.2) y su acción sobre la vocal temática (§§ 116, 119.0, 120.1, 120.2). Sin embargo, es necesario señalar que -DY-, -GY-, -BY- produjeron una yod que desaparecía cuando iba tras *e, i* (s e d ĕ a t > *seya* > *sea;* r i d ĕ a t > *riya* > *ría*), pero el hecho de que la yod no fuera eliminada en otros casos (h a b ĕ a m > *haya,* f ŭ g ĭ o > *huyo*) da lugar a numerosas anomalías producidas al intercambiarse los elementos de cada uno de estos paradigmas; situación que se complicó con otras nuevas analogías. Así, pues, distinguiremos:

[12] MONDÉJAR, págs. 83-84. Para el fenómeno en otras hablas del occidente peninsular, vid. A. ALONSO, *Equivalencia acústica,* apud *NMéjico,* I, páginas 440-469.
[13] ROSENBLAT, *Notas,* pág. 280; *Esp. Tenerife,* § 45.2; *Graciosa,* § 51.2; *ALEICan,* III, 1174 * y 1175 *.
[14] ROSENBLAT, *Notas,* págs. 284-285 y 289.

141.1. Soluciones e t i m o l ó g i c a s con eliminación de la yod por causas estrictamente fónicas (vocal palatal + yod).

141.2. Soluciones e t i m o l ó g i c a s en las que la yod se conserva por no pertenecer a los testimonios del apartado anterior (vocal velar + yod).

141.3. Extensión a n a l ó g i c a de la yod en el propio paradigma: a u d i s > *odes* > *oes > *oyes*, f ŭ g ĭ n t > *huyen*, inspiradas —respectivamente— por a u d i o > ant. *oyo* [15], f u g ĭ o > > *huyo*.

141.4. Extensión a n a l ó g i c a de la yod a verbos de otros paradigmas: sobre *haya* se hizo *vaya* (< v a d a t); sobre *veyo*, etc., *creyo* (< c r e d o); sobre *huyo*, *distribuyo* y otros verbos cultos [16].

142.1. Menéndez Pidal [17] explica la *-g-* de *caigo*, *traigo* [18], etc., como resultado de una nueva acción analógica. En la conjugación (vid. § 139.2), -NG- podía dar *n* o conservarse como *ng;* de ahí que los verbos que hubieran podido llegar al resultado palatal (t e ñ ĕ o > * *teño*, cfr. portugués *tenho*) hicieran una falsa ecuación: si alternan *-n-* y *-ng-* en ciertos verbos, todos los que tienen *n* pueden tener también el doblete *-ng-.* Esto es, si f r a n g o da *fraño* o *frango* [19], t ĕ ñ ĕ o podrá tener *teño* y *tengo*.

La hipótesis de Menéndez Pidal no fue aceptada por Millardet, Hanssen, Zauner y Fouché. Es éste quien pretende dar una expli-

---

[15] Todavía era la única forma para el anónimo de la *Útil institución: oyo, oyes,* etc.; *oya, oyas, oya, oyamos, oyades, oyan* (pág. 42 y, el paradigma, en la 85). Algo después (pág. 88) repite la conjugación y desliza *oyays* (página 88).

[16] Cfr. § 120.2.2, y nota 34. Ejemplos, a partir del siglo XIV, en GASSNER, páginas 42-43.

[17] *Gram. hist.*, § 113 *h.*

[18] Este presente tuvo también otra forma analógica, *trayo*, escrita todavía por HERRERA («la *trayo* a cuenta», v. 1975). CORREAS acepta *traio, traigo* en su paradigma *(Arte*, pág. 299). Cfr. D. E. LENFEST, *An Explanation of the /g/ in «tengo, vengo, pongo, salgo» and «valgo»* (*Hisp.*, LXI, 1978, páginas 894-904).

[19] Añádanse los ejemplos —documentados en lo antiguo— que presenta GASSNER, pág. 22.

cación más coherente, pero su doctrina no queda nada clara,
ni —a la postre— resulta satisfactoria. Para explicar la *g* de
vengo y de *tengo* no se puede recurrir a formas etimológicas
como c ĭ n g o y t ĭ n g o. Cierto que uno y otro hubieran llegado
a **ceño* y **teño* (añadimos: homónimos de *seño* < s ĭ g n o
'firmo' y *teño* < t ĕ n ĕ o), pero tales **ceño* y **teño* pertenecían a formas de verbos en *ir* (§§ 120.1.2, y 120.2.2), con lo que
su resultado fonéticamente normal es *ciño* y *tiño*, de modo que
sobran todas las demás explicaciones. La necesidad de rechazar
veño 'vengo', *teño* 'tengo' (vivos en portugués, y por tanto reales
y no sólo posibles) es de índole morfológica, en español al menos: el lexema verbal de todo el paradigma tiene la forma
t + vocal + *n-* y *t* + vocal + *n-* en el que la alternancia de la
vocal (sin o con diptongo) nada perturba, pues pertenece a la
evolución normal (§ 118.2); sin embargo **veñ-*, **teñ-* se oponen
a todos los casos de *ven*-ir, *ven*-imos, *ven*-ía, etc., sin diptongo
y con *n*. La perturbación fonética es, pues, resultado de analogía
morfológica. Por otro lado, la *g* (ven-*g*-o, ven-*g*-an) pasa a ser
el exponente de no palatalización de la *n* en *ñ* (a diferencia de lo
que ocurre en *ciño*, *tiño* que organizan un sistema con *ciñes*,
tiñes, etc.) en los casos en que debiera haberse producido
(*teño, *veño). A nuestro modo de ver hay que tener en cuenta
unos cuantos hechos, propios de los verbos en -ē r e :

1. La evolución -*nį*- hubiera llegado a *ñ*.

2. Si se rechazó el resultado fue porque el lexema verbal
hubiera tenido dualidad en el paradigma.

3. La analogía impidió resultados fonéticamente normales,
pero morfológicamente anómalos.

4. En un momento antiguo, cuando aún podía sentirse la
posibilidad de pasar -*ng*- a *ñ*, la acción del paradigma hizo que
se creara la falsa igualdad *ñ*=*ng* y que *n* se incorporara a la
regularidad del esquema, en tanto *g* se considera índice combi-
natorio (cfr. *bendigo*, *yago*, *cuego*, etc.), pero no formativo.

142.2. Los verbos que daban *ll* podían tenerla etimológicamente (< -LL-) u originada en -L- (castellano primitivo, dialectal).
Esta *ll* (unas veces resultado último, otras intermedio antes de

llegar a ž) era una palatal que, fonéticamente, formaba grupo con la *ñ:* es a ella, a nuestro modo de ver, a la que se generalizó un primer paso analógico: si -*ñ*- procede de -*ng*-, -*ll*- puede proceder de -*lg*- (t ŏ l l a s > *tuellas* y *tolgas* [20], s ŏ l e o > *suelgo*). Ahora bien, *tolgas* no pudo generalizarse porque el paradigma tenía, preponderantemente, *ll* (*toll*-er, *tuell*-es, etc.) y *suelgo* no subsistió porque la forma resultó innecesaria, no *valgo* ni *salgo* que hubieran sido iguales a *balo* y *salo* ('balar', 'salar', respectivamente). Además en favor de estos *valgo, salgo* estaban *fuelgo, cuelgo* en los que el grupo -*lg*- era etimológicamente necesario.

Establecidas las formas con -*ng*- por unas razones, las que tienen -*lg*- por otras analógicas con ellas o, mucho más importante, con *lg* etimológicas, la *g* se extendió a otros verbos que tenían *r* [21] (f ĕ r i o > *fiergo*) [22] y sobre los que actuaron conjugaciones nada irregulares (como *yergo* < ĕ r i g o , *envergo* < v ĭ r - g a , *amargo* < a m a r ĭ c u), fueran latinas o específicamente romances.

Asentadas estas bases, no resultó difícil que la gran cantidad de verbos que llevaban *g* por el motivo que fuera, pudieran atraer a otros que, habitualmente, tuvieron vida efímera. Tal es el caso de *leyga* en el *Pentateuco* del siglo XIII, *huigamos* en la *Celestina, huiga-huigamos* en los grandes clásicos [23], *atribuigo* en Juan de Valdés (pág. 146), etc. De este modo no extraña la extensión de vulgarismos como *haiga* (general), *huiga* (Nuevo Méjico, Méjico, Costa Rica, Santo Domingo, Cuba, Colombia, etc.; Castilla, Andalucía), *roigo* 'roo' (Castilla), *vaiga* (Vasconia, Andalucía, occidente Peninsular, Aragón, judeo-español), *muelgo* 'mue-

---

[20] Vid. GASSNER, pág. 45. La analogía de -*lg*- fue muy antigua *(tolgas* se encuentra en las jarchas), aunque después dejó de actuar como vamos a ver inmediatamente.

[21] Independientemente de que haya -*lg*- etimológica en algunos verbos, como el usual c ŏ l l o c a r e > *colgar* y el raro r e - s ŭ f f l a r e > *resolgar* (VALDÉS, *Diál. lengua*, pág. 99). GASSNER pensó en la posible acción analógica de los sustantivos con *g* (pág. 5, § 12), pero no siempre existen.

[22] En el *Cid* (vv. 97, 3689).

[23] CORREAS, en sus paradigmas, presenta las alternancias *huio / huigo, huia / huiga (Arte,* pág. 299).

lo' (Maragatería), *duelga* (Salamanca), *reiga* (Pirineo aragonés, andaluz), etc. [24].

143. Sobre otros verbos ha jugado una doble acción: la de los incoativos (§ 129.1.1) y la analógica de los verbos con -g- (§ 130.2). Entonces, del mismo modo que f l o r e s c o dio *florezo* y f l o r e s c i s, *floreces*, i a c (e) o dio *yago* y i a c i s, *yaces*, y también se igualaron los resultados: *florezo + floreces = florezco* y *yago + yaces = yazgo* [25]. Así en el español del siglo de oro *cuezga* (< *cuega* < c ŏ q (u) a t + *cueces*), *introduzga, luzga, reduzga*, etc. [26], novomejicano *bendizga* (< *bendiga + bendices*), judeo-español *cusgo* 'coser'. En las hablas de hoy, la *g* aparece en paradigmas como el del verbo *conducir*. En andaluz, los presentes de indicativo y de subjuntivo pueden presentar las formas *conduho* y *conduha* [27], cuyo origen inmediato ha de ser *conduzgo, conduzga;* de ahí, con el tratamiento fonético normal, *-sg- > h*. Estas formas con *zg* (o con *sg*, de acuerdo con el seseo andaluz) faltan en la documentación del *ALEA*, sin embargo deben existir, y existieron: Francisco de Trillo y Figueroa, que es un buen representante de la escuela granadina del siglo XVII, escribe: «assi el tiempo jamás *conduzga* aleve» [28]. En la misma situación que estos *conduho, -ha*, etc., están los *agraeho, agraeha*,

---

[24] ROSENBLAT, *Notas*, págs. 240-246; *Dial. arag.*, § 121; MONDÉJAR, págs. 90-91 y 93-94.

[25] CORREAS *(Arte*, pág. 298) da el paradigma del verbo y hace alguna importante observación: el presente de subjuntivo «no se usa» y, al parecer, sólo tenían vitalidad el infinitivo, el pres. ind. y el imp. ind., «lo demás no se usa, porque este verbo es antiguo»; en cuanto a la primera persona del pres. ind., admite *yazo, yazco, yazgo*, y aun reconoce una cuarta *(yago)*, muy conocida «por aquel epitafio que se lee en Valladolid: *io soi Pedro Miago, que en lo mio me iago»*.

[26] Vid. algunos testimonios en MONDÉJAR, pág. 113, nota.

[27] Los presentes de indicativo y de subjuntivo de *conducir*, no se cartografiaron en el *ALEA*, aunque se dispone de esos materiales. Como representante de hechos fonético-morfológicos semejantes, se incluyó *agradecer* en el tomo VI, mapa 1781.

[28] Citado por MONDÉJAR, pág. 113, nota. Este autor explica satisfactoriamente el proceso fonético (pág. 111).

también documentados en el *ALEA*, y con capacidad para extender la *h*, analógicamente, a personas que no tienen *zg* (= *sg*), como *agraehe(h)*, *-he*, *-hemo(h)* [29]. La situación en las Islas Canarias se detiene en el grado *-hk-* (*agradehco*, etc.) y es mucho menos frecuente la geminación, *-kk-* [30].

PRESENTES IRREGULARES

144. La transición de la conjugación latina a la romance ha determinado la persistencia de ciertas irregularidades que existían en latín, pero —además— la evolución fonética ha podido crear otras nuevas. A ello hay que añadir diversas clases de analogía que han venido a modificar, también, la continuidad de las formas. Así, pues, hay que tener en cuenta que los verbos llamados atemáticos no solían tener vocal temática en ciertas personas (segunda y tercera del singular, segunda del plural), mientras que en las otras sí (*fers, fert, fertis* y *fero, ferimus, ferunt*, sin vocal y con ella, respectivamente) [31]. Ahora bien, buena parte de estos verbos se perdió al pasar al castellano (*fero, volo, eo, fio*) y otra se readaptó al nuevo sistema; podemos, pues, ver las características de estos hechos antes de analizar las anomalías romances.

145.0. El verbo s e r [32] hereda la gran irregularidad de su antecesor latino y, por la frecuencia con que se empleaba, pudo escapar a las acciones de la analogía, con lo que transmitió al romance un tipo de flexión sumamente compleja [33].

---

[29] Cfr. MONDÉJAR, págs. 111-113.

[30] *Niveles*, §§ 38.1, 70.3; *ALEICan*, III, 906, 907, etc., y, sobre todo, 1010.

[31] ERNOUT, *Morphologie*, pág. 175, § 254.

[32] Procede de s e d e r e , por evolución fonética normal, cfr. v i d e r e > > *veer* > *ver*. No parece necesario pensar en el imperativo para la reducción *ee* > *e*, como hace FOUCHÉ, *Présent*, pág. 344.

[33] Un derivado suyo *potere* abandonó en latín vulgar la conjugación clásica y tomó otra: *poteo, potes, *pote(t), *potemus, ·potetes, ·poten(t)* (vid. GRANDGENT, § 403.2).

145.1. La primera persona, s ŭ m , dejó derivados de la forma plena *(son)* en las jarchas y en algún otro texto primitivo [34], pero lo normal era la pérdida de la nasal final, con lo que, además, se deshacía la homonimia con Ellos *son.* Ya en latín se atestiguaban las formas *su* o *so* por *sum* en algún texto de las inscripciones, como los de Ostia o de Roma aducidos en el § 132.1. De esta forma sin *-m* proceden los numerosos testimonios hispánicos de *so,* aún vivos en escritores como Juan Ruiz [35] y persistentes en las hablas actuales de Nuevo Méjico, Cuba, Santo Domingo, Salamanca y judeo-español de Oriente. *So* fue reemplazado alguna vez por s e d e o , de donde *seo,* que se utilizó en dialecto riojano antiguo; pero, sin salir de la flexión de e s s e , *so* tomó una *y* (< i b i) por los frecuentes sintagmas del tipo «*so y* presente»; en otros casos *(doy,* por ejemplo) la *y* será analógica.

145.2. Tú *eres* procede de ĕ r i s , forma que había quedado libre al desaparecer el futuro latino y dejar paso a las perífrasis del romance (§§ 159-160) [36]. La sustitución fue obligada por un problema de homonimia: la segunda persona (ĕ s) y la tercera (ĕ s t) vinieron a coincidir cuando se perdió la *-t* final; entonces se reemplazó una de ellas. Cierto que la sustituida pudo

---

[34] Cfr. *Cid,* I, pág. 270, § 88.9; *Apolonio,* I, pág. 338, § 335.1.

[35] VALDÉS rechazaba ya su empleo: «*Yo so,* por *yo soy,* dizen algunos, pero aunque se pueda dezir en metro, no se dize bien en prosa» (pág. 130). Con estas palabras manifestaba un estado de evolución lingüística: en el *Apolonio,* no hay ningún caso de *soy* por 47 de *so* (III, s. v.); el ms. de Salamanca del *Libro de Buen Amor* (copiado por 1389) tenía 31 casos de *so* por 7 de *soy* (MIGNANI, s. v.). En un testimonio paralelo, HERRERA todavía usaba *estó* («Tan alcançado *estó* i menesteroso», v. 1026), por más que no empleara sino *soy, voy, estoy.* Cfr. B. POTTIER, *Los presentes del verbo* «*ser*» («Archivo de Filología Aragonesa», II, 1947, págs. 150-153) y *Espagnol* «*soy*» *(HFP,* págs. 387-389); B. MÜLLER, *Spanisch* soy, estoy, doy, voy *im Lichte der romanischen Endungsneubildung mit flexionsfremden Elementen (RF,* LXXV, 1963, págs. 240-263); MAURICE MOLHO, *Soy (voy, estoy, doy)* («Mélanges Jean Boutière», Lieja, 1970).

[36] ANGEL PARIENTE, *El problema de la forma* «*eres*» *(RUM,* XVIII, 1969, páginas 281-297); B. POTTIER, *La forma* «*eres*» («Estudios ofrecidos a E. Alarcos Llorach», I, págs. 207-208).

haber sido la tercera, pero la tercera es persona mucho más usada que la segunda y, por tanto, con mayor estabilidad. Ni ĕ r i s , ni ĕ r i t diptongaron la *é* breve porque * *yeres*, * *yero* vendrían a confundirse con *hiero*, *hieres* (< f e r i r e) en las regiones donde F- > *h* > ∅ en época antigua (y no se olvide que *eres* es una sustitución de época romance y no latina). Por otra parte, la confusión de ĕ s - ĕ s t se atestigua en textos medievales; así en la literatura antigua hay sincretismo de las dos personas: «tú non *yes* hombre» (*Aleixandre*, 37 *b*), «Loamiento ad Allah, el alto *yes*» (*Yúçuf*, 1 *a*), por más que se trate de textos dialectales; mientras que en dos jarchas transmitidas por Judá Leví se lee *yes* 'eres' (núm. 2) y *yed* 'es' (núm. 9), que podría haber sido otro camino para deshacer la homonimia, y es el que siguieron los dialectos leonés y aragonés hasta hoy: (tú) *yes*, (él) *ye* [37]. La conservación de la *-s* en la segunda persona, iba de acuerdo con la característica de las desinencias generales.

145.3. *Somos* procede del clásico s ŭ m u s , mientras que para el vulgar *semos* se han propuesto s e d e m u s o s ĭ m u s , que se documenta en una inscripción de los Abruzos [38], y según decía Augusto [39]. En romance, no continuó el clásico ĕ s t i s , sino que se tendió a uniformar, en lo posible, el paradigma *(so-y, so-mos, so-n)* y se creó * s ŭ t i s que, fonéticamente, evolucionó a *sodes* [40] y luego a *soes* [41], *sois* y, dialectalmente, *seis* [42]. La forma *sos* (empleada con persona Tú o con Vosotros) persiste en leonés y en español de América.

---

[37] En las *Glosas emilianenses*, (tú) *jes* (núm. 138), (él) *jet* (núms. 93, 117) o *je* (núm. 94).

[38] «Secuti *simus* omnes» *(CIL*, IX, 3473); SUETONIO en la vida de Augusto nos cuenta que el emperador pronunciaba *simus* por 'sumus' (87, 1).

[39] Cfr. BATTISTI, pág. 251, § 195. Aunque la limitación del investigador italiano al andaluz es totalmente insuficiente; la difusión de *semos* es inmensa por el mundo hispánico *(NMéjico*, I, pág. 84, nota).

[40] Normal en lo antiguo: *Cid.* (vv. 79, 103, 3136), *Apolonio* (§ 335.1), Juan Ruiz (MIGNANI, s. v.), etc.

[41] «A la dança mortal venit los nascidos / que en el mundo *soes*» *(Danza de la Muerte*, v. 57).

[42] En aragonés, murciano (ROSENBLAT, *Notas*, pág. 296; *Dial. arag.*, § 125.1) y andaluz (MONDÉJAR, pág. 121).

145.4. En el presente de subjuntivo, el latín antiguo presentaba la alternancia *siem-simus*, que por analogía con *sitis, sint* vino a uniformarse bajo la forma paradigmática *sim, sis, sit*. Pero la poca entidad fonética de los monosílabos, y las confusiones a que hubieran conducido * *si, si(t)*, llevaron a su reemplazamiento. E igual que s ĕ d ĕ o , - e s , - e t , etc., se emplearon por s ŭ m , ĕ s , ĕ s t , con mayor razón s ĕ d ĕ a m , - a s , - a t , etcétera, pasaron a sustituir a las formas clásicas y, lógicamente, se vino a cambiar el paradigma completo, por cuanto sólo hubiera podido sobrevivir s ī m u s [43], que, como hemos visto, también se vino a confundir con s ŭ m u s . Ante todo ello, s ĕ d e a m , etc., dio lugar a *seya, seyas, seya, seyamos, seyáis, seyan*. Menéndez Pidal piensa que el aragonés *sia, sias, sia* procedería de * s ī a m , pero la suposición parece innecesaria por lo aislada que esta forma hipotética hubiera estado en Hispania (sólo en Aragón) y porque, fonéticamente, a *sia* se llega también desde *seya* [44].

146.1. Perdida la conjugación del simple e d o 'comer', sólo el español y el portugués mantuvieron una formación clásica, c o m e d o [45]. La pérdida de *edo* hay que achacarla a la acción de la homonimia (posible confusión de algunas de sus formas con otras de e s s e) y al poco cuerpo fónico del verbo una vez que se perdiera la -*d*- [46] y la *e*- inicial pasara a ser yod. Este cúmulo de circunstancias actuó en favor del compuesto c o m e d o , que ha durado hasta hoy [47].

---

[43] S ī t i s evolucionaría a * *sis*, * *seis* o * *ses*, sin relación con las otras formas del verbo.

[44] POTTIER, *Las vocales en hiato* (*AFA*, II, 1947, págs. 125 y 131-139). El paradigma de s e d e r e es *seo, siedes, siede, seemos, seedes, sieden* (HANSSEN, *Conj. Berceo*, pág. 236).

[45] ROHLFS, *Dif.*, págs. 63 y 135.

[46] En tal momento, el presente de subjuntivo (* *eam*) se confundiría además con el del verbo i r e .

[47] Toda la conjugación de *comer* se estructura sobre el lexema *com-* del infinitivo, contra lo que ocurre en portugués: c o m e d o > port. ant. *cómio, coimo* (FOUCHÉ, *Présent*, pág. 345).

146.2. En cuanto al presente de subjuntivo, en latín se presentaba como alternante: e d i m (así siempre en Horacio), e d a m (en Ovidio). El español se decidió, lógicamente, por las formas en *a* por cuanto igualaban éste con todos los paradigmas de la conjugación en -*er* (presente de subjuntivo en -*a*), pero la forma castellana no remonta a un clásico c o m e d a m, sino que está constituida sobre el esquema románico de *comer*.

147. Otro verbo atemático era d ō 'dar', cuya conjugación se mantuvo en romance: d ō [48] > *doy* (con -*y*, según el § 145.1), d ā s > *das*, d ǎ t > *da*, d ǎ m u s > *damos*, d ǎ t i s > *dais*, d ǎ n t > *dan*. En el presente de subjuntivo, las formas latinas antiguas *(duam, duim)* se rehicieron sobre *amem* y así se obtuvo *dem*, etc., base de nuestros *dé, des, dé,* etc. En leonés la situación es más complicada: *dar,* y *estar,* tienen el presente de subjuntivo con la forma *día, estía* que ha de remontar a * d ē a m (y * s t ē a m) o, con traslación acentual, *dié, estié.* Menéndez Pidal encuentra derivados modernos de la vieja forma en el asturiano occidental *(día, estía,* etc.), en el central y tierra de Astorga *(dea, estea)* y en mirandés *(deia, esteia)* [49].

148.1. También era atemático e ō 'voy', y su conjugación desapareció casi por completo al pasar a las lenguas románicas. Esta pérdida se achaca [50] al carácter monosilábico de unas formas *(is, it)* y al que adquirieron otras al resolverse el hiato vocálico en formas diptongadas (e ō > **yo,* e u n t > * *yon,* e a m > > * *ya,* etc.). Si persistió el imperativo *id* (< ī t e) se debe a la posibilidad de expresar el mandato de una manera concisa por medio de un monosílabo, y, en cuanto al gerundio *yendo,* porque v a d e n d u m hubiera dado alguna forma, como * *vaendo* > * *vendo,* de molesta homonimia. Así, pues, el paradigma

---

[48] No parece necesario, como hace GASSNER (pág. 110), suponer *d a o > > **dau* > *do* (ni * i s t a o > *istau*) por cuanto la continuidad de d ō es conocida.

[49] *Dial. leon.,* pág. 101.

[50] ROHLFS, *Dif.,* pág. 154.

latino sufrió una total sustitución, aunque se mantuvieran por más tiempo las formas bisílabas, con lo que en castellano antiguo, antes de la total igualación del paradigma, se tenía:

*vo	vo, voy [51]
vadĭs	vaes, vais; *vas vas
vadit	leon. ve; *vat va
īmus	imos [52]; *vá(dĭ)mus vamos
ītis	ides [53], is; *vá(dĭ)tis vades, vais [54]
*vant	van

Imos aparece en los *Milagros* de Berceo (24 *d*) y duraba en el siglo xv, pues lo usa Ferrant Sánchez Calavera («con llanto venimos, con llanto nos *imos*»); *ides* se documenta en Juan de Mena (*Laberinto*, 13 *d*) y en un mismo romance pueden alternar *vais* e *ides*, según acabamos de ver. *Vades* tiene una muy amplia documentación en el romancero: «Día era de los Reyes» (v. 32), «Vamos[nos] —dijo—, mi tío» (v. 20), «De Mérida sale el Palmero» (v. 46) [55].

148.1.1. En los dialectos actuales, *vo* se conserva en hablas de tipo arcaizante, como el judeo-español de Salónica o el español de Santo Domingo [56] y Nuevo Méjico; *vamos* pierde la *v-* inicial en muchas hablas populares, sobre todo si se emplea como forma de imperativo, y es un rasgo característico de los chulos madrileños [57].

---

[51] En latín vulgar debió existir *vo; las formas hipotéticas que señalamos están supuestas por GRANDGENT, § 405, a quien sigue BATTISTI, pág. 254, § 200. A imitación de ellas es necesario pensar en *vamus, *vates.

[52] Documentación antigua en ROSENBLAT, *Notas*, pág. 301, § 251.

[53] Cfr. el romance que empieza «Buen conde Fernán González», donde se lee «que si vos allá *vais*, conde» (v. 3) y «buen conde, si allá no *ides*» (v. 7).

[54] En lo antiguo, debió haber intrusión de los usos de *vayáis* en los de *vais*, según consta en el *Diál. lengua*: «El que compuso a *Amadís de Gaula* huelga mucho de dezir *vaiais* por *vais*; a mí no me contenta» (pág. 130).

[55] En el período latino se documentaron las formas imperativas *va* y *vadē* (cfr. § 148.3).

[56] ROSENBLAT, *Notas*, pág. 295, § 243.

[57] BEINHAUER, **págs. 60-61.**

148.2. En cuanto al p r e s e n t e d e s u b j u n t i v o, tomó una -*y*- analógica: de v i d e a m > *veya*, s e d e a m > *seya*, r i d e a m > *riya*, h a b e a m > *haya*, etc.; de donde *vaya*[58], *vayas*, *vaya*, *vayamos*, *vayáis*, *vayan*. Ahora bien, este paradigma ha sufrido diversas transformaciones: *vaya* puede perder la -*y*- intervocálica en hablas donde sea de articulación muy abierta, y así en Nuevo Méjico podrá llegar a ser *vaa* y aun *va*. Está muy difundida la forma *vaiga*, explicable por las razones del § 118.2.3 (Nuevo Méjico, Argentina, Castilla, leonés, Vizcaya, Andalucía, Aragón, judeo-español). *Vayamos* y *vayáis* han sufrido una traslación acentual, conducente a igualar el paradigma con el acento en la sílaba inicial *(váyamos, váyais);* la geografía del fenómeno fue estudiada por Amado Alonso[59] (occidente español y América), pero sus datos pueden ser ampliados ahora: Andalucía[60], y Canarias[61]. Incluso disponemos de una información que muestra cómo la traslación acentual puede ser alternante con las formas castellanas[62] y, según el *ALEICan* (III, 1148 y 1149) el fenómeno tiene su mayor densidad en la isla de Gran Canaria y predomina en las orientales, mientras que es, virtualmente, desconocido en La Gomera y presenta numerosas fluctuaciones en Tenerife.

148.3. En el i m p e r a t i v o las formas propias[63] han quedado reducidas a *ve* e *id* (> ant. *í*), pero, en lo antiguo, v a d e persistía bajo las formas *vai*, comentada por Nebrija[64], *vey* (*Laberinto,* 60 *c*)[65] o *vi*[66]. En judeo-español v a d i t e pudo tener

---

[58] *Vaa* en el *Fuero de Avilés* (GASSNER, pág. 42, § 81). Analógica de este grupo es *trayo, -a* (*Cid,* Berceo, etc., apud OELSCHLÄGER, s.v. *traer*) y *distraia* (CORREAS, *Tabla Kebes,* pág. 103).

[59] *Problemas,* apud *NMéjico,* I, *Cambios acentuales,* págs. 345-349. De *váyamos* se pasa a *váyemos* (Santo Domingo).

[60] MONDÉJAR, págs. 57-60.

[61] *Esp. Tenerife,* pág. 53, § 44.1; *Niveles,* pág. 187, § 75.6, nota 2.

[62] *Graciosa* (*RFE,* XLVIII, 1965, pág. 311).

[63] Pueden usarse las de subjuntivo, y eso desde antiguo: «Por Raquel e Vidas *vayádesme* privado» (*Cid,* v. 89).

[64] Bien que su explicación no sea válida (*Gramática,* pág. 126).

[65] *Veisos* 'íos' al parecer aún vive en andaluz.

[66] En el romance de *Vergilios* («Mandó el rey prender Virgilios») se lee «*Vi* a comer, mis caballeros, caballeros, *vi* a comer / después que hayamos

como continuador *vate* y, por falsa descomposición *(va +* pronombre *te), va;* explicación mejor que otras que se han dado.

149. Aparte se deben considerar las formas del verbo *ir* con *d-,* procedente del uso de la preposición *de* con el infinitivo *(> dir,* como *de + lexar > dejar).* Ya en el siglo XVI se documentaba *dir* y hoy tiene una enorme difusión: Antillas, dominio leonés, aragonés, murciano, andaluz y canario[67].

150.1. El verbo h a b e r e tenía una doble conjugación: con formas tónicas y átonas[68]. El doble paradigma del presente sería:

h a b ĕ o	** hayo* y *heo*
h a b e s	*habes*
h a b e t	*habe*
h a b e m u s	*habemos*[69]
h a b e t i s	*habéis*
h a b e n t	*haben*[70]

La forma *heo* pudo tener sustento en su paralelo *seo* (§ 145.1), pero careció de apoyo cuando *seo* desapareció sustituido por *so(y);* entonces, *heo,* alternante con h a i *> he,* se unió a éste, toda vez que las formas plenas *(habes,* etc.) también cedían ante la presión de *tener. Hey* se documenta en la literatura antigua

---

comido, a Virgilios vamos ver» (v. 9), que creo deberá considerarse como derivado de *vay.*

[67] Esta *d-* se generalizó al gerundio *(diendo),* mientras que *yendo* pasa a *endo, indo* en murciano y en judeo-español de Constantinopla.

[68] En CORREAS, *Ortografía* (pág. 89), aparece un paradigma mixto, con formas de ambas series: «El presente *é, as, á, avemos, aveis, an* no á de tener *h,* komo algunos le eskriven sin kausa ni razon: basta el azento en las dos personas monoliteras».

[69] *Habemos* era forma corriente en el siglo XVI y duraba en el XVII; como se ha dicho en la nota anterior, figura en el paradigma de CORREAS. Vid. más adelante la situación actual.

[70] En Berceo, como en el *Libro de Alexandre, aves, ave, aven (Dial. rioj.,* página 64, § 55.4).

y en leonés y bajo esta forma u otra *(hay)*[71] también en Chile, Argentina y Ecuador[72]. Hay dudas en la interpretación del final *-ayu* de las jarchas[73], pues si para algún investigador es heredero de h a b ĕ o , para otros contiene un derivado de e g o y, por último, hay quien lee h a b ĕ o (> *ay* > *ey)* + e g o (> *ew)*, sin que los razonamientos aducidos lleven la convicción al lector[74].

150.1.1. La forma moderna *hé* acreditaba su origen de h a - b e o porque se acentuaba, según la coplilla atribuida a Garcilaso:

> La bolsa dice: Yo vengo
> como el arca do moré,
> que es el arca de *Noé,*
> que quiere decir: *no tengo.*

O en tantos textos líricos antiguos, de los que nos permitimos espigar unos bellos testimonios. En la *Recopilación* de Juan Vásquez (1560) se encuentran los villancicos: «No me firáis, madre, / yo os lo diré: / mal d'amores *he»* (*Poes. trad.*, pág. 939), «Perdida traigo la color: / todos me dicen que lo *he* de amor» (ib., pág. 872); o, en el *Vocabulario de refranes*, de Correas (c. 1630), esta linda cancioncilla: «Orillicas del río / mis amores *he,* / y debajo de los álamos / me atendé» (ib., pág. 930).

150.1.2. Este *hé* tónico sirvió de modelo para *sé* (s a p i o debiera haber dado * *sepo*), pues el paradigma del presente era, en las otras personas, idéntico: *habes - sabes, habe - sabe,* etc. En el propio latín vulgar pudo producirse la atracción h a -

---

[71] Cfr. GASSNER, pág. 101, § 194.

[72] ROSENBLAT, *Notas*, págs. 294-295.

[73] Cfr. M. SANCHÍS GUARNER, *El mozárabe* (apud *ELH*, I, pág. 328, § 88), F. MARCOS MARÍN, *Formas verbales en las jarchas de moaxajas árabes* (*RUM*, XIX, 1970, pág. 181). Las formas *(-ey, -ay, -eyo)* en discusión llevan los números 6, 9, 17, 21 *a,* 21 *b,* 25, 27, 30 *b,* 31 y 38 en el hermoso libro de E. GARCÍA GÓMEZ, *Las jarchas romances de la serie árabe en su marco*, Madrid, 1965.

[74] En un documento murciano de 1244, lleno de curiosidades lingüísticas, Zeit Abuzeit hace unas donaciones al maestre de Santiago y dos veces aparece la forma *ey* 'tengo' (*THD*, II, pág. 467).

beo > *ayo-sapio > *sayo[75], y, en tal caso, el paradigma de *sapēre[76] (por sapĕre) quedaría así: *sayo, *sapes (> sabes), *sapet (> sabe), *sapémus (> sabemos), *sapétis (> sabedes > sabéis), *sapent (> saben). Sé aparece ya en *Cid* (v. 220) y *sey* en el *Alexandre* leonés (38 c), mientras que el *šabu* del *Poema de José* sería etimológico (< sapio) o analógico de *saber*.

150.1.3. *Habemos* goza, aún, de gran difusión por España (Salamanca, Andalucía y Murcia) y América (Norte y Central, Antillas, Venezuela, Ecuador, Chile, Argentina)[77]; por analogía con los presentes del tipo *comimos, partimos*, en la región argentina de San Luis se dice *habimos*. La geografía lingüística actual permite perfilar los informes que poseíamos sobre esta forma: en el *ALEA* (VI, 1769), *habemos, haemos, bemos* son las formas que, con mucho, dominan en las hablas de la región (se exceptúan el norte de Córdoba y las provincias de Jaén y Almería); otro tanto cabe decir de Canarias, donde *bemos* y *habemos* se encuentran en todas las islas, con excepción de Lanzarote[78].

---

[75] POTTIER, *Introduction*, pág. 176, § 1; FOUCHÉ, *Présent*, pág. 634. Nuestro verbo sirvió a NEBRIJA para una explicación analógica totalmente exacta:

> Dedonde se sigue que munchas vezes nos engañe la proporcion sila costumbre delos datos no la enmienda. Como si dixesses a un ninno *no eres bueno*, respondera por la proporcion *si ero;* i tan bien si le dixesses *no sabes letras*, respondera *si sabo*, por que assi se ha *eres* a *ero* y *sabes* a *sabo* siguiendo la proporcion como *quieres* a *quiero* i *cabes* a *cabo*. Pero la costumbre de los doctos ni tiene enel uso *ero* ni *sabo* sino *so* i *se* (*Repetitio Quinta*, apud *Gramática*, pág. 139).

[76] También en francés y en italiano se calcaron las conjugaciones de *savoir* y *sapere* sobre la de *avoir* y *habere* (GASSNER, pág. 104):

Francés: *avoir—savoir, ai-sai(s), avons—savons, avez—savez, avais—savais; eus-sus; aurai—saurai; eu—su.*

Italiano: *ho—so, hai—sai, ha—sa, hanno—sanno.*

[77] ROSENBLAT, *Notas*, pág. 295.

[78] *Avemos* es la forma que da NEBRIJA (*Gramática*, pág. 113) y usada por TORQUEMADA: *auemos de diferençiarlas, avemos de tener respeto* (págs. 225 y 229, respectivamente).

150.1.4. *Habéis* es la forma de la lengua media[79], pero en el istmo y en casi todo el cono sur americano pasa a *habís*, lo mismo que en el español vulgar de la península; por el contrario, *habés* se oye en Nicaragua. La forma *habéis*, y otras concurrentes con *-éis*, atrajo a verbos, como *venir*, que no la tenían, y así *venéis* se oye en Vizcaya y en amplias zonas de Andalucía (*ALEA*, VI, 1778) mientras que, en judeo-español, la reducción es a *ís*[80].

150.2. Las formas contractas de h a b e r e se presentarían como

* a i o	(daba *e* sin acento)
* a s	*has*[81]
* a t	*ha*[82]
* e m u s	*hemos*
* e t i s	*heis*
* a n t	*han*[83]

En su conjugación como auxiliar del perfecto de indicativo, la primera persona (Yo *he*) tiene la forma *ha* en América (Nuevo

---

[79] *Avéis* constaba ya en el paradigma de NEBRIJA (*Gramática*, pág. 113).

[80] *Cantos boda*, pág. 179, § 152.3.

[81] *Has* se empleó como forma acentuada (acepción de 'tener') en lo antiguo. Recuérdense los versos del *Cancionero de galanes* (gótico del siglo XVI), edic. M. FRENK (pág. 61):

> Labradorcico amigo,
> que los amores *has*,
> amando *morirás*.

[82] Cfr. el viejo villancico, recogido en el *Cancionero* de Barbieri, y que fue utilizado por Gil Vicente:

> Aquel caballero, madre,
> si *morirá*,
> con tanta mala vida como *ha*.
>
> (*APM*, CDX, pág. 933).

[83] * *as*, * *at*, * *ant* son formas analógicas acuñadas sobre los modelos de *das*, *stas*, etc. (GRANDGENT, § 401). En español no hay restos de * *ao* / * *o*, ni de * *aunt* (primera persona del singular y tercera del plural, respectivamente). No se documentan ninguna de estas formas, pero existieron: de ellas salió el futuro románico.

Méjico y Santo Domingo) y en España. El *ALEA* (VI, 1768) permite recoger en la persona Nosotros las formas *amos, bamos* [84] y la rara *bimos,* pero lo general es *bemos, habemos,* según se ha dicho ya. En cuanto a las Islas Canarias, el *ALEICan* (III, 1159) atestigua no sólo las formas *hemos - hamos,* sino las plenas *bemos - habemos,* atestiguadas en el § 150.1.3.

150.2.1. *Hemos* alterna con vulgarismos como *himos* (Argentina, Aragón), que en Andalucía es *bimos* o *hamos* (analógico de *ha*) y, del mismo modo, *héis* (que sólo subsiste como componente del futuro *amar-éis*) pasa a *ís* (vid. § 161) o *hais* [85]. En Nuevo Méjico, la debilitación articulatoria ha reducido en *mos* la forma del auxiliar [86].

150.3. El p r e s e n t e d e s u b j u n t i v o evolucionó desde el clásico h a b ĕ a m al vulgar h a i a m [87] que dio, en el paradigma de Nebrija (*Gramática,* pág. 117), las formas actuales *haya, hayas, haya, hayamos, hayáis, hayan.* Lo mismo que hemos señalado en el verbo *ir* (§ 148.2), hay una forma analógica *haiga* [88] y traslaciones acentuales del tipo *háyamos* [89]. Por otra parte, h a b ĕ a m , y los presentes de subjuntivo en - i a m , crearon unas formaciones analógicas como *escógian* de un documento asturiano de 1306 o las modernas *sépia* 'sepa', *ébia* 'eba' (< h a - b e b a m), etc.

150.4. En el i m p e r a t i v o , las formas *ave* y *aved* son las

---

[84] La confusión de *haber* y *venir* se produce en la lengua coloquial, donde el desgaste fónico de las exclamaciones ha hecho que *vamos* se convierta en *amos,* y de este modo ha venido a converger con *hemos.*

[85] Cfr. MONDÉJAR, pág. 118.

[86] En judeo-español la lengua coloquial de algunos sitios (Constantinopla, Salónica) emplea *tener* como auxiliar, y la literaria *aver;* de ahí que muchas veces falte la documentación (L. LAMOUCHE, *Quelques mots sur le dialecte espagnol parlé par les Israélites de Salonique,* «Romanische Forschungen», XXIII, 1907, pág. 985).

[87] La persistencia de la yod en *habeo, habeam,* etc., se puede explicar por el uso muy frecuente del verbo.

[88] Virtualmente, cubre el dominio de todas las hablas vulgares de España y América (ROSENBLAT, *Notas,* págs. 244-247, § 210).

[89] Cfr. ROSENBLAT, *Notas,* pág. 221.

de Nebrija (*Gramática*, pág. 115), que tenían antecedente en la literatura antigua: *ave* en *Egipciaca* (v. 546) y *(h)abet* en *Apolonio* (193 *b*) y *San Ildefonso* (136 *c*). Por otra parte (vid. § 133.1), como *aved* también tuvo una gran vitalidad [90], y se conoció, aunque menos, *avé*, el paradigma del futuro imperativo se estableció así [91]:

Singular: HABE > ant. *ave*, mod. *habe*

Plural: HABETE > *avede* > $\begin{cases} avet\ (habet) \\ aved\ (abed,\ \text{mod.}\ habed) \end{cases}$ > *avé*.

151. Ya en latín, f a c e r e sufrió importantes reducciones, pues existió un * f ā r e (§ 125.2), muy influido por d ā r e y s t ā r e, porque *dare* y *facere* se encontraban unidos en antiguas fórmulas y las formas del imperativo tendieron a ser abreviadas (*fac!* y * *fate* por f a c i t e) [92]. La irregularidad del presente de f a c e r e puede cargarse a la reducción de la segunda y tercera personas en posición sintáctica y al más largo mantenimiento de la acentuación proparoxítona de Nos y Vos; sin embargo, quedarían por explicar las causas que impidieron a la primera persona seguir la suerte de la segunda y tercera y por qué el subjuntivo mantuvo su forma originaria. Los dos tipos de conjugación que se señalan * *fao*, * *fais*, * *fait*, * *faimus*, * *faitis*, * *faunt* y * *fo*, * *fas*, * *fat*, * *famus*, * *fatis*, * *fant* no se documentan en el período latino y, por tanto, hay que suponer que los paradigmas románicos proceden de hechos más tardíos [93]. Por lo que respecta a las hablas españolas, debió existir un * f a c o analógico de f a c i s, f a c i t, * f a c e n t y con un paradigma resultante (*fago, faces, face*) comparable en todo a los de *digo,* *dices, dice; yago, yaces, yace; dugo, duces, duce* [94]. La segunda y tercera personas del singular son totalmente regulares, aunque

---

[90] *Aved* aparece siete veces en Juan Ruiz y una *avet* (MIGNANI, s.v.).

[91] GASSNER, pág. 103, § 202.

[92] Bibliografía sobre la cuestión en BATTISTI, pág. 253, § 197.

[93] BATTISTI, pág. 253.

[94] GASSNER, pág. 115, § 262.

face se pudo apocopar en lo antiguo *(faz)*, y se documenta la forma *fay* [95] analógica de *tray* 'trae', mejor que un arcaísmo procedente de f a i t. De las formas sincopadas * f a i m u s , * f a i - t i s salen los antiguos *femos, feches* [96]. No se puede pensar en otra síncopa, pues * f a c ' m u s hubiera dado * *fazmos* (como d ĕ c ' m u > *diezmo*), por más que * f a c ' t i s pasara normalmente a *feches*. Además, conviene no perder de vista que los paradigmas sincopados habían perdido su *-d-*, en oposición al pleno. Ya Gassner (pág. 117) quiso reducir a un esquema las formas, tan variadas, del verbo *hacer*, aunque ahora nos vemos en la necesidad de rehacer completamente el cuadro, a pesar de no dar sino unas pocas muestras, que procuramos sean caracterizadoras. (Ver cuadro adjunto.)

151.1. En aragonés, *fo* y *foy* son analógicas, respectivamente, *de so, soy; fas, fa, fan* deben explicarse desde *fer* o *far* y no desde *facer; fachis* remonta al viejo * f a i t i s con una evolución ajena al dialecto, en cuanto al grupo -KT- > *it* (la *ch* es castellanismo), mientras que la *a* tiene que ser analógica de las formas *fas, fa*, etc., pues el grupo *ai* (está en * *faites*) hubiera monoptongado. Por último, *fan* se documentaba en el siglo XVII en los poemas dialectales de doña Ana Abarca de Bolea [97].

151.2. La conjugación del asturiano central, según el paradigma transcrito tiene unas formas rehechas sobre las castellanas *(facemos, facéis)*, mientras que otras son específicamente dialectales: *faigo* es analógica del presente de subjuntivo *(faigan)* [98], y el resto de las formas se justifica desde una forma con lexema sincopado según acreditan *fas* y *fan*. Parece difícil creer que *fais, fai* remonten a f a c i s , f a c i t , con plenitud lexémica cuando las formas dialectales son sincopadas y los castellanismos responden a derivados de *fazer* (aparte dificultades fonéticas nada fáciles de salvar); por ello proponemos

[95] Hita (1466 *c*): «engaña a quien te engaña, a quien te *fay, fayle*». Lectura del ms. de Salamanca (vid. MIGNANI, s.v.).
[96] Vid. *Dial. rioj.*, pág. 64, § 54.5; HANSSEN, *Conj. Berceo*, pág. 259.
[97] *Dial. arag.*, pág. 229, § 125.2.
[98] Vid. la explicación de la *g* en el § 130.2.

Evolución fonética normal	Analogía	Español moderno	Dialectos
I. f a c i o > *fazo	*f a co>fago	hago	fo, foy (arag.) [99]; faigo (ast. cent.) [100]; fagu (leon.) [101]; fagu (j.e.) [102].
II. f a c i s > fazes		haces	fas (arag.); fais, fas (ast. cent.); fazes (leon.); fazis (j.e.); hazes (hak.) [103].
III. f a c i t > faze, faz	*f a i t>fay	hace	fa, face (arag.); fai (ast. central); fa (leon.); fazi (j.e.); haze (hak.).
IV. f á c i m u s > *f a i m u s > femos	fazemos	hacemos	femos (a r a g .); facemos (ast. central); f a c e m u s (leon.); hazemos (hak.).
V. f á c i t i s > *f a i t i s > feches	fazedes	hacéis	feis, fez, fachis (arag.); facéis (ast. central); facedes (leon.); hazís (hak.).
VI. *f a c e n t > facen		hacen	fan, facen (arag.); fan (ast. central); facen (leon.); hazen (hak.).

[99] Seguimos los esquemas del *Dial. arag.*, pág. 229, § 125.2.

[100] Para el asturiano central usamos los paradigmas de Josefina Martínez Álvarez, *Bable y castellano en el concejo de Oviedo*, Oviedo, 1968, pág. 102.

[101] Ejemplificamos con el habla de San Ciprián de Sanabria y tomamos los datos de la pág. 98 de la monografía de Fritz Krüger.

[102] Paradigma de Monastir (Luria, *A Study of the Monastir Dialect*, New York, 1930, pág. 160).

[103] Con la abreviatura *hak.* hacemos referencia a *hakitía* o modalidad judeo-española de Marruecos. Tomamos nuestra información de J. Benoliel, *Dialecto judeo-hispano marroquí o hakitía* (*BRAE*, XIII, 1926, pág. 356). La *h-* es aspirada.

para explicarlas la intrusión de las desinencias castellanas *-es, -e* en el lexema dialectal *fa-;* el cierre de *e* en *i* obedecería a la pronunciación de las finales.

151.3. En los dialectos que proceden del castellano, las alteraciones no tienen la relevancia que en leonés o aragonés. Así, por ejemplo, en andaluz —y a pesar de la rica documentación que poseemos— no hay otra cosa que las inevitables alteraciones fonéticas; las muestras judeo-españolas transcritas no tienen mayor interés, como tampoco los datos que arroja el *ALEICan* o los muchísimos testimonios que, para Hispanoamérica, agrupan las *Notas* de Rosenblat.

EL IMPERFECTO

152. El imperfecto latino estaba caracterizado por un sufijo * *-bā-* cuyos elementos constitutivos eran *b* y *ā;* el primero tenía el mismo origen que *f* en *fuī,* pero sonorizado por su posición intervocálica, y el segundo *(-ā-),* expresión del pretérito (cfr. *erās* del verbo *sum*) [104]. Este sufijo es el único elemento de las características latinas que va a pasar al romance, pues ni la desinencia secundaria de primera persona *(-m),* ni el alargamiento de ciertas vocales temáticas tuvieron incidencia en la evolución posterior.

Los paradigmas verbales del imperfecto eran semejantes *(amābam, monēbam, legēbam, capiēbam),* pero junto a *audiēbam* existió la forma *audībam* que, a pesar de ser rara, fue empleada a lo largo de toda la historia del latín: frecuente en la época arcaica, se desarrolló en la época decadente y se transmitió a las lenguas románicas, hasta el extremo de que los propios gramáticos latinos discutían acerca de cuál de las dos formas era la correcta, por más que se pronunciaran en favor de *audiebam,* según hizo Aufustio (siglo I a. C.). La aparición de *audībam* debe explicarse por la tendencia a agrupar juntas las tres conjugaciones con vocal temática larga *(amāre, monēre,*

---

[104] ERNOUT, *Morphologie,* pág. 156, § 235.

audīre), que formaban una especie de conjugación débil opuesta a *legere*, fuerte [105].

153. Los paradigmas de la *Gramática* de Nebrija (pág. 114) son ya los de la lengua moderna, con la excepción de las formas de Vosotros que, como es sabido, conservan su *-d-* (*amávades, leíades, oíades, ívades, érades, avíades*, son los ejemplos por él aducidos), pero esta situación se complica en los dialectos. Cierto que la *-b-* se conserva en los verbos de la primera conjugación (tipo *amaba*), pero no en los de la segunda (*leía*) y tercera (*salía*), pues en ellos la *-b-* desaparece. Ahora bien, imperfectos del tipo *tráiba* o *traíba* y *óiba* u *oíba* se recogen en el español hablado en los Estados Unidos (California y Nuevo Méjico), Méjico, Istmo y Antillas, Colombia, Perú, Argentina y Chile; en la Península se ha encontrado poco en Castilla, en el dominio leonés, en murciano, y, fuera de ella, en judeo-español [106]. Merece especial consideración la suerte de esta *-b-* en andaluz, pues según los datos del *ALEA* ha desaparecido en zonas en las que solía denunciarse su presencia y sólo se mantiene en el nordeste granadino, de habla ya murciana [107]; también en forma caduca en las hablas vivas canarias (*ALEICan*, III, 1132 *). Por lo que respecta al aragonés, se mantienen con vitalidad las formas *-eba* (de la segunda conjugación, *teneba*) e *-iba* (de la tercera, *saliba* 'salía'); sin embargo, el arcaísmo parece estar en franco retroceso, según se ve en el mapa 16 (pág. 231), del *Dial. arag.*

154. Para Menéndez Pidal, esta *-b-* de *-eba, -iba* no es etimológica, sino analógica [108], pero parece difícil creer que la acción analógica fuera tan amplia y uniforme. Tiene más lógica pensar que los dialectos conservadores de las consonantes sonoras intervocálicas (leonés, aragonés y su cauda murciana) trataron a los imperfectos de una manera normal, y por tanto en ellos no se

---

[105] Ernout, *Morphologie*, pág. 158, § 237.
[106] Rosenblat, *Notas*, págs. 236-237, § 205.
[107] *ALEA*, VI, 1790-1791.
[108] *Gram. hist.*, § 117, pág. 307, nota 1.

perdió la -*b*-. Que esta conservación etimológica transcendiera del leonés o del aragonés tampoco es raro, ya que en Hispano-América el leonesismo es muy intenso [109] y los restos de -*b*- que sobrenadan serían otros tantos dialectalismos; en cuanto al judeo-español, no podemos hablar de rasgos privativamente específicos sino después de la expulsión, cuando se pusieron en contacto las comunidades de todas las procedencias, entre las cuales —es bien sabido— tuvieron mucha importancia las leonesas y las aragonesas. Del carácter dialectal de esta -*b*- (antiguo por tanto) dan testimonio unas cautas palabras de Rosenblat, que muestran, sin embargo, su independencia con respecto a la tesis de Menéndez Pidal («las condiciones de la -*b*- en América prueban que el proceso [de la presencia de -*b*-] no es reciente» [110]) y, también, que la terminación -*iba* haya aceptado la -*b*- analógica en un dialecto como el de Nuevo Méjico, donde la fonética evolutiva tiende a perderla incluso en *húe* 'hube', *estúe* 'estuve' [111].

155.1. El sincretismo Yo *temía* - Él *temía*, Yo *reía* - Él *reía* hizo que, en lo antiguo, la tercera persona debilitara la *a* y la convirtiera en *e* [112]; tendencia que, además, estaba favorecida por hechos analógicos como la -*e* propia de Él en el presente de indicativo *(tiene, ríe)* y en el de subjuntivo *(ame)*: de este modo -*e* pasaba a ser un índice personal de tercera persona. Una vez alcanzado el punto *tenie, reie*, hubo un traslado acentual a la vocal más abierta *(tenié, reyé)*, bien documentado en la poesía antigua [113]. Las formas *tenían, venían*, no precisaban resolver ninguna homonimia y por tanto podían mantenerse, como de hecho se mantuvieron. Si se produjo su paso a *tenien, reien* y

---

[109] Juan Corominas, *Indianorrománica* (*RFH*, VI, 1944, págs. 1-35, y, sobre todo, 139-175 y 209-254).

[110] *Notas*, pág. 238, § 205.

[111] Más información sobre el problema se puede ver en el § 157.2.

[112] Menéndez Pidal, *Gram. hist.* (pág. 308), dice —y con razón— que la persona Yo mantuvo su -*a* por «el énfasis propio» de ella. Las explicaciones de otros investigadores carecen de fundamento.

[113] Como exposición reciente, vid. *Apolonio*, I, págs. 239-342, §§ 338-342.

luego a *tenién, reyén* es porque —una vez más— actuó la analogía y se vio la persona Ellos como un resultado de Él + -*n*.

155.2. En el siglo XIII, -*ié,* -*ién,* eran muy frecuentes; poseemos información de textos en los que se han hecho recuentos exhaustivos [114] y arrojan proporciones de 82,71 por 100 *(ie)* frente a 17,28 *(ia)* y, aunque sumemos *ie* + *ien,* no se pasaría del 85 por ciento para las en -*ie(n),* en un poema de carácter juglaresco, como es la *Vida de Santa María Egipciaca* [115]; en un texto de clerecía, copiado también en el manuscrito escurialense III -K- 4, los datos son sensiblemente iguales (88 por 100 de -*iá(n),* -*ié(n)* por sólo un 12 por 100 de -*ia(n),* -*ie(n)*), aunque el *Libro de Apolonio* ofrezca «un rigor más acusado por mantener unos principios fijos en el cómputo silábico».

En el siglo XIV, las formas en -*ie* empezaron a «perder terreno» [116], aunque duraran en algún texto del siglo XVI y persistan hoy en ciertas zonas de Asturias *(-ie, -ies)* y en Maragatería *(-ié)* [117].

156. La a c e n t u a c i ó n del imperfecto ha sido considerada en el § 8.

IMPERFECTOS IRREGULARES

157.1. El verbo *ser* [118] en castellano no diptonga su *e* (ĕ r a m > *era,* ĕ r a s > *eras,* etc.), pero sí en leonés y aragonés *(yera,*

---

[114] Las listas de GASSNER (págs. 133-142) no son impecables, porque las ediciones que manejaba —y no era culpa suya— estaban lejos del rigor exigible. Tampoco valen más las proporciones *ié—iá* que establece en la página 143.

[115] *Egipciaca,* § 246.4; *Infancia,* § 146; *Apolonio,* §§ 338-342.

[116] Todos los autores copian a GASSNER, pág. 143, § 328, a quien no citan. Una nueva perspectiva del problema ha venido a ofrecerla Y. MALKIEL en *Toward a Reconsideration of the Old Spanish Imperfect in* -ía ~-ié (*HR,* XXVII, 1959, págs. 435-481).

[117] *Gram. hist.,* § 117.2, pág. 309.

[118] NEBRIJA había señalado con exactitud los dos imperfectos irregulares: *era* e *iba* (*Gramática,* pág. 124).

yeras), a cuyas literaturas tuvo acceso («*yeran* en el huerto», «las coles *yeran* las gentes» [119]; «*yera* niño tierno», *Yúçuf*, 16 *b*), y hoy subsiste en diversos valles pirenaicos (Ansó, Hecho, Campo de Jaca, Bielsa y Benasque) [120].

157.2. La *-b-* del imperfecto *iba* no suele explicarse de manera satisfactoria. La evolución normal llevaría a *ía*, como existió en leonés antiguo [121] y como existe en judeo-español, en algún punto de Extremadura (*íamos* 'íbamos', *íais* 'ibais') y, bajo la forma *díamos* 'íbamos', en algún texto gauchesco. Sin embargo, esta evolución ha sido perturbada por causas que no se tuvieron en cuenta: Baist quiso ver en la pérdida de la *-b-* una disimilación cumplida en verbos como h a b e b a m , d e b e b a m [122], mientras que Hanssen, Menéndez Pidal y García de Diego ni siquiera intentan dar una motivación. La causa de la anómala conservación (i b a m > *iba*) está en un problema de homonimia, por cuanto *ía* (< i b a m) coincidía con *ía (< h a b e - b a m). En efecto, en el compuesto e x i b a m , la evolución es normal *(exie)* porque en ella ya no cabe confusión con otro verbo [123].

157.2.1. En aragonés, donde se conservan siempre *-b-* y *-d-* intervocálicas, no se planteó el problema por cuanto i b a m evolucionó a *iba* y h a b e b a m a *eba* [124], de tal modo que, en aragonés moderno, el imperfecto en cheso tiene la forma *heba*, *hebas*, *hébamos*, *hebaz*, *heban* [125].

---

[119] *Cantar de la campana de Huesca*, apud *APM*, vv. 25 y 35, respectivamente.

[120] *Dial. arag.*, págs. 232-233, § 127.

[121] Aunque la especie, difundida por HANSSEN (*Gram. hist.*, § 235), no parece comprobarse, ni siquiera en su *Conjugación leonesa*, de 1895.

[122] *Die spanische Sprache*, apud *Grundriss*, de GRÖBER, I (2.ª edic.), página 896.

[123] *Exien* en *Cid* (v. 16), *yssieli* en Berceo (*Milagros*, 112 *a*), *exie* en *Aleixandre* (891 *a*), etc.

[124] En la *Razón de amor*, «una dueña lo y *eva* puesto» (v. 19) y en doña Ana Abarca (s. XVII) (M. ALVAR, *Estudios sobre el «Octavario»*, Zaragoza, 1945, pág. 81, v. 58).

[125] Estas y otras ejemplificaciones en M. ALVAR, *El imperfecto «iba» en español* («Homenaje a Fritz Krüger», I, Mendoza, 1952, pág. 43).

158. Del mismo modo que en el presente de indicativo del verbo h a b e o hemos señalado la existencia de una conjugación acentuada y otra sin acento (§ 150), también en el imperfecto se dio un hecho semejante, de tal modo que h a b e b a m , etc., se redujo a -*ía*, etc., y sirvió como elemento gramaticalizado para formar el condicional (§§ 160-161); todavía en el siglo XVII, Castilla la Nueva, la Mancha y Extremadura utilizaban *ie, ies, ie, iemos, iedes / iéis, ien*, según el testimonio de Correas (*Arte*, página 269). En cuanto a los derivados de las formas tónicas (*había*, etcétera), en las hablas populares no es raro oír *bía*, con aféresis de la vocal inicial [126], o *iba (< ir)*, que muestra el cambio de verbo auxiliar [127]. En las Islas Canarias, *bía* se recoge en Tenerife [128].

---

[126] Hay documentación salpicada por toda Andalucía (*ALEA*, VI, 1789).
[127] MONDÉJAR, pág. 120. Cfr. *fuera* por *hubiera*, en el mismo dialecto andaluz.
[128] *Esp. Tenerife*, pág. 55, § 49.3.

CAPÍTULO XII

EL VERBO: FUTUROS Y PERFECTOS

159. La formación de los tiempos de futuro exige un proceso de abstracción para formular unos hechos de cuya existencia real no se puede tener constancia. De ahí que tales formaciones sean tardías, según puede comprobarse en las lenguas indoeuropeas, y por ello también las peculiaridades que cada una siguió para crear sus propias formas de futuro. El latín se vio en la necesidad de utilizar instrumentos gramaticales empleados para otros fines, como -bō, relacionado con el imperfecto -bam (de origen anterior), y -sō de creación analógica y secundaria, o recurrió —como otras lenguas— a expresar con el subjuntivo la idea de lo que ha de ocurrir, y una vieja forma de subjuntivo es la del futuro en -am, propia de los verbos de las conjugaciones tercera y cuarta.

La tendencia analítica (§ 116.1) afectó a los futuros latinos que desaparecieron al evolucionar hacia el romance, bien que no sea la causa de ello un puro intento de expresar semejante idea con unos medios más explícitos y claros, sino por la pretensión de hacer patente el contenido subjetivo que va implícito en el concepto de futuridad. Así, ya en latín, los compuestos que iban surgiendo nos hablan de obligaciones, deberes, necesidades, deseos, etc.; por ello en las lenguas románicas hay también pluralidad de soluciones para expresar la nueva posición ante la realidad. En español fue *habeo* quien se impuso, pero necesitó eliminar a otros competidores, y sólo cuando quedó como único superviviente se gramaticalizó y se convirtió en un utensilio gramatical: el morfema de futuro. He aquí un resultado: el infinitivo unido al verbo *haber;* pero antes fueron necesarios muchos pasos, y cuando *habeo* o *habebam* se hicieron *-é, -ía,* sin ninguna resonancia de los valores primitivos de *habere* 'tener', con sentido incoativo por ejemplo [1], la lengua volvió a la búsqueda de nuevas formas psicológicamente más expresivas, y surgieron los *tengo que, he de, quiero, necesito, voy a,* etc., modales o aspectuales con los que el español de hoy expresa diversos tipos de futuridad en los que incardina otros tantos valores de la realización del tiempo presente [2].

160. Meyer-Lübke señala seis tipos morfológicos para expresar la idea de futuro en las lenguas románicas [3]:

    I.   CANTARE HABEO.
    II.   HABEO CANTARE.
    III. VOLO CANTARE.
    IV. HABEO AD CANTARE.
    V.   DEBEO CANTARE.
    VI. VENIO AD CANTARE.

El tipo I es el más antiguo y extendido, conserva la posición latina de los dos miembros del sintagma y se encuentra en fran-

---

[1] E. SEIFERT, *«Haber» y «tener» como expresión de la posesión en español* («Revista de Filología Española», XVII, 1930, págs. 233-276 y 345-348). Para un planteamiento general, vid. WARTBURG, págs. 163-169.

[2] Cfr. CH. BALLY, *Linguistique générale et linguistique française,* Berna, 1944, pág. 46, § 48; L. SÖLL, *Synthetisches und analytisches Futur im modernen Spanischen* (RF, LXXX, 1968, págs. 239-248); P. VALESIO, *The Synthetic Futuro again: Phonology and Morphosyntax* (Lin, XXIV, 1969, págs. 181-193).

[3] *Grammaire,* II, págs. 152-153. La ejemplificación es válida tanto para futuro como para condicional (bastaría cambiar presente por imperfecto de *habere*). Cfr. EMILIO ALARCOS LLORACH, *La forme* cantaría *en espagnol: mode, temps et aspect* (BF, XVIII, 1959, págs. 203-212).

cés, español, portugués e italiano central. Los testimonios latinos de esa construcción son numerosísimos: Marcelo Empírico (c. 410) habla de un ungüento para curar la pulmonía y escribe *ungueri habet* [4]; Eteria, *traversare habebamus* [5]; Oribasio (siglos V-VI) multiplica los testimonios: *vomire habet, dicere habemus, bibere habet*, etc. [6]; en una inscripción romana (s. VII?), *essere abetis* [7]. El tipo II es más reciente que el anterior, pero antiguo también por cuanto el infinitivo no va acompañado de preposición; se encuentra en español antiguo (en el *Cid*, v. 3523: «los que *han lidiar*»), asturiano, portugués vulgar y textos arcaicos de la Italia septentrional. El tipo III (cuyo orden puede ser también *cantare volo*) es propio de Rumanía; el IV, del antiguo rumano; el V, del logudorés, y el VI del rético, donde podría estar favorecido por las formaciones alemanas del tipo *ich werde singen* [8].

161. Nebrija fue quien antes que ningún otro tratadista acertó con la explicación real de la formación de los futuros del romance [9]; en efecto, en la *Gramática* (pág. 125) dice: «El venidero del indicativo dizese por rodeo del presente del infinitivo i del presente del indicativo deste verbo *e as*, i assi dezimos *io amare* como si dixessemos *io e de amar*»; además, en sus paradigmas verbales, no señala sino las formas sintéticas (*amaré, leeré, oiré*, etc.). Pero fue largo el camino antes de llegar a esta situación y ni siquiera en su época había cristalizado de manera inequívoca, por más que los testimonios de la fusión del infinitivo + *haber* remonten a la protohistoria de las lenguas románicas; por ejemplo, en la *Crónica* de Fredegario (primera mitad

---

[4] *De Medicamentis liber*, XVI, 105.

[5] *Itinerarium*, § 2.

[6] *Synopsis*, I, 18; II, praef.; IV, 40, respectivamente.

[7] DÍAZ, *ALV*, pág. 141, 457.

[8] G. I. ASCOLI, *Annotazioni sistematiche al «Barlaam e Giosafat» soprasilvano. Saggio di morfologia e lessicologia soprasilvana* (*AGI*, VII, 1880-1883, pág. 481).

[9] G. GRÖBER, *Grundriss der romanischen Philologie*, I, pág. 32.

del siglo VII) se puede leer una forma, ya fundida, en boca de Justiniano:

> Nec multo post tempore Iustinus imperator bellum in Persis movit; quod cum Calcedona transisset, morbo perit. Consenso senato et militum elevatus est Iustinianus in regnum. Oppraesso rege Persarum, cum vinctum tenerit, in cathedram quasi honorifice sedere iussit, quaerens ei civitates et provincias rei publice restituendas; factisque, pacionis vinculum firmarit. Et ille respondebat: «Non dabo». Iustinianus dicebat: «*Daras*» (Fredeg., 85, 27) [10].

También en el *Cancionero* de Ben Quzmán se encuentran *atareyo, separarey, verás* [10 bis]; en las *Glosas emilianenses, irás, farás, tornarás, aflarat* 'hallará', etc.; en las jarchas, *vernad* 'vendrá' (núm. 2), *tornarad, sanarad* (núm. 9), *faré* (núm. 14), *serad* (núm. 16), *iras* (núm. 39), mientras que las formas de primera persona plantean otros problemas, por más que se atestigüe la unión (*farayu, vivrayu, morrayu*, núm. 15; *farayu*, núm. 16; *amaray*, núm. 18; *levaray*, núm. 23; *dormiray*, núm. 36 *b*; *adamay*, número 41; *farey*, núm. 38 *a*). La cuestión no está en las terminaciones *-ay, -ey*, que parecen remontar a h a b ĕ o, sino en el final *-ayu*, que podría ser *-ay* (< h a b ĕ o) + *yo* (< ĕ g o) o *-ayo* (< h a b ĕ o) con la *-o* conservada, según quieren Stern y Menéndez Pidal [11].

Entre el infinitivo y el verbo *haber* podía ir intercalado un pronombre átono (como es posible en el portugués actual) [12],

---

[10] Se trata de un juego de palabras: tras las negociaciones de Daras, el rey de Persia se negaba a entregar a Justiniano las provincias conquistadas; el emperador romano aduce el nombre de la ciudad donde se hicieron los acuerdos y responde con un futuro de obligación —románico ya— al *dabo* del persa.

[10 bis] Todas nuestras referencias proceden de la obra magistral de GARCÍA GÓMEZ (*Todo Ben Quzmán*, Madrid, 1972). *Atareyo* está en el zéjel 102 (est. 5 *a*), *separarey* en el 86 (estr. 9 *c*), *verás* en el 87 (estr. 24 *c*).

[11] Respectivamente, *Les chansons mozarabes*, Palermo, 1953, pág. 38, § 8; *Cantos románicos andalusíes continuadores de una lírica latina vulgar* (*BRAE*, XXXI, 1951, pág. 203).

[12] *Orígenes*, pág. 361, § 74.1. GASSNER (pág. 201) da una larga lista de casos con interpolación del pronombre (en el *Cid*, Berceo, *Alexandre*, *Fer-*

según se ve desde las propias *Glosas emilianenses* (*lebertamus* 'levar-te-amus', éste con la *a* de *has, hat, hant* [13], *nafregarsán, alongarsán*, etc.) y se atestiguan en el *Cid* (*fer lo he, empeñar gelo he*), en *Egipciaca* (*contar uos e, seruir uos e*, etc.), en *Apolonio* (*dar l'hié, tenerme hiá, veyerlo hié*, etc.), en Berceo (*lazdrarlos edes, meterlis han, fersenos ye*, etc.), en Juan Ruiz (*fablar vos he por trobas, dezir telo he*, etc.) [14]. Y todavía escritores con resabios arcaizantes podían poner, por 1552, *verlo eys, entenderlo eys, tratarlos he, faltarnos ya* o *faltarme ya* [15] o, en 1585, *pareceros ha bien* [16], por más que Juan de Valdés hubiera escrito años atrás:

> También pertenece a la Gramática el saber juntar el pronombre con el verbo, [...] tengo por mejor que el verbo vaya por sí y el pronombre por sí, y por esto digo: *Al moço malo, ponedle la mesa y embiadlo al mercado.* La mesma razón hay en dezir *ayudarte a* por *ayudaráte;* yo siempre digo: *Ayúdate y ayudaráte Dios.* Lo mesmo es *sacarte a* o *sacaráte*, como diziendo: *Cria cuervo y sacaráte el ojo* (*Diál., lengua*, pág. 74).

El orden defendido por Valdés es el moderno, y viene a dar coherencia al futuro con el resto de la conjugación, por cuanto al reducir los dos componentes a una síntesis unifica el futuro analítico con todos los otros paradigmas verbales. En español, el orden de los formantes constitutivos es: lexema (L) + vocal temática (V) + morfema modo-temporal (T) + morfema personal (P) + morfema de número (N)

---

nán González, etc.) y otros en los que se han fundido infinitivo y participio (*Cid, Alexandre*).

[13] *Orígenes*, pág. 361, § 74.1.

[14] *Cid*, I, §§ 99 y 205.1; *Egipciaca*, I, § 524; *Apolonio*, I, § 360.4; HANSSEN, *Conj. Berceo*, pág. 296 (con ejemplos de buena parte de sus obras).

[15] TORQUEMADA, págs. 86, 98, 225 y 231, respectivamente. Todavía en el *Quijote* (II, cap. 42): *comeros heis;* «en tiempos de Cervantes todavía se empleaban separados entrambos elementos, el infinitivo y las formas del verbo haber (J. CEJADOR, *La lengua de Cervantes*, Madrid, 1905, páginas 140-141).

[16] AMBROSIO DE MORALES, *Discurso sobre la lengua castellana* (Córdoba, 1585), prólogo a las *Obras* de Pérez de Oliva.

L	V	T	P	N
cant	a	ba	mos	
cant	a	r	á	n

162.1. Los maestros antiguos tuvieron conciencia de las anomalías a que daba lugar la formación del futuro. Nebrija escribió (*Gramática*, 125): .

> avemos aquí de notar que algunas vezes hazemos cortamiento de
> letras o trasportación dellas eneste tiempo como de saber *sabre*
> por sabere, de caber *cabre* por cabere, de poder *podre* por podere,
> de tener *terne* por tenere, de hazer *hare* por hazere, de querer *querre*
> por querere, de valer *valdre* por valere, de salir *saldre* por salire, de
> aver *avre* por avere, de venir *vendre* por venire, de dezir *dire* por
> dezire [17], de morir *morre* por morire [18].

La nómina podría ampliarse con ejemplos extraídos de su
propia obra, pues escribe siempre *pornemos* [19], y el uso ambiguo
siguió en tratadistas gramaticales. Por ejemplo, Juan de Valdés
empleaba «cortamientos» como *devríades* (pág. 45), *devrían* (159)
o *saldrá* (pág. 130) y «trasportaciones» como *terníades* (pág. 47),
terné (56, 170) o *terná* (76) y, junto a ellos, *salliré* (pág. 82) [20],
valerá (pág. 54).

162.2. En las observaciones de Nebrija hay dos hechos distintos, aunque uno y otro sean de fundamento fonético: la pér-

---

[17] A propósito hay un refrán viejo: «Por dar darán, que no por dir
dirán».

[18] Da las mismas explicaciones para el condicional (*Gramática*, pág. 128).
Aunque deben ser tenidas en cuenta sus observaciones («reciben esso
mesmo algunas vezes cortamiento desta letra *a* enla segunda persona del
plural, i assi dezimos *amarides* por amariades, *leerides* por leeriades, *oiri-
des* por oiriades»), que hacen referencia a usos siempre muy poco frecuentes y, por supuesto, desaparecidos de la lengua. Usadas aún por Ambrosio de Morales, *op. cit.*, que escribe *terná* y *vernía*.

[19] Como CORREAS, *porné, pornía, vernía* (*Arte*, pág. 300).

[20] El uso de *salliré* en Valdés debía sonar como algo extraño, pues
Marcio le pregunta: «Por qué scrivís *salliré* por saldré que scriven otros?»
y responde: «Porque viene de *sallir*».

dida de la vocal protónica y, como consecuencia de ello, en algunos casos el desarrollo de una consonante de transición. Al unirse el infinitivo con el presente (y el imperfecto) gramaticalizado de *haber*, se formaron formas de futuro como *saber-é*, *caber-é*[21], acentuadas en la *-é* final; el compuesto hizo que la *e* del infinitivo quedara intertónica y, normalmente, desapareciera *(sabré, cabré)*. Si la vocal del infinitivo estaba entre dos *erres*, la nueva situación determinaba que el lexema verbal pasara a ser alternante: todo el paradigma con *r*, menos el futuro, con *rr* (por ejemplo: *mor-ir*, *muer-o*, etc., pero *morir-é* > *morr-é*); en tales casos, la analogía del conjunto impidió la creación de unas pocas formas disidentes, y la vocal no se perdió *(moriré)*, pero no siempre *(querré)*. Si las consonantes que quedaban juntas eran de difícil articulación, o al menos desacostumbrada en castellano, se desarrollaba una consonante ligativa, según la naturaleza de la consonante anterior: si era *m*, aparecía *b;* si *n* o *l*, se documenta *d (combría* 'comería', *vendré*, *saldré)*[22]. En algunos casos, se generalizó a otros verbos la consonante anaptítica, y así *quedré* está bastante generalizado, pero lo normal fue que la lengua tratara de mantener la uniformidad lexemática, rota por todas estas realizaciones *(com-er*, pero *comb-ré; ven-ir*, pero *vend-ré*, etc.), y desde el siglo XVI fueron desapareciendo semejantes formas, como cayeron en desuso otras no señaladas por Nebrija, pero utilizadas por él: *-n'r-* > > *-rn-*. En efecto, la contigüidad de *nr* se resolvió, como en el nombre (gĕneru > *yerno*, vĕneris > *viernes*) con la metátesis recíproca de ambas consonantes, y surgieron los *porné* y *terné* aducidos en líneas anteriores[23]. Por último *-n'r-* puede asimilarse en *-rr-*, como se encuentra en Berceo *(terrá* 'tendrá', *porrá* 'pondrá' o, analógicamente, *verrá* 'verá') y en aragonés antiguo *(ferrá* 'herirá', *pasçrán* 'pacerán')[24]; tal vez sobre estas

---

[21] *Haré* no procede directamente de *hazer*, sino del antiguo *far*.
[22] Cfr. GASSNER, págs. 201-203, § 484.
[23] Cfr. GASSNER, págs. 203-204, § 485.
[24] *Dial. rioj.*, pág. 66, § 56; *Dial. arag.*, pág. 233, § 128.

formaciones haya pesado la acción analógica de casos como *morré* 'moriré', *querré*.

162.2.1. Pero la convivencia de distintas soluciones, la analogía, el uso, impidieron que se volviera a una absoluta regularización, y en la lengua moderna hay coexistencia de soluciones: conservación de la vocal intertónica *(moriré, deberé)*, pérdida *(querré, cabré)* y consonante anaptítica *(pondré, saldré)*. Es de notar que las formas sincopadas, mantenidas hasta hoy, tenían *b* temática *(habré, sabré, cabré)*, se han perdido las que produjeron *b (combré)* o *t (falleztrá)* y sólo mantienen vitalidad las que han desarrollado una *d*, que, incluso, se ha generalizado (and. *quedrá, hadrá*).

162.2.2. En las hablas modernas la situación es muy compleja. Los materiales allegados por Rosenblat y otras aportaciones posteriores permiten documentar *quedré, quedría*, en toda América, Andalucía, áreas leonesas o influidas por León (Maragatería, Cespedosa) y Vizcaya; *hadré, hadría* en las Antillas, Chile, Cespedosa; *doldré, doldría* en la América meridional y en castellano vulgar[25]; *vedré* 'veré' en judeo-español de Bosnia. Frente a estas formas, hay conservación de *-lr-* y *-nr-* en otros casos: *dolré, dolría* en Nuevo Méjico y Chile; *venré, venría* en Ecuador y Chile; *porná* en la Argentina y judeo-español de Oriente. Tampoco es raro encontrar formas sincopadas como *debrá* (Argentina, Chile), ni otras basadas en los infinitivos plenos: tipo *deshacerá, satisfacerá, contradeciré* que en casos más o menos aislados se encuentran por toda América.

PARTICIPIO DE PRESENTE

163.1. Las formas castellanas derivan de las latinas con * *-nt-* (* a m - ā - n t - s, * l e g - e - n t - s > *amāns, legēns*), en las cuales se había generalizado el vocalismo *e*. En romance las formas se continuaron como adjetivos, toda vez que el empleo del par-

---

[25] *Notas*, págs. 234-236; añádase, para el andaluz, MONDÉJAR, pág. 74.

ticipio de presente según los usos latinos ha sido una restauración de tipo culto, con escasas repercusiones [26]. Nebrija (pág. 130) se limita a dar su formación sin hacer comentarios [27], en tanto Juan de Valdés es mucho más explícito: «No me plaze dezir *durmiente*, por *el que duerme mucho*, como dize el refrán: *Al raposo durmiente no le amanece la gallina en el vientre*» (página 121); el testimonio de Valdés es muy útil: *durmiente* equivale a 'que está durmiendo', ni más ni menos a tantos casos del latín vulgar en los que el participio de presente fue reemplazado por el gerundio: «Duos dies ille, cum quo eram, ambulavit *quaerendo*» [28], «Martinus episcopus migravit ex hoc mundo, et nunc angeli, *canendo* [por *canentes*] eum deferunt in excelsum», «ipsi quoque Iudaei, accensis lampadibus, *plangendo* [por *plangentes*] prosequebantur» [29].

163.2. En español, el empleo del participio de presente tiene un marcado carácter culto, por más que su utilización haya sido de cierta constancia en nuestra literatura medieval. Gassner (páginas 86-89) dio una lista de testimonios antiguos que, naturalmente, dista mucho de ser completa. De su colección podemos extraer una minuta nada desdeñable de formas que aún persisten con valor estrictamente adjetival *(amante, andante, arrogante, distante, entrante, errante, ignorante, importante,* etc.). Es lógico que el tratamiento adjetival del participio hiciera posible cada una de las peculiaridades que atañen al nombre, tales como la apócope *(andant, estant, pesant, quemant,* etc.), la formación de femeninos *(dolienta* [30]), así como permite conocer la preferencia de ciertos dialectos por estas formas, según ocurre en aragonés [31].

---

[26] Cfr. M. ALVAR y S. MARINER, *Latinismos*, en la *ELH*, II, págs. 3-49.

[27] Así, también, en la *Util institución* (pág. 101): «Los participios de presente se acaban en *ente* o *ante*, como *escribiente, amante*».

[28] *Itinerario de Antonino* (siglo VI), cap. 34, apud ROHLFS, *SVL*, pág. 45.

[29] Gregorio de Tours (siglo VI). Los textos proceden de la vida de San Martín (590, 6) y de la *Vita Patrum* (685, 3), apud ROHLFS, *SVL*, págs. 50 y 49, respectivamente.

[30] *Egipciaca*, v. 402, pág. 184, § 222.4.

[31] *Dial. arag.*, pág. 291, § 192.1. Cfr. supra, § 54.3.

164.0. Su formación en latín *(-ndo)* no presenta ningún problema de adaptación al español. El tratamiento fonético es el que experimenta cualquier adjetivo: q u a e r e n d o > *quiriendo,* t e n e n d o > *tiniendo,* f e r ĕ n d o > *hiriendo, favoreçiendo,* etc., en escritores de la corte imperial y en otros más tardíos. Como se ve, el vocalismo presenta idéntico tratamiento que en la fonética nominal; más tarde, lo que ahora se muestra como etimológico *(quir-, tin-)* se igualará al paradigma del tema de presentę, y fijará su vocal inicial en *e.*

164.1. En lo antiguo abundaron las formas del gerundio sin diptongo en la sílaba acentuada (< Ĕ). Gassner (pág. 89) piensa en el influjo del portugués para las formas gallegas y leonesas; para el primero de estos testimonios, sobra el portuguesismo; para el segundo, se puede pensar —también— en una tradición culta, que atenuaría el valor de ese influjo [32]. En la lengua moderna se han perpetuado diversos gerundios, pero apartados ya del campo específico de la conjugación; tal es el caso de sustantivos como *doctorando, educando, examinando, graduando, multiplicando, nefando, vitando,* etc. Algunos de estos gerundios, bajo forma femenina, han tenido larga vida en el español; su enumeración es larga, pero bástennos unos cuantos botones de muestra: *componenda, contienda, encomienda, enmienda, hacienda, leyenda, ofrenda, reprimenda,* etc.

164.2. En aragonés, es frecuente formar el gerundio sobre el tema de perfecto: junto a los antiguos *uviendo* 'habiendo', *supiendo, dixendo, toviendo, andidiendo,* etc., aparecen los actuales *dijiendo, trajiendo, hiciendo,* etc. [33].

---

[32] *Tannendo* no permite pensar exclusivamente en la no diptongación: la palatal nasal ha podido embeber la yod, que no se ha escrito.
[33] *Dial. arag.,* págs. 225-226, § 123.

EL PERFECTO

165. El perfecto latino, expresión de acción acabada, no tenía necesariamente que manifestar la idea de tiempo, por cuanto ella se hacía patente en el pluscuamperfecto *(-eram)* o en el futuro de perfecto *(-ero);* sin embargo, las ideas de acabamiento y de pasado eran demasiado próximas para que no llegaran a confundirse, como de hecho ocurrió. Por otra parte, el latín heredó dos tipos de perfecto indoeuropeo (con reduplicación y con alternancia vocálica), caracterizados ambos por ser fuertes, y, además, desarrolló un perfecto en *-si* que originariamente era aoristo, y creó una forma débil en *-vi* [34]. Esta situación la heredó el castellano, que tendió a uniformar los lexemas verbales igualando —como ya hacía el latín— el tema de perfecto con el de presente.

Este orden de cosas permitió establecer ciertas relaciones entre el tema llamado de infecto y el de perfecto, de tal modo que a un presente en *-āre* correspondía un perfecto en *-avi* (o excepcionalmente en *-ui*); a uno en *-ēre*, perfecto en *-ēvi* (más raro en *-ui* y excepcionalmente otros tipos); a uno en *-ĕre*, perfectos muy diversos, según fuera la naturaleza (de la vocal o de la consonante) del tema; a uno en *-īre*, perfecto en *-ivi* (o excepcionalmente otros). Estos conjuntos permitieron formar dos grandes grupos en el estudio del perfecto latino según terminaran en consonante o en vocal los radicales y temas verbales [35].

PERFECTOS DE RADICAL CONSONÁNTICO

166.0. En latín eran perfectos fuertes (acentuados en la radical), mantenidos por una tradición que no los aumentó [36]. En

---

[34] Ernout, *Morphologie*, pág. 187, § 267.

[35] Ernout, *Morphologie*, págs. 186-187, §§ 265-267. Hay una antigua exposición de conjunto, motivada por problemas generales: Manuel de Paiva Boléo, *Génese da noção de tempo «pasado»* («Biblos», V).

[36] Vid. R. Dardel, *Le parfait fort*, París, 1958.

ellos se distinguen tres grupos: perfectos con reduplicación, sin reduplicación y sigmáticos.

166.1. Los perfectos con r e d u p l i c a c i ó n eran normales entre los verbos radicales en las lenguas indoeuropeas, pero el latín sólo mantuvo algunos restos en los que incluyó tanto a los perfectos propiamente tales *(meminī)* como a las formas procedentes de aoristos con reduplicación *(tetigi)*. Estos perfectos se atestiguan únicamente en los verbos radicales de la tercera conjugación, pues los que había en las otras eran sumamente escasos y no pasaron al romance. El latín procuró eliminar la reduplicación creando perfectos en -ā v ī o en -u ī, según el modelo de los perfectos de las conjugaciones en *-āre* o en *-ēre,* de tal modo que se ha podido escribir que «el perfecto con reduplicación era un arcaísmo en vía de desaparición» [37].

166.1.1. De todos los verbos latinos cuyo perfecto tenía reduplicación, sólo llegaron al español s t e t i y d e d i, y se les incorporó una nueva formación, a n d i d e. El primero es el resultado de la disimilación de * s t e - s t - ī y el segundo, un raro caso de radical monosilábico. Los respectivos paradigmas son [38]:

s t e t i	* *estide*
s t e t ĭ s t ī	*estediste,* * *estidiste*
s t ĕ t i t	* *estiede, estiedo, estido,* leon. *estevo*
s t e t i m u s	* *estedemos,* * *estedimos, estidiemos*
s t e t i s t i s	* *estedestes,* * *estedistes, estidiestes, estoviestes*
s t e t ĕ r u n t	*estidieron, estudieron, estodieron, estuvieron.*

Ninguna de estas formas se han conservado, ni fueron demasiado frecuentes [39]. * *Estide* no se documentó, pero sí *estove, -i,* formas analógicas de los verbos con *a / u* en la radical. No tenemos en textos antiguos * *estidiste,* pero sí *andidiste (Cid,* v. 343).

[37] Ernout, *Morphologie,* pág. 195, § 280.

[38] Pueden seguirse las formas de este paradigma en F. Hanssen, *Ueber die altspanischen Präterita vom Typus «ove, pude»* («Verhandlungen des Deutsches Wissenschafttlichen Vereins in Santiago», III, 1-18) y en Fouché, *Parfait,* págs. 66-67.

[39] Cfr. Gassner, págs. 156-158.

En la persona Él, la forma etimológica * *estiede* no se documenta, mientras que *estiedo* aparece en el *Alexandre* (546 b); *estido* es —una vez más— formación analógica con todas las personas que tienen *esti-* [40]. *Estidiemos* aparece en Berceo (*Duelo*, 148 a) y está formado sobre *diemos*. No hay derivados de s t e-t i s t i s como los señalados en el texto, pues se impuso *estoviestes*, creación semejante a la de *hobiestes*, etc. *Estidieron* sería forma etimológica, pero —igual que hemos señalado reiteradamente— la presencia del perfecto de *haber* condiciona también la realización de la persona Ellos que es unas veces *estuvieron* y otras *estovieron*, aparte otras acciones analógicas que abocaron en *estodieron, estudieron* [41].

166.1.2. A imitación de *estido* se formó *andido*, bien documentado en los siglos XII al XIV [42].

166.2. El perfecto reduplicado de d a r e se documenta hasta hoy mismo y sus formas son muy variadas:

dĕdī	*dey, diey, di*
dĕdĭstī	* *deiste, dieste, diste*
dĕdit	*dieo, dio*
dĕdĭmus	*diemos, dimos*
dĕdĭstis	*diestes, distes, disteis*
dĕdĕrunt	*dieron,* dial. *dioron*

Dey no habría diptongado su ĕ por acción de la *-ī;* de *dey* salió *di; diey* es una diptongación dialectal ante yod. No habiéndose documentado *deiste* en la persona Tú, hay que suponer que el castellano *diste* o el leonés *dieste* proceden de una forma * d e s t i (< d e d ĭ s t ī) en la que se había perdido haplológicamente la sílaba inicial inacentuada. *Dieo* se encuentra aún

---

[40] Se recoge en *Cid* (v. 3630), Berceo (*Sacr.* 99 b), *Apolonio* (134 b) y *Fernán González* (502 a). En el *Fuero Juzgo* aparece *estudo* (según los perfectos en *-udo*, como *estovo, estuvo* lo es de *hubo*, etc.); el leonés *estevo* es una fórmula de compromiso entre el portugués *esteve* y el español *estuvo*, según GASSNER (pág. 157).

[41] Vid. GASSNER, pág. 158, y OELSCHLÄGER, s.v. *estar*.

[42] *Egipciaca*, I, pág. 200, § 260; II, pág. 184, s.v.; GASSNER, pág. 155.

en Curueña (Asturias)[43] y *dio* se produjo por reducción del lexema verbal a las personas Yo, Tú, Nosotros y Vosotros. *Diemos* es etimológica, mientras que *dimos* analógica del lexema *di-*, lo mismo que *diestes - distes*. La persona Él tiene la forma *dieo* (con -*o* analógica) documentada en leonés antiguo y moderno; en tanto el castellano *dio* muestra una doble acción analógica: la de todos los perfectos débiles en -*ó*, y la que actúa sobre el lexema igualándolo bajo la forma *di-*. *Diemos* es etimológica y *dimos* analógica, según venimos explicando. Vosotros *diestes* (ya en el *Cid*, v. 2852) no presenta ninguna dificultad, mientras que *distes*, *disteis* sufrieron la analogía de *diste*. *Dieron* es formación regular y se encuentra documentada desde los más viejos monumentos de la lengua; *dioron* es un calco sobre *dio*[44]. Toda esta serie de evoluciones, cruces, analogías, etc., fue resumida por Gassner (pág. 159) en el cuadro que sigue:

DĔDI

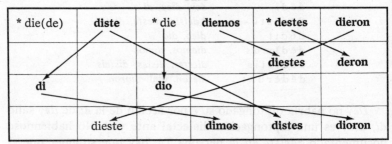

* die(de)	diste	* die	diemos	* destes	dieron
				diestes	deron
di		dio			
	dieste		dimos	distes	dioron

166.3. Los perfectos que en latín tenían radical sin desdoblamiento presentaban alternancia vocálica entre el presente y el perfecto. A los romances no interesa la alternancia de cantidad *(lĕgō, lēgī)*, pero sí cuando, además, tenía modificación en el timbre *(ăgō, ēgī)*, por más que no poseamos otro ejemplo que *facio-fēcī*. A este grupo se añade otro par de verbos, muy usados,

---

[43] *Dial. leon.*, pág. 106.
[44] Utilizamos, aunque no siempre seguimos, la obra de GASSNER, páginas 157-158.

en los que la alternancia no es latina, sino romance: *vengo-vine,*
veo-vi[45].

166.4. La conjugación de f a c i o en el perfecto es[46]:

fēcī	*fize, fiz*
fecĭstī	*feziste, fiziste(s), fizieste*
fēcĭt	*fezo, fizo*
fēcĭmus	*fezimos*[47]*, fizimos*
fecĭstĭs	*fezistes, fizisteis*
fēcĕrŭnt*[48]	*ficieron*

La conjugación *fez-* se reacuñó sobre *fiz-*, donde la forma del
lexema era etimológica, y así se tuvo en lo antiguo una doble
serie con *e* o con *i*:

fiz, fize	
fiziste, fizieste	*feziste*
fizo, fiz	*fezo*
fizimos, fiziemos	*fezimos, feziemos*
fiziestes	*fezistes, feziestes*
fizieron	*fezeron, fezieron*[49].

166.5. El perfecto v ē n ī padeció metafonía de la *e* (como
f ē c ī) por acción de la -ī final, con lo que vino a manifestarse con inflexión vocálica con respecto al presente *vengo;*
sobre *vine* se reestructuró el paradigma del perfecto *(vine, vi-*
niste, vino, vinimos, vinisteis, vinieron). Del mismo modo, v ī d ī
pasó a *vide* (*vi* exige la apócope *vid*); v ī d ī s t ī se explica igual

---

[45] En latín pertenecían al grupo de los que tenían alternancia de cantidad: *vĕnio-vēnī, vĭdeo-vīdī.* Para este paradigma, vid. FOUCHÉ, *Parfait,* página 67.

[46] Vid. F. HANSSEN, *Ueber die altspanischen Präterita,* ya citado, páginas 39-42, y, sobre todo, FOUCHÉ, *Parfait,* págs. 57-58.

[47] En la *Gramática* de NEBRIJA (págs. 126, 139, 178), pero VALDÉS, *hizistes*
(pág. 182); sin embargo figura en el paradigma de CORREAS (*Arte,* pág. 298).

[48] *Fecimus* y *fecerunt,* en la época protorromance, se acentuarían *fecímus*
y *fecérunt,* respectivamente (FOUCHÉ, *Parfait,* págs. 58-59).

[49] La documentación de estos paradigmas se puede ver en GASSNER (página 181).

(si no hubiera existido la inflexión por -ĭ final, hubiera dado * *vieste*); v i d ĭ m u s da el dialectal *viemos* y el analógico *vimos*, como *viestes* [50] y *visteis*. Las formas *vide* y *vido* están vivas en toda. América, en las hablas rurales de España [51] y en judeo-español [52], como herencia de unos usos que fueron habituales en castellano antiguo. Los modernos atlas lingüísticos permiten perfilar la geografía de los hechos: en andaluz, *vide, -o* se encuentra muy difundido por áreas dispersas del oriente de la región [53]; en Canarias, *vide, -o* están en trance de desaparición: la primera de estas formas se encontró en un punto de la Gomera y en dos de Tenerife; la segunda sólo en una localidad de esta última isla [54].

166.6. En aragonés el problema de los perfectos en *-er, -ir* da lugar a los perfectos en *é (vie, vies, vie, viemos, vieis, vien)*, cuyo origen ha motivado diversas hipótesis, que se pueden ver expuestas en *Dial. arag.* [55] y que, en sus líneas más simples, se pueden reducir a una extensión analógica del diptongo *ie* (de las personas Yo y Él) al resto del paradigma (Rohlfs) o a una sustitución del paradigma del perfecto por el de imperfecto de indicativo (Kuhn), lo que, a su vez, obligó a crear los imperfectos aragoneses en *-eba, -iba*, que venían a salvar la homonimia que se había producido entre el imperfecto y el perfecto de indicativo.

167.1. El llamado p e r f e c t o   s i g m á t i c o (o en *-sĭ*) es un antiguo aoristo en *-s-*, que en latín tomó las desinencias del perfecto. Sus formas, muy difundidas, ofrecen muchos más ejemplos que los tipos anteriores, a pesar de que —en latín— era un

---

[50] Así en los siglos XII y XIII, cfr. Gassner, pág. 180.

[51] Completamos la rica documentación de Rosenblat, *Notas*, págs. 302-303, § 256.

[52] En Marruecos se ha transcrito *vidi* 'vi' y *vido* 'vio' (*Endechas*, pág. 102, § 81), pero eran formas —al parecer— fosilizadas en la lengua literaria, por cuanto coloquialmente se usa *vio*, etc.

[53] *ALEA*, VI, 1802 y 1803, y bibliografía en Mondéjar, pág. 82.

[54] *ALEICan*, III, 1189.

[55] Páginas 237-242, § 130.

tipo relativamente moderno. Analógicamente, el perfecto en -*sī*
se extendió por el grupo de los reduplicados (existían *momordi*,
pupugi o *pepuli*, pero sus derivados fueron *praemorsi, compunxi,
expulsi*), por el de los que presentaban alternancia vocálica *(legi*,
pero *intellexi)* [56]. En latín, estos perfectos eran frecuentes en
verbos de la tercera conjugación, y menos en las segunda y
cuarta; pero se perdieron casi todos al pasar al romance. Así
f i n x ī , p i n x ī (con radical *i*), i u n x ī (con *u*), p l a n x ī (con
a); los que perduran no tenían nasal temática en latín: d i x ī ,
d ū x i , t r a x ī *(dije, con-duje*, etc., *traje*, respectivamente).
Sin embargo, estos pocos perfectos fuertes en -*sī*, en algunas
hablas vulgares tienden a hacerse débiles: *dició* en aragonés del
siglo XVII [57], *trujió* en Méjico [58], etc. No se trata de otra cosa
que la tendencia lingüística que hizo abandonar los antiguos
riso, cinxo, priso, respuso por los modernos *rió, ciñó prendió,
respondió* [59]. En lo antiguo, los verbos con *u* o con *o* temáticas
(a d ū x i , * r e s p o s ī) tienen *u* en castellano, mientras que
los que presentan *i, ae, oe* (d ī x i , * q u a e s ī) presentan derivados con *i* [60].

V i x ī t dejó un heredero, *visco*, según se dice, resultado de
interpretar la *x* como si se tratara de un cultismo *(=cs)* y luego
(sc) hubiera habido metátesis *(cs=sc): visque, visquiste, visco* [61];
pensamos que es más fácil partir de verbos que tienen *sc* y cuyo
significado pudiera tener alguna correlación con el nuestro;

<hr>

[56] ERNOUT, *Morphologie*, págs. 197-198.
[57] En aragonés, antiguo y moderno, es frecuente la unificación temática
de presente y de perfecto *(estaron, dassen, hauió, sabió, tenión*, etc.), según
se explica en *Dial. arag.*, págs. 246-247, § 132.1, 2.
[58] Paralelo sería el caso del imperfecto *trujía*, que se aduce como andaluz; pero el testimonio de SCHUCHARDT no está confirmado en las investigaciones modernas *(NMéjico*, pág. 272).
[59] Vid. HANSSEN, *Conj. Berceo*, pág. 273. *Quiso* era general en la Edad
Media (HANSSEN, *Conj. arag.*, pág. 407).
[60] *Egipciaca*, II, pág. 197, § 252. Estos perfectos con -*x*- atrajeron a alguno
con *s*; CORREAS *(Arte*, pág. 305) recordó el muy conocido *quixe*, tenido por
tosco.
[61] *Manual*, pág. 320, § 120.4, y, sobre todo, GASSNER, pág. 177, 421.

nasco, por ejemplo *(nacer-vivir)*. Aún es más complicado el caso de t r a x i , pues creó una serie de tipos con evolución fonética normal (x > š), con desdoblamiento de x=*cs*, con analogías verbales, etc. La situación fue ordenada por Gassner (página 177) que, además, tuvo el mérito de documentar las variantes. De su obra procede el siguiente cuadro:

Persona	Tipo				Formaciones débiles
	TRAXIT	* TRASCIT	* TRACUIT	* TRAXUIT	
I	*traxe* mod. *traje*	*trasqui*		*troje* *truxi* *trixi* (ast.) *truje*	*trajié* *trayey* (an.) *trují*
II	*traxiste* mod. *-jiste* *trajes* (che.)			*troxiste* *trujes*	*trajiés* *trayés* (an.)
III	*traxo* *trajo*	*trasco*	*trogo* *trugo*	*troxo* *truxo* *trujo* *trexo* (ast.)	*trajo* *trayo* *trayó* *truyo* (an.)
IV	*trajimos* *trajemos* (che.)	*trasquiemos*		*troximos* *trogiemos*	*trayemos* (an.)
V	*traxiestes* *trajisteis* *trajites*			*troxiste* *trojistes* *trujéz*	*trayez* (an.)
VI	*traxieron* *trajeron* *trajieron* *trajión* *trajon*	*trasquieron*	*troguioron*	*truxieron* *trujoron* *truxeron* *troxieron* *trojieron* *trujon*	*trayeron* *traeron* *trayoron* (an.)

167.2. Las formas con *u* (*truje*, etc.) tuvieron acceso a la literatura escrita [62] y persisten hoy, como arcaísmo o como vulgarismo, en casi todo el dominio del español [63], puesto que se trata de evoluciones patrimoniales. Las formas con lexema *tra-* (no *tro-* / *tru-*) tal vez sean analógicas de *traer* aunque hayan podido intervenir además otras causas y en ellas debemos consignar que *trajión* (procedente de un *trajeon*, también documentado) representa una traslación acentual, que se cumplió una vez que el desgaste fonético eliminó a la *-r-* de *trajeron* [64]. *Trasqui*, etc. aparece en Berceo (*Mil.*, 250 *a*), lo mismo que *trasco* (*S. Mill.*, 435 *a*) [65], *trasquiemos* (*Mil.*, 392 *b*) y *trasquieron* (*S. Dom.*, 484 *c*); en todos estos casos, la *-sc-* es analógica de *nasco*, por más que se encontrara en latín. *Trogo* se encuentra en el ms. O del *Libro de Alexandre* (282 *c*) y *troguioron* en 1425 *a*, del mismo manuscrito. De los derivados de *t r a x u i t hay que citar las formas *troxo* del *Alexandre* (1341 *c*, ms. O.) [66], *troxieron* (425 *c*) [67], *troxiste, troximos, trojieron* y *truxieron* de Alfonso el Sabio y don Juan Manuel [68]. En el Toledano, hay *trayo, trayeron* [69], que pue-

---

[62] Cfr. VALDÉS, *Diál. lengua*, págs. 78-79; *Útil institución*, pág. 100, *passim*. CORREAS acepta *traxe* o *truxe* (*Arte*, pág. 299), «mas en la postrera no es tan propio, ni en los otros tiempos que mudan la *tra* en *tru*» (íd., pág. 301). Hoy *truje* es forma virtualmente viva en toda América y en las hablas vulgares de la Península.

[63] *NMéjico*, I, 49, 108 y n.; ROSENBLAT, *Notas*, págs. 220, 282, 297-298.

[64] Es forma de Nuevo Méjico, paralela al *comprón* (que, en esa zona, se ha generado así: *compraron > compraon > comprón*) o *trajión* (< *trajeon < trajeron*), vid. ROSENBLAT, *Notas*, II, pág. 54. Otra variante, muy difundida en España, es *trajon* (< *trajo+-n*), cfr. ROSENBLAT, *Notas*, pág. 220.

[65] MEYER-LÜBKE, *Grammaire*, I, pág. 391. Vid., también, *Conj. Berceo*, página 274, cuyos materiales completamos; OELSCHLÄGER, s.v., no amplía la documentación, aunque *trasco* aparece en el *Alexandre*, 1213 *d*.

[66] También aparece en la traducción de la *Historia de los Godos*, del Toledano (HANSSEN, *Präterita*, pág. 13).

[67] Se ha recogido en Alfonso X (HANSSEN, *Präterita*, pág. 15) y en la *Leyenda de los infantes de Lara* (ib., pág. 16).

[68] HANSSEN, *Präterita* 16, págs. 15 y 17, respectivamente.

[69] Ibidem, pág. 13. Creemos que *trasxiera*, del mismo autor y lugar, no es otra cosa que un hápax gráfico.

den estar motivadas por el presente de indicativo *trayo* y las demás formas débiles que empiezan por *tray-*. Un grupo aparte hay que constituir con los derivados de *t r a x u i t del tipo *trexo, trixi* documentada en antiguos textos asturianos [70]: en la primera actuó la analogía de *trer* y, en la segunda, la *-e* final convertida en *-i* pudo metatizar a la *i* acentuada. En las hablas aragonesas, *trajes* (cheso) es analógica de Yo *traje+-s*, y *trajemos* de los verbos en *-ar* (*cantemos*, etc.); *trujéz* es normal dentro del dialecto y *trujon* procede de El *trujo+-n; trayey* (sobre el infinitivo *trayé*) tiene la *-y* de todas las primeras personas del singular, sobre *tray-* influjó *truj-* y dio lugar a *truy-*.

167.2.1. En América, aunque no sean formas exclusivas de aquel español, abundan, o al menos se dan, *trajieron* (con *ie* fácilmente explicable) [71], *trajites* (Méjico) [72] y *trujió* (Méjico) [73].

167.2.2. Por último, pertenece al judeo-español *trajié*, aunque no parezca forma fácilmente explicable dada su escasa vitalidad [74].

168.0. Para los verbos con r a d i c a l v o c á l i c a, el latín creó un tipo de perfecto sin correspondencia en ninguna otra lengua, y cuyo origen no está suficientemente claro. Se trata de los p e r f e c t o s en *-vī* conformados —según se supone, aunque no haya certeza total del hecho— sobre el perfecto de *sum:* del indoeuropeo *bhew-ai* salieron *fū(u)-ī*, *fū(v)-ī*, con una *v* de transición entre la *u* y la *i;* de ahí, la lengua sacó *-vī*, que pudo extender a los otros verbos con radical vocálica [75]. En latín, *-vī* se añadía directamente a los verbos con vocal larga (*amā-vi*),

---

[70] Ibidem, pág. 23. Más difusión geográfica se atestigua en ROSENBLAT, *Notas*, pág. 273.

[71] Su difusión se documenta en ROSENBLAT, *Notas*, págs. 297-298. En los índices de esta obra, se incluye *trují* (< *truj-+-i*, de los perfectos débiles), que no aparece en el texto.

[72] También se recoge en judeo-español; la explicación es fácil, si se tiene en cuenta lo dicho en el § 134.5.

[73] ROSENBLAT, *Notas*, pág. 297.

[74] *Cantos de boda*, pág. 180, § 153.2.

[75] ERNOUT, pág. 204, § 294.

mientras que, si era breve, se asimilaba al wau del sufijo *(* monivī > * monu-vī > monuī)*. Esta situación creó una dualidad en el perfecto, pues mientras los del tipo *amavi* eran débiles y dieron motivo a evoluciones fonéticas que afectaron a la propia terminación (vid. § 171.0), los en *-ui* se mantuvieron como fuertes. Procederemos al análisis de estos últimos.

168.1. El perfecto f ū ī, que para algunos es el punto de partida de los verbos incluidos en este grupo, tenía una forma clásica representada en el siguiente paradigma:

f ū ī	*fúe, fue, fu, fui, fi*
f ŭ ĭ s t ī	*fueste, fuiste*
f ŭ i t	*fue*
f ŭ ĭ m u s	*fuemos, fuimos, fimos*
f ŭ ĭ s t i s	*fuestes, fuisteis*
f ŭ ē r u n t	*fueron* [76].

Fúe pasaría a *fué* por doble acción analógica: del diptongo *ue* (< ŏ) y de los perfectos en *-é* de la primera conjugación [77]; *fui*, como *fuiste*, etc., ha conformado su final de acuerdo con los perfectos débiles (tipo *corri*) [78]; *fi*, reducción de *fui*, está muy difundido en América y España *(murciano, andaluz)* [79]. *Fueste* es forma analógica de *fue*, etc., pues la *-ī* debiera haber cerrado la ĭ *(fuiste)* [80]. *Fuemos* es fonéticamente normal; *fuimos*, analógica de *fui* y *fimos*, forma reducida (como *fui > fi*) viva en Andalucía [81] y Argentina [82]. Para *fuestes, fuisteis* valen las explicaciones dadas en la persona Nosotros.

---

[76] Hanssen, *Conj. arag.*, págs. 406-407; Fouché, *Parfait*, pág. 64.

[77] Podría ser una analogía con los perfectos en *-é (amé)*, y con ella iría la suerte del paradigma. De la forma *fúe* pudo salir *fu*, que se encuentra en el *Pentateuco (Deut.*, V, 5).

[78] Se documentaba ya en el siglo XIII *(Egipciaca,* Berceo, *Apolonio*, etc.) y es la forma propuesta por Nebrija (pág. 125).

[79] Rosenblat, *Notas*, pág. 37, nota, añádase *ALEA*, VI, 1800.

[80] Para la *-s* de vulgarismos como *fuistes*, vid. § 134.2. A partir de *fuistes*, y por disimilación de *s...s* en ∅...s, *fuistes* o *juites* (Nuevo Méjico, Querétaro).

[81] *ALEA*, VI, 1800.

[82] *NMéjico*, pág. 37, nota.

168.2. En latín vulgar existió una forma reducida, y con ŭ breve, que dio lugar a una evolución románica distinta de la anterior:

*f ŭ ī	*foe, fo
*f ŭ s t ī	fust, fuste, foste
*f ŭ t	fot, fo, foe, foy, fu
*f ŭ m ŭ s	fomos, fumos
*f ŭ s t i s	fostes, fustes, fuste, fusti
*f ŭ r u n t	foron, furon [83].

Aunque *fuste* sea la evolución esperada (acción de la -*i* sobre la *u*) [84], la presión del paradigma hizo posible el asturiano *foste*. *Fo* es solución normal; *foe* es una forma no documentada en lo antiguo, pues el *Loor* de Gonzalo de Berceo que aduce Gassner (pág. 183) es una superchería; *foy* se recoge en el *Fuero Juzgo*. *Fomos* se documenta en el siglo XIII y *fumos* es la variante leonesa que atestigua el manuscrito O del *Libro de Alexandre* (1492 *d*). *Fustes* y *furon* en Berceo tendrán que explicarse como cruce de los dos paradigmas y no como leonesismos [85]; *foron* es evolución normal [86].

169.1. Pierre Fouché dedicó un importante estudio al perfecto castellano, aunque sus conclusiones —de carácter estrictamente fonético— no son todas del mismo valor [87]. Podemos anti-

---

[83] Vid. HANSSEN, *Präterita*, pág. 55, donde se dice que, en asturiano moderno, *fosti, fomos, fostes* eran formas vivas.Ténganse en cuenta las documentaciones que aduce OELSCHLÄGER, s.v. *ser*, y las notas de FOUCHÉ, *Parfait*, páginas 64-65.

[84] Para lo antiguo, vid. *Egipciaca*, I, pág. 203, § 269.21. La apócope *fust*, en *Deut.*, XVI, 6.

[85] Utilizamos datos, no la ordenación de GASSNER, pág. 183.

[86] Se documenta en riojano (*Dial. rioj.*, § 55.1) y en leonés (*Orígenes*, página 365, § 75.4). Berceo utilizó los dos paradigmas (pleno y reducido) de los que deriva toda la ejemplificación que recoge HANSSEN: *fúi, fu; fuisti, fuiste, fuist, fusti, fuste, fust; fue, fo; fuemos; fuestes; fueron, foron* (*Conj. Berceo*, pág. 270).

[87] *Le parfait en castillan* («Revue Hispanique», LXXVII, 1929, páginas 45-87), incluido con otros temas en su miscelánea, titulada *Études de Philologie Hispanique*.

cipar unos resultados, antes de discutir cada problema en su pormenor: los verbos con *a* temática atraen el wau de la sílaba siguiente, con lo que se motiva un perfecto en *o* (s a p u i > *sope*, p l a c u i > *plogue);* los verbos con *o*, al recibir la *u* metatizada, dan *u* (p ŏ t u i > *pude*[88], p ŏ s u i > *puse*); los que tenían *e* la convirtieron en *o* (t e n u ī > *tove*, t r ĭ b u i > *atrove*)[89]. En lo moderno, se generalizó la *u*, aunque en lo antiguo las vacilaciones fueron no escasas: Nebrija escribe siempre *tuvo*, aunque (página 100) transcribe *tovo* en un texto de Mena, al que no moderniza; sin embargo, al fijar el paradigma del «passado acabado por rodeo» lo hace *ove, oviste, ovo, ovimos, ovistes, ovieron* (página 114)[90], mientras que en otra ocasión dice Yo «*uve* amado» (pág. 125), en concordancia con *cupe, supe, tuve* (pág. 125) y *anduviesse, estuviesse, supiera* (págs. 126-127); Valdés escribe *supiéssedes, pusiéradesme, tuviéssedes*, etc., y —como hemos dicho— aun prefiere *truxo*, que, a pesar de venir del *traxit* latino, como dice Marcio, al tratadista le parecía «más suave la pronunciación» del primero[91]. A los datos aducidos en el § 128, habría que añadir los hechos de fonética general, tal y como los expone Fouché[92]:

---

[88] El maestro GONZALO CORREAS, en su *Arte*, había señalado: «Perfeto: *Pude, podiste, pudo, podimos, podistes, pudieron*. Es uso del perfecto mudar la *u* en *o* en la segunda persona singular, i en la primera i segunda plural, porque suelen conformar entre si estas tres personas, mas no siempre se guarda esta rregla i conformidad, antes se sighe la analoxia de la primera: *pude, pudiste, pudo, pudimos, pudistes, pudieron*» (pág. 306). Lo que ocurre es que las formas en *pod-* han sufrido una doble acción: la analógica de *pod-* y la neutralizadora de la vocal átona *(o ~ u)*.

[89] Hubo un * s e d u i t (por s ē d i t) de formación analógica: en Berceo se documenta *sovi, sovist, suvo;* en el *Cid, sovo;* en *Alexandre, sovieron, sovioron*. Pero ninguna de ellas pudo subsistir porque, parcialmente, venían a confundirse con las de *subir*.

[90] Del mismo modo, *oviera* y *oviesse* (pág. 116).

[91] Páginas 78-79. Podría haber alguna diferencia regional: VALDÉS, conquense, pronunciaba *truxo* desde que nació, mientras «que muchos cortesanos, cavalleros y señores dizen y escriben *traxo*». TORQUEMADA (1552), de una región arcaizante, escribe *posiere* (pág. 93), *posiesen* (94, 180), *podiere* (115), *ouiere* (186), *oviéremos* (94) y *tubiere* (pág. 229).

[92] *Parfait*, pág. 74.

a) h a b u i t > * *awwet*
  * c o n o u u i t > * *conowwet*
  s a p u i t > * *saupwet*
b) * c r e d u i t > * *crewwet*
  * s t e t u i t > * *steudwet*
c) p l a c u i t > * *plaugwet*
d) t e n u i t > * *tewwet*.

En el razonamiento de Fouché hay algunos motivos aprovechables, pero de harto generales exigen un análisis mucho más particular. Si es cierto que el grupo *cons.* + *w* presentó en ibero-romance las mismas dificultades articulatorias que en las demás lenguas románicas, no resultó justo creer que las soluciones serían del mismo tipo. En el nombre, el wau se eliminó porque no había una acción analógica que lo impidiera (m a n u a - r i a > *manera)*, pero en la flexión verbal, *w* se juzgó «característica de todo un sistema morfológico», y su pérdida no pudo cumplirse. No puede admitirse —sin embargo— que la acción analógica sólo se llevara a cabo en un sentido; antes bien, debemos encararnos con otras acciones analógicas más complicadas que las puramente fonéticas. Por eso no vale el cuadro que inserta en la página 76:

1.º Verbos cuyo radical termina en [p]: *sapuit* > * *saupwet* >cast. ant. *sopo*.

2.º Verbos cuyo radical termina en [ƀ]: *habuit* > * *awwet* > cast. ant. *ovo*, * *creduit* > *crewwet* > cast. ant. *crovo*, *tenuit* > * *tewwet* > cast. ant. *tovo*.

3.º Verbos cuyo radical termina en [đ]: * *stetuit* > * *stedwet* > * *esteudwet* > cast. ant. *estudo*.

4.º Verbos cuyo radical termina en [g]: *placuit* > * *plagwet* > * *plaugwet* > cast. ant. *plogo*.

Se ve que no hay razón para que la -*p*- de * *saupwet* no sonorice, pero sí las sordas de * *stetuit*, *placuit*, cuyas evoluciones fonéticas se hacen más lentas que la de -*p*-, y tampoco hay razón que justifique la desaparición de la -*n*- en *tenuit*. Otros son los motivos que se deben aducir. Veámoslos.

169.2. En sus estudios sobre el *Libro de Apolonio* (§ 351), Manuel Alvar ha intentado caminos distintos: no hay causas para que, incluso dentro de un mismo verbo, la -P- se trate de modo diferente: en el *Apolonio* hay, por ejemplo, *sopo* 'supo' (185 *b*, 216 *a*) y *sobo* (418 *b*), *sopiés* (551 *c*) y *sobiés* (116 *a*), etc. Según esto debemos pensar que -P- sonorizó como -T- y -K-, pero su evolución quedó condicionada porque al pasar a *u* la *o* átona, los * *subies* resultantes vendrían a confundirse con las formas del verbo *subir*, con lo que el anómalo mantenimiento deja ya de serlo. Por el contrario, los *sobiés*, *sobo*, derivados de s a p e r e , han evolucionado normalmente porque no podían confundirse con las formas paralelas de *subir*, ya que éstas tenían *u* temática *(sobiés* 'supiese' — *subiés* 'subiese').

Creemos que una explicación semejante es válida para j a - c u ī . Fouché exige una evolución normal de la -K- (* *yagui);* después de ella, el desdoblamiento del wau (* *yagwui)* y la metátesis de uno de ellos (* *yawgui),* para terminar con la monoptongación *(yogue).* Posiblemente hay que pensar —como en los casos de yod— que el wau no inflexionó a la consonante y ésta evolucionó con absoluta normalidad[93]. La *g* así obtenida se generalizó a todas las formas del paradigma que no tenían -K'-, y esta *g* no se modificó aunque surgiera una yod secundaria (ejemplo *yoguiere),* lo mismo que esa yod no ejerció ningún influjo sobre la *o* inacentuada.

La explicación también es aceptable para p l a c u ī .

170.1. El perfecto del verbo *haber* presenta más formas etimológicamente normales en *(h)obe, (h)obo* (< h a b u i (t)); la primera de ellas pudo tener la variante *ovi* en Berceo, explicada por analogía con los perfectos en *i*[94], y la forma apocopada *of*

---

[93] *Yogo* aparece en *Cid, Alexandre,* Berceo y *Apolonio,* Rodrigo de Rada, *iogui* en el mismo Berceo (según Hanssen, *Altsp. Präterita).*

[94] Gunnar Tilander, *La terminación* -*i por* -*e en los poemas de Gonzalo de Berceo (RFE,* XXIV, 1937, pág. 7), aunque creemos —dada la atonicidad de la terminación— que debe pensarse en un fenómeno más amplio, y que

en el *Cantar del Cid* (v. 3320); la *u* de *hube, -o* procede de las personas en que, etimológicamente, aparece *(hubieron)*. Sin reincidir en analogías ya consideradas una y otra vez (cfr. §§ 9, 11, 12, 120, etc.) el esquema flexional del perfecto del verbo *haber* sería [95]:

Personas	Formas etimológicas	Analogías	Particularidades
I	*(h)ove*	*uve, hube, ovi*	*of, off*
II	*oviste, ovist(i)*	*ovieste, hubiste*	
III	*ovo*	*hubo*	*ubu*
IV	*ovemos, ovimos*	*oviemos, hubimos*	*auimos*
V	*oviste(i)s*	*oviestes, hubisteis*	
VI	*hubieron*	*ovieron, ovioron*	

170.2. Las formas de *tener* están íntimamente vinculadas a las de *haber*. Queda dicho cuán insatisfactoria es, en este caso, la explicación tentada por Fouché. El verbo t e n e o debió estar influido por h a b e o en una época anterior a la románica; esto es, previa a la extensión de los usos y significados de *tener* a costa de los de *haber*. Por tanto, h ă b ŭ i condicionó a las formas t e n u i, etc., determinando un perfecto *t e b ŭ i, desde donde se explican *t ĕ w b i, *tove*. Según Alvar [96], no parece difícil que *tenere* sufriera el influjo de *habere*, por cuanto ambos verbos tenían una serie de valores, que venían a coincidir [97], y de la confusión de contenidos se pasó a la de las formas. En cuanto

---

hizo propias del riojano formas como *li, essi, elli, esti*, etc. (cfr. *Dial. rioj.*, páginas 62, 83).

[95] Gassner, pág. 167, § 389.

[96] *Apolonio*, pág. 345, § 352.5.

[97] Eva Seifert, *«Haber» y «tener» como expresiones de la posesión en español* (RFE, XVII, 1930, pág. 237).

al predominio de h a b u i se explica porque su campo de empleo era mucho mayor que el de t e n u i durante los siglos x al xii, por cuanto sólo en el xiii se generalizaron los usos de *tener* [98]. Así, pues, todo converge en la antigüedad de la acción analógica, primero semántica, fonética después [99].

170.3. Consideración aparte merecen las formas en *-ii* (a u d i ī), cuyo origen es la caída de la *-v-* intervocálica (a u d ī - v ī); fonéticamente debería dar * a u d ī, aunque se continuó bajo la forma a u d ĭ ī para evitar su homonimia con los presentes de indicativo y de imperativo. El hecho de que no cupiera tal confusión en casos como a u d ī s t ī, -s, permitió que pudieran subsistir. La primera *i* de *audii* contaba como breve entre los poetas («vocalis ante vocalem corripitur»), aunque Servio la consideraba licencia relativamente tardía, pues Plauto y Terencio aún la medían como larga, y larga era también entre los prosistas [100]. La reducción - i v i > *i* se encuentra en papiros egipcios muy antiguos, como en uno de comienzos del siglo ii d. C. («qui de unum ventrem *exiut»),* o en inscripciones de Roma del siglo v («successus mores *petiut* a Natalica», «Fortunatus [...] *exsiut* de seculu») o de Ain-Fourna de los siglos vi-vii *(«eixit* bipera») [101].

170.3.1. La existencia de doble forma, con -ĭ ī y con ī podría explicar, según Menéndez Pidal, las respectivas evoluciones de leonés y castellano [102]; sin embargo, Fouché [103] desestima la hipótesis porque, en época latina, ĭ tenía un sonido más o menos idéntico al de ī, con lo que fatalmente tenía que llegarse a ī. En la tercera persona del plural, la forma - ī r u n t es analógica de las conjugaciones primera (con *ā*) y segunda (con *ē*) y fue la base del leonés *partiron,* portugués *partirom,* catalán *partiren.* (Lógicamente, el castellano no sería ajeno a esta analogía común

[98] Seifert, *art. cit.,* págs. 266-267.
[99] Cfr. Gassner, pág. 167, § 389.
[100] Ernout, *Morphologie,* págs. 209-210, § 292.
[101] Todas en Díaz, *ALV,* págs. 22, 126, 139 y 78, respectivamente.
[102] *Gram. hist.,* § 118.2; cfr. Gassner, págs. 159-164, §§ 366-382.
[103] *Parfait,* pág. 49.

a todos los romances peninsulares) [104]. Las formas actuales con *ie* son analógicas de *-iemos, -iestes,* que, a su vez, lo eran de *viemos, diestes.*

170.3.2. En judeo-español hay acción analógica y el perfecto en *-í* de las segunda y tercera conjugaciones se traslada a la primera, de modo que se dice siempre *sení* 'cené', *incontrí, bañí, fragüí* [105].

171.0. La caída de la *-v-* entre dos *i*, determinó, también, su pérdida en *-ēvē* (d ē l ē v ē r a m), formas que sirvieron para que se sincopara a m a v i s t i en a m ā s t ĭ, y todos los otros tiempos y modos del perfecto (a m a (ve) r a m, a m a (ve) - r o, a m a (ve) r i m, a m a (vi) s s e m). Las formas contractas eran muy usadas y un testimonio de Cicerón [106] muestra la alternancia de i u d i c a v i s s e - i u d i c a s s e [107] en su tiempo, mientras que en la época imperial sólo se empleaban las formas contractas y Quintiliano se burlaba de quienes pronunciaban *audivisse* o *scivisse* [108]. Así se explica por qué las lenguas románicas derivan —sólo— de las formas contractas [109] y, en efecto, los testimonios latino-vulgares están concordes con estos planteamientos; en inscripciones parietarias de Pompeya se lee «Secundus *pedicavd* pueros» y «Veneria Maximo mentla *exmuccaut*» [110] y en otra de Saponara, «mecu *laborait*» [111]. En *Las Glosas*

---

[104] Añadamos, que ī también existió en riojano antiguo (*Dial. rioj.*, página 64, § 55.2). Para documentación leonesa, *FSalamanca*, pág. 47, § 20, *passim.*

[105] *Cantos boda*, § 153, 1, pág. 179.

[106] *Orator*, 47, 157.

[107] El Gramático Probo (s. IV), en sus *Instituta artium* escribía: «numeri singularis *probavi* non *probai, probasti* non *probaisti, probavit* non *probait;* numeri pluralis *probavimus* non *probaimus, probavistis* non *probastis, probaverunt* et *probarunt* et *probavere*» (160, 14).

[108] *Inst. Orat.*, 1,6, 17.

[109] ERNOUT, *Morphologie*, pág. 212, § 300.

[110] Apud DÍAZ, *ALV*, pág. 37, números 622 y 635, respectivamente. Cfr. *duplicaot* en las *Glosas silenses*. En la *Lex Salica*, según el manuscrito, se lee *fallierit* o *falliverit* (SCHRAMM, pág. 105).

[111] Ibidem, pág. 128, X 216.

emilianenses se lee *lebantai*[112] y en textos riojanos antiguos, aunque se encuentra *uendiuimus* (1092), hay muchos más casos de *misot* (1073), *molio, cadio* (1199) en los que la analogía se ha impuesto: -a v i t > *-aut* > *-ó(t)*[113].

171.1. En la primera conjugación, la persona Nosotros puede sufrir la acción analógica de la persona Yo, de la que toma la vocal acentuada *(matamos > matemos)* y aun puede generalizarse el fenómeno a Tú *(mateste)* y Ellos *(matesteis)*. La difusión de estos tratamientos es muy amplia: castellano vulgar, leonés, andaluz, aragonés, murciano, Santander, etc.[114]

171.2. También es analógica la terminación Ellos *-oron (cantoron)*, con una *ó* tomada de Él. Esta forma, documentada desde antiguo, se oye en leonés y aragonés y da lugar a numerosas variantes fonéticas como la final en *-oren (echoren)* del salmantino y del maragato[115], y, en el dominio pirenaico, del belsetá[116]. Otro tipo de analogía está motivado por la terminación *-en* de tantas formas verbales *(echen, echaren, echasen)* que, al actuar sobre *-aron*, produce el final *-oren* en Astorga, tierra de Salamanca, Sierra de Gata[117].

172. Tanto en leonés como en aragonés, la tercera persona del plural puede tener una nueva formación analógica: sobre Él se añade una *-n (maton, dijon, trajon* 'mataron, dijeron, trajeron'), dando lugar a variantes que se acreditan tanto en lo antiguo como en lo moderno. Así, en leonés hay documentación abun-

---

[112] Ni más ni menos que cometiendo el mismo error que había denunciado el gramático Probo: «Quaeritur, qua de causa *calcavi* et non *calcai* dicatur [...] et ideo *calcai* barbarismus esse pronuntiatur» (182, 11).

[113] *Dial. rioj.*, pág. 65, § 55.3. Cfr., también, *Orígenes*, págs. 361-362, § 75.1-3.

[114] Rosenblat, *Notas*, pág. 220, nota; Mondéjar, pág. 71.

[115] *Dial. leonés*, pág. 103. Ténganse en cuenta las numerosas adiciones de M.ª C. Bobes, que figuran en la nota 139 de esa obra y los materiales allegados por Rosenblat (*Notas*, pág. 220, nota). Para la edad media, *FSalamanca*, pág. 81, § 46.2.

[116] A. Badia, *El habla del valle de Bielsa (Pirineo aragonés)*, Barcelona, 1950, pág. 123, § 96.

[117] Cfr. nota 115.

.dantísima que, incluso, alcanza a provincias castellanas como Soria y Santander [118]. En las encuestas de esta última aún alcanzamos a oír variantes de este tipo en los pueblos más aislados en el sudeste de la provincia (datos de 1976). También en la literatura antigua de cuño leonés se atestiguaron documentaciones de este tipo.

En el dominio aragonés, la literatura antigua acredita *agradejón* 'agradecieron', *trobón* 'encontraron', *vistión* 'vistieron', *sallón* 'salieron', *dixon* 'dijeron' [119]; hoy *dijon, trujon, fizon*, etc., se encuentran en numerosas hablas vivas [120]. Para los ejemplos de los dos dialectos (el occidental y el oriental), valgan unas consideraciones que, ya en el siglo XVI, hacía Juan de Valdés:

> En dos maneras principalmente usamos de vocablos sincopados. La una no la tengo por buena, ésta es la que en cierta parte de Spaña usa el vulgo, diziendo *traxon, dixon, hizon*, por *traxeron, dixeron, hizieron* (pág. 124).

Correas era, como siempre, mucho más tolerante con los vulgarismos; aceptaba las formaciones que comentamos por la lógica de su constitución, aunque como tantos espíritus de la edad de oro, confiaba la sanción en lo que era el buen uso [121]. Su texto es largo, pero valioso, lo transcribimos reduciendo los ejemplos a lo que pueda resultar más significativo:

> Notamos en estos pretéritos irregulares, que todos los que tienen el azento en la anteultima, estan dispuestos a la formazion que algunos hazen i usan vulgarmente que de la terzera singular añidiendo *n* forman la terzera plural, con analogia de otros tiempos; ansi *estuvo estuvon* [...] *hizo hizon* [...] *vino vinon* [...]. Los demás que tienen el azento en la ultima no son capazes de ansi formar. I aun-

---

[118] Los materiales se agrupan en ROSENBLAT, *Notas*, pág. 220. En Extremadura, el rasgo parece tener gran vitalidad: JOHN G. CUMMINS, *El habla de Coria y sus cercanías*, Londres, 1974, pág. 96, § 26 c.

[119] *Estudios sobre el «Octavario» de doña Ana Abarca de Bolea*, Zaragoza, 1945, pág. 63, vv. 10, 16; pág. 81, vv. 69, 66; pág. 82, v. 90, etc.

[120] *Dial. arag.*, págs. 242-246, § 131.

[121] M. ALVAR, *La lengua como libertad y otros estudios*, Madrid, 1982.

que esta formazion en los dichos sighe rrazon i buena proporzion, no se admite, antes se rreprueva, i tienen por toscos a los que usan tales personas terzeras plurales *dixon, hizon,* hasta que el uso las acredite (*Arte,* pág. 313).

173. Gassner sintetizó en una tabla los resultados a que llegó la historia de los perfectos débiles (pág. 164). La copiamos a continuación:

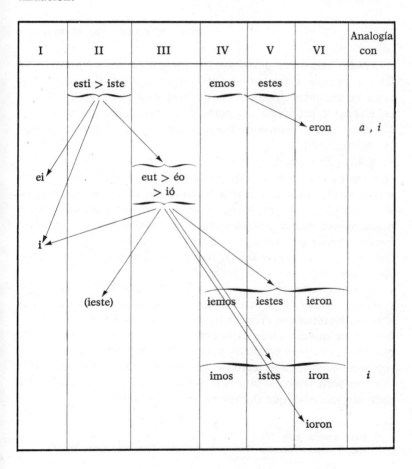

La forma -*éo* de la persona Él se documenta en el leonés del Noroeste referida a los verbos de la segunda conjugación, con lo que se vienen a oponer *partió* y *meteo*. La distinción abunda en la literatura antigua (Fueros de Avilés, de Oviedo, Juzgo, documentos de los siglos XIII y XIV) y hoy en Villapedre, algo en Villaoril, y en otros puntos aislados [122].

OTROS TIPOS DE TEMA DE PERFECTO

174.0. Los otros perfectos (de indicativo, de subjuntivo) sufrieron la suerte que hemos descrito en el § 165. Por tanto, si el tema se encontró frente a las mismas vicisitudes que han sido estudiadas a propósito del perfecto absoluto, los tiempos y modos sufrieron una serie de transposiciones que vamos a considerar brevemente.

174.1. El p l u s c u a m p e r f e c t o de indicativo acababa en - e r a m (< * - i s - ā m = sufijo de perfecto + desinencia de pretérito, -*am)* y esta desinencia se continuó en español, pero con distintos valores [123]. En ellos, *amara* y *amé* son pasados, pero el matiz aspectual está marcado por la oposición *amé — he amado, amaba—había amado,* con lo que *amara* queda libre por ser redundante como expresión de tiempo pasado y como manifestación aspectual; por otra parte el futuro de pretérito *amavero* entra en colisión con *amaré* y con *habré amado,* por lo que el romance *amare* (< a m a v e r o) queda también sin contenido preciso. Entonces se crea un futuro de subjuntivo, inexistente en latín, y la nueva casilla es ocupada por el futuro de indicativo, que había quedado obsoleto, y, por otra parte, *amaveram > amara,* como pluscuamperfecto, se documentó con una significación de irrealidad («Roma capi non *potuerat*»='Roma no habría podido ser tomada') que duraba en castellano antiguo («O matador

---

[122] *Dial. leonés,* pág. 105.
[123] Vid. POTTIER, *Introduction,* págs. 180-181; GASSNER, págs. 183-185.

de mi fijo cruel, *mataras* a mi, *dexaras* a él» [124]) y persiste en algunos usos del moderno («¡Ojalá *tuviera!*»). Este valor de irrealidad
es el que aproximó *amara* a los usos del subjuntivo y lo llevó a él.
He aquí un texto de 1485 en el que se ve netamente la diferencia
existente, todavía en el siglo XV, entre el pluscuamperfecto analítico y el sintético:

> Si tan vieja de mas de ochenta *no fuesse*, a Cella *hauia ydo* a
> confessarme, o *si* Inquisidor *hoviesse havido* aqui, antes me *con-
> fessara* [...]; otras cosas de present no me acuerdan; que *sis* me
> *acordassen* las *confessaria*.

Es decir:

> *si no fuesse* = soy (real) → *hauia ydo*
> *si hoviesse havido* = no hubo (supuesto) → *confessara*

De donde se puede deducir que *confessara* va mejor para expresar el matiz hipotético que *hauia confessado*. *Hauia ydo* es
un pasado que se liga a un hecho considerado como real, mientras que *confessara* es un pasado que se liga a un hecho hipotético, de donde sus afinidades con el subjuntivo.

174.2.   De los cuatro tiempos del subjuntivo latino, el español
sólo guarda dos, a m e m y a m a v i s s e m [125] (mientras que ha
fundido otros dos, a m a v e r i m y a m a v e r o [126]) y ha tomado
uno del indicativo, *amara*; de forma que *ame* y *amare* se orien-
tan hacia el futuro, mientras que *amase* y *amara* 2 hacia el
pasado. De este modo *amara* puede encontrarse como pasado
secundario *(amara* 1), valor arcaico con algunas reliquias todavía; estado de tolerancia *(amara* 1 = *amaría)* y estado vivo (im-

---

[124] JUAN DE MENA, *Laberinto,* 205 *b-c.* El uso era también propio del francés antiguo (Cantilenas de Santa Eulalia, de San Alexis, de San Leger) y del
italiano antiguo (ritmo Casinense).
[125] Formado en latín por el sufijo de perfecto * *-is-*+la característica del
pretérito de subjuntivo *-sem,* cfr. GASSNER, pág. 185.
[126] Ya en la época clásica se confundieron las flexiones de *amavero* y
amaverim (vid. MONTEIL, pág. 331). Cfr. GASSNER, pág. 187.

perfecto de subjuntivo orientado preferentemente hacia el futuro = *amara* 2) [127].

175. Toda esta historia podría reducirse a unos esquemas:

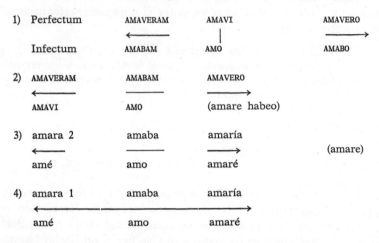

1) Perfectum   AMAVERAM   AMAVI   AMAVERO
   Infectum   AMABAM   AMO   AMABO

2) AMAVERAM   AMABAM   AMAVERO
   AMAVI   AMO   (amare habeo)

3) amara 2   amaba   amaría
   amé   amo   amaré   (amare)

4) amara 1   amaba   amaría
   amé   amo   amaré

176. La suerte de todas estas formas latinas (a m a v e - r a m > *amara;* a m a v i s s e m > *amasse;* a m a v e r o > *amare*) no plantea ya ningún problema [128]. Tan sólo señalar que el futuro de subjuntivo acabó su primera persona en *-o* hasta el siglo XIV, en que la regularidad del paradigma generalizó en ella la *-e* que tenían las otras personas *(amares, amare,* etc.). Nebrija en su *Gramática* (págs. 119-120) ya da unos paradigmas como los modernos. Aunque en la actualidad este futuro está en franco desuso, coloquialmente sobrenadan todavía algunas reliquias

---

[127] POTTIER, *Introduction,* págs. 180-183.

[128] *Amavero* coincidía —salvo en la primera persona— con la conjugación del perfecto de subjuntivo, lo que ayudó a su pérdida. Por lo demás, en su origen no era ni futuro ni indicaba acción terminada, sino que siendo un aoristo de subjuntivo podía expresar tanto una relación con el futuro, cuanto una acción perfectiva (BATTISTI, pág. 236). La sustitución perifrástica comenzó con el futuro pasivo de subjuntivo en autores como Tertuliano y San Cipriano. Para sus usos en los cartularios españoles, vid. BASTARDAS, págs. 150-152.

muy aisladas: en Santo Domingo, en algún punto de la Sierra del Ecuador, tal vez en Nicaragua, acaso en Maragatería [129] y alguna vez lo hemos oído en conversación espontánea en la isla de la Gomera (Canarias). En cuanto a la alternancia *-ra / -se*, la primera de ellas parece más extendida, predomina en América y Andalucía, en Canarias y en judeo-español [130], mientras que en leonés parece ser que la terminación *-se* está en total retirada [131], en tanto en aragonés se puede oír con ciertas pretensiones de afectación, pues de otro modo sólo aparece *-ra*.

PARTICIPIO PASADO

177.1. En latín se representaba por un antiguo adjetivo verbal en * *-to-*, indicador de que el sujeto poseía la cualidad expresada por el verbo; podía tener tanto sentido activo como pasivo: *homo potus* 'hombre que ha bebido', *h. cenatus* 'que ha cenado', etc. (cfr. en español *hombre entendido*) [132]. Primitivamente, el participio pasado era independiente del tema de infecto y del de perfecto: se formaba simplemente añadiendo * *-to-* a la raíz verbal, y de esto quedaron algunos rasgos en latín, que —incluso— han llegado a las lenguas románicas: d a t u > *dado*, s t a t u > *estado*, d ī c t u > *dicho*, d ŭ c t u > *ducho* [133] y los anticuados m ī s s u > *miso* [134], v i n c t u > *vinto*, e x s u c t u s >

[129] ROSENBLAT, *Notas*, pág. 216, § 192. Vid., también, GERMÁN DE GRANDA, *Formas en «-re» en el español atlántico y problemas conexos* («Thesaurus», XXIII, 1968, págs. 1-24).

[130] ROSENBLAT, *Notas*, pág. 215; MONDÉJAR, pág. 75; WAGNER, *Konstantinopel*, pág. 122 *a*, § 57.

[131] L. RODRÍGUEZ-CASTELLANO, *La variedad dialectal del Alto Aller*, Oviedo, 1952, pág. 182, § 128; A. LLORENTE, *El habla de la Ribera (Salamanca)*, Salamanca, 1947, págs. 152-153, § 110. Y, al parecer, no se encuentra en Extremadura (CUMMINS, *Coria*, ya cit., pág. 108, § 34).

[132] Cfr. ERNOUT, *Morphologie*, págs. 219-220, § 310.

[133] Cfr. VALDÉS: «Nuestros passados dezían *ducho*, por vezado o acostumbrado, como parece por el refrán que dize: *A quien de mucho mal es ducho, poco bien se le haze mucho;* agora ya parecería mal» (pág. 121).

[134] Vid. OELSCHLÄGER, s.v. *meter*.

> *ensucho* [135] o los que ya no tienen sino empleo adjetival
(t i n c t u > *tinto* [136], c o c t u > *cocho* [137], p a s s u > *pasa*) o sustantivo (m o r s u > *mueso*, p i s t u > *pisto*, r a p t u > *rato*,
v e n t u > *viento*). Con estas formaciones deben emparentarse
las de los participios fuertes del español: *gasto* 'gastado', *pago*
'pagado', *nublo* o *nuble* 'nublado', todos de verbos en *-ar*.

177.2. Los verbos cuyo perfecto era en *-āvi*, *-ēvi*, *-īvi* tenían
vocal larga en el participio, y de ahí las formas del español
(p l a n t ā t u > *plantado*, a u d ī t u > *oído*), los de perfecto en
-uī hacían el participio en *-ĭtus* o *-utus* (d o m ĭ t u > *duendo* [138],
d ŏ c t u [139] > *duecho*, m i x t u > *mesto* [140]), mientras que los de
perfecto en *-vī*, perdían la *-ĭ-* (c a u t u > *coto*, l e v ĭ t u 'levadu-
ra' > *lieudo*) [141]. Claro que buena parte de estas formas etimológicas se fijaron en un campo estrictamente nominal una vez
que se generalizaron los participios regulares (*domado*, *teñido*,
cocido, *pasado*, etc.) o se perdieron los verbos de cuyo sistema
formaban parte (e x s u c t o , p i n s o , r a p i o , v i n c i o , etc.).

177.3. Los cambios fonéticos producidos en latín repercutie-
ron como es lógico en el castellano. La conformidad con una
evolución fonética normal hizo que los participios cayeran en el
campo nominal, en tanto los paradigmas flexionales imponían
unas regulaciones analógicas para los empleos estrictamente
verbales. De ahí esos dobletes ya señalados (*cocho-cocido*, *tinto-*

---

[135] «A la ribera vino *ensuch*a ['seca']» (*Egipciaca*, v. 1251). Cfr. J. W. REES,
Notes on the Text of the «Vida de Santa María Egipciaca» («Hispanic
Studies in Honour of J. González Llubera», Oxford, 1959, pág. 267).
[136] Cfr. antiguo: «por fuera *tintas* en sangre» (*Romance de doña Alda*).
[137] Vid. ROSENBLAT, *Notas*, pág. 316, donde —como es habitual— da una
información muy valiosa. *Cocho* ha pervivido en la lengua común en compuestos del tipo *bizcocho*, *sancocho*, *melcocha*. Analógico es *pocho*.
[138] 'Novillo uncidero' (G. ADRIANO GARCÍA LOMAS, *El lenguaje popular de
la Cantabria montañesa*, Santander, 1966, s.v.).
[139] Cfr. GASSNER, pág. 193, § 463.
[140] 'Machío. Dícese particularmente del roble o encina que son infructí-
feros' (J. LAMANO, *El dialecto vulgar salmantino*, Salamanca, 1915, s.v.).
[141] Es forma del cast. ant.; en los dialectos, *leudo*, *lieldo*, *liedo*, *liudo*,
yeldo, *yudo* y otras mil variantes (*DEEH*, núm. 3849).

teñido, mueso-mordido) y otros que se producen desde una situación que, en latín, ya era anómala. Por ejemplo, de e f f r ĭ n g o salió un participio e f f r ā c t u con ā larga, de c o m - p ĭ n-g ō > p ā c t u, de r e g ō > r ē c t u, de t e g ō > t ē c t u, y sus derivados romances fueron —ya no verbales— *frecho* [142], *pecho* [143], *de-recho, techo* [144]. El lexema verbal acabado en dental, al unirse a la *t* daba lugar a formaciones nuevas (en latín, -D+T- > *ss*), pero sin alargar la vocal: p ă n s u de p a n d ō [145], s ĕ s s u de s e d e ō [146], f ŏ s s u de f o d i ō [147].

También el consonantismo sufrió multitud de simplificaciones y asimilaciones, algunas de las cuales han dejado su descendencia en romance. Así el paso de *t (d+t)* a -*ss*- determinó que vinieran a coincidir los nuevos participios con los perfectos en -*si*. Por ejemplo: pres. *rīdeō*, perf. *rīsī*, part. *rīsus* (< * r ī d t o s) en español *riso, risa; mītto, mīsī, missus* en español *mis(s)o; sentiō, sēnsī, sēnsus* en español *seso*.

177.4. Los numerosos perfectos en -*sī* crearon un buen número de participios analógicos en - s u s, que se perpetúan muchas veces en español, con valor exclusivamente nominal, según vemos que ocurrió con muchos de los ejemplos transcritos en los párrafos anteriores. Así del verbo m a n e ō [148] el perfecto m ā n s ī creó un participio m a n s u s del que salen el cat. *mans* y el general *manso* 'pacífico, domado' [149], de m u l c ē o - m u l s ī

---

[142] *Frecha* 'raja' (ast.), 'descalabradura' (pir.), *Frechilla* (Pal., Sor.), *frechal* 'quebradizo' (salm.), *fresella* 'rendija' (pir.), etc. (*DEEH*, núm. 2899).

[143] Ya en el *Cid*, II, s.v.

[144] En los cultismos se mantiene el grupo -*ct*- y, en las palabras semicultas, se reduce a *t*, según la fonética normal: *acto, invicto*, c i n c t u > > *cinto*, d e f u n c t u > *difunto*, etc. La explicación vale para -*pt*-: c o r r u p t u > *corrupto*, frente a r u p t u > *roto*.

[145] El término castellano significa 'fruto seco', cfr. *pansa* 'pasa' (arag.), *pansirse* 'secarse, arrugarse la fruta' (oriente peninsular).

[146] Cfr. *seso* 'calce de los pucheros' (sor., burg., nav.), *sieso* (arag.), *sies* (id.), etc.

[147] Con él hay que relacionar f ŏ s s a, que tantos derivados tiene en la Península (*huesa*, cast.; *fuesa*, arag.; *foso* 'hoyo', *fosal* 'cementerio', etc.).

[148] En latín arcaico *mantāre*.

[149] No es cultismo porque en el dialecto se conserva el grupo -NS-.

deriva m u l s u s > *molsa* 'musgo' (nav.), *monsa* 'id.' (nav.),
molso 'estropajo' (alav.), de f a l l ō , f a l s u s > *falso, falsa* 'des-
ván', de c u r r ō , c u r s u s > *coso* 'carrera, lugar para las ca-
rreras', *coseros* 'afueras de un pueblo' (nav.) [150].

Como se ve, la historia del participio pasado tendió a pri-
varle de cualquier autonomía e irle imponiendo tal cantidad de
hechos analógicos que acabó vinculándolo al tema de perfecto [151],
creando de este modo una unidad paradigmática en la conjugación. Pero nada de ello oscureció su importancia, pues sobre él
se motivaron —y citamos únicamente los hechos que repercu-
tieron sobre las lenguas románicas— una gran cantidad de infinitivos, los substantivos abstractos en *-tiō*, los nombres de acción
en *-tus* y de agente en *-tor*, etc.

177.5. La situación anterior, con los reflejos románicos a
que se ha hecho mención, determinó en español la creación de
unos participios analógicos en *-ado* o *-ido* [152], que uniformaron
los paradigmas verbales: esto es, se creó una situación en todo
semejante a la que remodeló la del latín. El problema de los
verbos en - e r e (sin participio débil) radicó en la necesidad de
crear un participio regular que sustituyera a la heterogeneidad
de los participios fuertes: surgieron los muchos derivados en

---

[150] Cfr. Ernout, *Morphologie*, págs. 226-227.

[151] Y así también en español: Marcio pregunta: «¿Quál tenéis por mejor, dezir *querido* o *quesido*?» Pero Valdés da una razón que ha prevalecido: «Yo nunca jamás escrivo *quesido*, sino *querido*, porque viene de
querer» (*Diál. lengua*, pág. 102).

[152] Como decía Nebrija: «el participio del tiempo passado [...] formase
del presente del infinitivo» (*Gramática*, pág. 130). Tejeda llegó a escribir
dos paradigmas, uno cortesano y otro «grosero y villano» según se for-
maran participios fuertes o débiles y comentaba con precisión: «En España
los cortesanos en los preteritos de los verbos *escreuir, morir* e *imprimir*,
se sirven de los participios *escrito, muerto* e *impreso*, pero los grosseros
y villanos se siruen de los participios *escriuido, morido* e *imprimido*» (página 258). Nos afecta, bien que un tanto marginalmente, el trabajo de An-
negret Alsdorf-Bollée, *Die lateinischen Verbalabstrakta der u-Deklination
und ihre Umbildungen im Romanischen*, Bonn, 1976, págs. 115-135.

- ū t u s (correspondientes a verbos con perfecto en - u i)[153] què, si abundaron en lo antiguo, fueron abandonados pronto *(trefudo, sabudo, tenudo):* ya en el siglo XVI servían como recurso para imitar la «fabla» vieja[154].

CAMBIOS TEMÁTICOS

178. Ya en latín vulgar, la tendencia a igualar los paradigmas verbales llevó a eliminar las diferencias temáticas entre infecto y perfecto. Así, en una inscripción de Villafranca de los Barros (siglos III-IV) se lee «qui iam feto *tollerat*» (en vez de *sustulerat*), en otra de Maguncia (s. VI-VII): «*conderunt* [por *condiderunt*] hoc titulum pater et mater» o, en un diploma merovingio de Childeberto III (s. VII), se da la sustitución de un perfecto en -*si* por otro reduplicado: «et ipsa estrumenta in presenti *ostendedit* [por *ostendit*] relegenda et visa eis»[155]. Esto explica las frecuentes confusiones de tema que se daban en el siglo X: *abierat* por h a b u e r a t y otras formas del mismo verbo en las *Glosas silenses*[156]. Lógicamente, los vulgarismos se continúan en épocas posteriores, como en documentos asturianos de 1155 o en los riojanos de los siglos XII y XIII donde la analogía, al hacer débiles los perfectos fuertes, viene a igualar los dos temas verbales: *cadió, traductó, andó, trayó, podió*[157]. En aragonés, tanto antiguo como moderno, es muy frecuente la unificación temática del presente y del perfecto; en la documentación medieval aparecen *estaron* 'estuvieron', *daron* 'dieron', *andaron* 'anduvie-

[153] W. Meyer-Lübke, *El español comparado con las otras lenguas romances*, Madrid, 1922.
[154] Gassner, pág. 191, § 459.
[155] Todos en Díaz, págs. 133, 137 y 207, respectivamente. Cfr. F. G. Banta, *Abweichende spät- und vulgärlateinische Perfektbildungen*, Friburgo de Suabia, 1952. No lejos de estos hechos está el *precurasor* por 'praecurator' de una pizarra visigótica (Gómez-Moreno, pág. 35).
[156] *Orígenes*, pág. 366, § 75.6. Todavía en la estrofa 1420 del *Rimado de Palacio* se lee *auimos* 'hubimos'.
[157] *Dial. riojano*, pág. 65, § 55.3.

ron', *teniese* 'tuviese', *hauió* 'hubo', etc.; en el siglo XVII, doña
Ana Abarca de Bolea, que vive en Casbas, escribió *estió* 'estuvo',
sabió 'supo', *dició* 'dijo'; hoy se han recogido en diversos sitios:
querese 'quisiese', *venise* 'viniese', *estase* 'estuviese', *hacesen*
'hicieren', etc. [158]. En judeo-español de Marruecos se atestigua
dates 'diste' [159].

---

[158] *Dial. arag.*, págs. 246-247, § 132.1, 2.
[159] Cfr. *Cantos boda*, § 153.2, pág. 180.

CAPÍTULO XIII

LOS ELEMENTOS DE RELACIÓN

179.1. Por razones que iremos exponiendo (§§ 179.2, 180, etc.) vamos a ceñir nuestro interés a las p r e p o s i c i o n e s (a pesar de las dificultades que plantea su sistematización) y a unas cuantas l o c u c i o n e s fundamentales[1]; tratamos de establecer un método y una claridad que permitan llegar a algunos resultados viables, pues —en este terreno— es tan fácil caer en una generalización, que poco sirve en el mundo de la realidad, como en un análisis atomizador, que se pierda en un casuismo punto menos que estéril. El inventario de estos elementos es abierto, y conviene no olvidar que palabras tradicionalmente consideradas como adverbios[2], se hicieron más tarde preposiciones, situa-

---

[1] Entendemos por *locución* un conjunto de palabras que tiene el valor gramatical y, a veces, semántico de una sola. De las diversas locuciones posibles (adjetivas, adverbiales, conjuntivas, interjectivas, prepositivas), en este momento nos vamos a fijar en las últimas, a las que en español pertenecen conjuntos estables como *en pos de, para con, en torno a*. Hay ocasiones en las que la locución prepositiva puede ser reemplazada por una preposición simple, y por ello nuestra limitación actual. Por ejemplo: «caminar *en pos de* un ideal» = «caminar *tras* un ideal», «fue bondadoso *para con* sus semejantes» = «... *con*...» (cfr. *Le langage*, «Les dictionnaires du savoir moderne», dirigido por BERNARD POTTIER, París, 1973, pág. 284).

[2] En los ejemplos de la nota anterior puede encontrarse una justificación de estas previsibles dudas: el *Diccionario* académico, del que hemos

ción que no es sólo románica, sino que también se daba en latín; recordemos, por ejemplo, cómo f ŏ r a s (y f o r i s) se usó como adverbio, pero, en latín vulgar (Apuleyo, la Ítala y la Vulgata), pasó a ser preposición y como tal regía caso; u s q u e que significaba 'directa, ininterrumpidamente' («*usque* Romam»='*directamente* a Roma') se convirtió en preposición ('hasta'); r e t r o era un adverbio, 'por detrás, detrás, hacia atrás, al revés', que, en romance, se emplea como preposición, *alrededor de*, etc.

Del mismo modo, algunos sustantivos, cuyo significado se adverbializó, después adquirieron carácter preposicional; tal sería el caso de g r a t i a , l a t u s , r i p a , t e n u s , v e r s u s [3], etcétera, motivo de elementos románicos como *gracias a, a causa de, a consecuencia de, por medio de*, etc. [4]. Por eso no vamos a distinguir entre empleo preposicional y adverbial, por cuanto muchas veces encontramos las mismas palabras en las dos funciones [5], y lo que tratamos de hacer es un estudio morfológico, no sintáctico.

179.2. La descripción de los valores de estos elementos se hará con referencia a los tres campos semánticos que la permiten: el *espacial* (E), el *temporal* (T) y el *nocional* (N) (esto es ni espacial ni temporal), según puede verse en el sencillo ejemplo siguiente:

---

extraído los ejemplos (s. v. *locución*), considera *en torno a* como locución prepositiva, pero *alrededor* como adverbio; sin embargo, *alrededor* procede de *al* y la preposición *redor* 'detrás, cerca de' (< r e t r o 'detrás'). El valor preposicional constaría en ejemplos como «vio *en torno al* monte una hermosa llanada», que en lo antiguo fue «vido *redor* el monte una bella anchura»; ya muy dentro del siglo XIII se introdujo *de (redor de)*, vid. *DCECH*, s.v. *alrededor*. Cfr. ERNST GAMILLSCHEG, *Ueber Präposition und Adverb im Spanischen (FHR*, págs. 120-139).

[3] *Tenus* procede de *tenus, -oris* o de * *tenus, -a, -um* (cfr. *uersus, adversus*). Su vida duró del s. II a. C. al II d. C. (ERNOUT-MEILLET, s. v.).

[4] POTTIER, *Systématique*, págs. 274-275.

[5] Cfr. E. LÖFSTEDT, *Vermischte Studien zur leteinischen Sprachkunde und Syntax*, Lund, 1936, pág. 109.

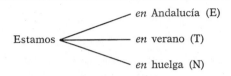

Estamos — *en* Andalucía (E)
— *en* verano (T)
— *en* huelga (N)

DEL LATÍN AL ESPAÑOL

180.1. El conjunto prepositivo latino se ordena en tres sistemas:

  I. Preposiciones que indican movimiento hacia o desde un límite de referencia.
 II. Preposiciones que se refieren a un límite doble, o sea una interioridad.
III. Preposiciones que suponen un límite orientado (no simétrico).

180.2. Los estudios taxonómicos de que disponemos descienden a las realizaciones de cada texto en particular, pero, habida cuenta de los movimientos del pensamiento, los esquemas representativos dan lugar a una infinidad de realizaciones posibles; de tal modo que el estudio de los empleos de cada preposición difícilmente se agota, e infinitos son los matices que entran en cada descripción. En las páginas que siguen haremos referencia a los estudios que son más asequibles o completos e intentaremos explicar los principios de tales empleos [6].

---

[6] Cfr. BERNARD POTTIER, *Espacio y tiempo en el sistema de las preposiciones (BdFS,* VIII, 1954-1955, págs. 347-354); MARÍA LUISA LÓPEZ, *Problemas y métodos en el análisis de las preposiciones,* Madrid, 1970; RAMÓN TRUJILLO, *Notas para un estudio de las preposiciones españolas (BICC,* XXVI, 1971, págs. 234-279); PEDRO CARBONERO, *Funcionamiento lingüístico de los elementos de relación,* Sevilla, 1975.

181.0. Acabamos de señalar que este «sistema I» está constituido por las preposiciones que indican un movimiento en relación con un límite de referencia; por tanto, desde el punto de visión del hablante (lo designaremos *v*) habrá una visión prospectiva, si se considera el movimiento hacia el límite de referencia; o una visión retrospectiva, si ese movimiento se toma en consideración desde tal límite. La situación latina se expresa en el siguiente cuadro:

Visión prospectiva   *Visión retrospectiva*

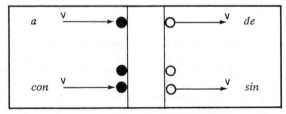

Por una evolución histórica que vamos a describir, en español este sistema quedó reducido, fundamentalmente, al siguiente cuadro:

181.1. En el esquema con el que hemos pretendido resumir la situación latina, encontramos que la preposición a d (visión prospectiva) se opone a las preposiciones a b , d e (visión retrospectiva). Por otra parte, si la consideramos desde la triple perspectiva espacial (E), temporal (T) y nocional (N), tendríamos ordenados sus valores: indica 'movimiento hacia un término'[7] o 'llegada a un término'. De ahí que, según cada uno de los campos semánticos considerados, podamos establecer:

E: «adesse *ad* urbem» o «*ad* urbem esse» = «estar *cerca* de la ciudad».
     «*ad* hostes contendere» = «ir *hacia* los enemigos».
     «legatos *ad* aliquem mittere» = «mandar embajador *a* alguien».

T: «*ad* auditas voces» = «*al* oír estas palabras».
     «*ad* hanc diem» = «*hasta* hoy».

N: «*ad* meam rationem» = «*a* mi juicio».
     «*ad* faces» = «*a* la luz de las antorchas».
     «*ad* pectinem» = «*con* el peine».

181.2. La forma de la preposición es *a* en castellano y fue *ad* en aragonés. En el *Diálogo de la lengua*, Juan de Valdés lo había señalado con toda claridad:

> MARCIO: ¿Qué es la causa por que vos no ponéis una *d* entre dos aes como la ponen muchos, diziendo *ad aquel*, y assí en otras partes?
>
> VALDÉS: Esso hazen solamente algunos aragoneses, lo qual, según parece, hazen por huir el mal sonido que causan dos aes juntas[8].

---

[7] En ocasiones, puede cambiarse con *para* (vid. § 193), aunque las diferencias exijan cuidados matices, de los que CORREAS dio buena cuenta: «Algunas vezes la confunden [a la prep. *a*] con *para*, i ponen una por otra, no rreparando, como se entienden en su lengua todos, pero ai distinzión, como *voi para Italia*, es ir hazia Italia, *voi a Italia* es ir determinadamente a Italia, a estar o negociar en ella» (*Arte*, pág. 150). Para las preposiciones aducidas en el texto, vid. BERNARD POTTIER, *Lingüística moderna y filología hispánica*, Madrid, 1968, págs. 139-140 y 145-146; aspectos del problema en JACQUES SCHMIDELY, *Preposiciones españolas: de «en» a «contra»* (*LEA*, I, 1979, págs. 169-180).

[8] *Diál. lengua*, pág. 72.

En efecto, los textos aragoneses abundan en tales testimonios, desde el siglo XII hasta el XVII, pero *ad* parece haber desaparecido en las hablas vivas[9]. También en regiones estrechamente vinculadas con Aragón se testimoniaba en lo antiguo esta forma: documentos navarros[10], *Crónica* del Príncipe de Viana[11], o en la Rioja[12]; sin embargo, como herencia directa del latín, la forma *ad*, con su apariencia culta, persistió hasta el siglo XII, en otros dominios peninsulares, según acreditan las glosas silenses, documentos de la época de orígenes y el Fuero de Avilés [1155][13].

182.1. Hay preposiciones de este tipo que son, semánticamente, complejas, tal es el caso de *hacia, cara* y *hasta*. En latín debió decirse d e f a c i e a d 'cara a', aunque no la encontramos en ninguno de los repertorios que venimos manejando. De esta construcción salió el antiguo *faz a*[14], convertido en *faza*[15] y *fazia*[16]. Para Correas «la diferenzia que ai entre *para*, i *hazia* es que *para* determina lugar zierto, a lo menos con más zerteza, como *voi para la iglesia, voi para Italia; hazia* denota encaminarse a la vanda del lugar que se nombra, no determinante a él; *a* le señala con toda zerteza: *voi hazia Salamanca, a Texares*»[17]. Paralela a ésta es la desviación de *cara* hacia un valor

---

[9] *Est. dial. arag.*, I, § 58.2; II, §§ 118, 226, 243; *Dial. arag.*, § 134.

[10] J. A. BRUTAILS, *Documents des Archives de la chambre des Comptes de Navarre (1196-1384)*, París, 1890, págs. 13, 15.

[11] *Crónica de los Reyes de Navarra*, edic. J. Yanguas, Pamplona, 1843, páginas 59, 85.

[12] *San Millán*, 217 *d*: «E estos *ad* aquellos otrosí los danpnaban». Cfr. *Dial. rioj.*, § 57.

[13] BOGGS, s. v. *a*.

[14] Por ejemplo, en un documento de Oña [1030] se lee: «*de fasz a* la uega» *(Orígenes*, pág. 372, § 77.6).

[15] Ya en *Cid* (v. 3060) y Berceo *(S. Dom.*, 265 *a*).

[16] A partir de 1300 *(DCECH*, s. v. *hacia)*. Cfr. YAKOV MALKIEL, *The Ancient Hispanic Verbs* «*posfaçar, profaçar, porfaçar*». *A Study in Etymology and Word-Formation (RPh*, III, 1949-1950, págs. 27-72).

[17] *Arte*, pág. 341. *Tejares* es una aldea junto a Salamanca; de ella procedían los padres de Lazarillo de Tormes.

prepositivo que se atestigua desde las *Partidas* [18] y por influjo de *carra* 'camino' se dijo *carra* que, luego, por cruce con *hacia*, dio lugar al vulgar y dialectal *carria* [19], lo que no es sino seguir el camino de *cara+hacia* (> salm. *cacia*, ast. *cancia* [20]), o *hacia+inda* (> murc. *incia*).

182.2. Casos semejantes son los de otros sustantivos usados como preposiciones: c a p u t > *cabo* («*cabo* Burgos essa villa», *Cid*, v. 56), f r o n t e («in *fronte* de illa devesa», San Vicente, 958), l a t u s > *latus* 'junto a' («vadit *latus* riu usque illo semetario», San Millán, 853), etc. [21], que, en lo moderno, serían *cabo / cabe*, *frente a*, *al lado de*.

182.3. En cuanto al árabe h á t t a, su presencia en español está atestiguada desde el siglo x, abunda en los xi-xii, y es abundantísima en el xiii; desde 1250 se generaliza cada vez más la forma *fasta* transcrita como *adta, adte, ata, hata, fata* [22]. Con valor muy próximo al del arabismo se empleó en Castilla *a*, y *(en)tro a*, en Aragón [23].

---

[18] VALDÉS repudiaba el empleo: «*cara* por *hazia* usan algunos, pero yo no lo usaré jamás» (*Diál. lengua*, pág. 108).

[19] Vid. *DCECH*, s. v. *cara*. Aunque CUERVO, *Dicc.*, no recoge *cara* como preposición, su uso existió, según acabamos de ver, y existe en pirenaico (A. BALLARÍN, *Vocab. Benasque*, Zaragoza, 1971), en gallego (VALLADARES, s.v.); *carra* en la Rioja (*Vocabulario*, de C. GOICOECHEA, Madrid, 1961) y Navarra (*Vocabulario*, de J. M. IRIBARREN, Pamplona, 1952); *carria*, en aragonés vulgar (LÁZARO, *Magallón*, pág. 13, § 25). Posiblemente el *caratrás* de CORREAS sea 'hacia atrás': «*karatrás*, komo potros de Alkaráz» (*Refr.*, pág. 369 a).

[20] MAX LEOPOLD WAGNER, *En torno a las «Etimologías españolas»* de G. Rohlfs (*RFE*, XI, 1924, pág. 280).

[21] Ejemplos agrupados, con otros, por BASTARDAS, pág. 104.

[22] Cfr. NEUVONEN, págs. 56-58. Cfr.: «uia que discurrit tras Buetrone *adta* lacuna de Vigatan» (Silos, 1098), «non desfacatis que *adte* capo de anno» (Sahagún, 1092), «*ata* ke pacifiket» (*Glosas silenses*, 328), «*hata* Val de Bacas» (Guadalajara, 1098), «*fasta* los casares» (*Fuero de Palenzuela*, 1074), ejemplos de *Orígenes*, §§ 77.6, 78.1.

[23] Cfr. *FAragón*, s.v.; *Est. dial. arag.*, II, § 241. Otras referencias en HERMAN, págs. 222-223.

183.1. La preposición latina d e pasó al español y se atestigua con el triple sistema de valores que hemos establecido en el § 179.2 [24]. Así:

E: «*de* muro se deficere» = «arrojarse *de (desde)* el muro».
    «*de* sella exsilire» = «saltar *de* la silla».
T: «*de* nocte venire» = «venir *de* noche».
N: «aliquis *de* circo Maximo» = «alguien *del* circo Máximo».

A veces el español ha fijado con claridad la relación:

«de tergo» = «*de, por* detrás»
«*de* prandio» = «*después* del almuerzo».

De entró en muchas composiciones; unas, antiguas, otras, testimonio de su vitalidad. Quedó en desuso *de que* 'luego que, desde que', atestiguado con frecuencia a partir del *Cid* [25], se unió a e x y dio lugar a *des* [26], que después se combinó con multitud

---

[24] Vid. M. T. Atzori, *La preposizione «de» nel latino volgare*, Florencia, 1939; T. Savbörg, *Étude sur le rôle de la préposition «de» dans les expressions de lieu relatives*, Uppsala, 1941; Domingo Yndruáin, «*De verdes sauces hay una espesura*». *Anteposición de complemento con* de (*VRo*, XXX, 1971, páginas 98-105); Günther Peuser, *Die Partikel «de» in modernen Spanisch. Ihre Leistung als Ligament und Präposition*, Freiburg, 1967. Además, vid. Bastardas, págs. 47-50, y Rafael Lapesa, *Sobre las construcciones «el diablo del toro», «el bueno de Minaya», «¡ay de mí!», «pobre de Juan», «por malos de pecados»* (*Fil.*, VII, 1962, págs. 169-184). Sobre algunas de estas últimas, Gonzalo Correas había escrito: «Con esta *de*, i su genitivo es mui usada frase, i propia Castellana [...] poner el adietivo en nominativo, o en otro caso, i xuntarle con el genitivo: *el bueno de Xuan, el vellaco del rrapaz, el tacaño del mozo, el traidor del escrivano, el ladrón del ventero, nezio de mi, pobre de ti*; por lo mesmo si dixera: *el buen Xuan, el vellaco rrapaz*, etc.» (*Arte*, pág. 148).

[25] En latín e x q u o . Referencias en *Infancia*, s. v. *deque*.

[26] Torsten Savbörg propuso el étimo d e i p s e para el francés *dès* («Mélanges Melander», Uppsala, 1943, págs. 1 y sigs.); sin embargo, la etimología tradicional parece válida, pues, aunque en latín pudiera decirse *de ipso loco*, no es menos cierto que en el *CIL* (XIV, 5210) se lee «uixit cum eo *de ex* die uirginitatis suae» y *des* se unía con adverbios *(Cid*, I, pág. 390, § 190.9). Más ejemplos en *DCECH*, s. v. *desde*.

de adverbios: i b i *(desí)*, h o d i e *(des hoy)*, i n d e *(desend)*.
Posteriormente, cuando se hubo perdido el sentido de la composición, *des* volvió a unirse con *de* para generar *desde* (ya en
el siglo XII).

183.2. En el esquema del § 181.0, junto a *de*, y como visión restrospectiva, frente a la preposición *ad*, que es prospectiva, hemos situado a b , que desapareció a causa de las anfibo-
logías a que se prestaba su uso: ante consonante, a b perdió
la *-b* y podía ser ambiguo el empleo de a_1 ($<$ a) y a_2 ($<$ a b).
La correspondencia de a b con otras preposiciones españolas va
a quedar expuesta muy brevemente en los siguientes ejemplos:

> «*ab* ea parte» = «*de* este lado».
> «*ab* reo dicere» = «hablar *por* ['en favor'] del reo».
> «*ab* summo» = «*desde* lo alto».
> «mitescere *a* sole» = «suavizar *por* [agente] el sol».
> «emere *ab*» = «comprar *a*».

Por otra parte, la ruina fonética de *ab* estuvo favorecida por
la extensión significativa de *ex* y *de*, ya que la idea de 'separación' implícita en *ab* no se podía aplicar a la 'separación de
dentro afuera' (expresada por *ex*), ni al 'movimiento de arriba
hacia abajo' (regido por *de*)[27].

184. En el mismo cuadro ·del § 181.0, c u m se opone a s i n e ,
según unos usos hartos conocidos:

1) «habitare *cum* aliquo» = «vivir *con* alguien»
   «pugnare *cum*» = «luchar *con, contra*».
2) «cum fratre an *sine?*» = «¿con o *sin* mi hermano?»
   «*sine* regibus esse» = «estar *sin* reyes».

Con, dialectalmente, se puede unir con el artículo y da lugar
a las formaciones consideradas en el § 83.4.

185. En cuanto a s i n e es necesario hacer algunas consideraciones. S i n e da normalmente *sen*, forma que se atestigua,

---

[27] BASSOLS, *Sint.*, I, pág. 252, § 262.

bien que una sola vez, en las *Glosas silenses* (número 107) y, también, en el fuero de Avilés (1155) y en documentos aragoneses y navarros[28]. De esta forma *sen*, con la terminación adverbial, se obtuvo *senes*, bien documentado en lo antiguo[29]. Las formas con *i (sin, sines)* no están bien explicadas: se ha pensado en un cruce con *nin* o con *sino*, pero las razones no son totalmente convincentes[30]; con *sines* hay que vincular el aragonés *sinse*, en relación con el catalán y Galorromania. Por último, *sien* y *sienes*, con documentación dispersa por toda la Península, han nacido por el cruce de *sin+sen* ($>$ *sien*).

EL SISTEMA II

186. En el § 180.1 hemos señalado el carácter de este sistema: lo constituyen las preposiciones que se refieren a un límite doble; es decir, las que encierran la idea de penetración en algo desde un punto exterior o la salida desde un punto que está situado dentro de algo. Si presentáramos un esquema al que poder referir nuestra exposición tendríamos que la situación latina se simplificó en español. Y así de una situación compleja

---

[28] Vid. GUNNAR TILANDER, *Los fueros de Aragón*, Lund, 1937, s. v. *sin;* JOSÉ YANGUAS Y MIRANDA, *Diccionario de las palabras anticuadas que contienen los documentos existentes en los archivos de Navarra*, Pamplona, 1854, s. v. *senes.*

[29] OELSCHLÄGER, s. v. *sin.*

[30] Ambas formas constan desde antiguo: *sines* abunda en textos aragoneses como los fueros de 1348 *(RFE, XXII, 1935, pág. 9)*, de Teruel (edic. GOROSCH, s. v.), de Aragón (edic. TILANDER, s. v.), Vidal Mayor de Canellas (edic. TILANDER, s. v.), *passim*, y, también, en textos navarros como los *Fueros de la Novenera*, o el *General* de ese reino.

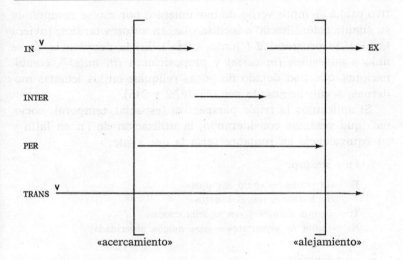

«acercamiento»   «alejamiento»

se evolucionó a otra más reducida:

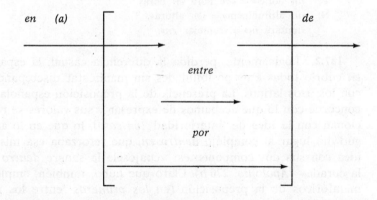

187.1. En el primero de los paradigmas se ve cómo i n se opone a e x (acercamiento ~ alejamiento). Ahora bien, en latín, *in* podía construirse tanto en ablativo como en acusativo, diferenciándose en el verbo que regía tales usos, pues *in* + acusativo exigía siempre verbo de movimiento; por eso se comprende su significación 'hacia' e incluso que, en autores tardíos, tuviera la idea de proximidad ('junto, cerca'). En la decadencia, *in* se unió a adverbios *(in certe)* y preposiciones *(in ante)* [31], combinaciones que han dejado no pocas reliquias en las lenguas modernas, según hemos de ver (§§ 187.2 y 245).

Si aplicamos la triple perspectiva (espacial, temporal, nocional) que venimos considerando, la utilización de ĭn en latín y su equivalencia en romance sería la que sigue:

1. Ĭn + ablativo:

    E: «*in* oculis» = «*bajo* los ojos»
         «*in* horto» = «*en* el huerto».
    T: «*in* qua aetate» = «*en* aquella época».
    N: «multa *in* severitate» = «*con* mucha severidad».

2. Ĭn + acusativo:

    E: «*in* portum accedere» = «entrar *en* el puerto».
    T: «*in* horas» = «*de* hora *en* hora».
    N: «*in* altitudinem» = «*en* altura».
         «mutare *in*» = «cambiar *en*».

187.2. Lógicamente, perdida la diferencia casual, el español *en* cubrió todas esas posibilidades sin manifestar discrepancias con los usos latinos. La presencia de la preposición española es concorde con lo que acabamos de expresar y sus valores se relacionan con la idea de 'interioridad' *(en casa)*, lo que en lo antiguo dio lugar al complejo *dentro en,* que reforzaba esa misma idea con sus dos componentes: «cuajósele la sangre *dentro en* la corada» *(Apolonio,* 270 *b).* Claro que hubo, también, empleos metafóricos de la preposición *(en los primeros* 'entre los primeros [=estaba dentro de los primeros]', *Cid,* v. 1833), pero quedan fuera de lo que es un estudio morfológico. En cuanto al *en* + acusativo para indicar el 'término de un movimiento' (ejemplo 2 E), se perpetuó su uso durante siglos, y así había

---

[31] Bassols, *Sint.,* I, págs. 258-260, § 269.

casos en los que el verbo exigía el régimen *(entró en)*, pero otros
—reemplazados tardíamente— mantuvieron la preposición aun
después de haberse reestructurado el sistema español: se decía
subir en (*Cid*, 1611), «passó *en* Mallorca» (*Libro Verde*, § 123),
«cayole a los pies *en* tierra» (*Egipciaca*, v. 1159).

188. E x (y su variante *e*) no podía perpetuarse: perdida
la cantidad y perdida la diferencia casual, *e(x)*, con su escaso
cuerpo fónico, podía confundirse con *e(t)*. La conjunción era
más difícil de reemplazar, por cuanto, en el sistema latino, *et*,
ya en la época imperial, había eliminado a todas las demás
copulativas y, además, había asegurado su vitalidad en multitud de empleos, que la hacían difícil de reemplazar[32]. Por el
contrario, *ex* había ido perdiendo sus atribuciones en beneficio
de *de*, que primero tuvo una simple idea de 'alejamiento o separación', después la de 'movimiento vertical', 'cualquier clase de
movimiento'; por afinidad de 'separación' - 'partición', entró en
el ámbito del genitivo (partitivo) y, luego, pasó a designar cualquier clase de genitivo. Por eso *de* es el habitual sustituto español del latín *ex*. Válgannos unos pocos ejemplos, ordenados con
el criterio que reiteradamente hemos expuesto:

E: «exire *ex* navi» = «salir *de* la nave»
    «*ex* loco deducere» = «llevar *fuera de* un lugar».
T: «*ex* eo tempore» = «*desde* entonces»
    «*ex* consulatu» = «*después del* consulado».
N: «*ex* lege» = «*según* la ley»
    «*ex* vulnere aeger» = «enfermo *de* una herida»
    «statua *ex* marmore» = «estatua *de* mármol».

189. De un sustantivo f ŏ r e s 'puerta exterior' se hizo un
adverbio, que después pasó a ser preposición (§ 179.1). En latín
se encuentran construcciones con genitivo («*foras* corporis»=
'*fuera* del cuerpo') o con acusativo («*foras* civitatem»='*fuera* de

---

[32] Bassols, *Sint.*, II, págs. 91-92, § 91.

la ciudad') [33] y, en la época primitiva del romance, sin distinción casual, se continuó el uso en los documentos más antiguos (siglos X-XI): «quatuor sernas *foras* terminos», «intus et *foris* ciuitate» [34]. La herencia latina duraba en textos legales del siglo XIV, y así el romance *de fueras* se corresponde con *«extra portam»* [35]. *Fuera(s)* se combinó con otras preposiciones *(a fuera, de fuera, fuera de)* y aun adquirió carácter de conjunción, como en un documento toledano de 1207 («non finque ni nenguna cosa a nengum omne en razon del arcidiagno conombrado, *foras tanto* que si algo touiere enprestamo») [36] o en el ms. 458 de los *Fueros de Aragón* [comienzos del siglo XIV] («nengún omne [...] qui passará de uilla [...] ad alguna uilla [...] por razón de abitar [...], no es tenudo dar seruicio [...] *fuera en* que deue ir con sos uezinos en caualgada» (§ 257.2).

190. Una evolución semejante se puede comprobar en c i r - c a 'círculo', después adverbio y más tarde preposición.

191. I n t e r en latín clásico se usaba, principalmente, con verbos de movimiento y, en sentido figurado, con verbos que indicaban preeminencia, por lo que se empleó con adjetivos positivos y superlativos, que hicieron posible su uso adverbial (post-clásico *inter paucos* 'especialmente') [37]. En la época primitiva del romance *inter* alternó con sus competidores *infra, intra, intus*, que no lograron imponerse [38]. Por ello nos limitamos a exponer la situación clásica con sus correspondientes vulgares:

---

[33] Cfr.: «accedite *foras* hostium ecclesiae» *(Peregrinatio, XII, 6)*.

[34] BASTARDAS, pág. 97; cfr. VÄÄNÄNEN, pág. 119, § 245; OELSCHLÄGER, s. v. *fueras.*

[35] *FAragón*, s. v.

[36] *Docs. ling.*, núm. 267, pág. 362.

[37] BASSOLS, *Sint.*, I, pág. 245, § 248.

[38] BASTARDAS, págs. 95-96.

E: «*inter* Graecos» = «*entre* los griegos».
T: «*inter* noctem» = «*durante* la noche»
   «*inter* agendum» = «*mientras* conducía» [39].

192. Del latín ǐntro (ǔsque) salió el aragonés *entro*
que, hemos dicho (§ 185.2), tuvo el valor de 'hasta' y se documenta abundantemente en época tardía. *Entro* con la preposición *de* se perpetúa en el adverbio *dentro* (ya en un documento
de San Salvador del Moral, 1074), que tuvo las formas *deintro*,
dintro (*Fuero de Avilés*, 1155). *Dentro* se construía como preposición simple («*dentro* la ciudad», Pérez del Pulgar), unido a *en*
(«*dentro en* Roma», Alfonso de Valdés) [40] o con *a* dio lugar a una
forma estable *(adentro)*, que se encuentra ya en el *Cantar del
Cid* [41]. Como es lógico, todas estas variantes están motivadas por
la necesidad de expresar con precisión los matices que la lengua
exigía en su evolución; al no tener los instrumentos que hacían
falta, se fueron cruzando las formas y entremezclando los valores. Pensemos en el recién aducido *dentro en;* los dos componentes existían aislados y, sin embargo, unidos perfilaron su
sentido. Sin salir de los ejemplos que da Keniston (§ 41.32),
tenemos que «*dentro* dos días seríamos a Nápoles» (Enríquez
de Guzmán) y «*dentro del* término destos veinte días» (Lope de
Rueda) no modifican la perspectiva de duración que requiere
el hecho narrado: esos dos o veinte días es un tiempo considerado desde la exteriorización del hablante, sin tener en cuenta
el momento o punto de partida: *dentro de dos días* no considera el momento actual; se puede llegar a Nápoles en ese período, pero sin necesidad de saber cuándo se iniciará la marcha,
lo que interesa es el final. Por el contrario, «hacer algo *en* dos
días» supone situarse dentro del tiempo, fijando sendos límites:
el actual o de partida y el de la terminación en el plazo mar-

---

[39] En español clásico podía tener la acepción *entre de* 'durante' (Fontecha, s. v.).
[40] Ejemplos de Keniston, § 41.32.
[41] La forma latinizante *ad intro* está en un documento de Sahagún
(año 1050).

cado, como si se dijera «me cuesta dos días acabar el trabajo». De ahí que *dentro en* (con perspectiva espacial o temporal) participe de ese significado al que aportan matices diferentes *dentro en* (o *de* o cualquier otra formación posible), según puede verse en el § 179.2.

193. La preposición española *por* plantea no pocos problemas. Su étimo probablemente es p e r influido por p r o. Efectivamente, *por* tiene diversos valores que son propios de p e r ('paso a través de', 'duración del tiempo', 'medio', 'causa', 'modo') y otros tantos derivados de p r o ('sustitución o representación', 'compensación o equivalencia', 'oposición proporcional', 'en busca de', 'en favor de')[42]; he aquí, pues, cómo los valores pueden servir para explicar la forma. Por eso en las viejas cartas hispánicas «se observa un uso promiscuo entre *per* y *pro* e incluso a veces alternan con el mismo significado dentro de una misma frase [...] *bacarizas siue* p r o *porcos, siue* [...] p e r *baccas*»[43]. Así se explica que el valor heterogéneo del latín en español moderno sólo se represente con la preposición *por:*

E: «*per* agros fluit» = «corre *por* el campo».
T: «*per* triennium» = «*por* tres años».
N: «*per* Deos!» = «*por* Dios».
    «*per* aetatem non potuisti» = «*por* la edad no pudiste».
    «*per* litteras» = «*por* cartas».
    «*per* uoluptatem» = «*por* gusto».

Resulta de ello que *pro* y *per* expresaron tanto la causa como la finalidad y aunque la distinción no es imprescindible en el sistema de la lengua (ni italiano ni catalán la han establecido), el castellano recurrió al complejo p r o + a d para indicar la finalidad y el interés (*ad* indicaría la causa a que se refieren *per* y *pro*): de este modo, ya en el año 864, un documento de

---

[42] *Cid*, I, págs. 385-387, § 187. Añádanse más datos de *FSepúlveda*, páginas 643-645, § 49; *Egipciaca*, I, págs. 295-297, §§ 464-465; *Infancia*, s.v. *por*; *Apolonio*, págs. 441-443, §§ 520-521.

[43] Bastardas, pág. 92.

San Millán podía escribir «uno asino *per ad* equas» [44], pero la fórmula que se estableció fue *pora* (ya en el *Cid*), de donde el moderno *para*, cuya *a* primera no está bien explicada, si no partimos de un inicial p e r + a d, como se indica líneas después [45].

Si es cierto que *por* ha resultado ser la única variante con vitalidad, hay que decir, también, que el *per* antiguo ha subsistido en alguna combinación lexicalizada, bien que —al parecer— de origen italiano [46]: *perqué* 'antigua composición poética, caracterizada por el empleo de la pregunta y respuesta ¿*por qué?*, *porque*' [47]. Por otra parte, p e r + a d dio el *par* muy documentado en la edad media [48] en fórmulas exclamativas (*par mi ley, par caridad, par la cabeza mía,* etc.); de ellas ha llegado hasta hoy *pardiez* (ya en Cervantes) [49], eufemismo del *par Dios*, usado como juramento [50]. Alguna otra variante duraba por el siglo XVII y de ella dio fe Correas: «*Pardiego, librero; pardiego, moreno. Manera de xura sin xura*» [51].

---

[44] Seguimos a Bastardas, pág. 93.

[45] J. Amícola, *Observaciones sobre la alternancia «para/por» en castellano* (*HHKS*, págs. 3-19), y, sobre todo, el libro de Timo Riiho, *«Por» y «para». Estudio sobre los orígenes y evolución de una oposición preposititiva iberorrománica*, Helsinki, 1979.

[46] Por más que falte en Juan Terlingen, *Los italianismos en español, desde la formación del idioma hasta principios del siglo XVII*, Amsterdam, 1943.

[47] Blanca Periñán, *Poeta Ludens. Disparate, perqué y chiste en los siglos XVI y XVII*, Pisa, 1979, págs. 81-99. El juego apareció en el siglo XV y tuvo especial difusión en el Renacimiento.

[48] *Cid*, I, págs. 387-388, § 189.

[49] Cfr. Alice Braue, *Beiträge zur Satzgestaltung der spanischen Umgangssprache*, Hamburgo, 1931, pág. 5 (mal interpretado *pardiez*, cfr. Lapesa, *RFE*, XX, 1933, pág. 296), Francisco López Estrada, *Par* (*RFE*, XXVII, 1943, página 407), John Lihani, *El lenguaje de Lucas Fernández. Estudio del dialecto sayagués*, Bogotá, 1973, pág. 271.

[50] Cervantes escribe *par Dios (Ilustre fregona, Quijote)* y ¡*pardiez!* (*Quijote*), cfr. C. Fernández Gómez, *Vocabulario de Cervantes*, Madrid, 1962, s.v.

[51] Anota: «*pardiego, por pardiez, pardiobre*» (*Vocabulario de refranes y frases proverbiales* [1627], edic. L. Combet, Burdeos, 1967, pág. 716 a). En Lope de Vega se documentan *pardicas, pardiobre, pardiós* (Carlos Fernández

194. Por último, t r a n s 'al otro lado de, más allá de', fue poco usada en el período postclásico [52] y aunque los documentos notariales de la edad media la emplean con el sentido de 'detrás' («*tras* aqua, et de ante aquam», San Millán, 913; «uia que discurrit *tras* Buetrone», Cardeña, 945; «*tras* illum fornum», San Vicente, 978) [53], desapareció de la lengua normal en la que sólo dejó fósiles toponímicos *(Trasmiera, Traspinedo, Traslaviña, Trastámara)*. En algún fuero leonés copiado en el siglo XIV, podía rastrearse el paso del nombre común al propio: el fuero de Ledesma [54] —y conste la relatividad del hecho— transcribe con mayúsculas los topónimos, salvo *tras sierra*, en el que aún se siente la composición: «Si uenieren bestias cargadas de Portogal o de *tras sierra* [55] o de Ciudade o de Alua o de Salamanca [...]». Y, posiblemente, más que la composición, pues el fuero de Salamanca, del que en buena medida procede el de Ledesma, habla de *alende sierra* o *alén sierra* (§ 196) [56].

EL SISTEMA III

195.0. Consideremos en este grupo (§ 180.1) las preposiciones que suponen un límite orientado (no simétrico). Si recurrimos a un esquema como en los casos anteriores, podríamos partir del siguiente:

GÓMEZ, *Vocabulario completo de Lope de Vega*, Madrid, 1971, s.v.), mientras que en Cervantes, sólo *par Dios* y *pardiez* (como acabamos de decir en nota 50). Sería éste un rasgo no desdeñable si se compara con Avellaneda que, además de *par Dios*, usó reiteradamente *pardiobre*.

[52] BASSOLS, *Sint.*, I, pág. 251, § 260.

[53] Apud BASTARDAS, pág. 98.

[54] AMÉRICO CASTRO y FEDERICO DE ONÍS, *Fueros Leoneses de Zamora, Salamanca, Ledesma y Alba de Tormes*, Madrid, 1916, págs. 209-286.

[55] *Trasierra*, la región al otro lado de la Sierra de Francia (*La Sierra*, se llama hoy a la vertiente meridional); *Ciudade* 'Ciudad Rodrigo'.

[56] FSalamanca, pág. 51, nota 101. Para *alén*, vid. OELSCHLÄGER, s.v. *allende; Cid*, s.v. *alent*, I, pág. 389, § 190.6. Para la documentación de *allende* en textos de la edad de oro, vid. KENISTON, pág. 645, § 41.32. Etimología: *allí+ende*.

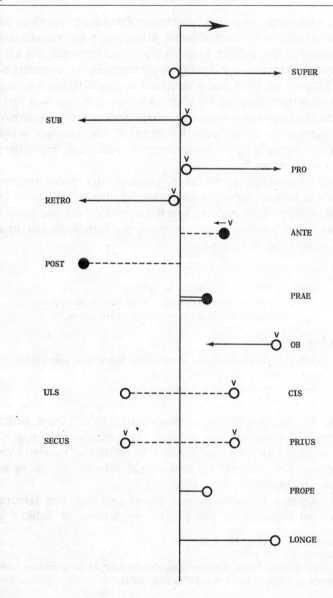

195.1. En este esquema podemos establecer parejas de opuestos, al menos en ciertos casos. Conviene, pues, estudiarlos conjuntamente. En primer lugar, s ŭ p e r se enfrenta a s ŭ b , pareja que —además— presenta muy heterogéneas caracterizaciones. S ŭ p e r en latín podía construirse con ablativo y acusativo; en el primer caso, el carácter locativo, que aquí nos interesa, data de Lucrecio y de los prosistas áureos; con acusativo, nuestro significado es de todos los tiempos, mientras que otros secundarios (temporal, de preeminencia, adicional, repetitivo, etcétera) son tardíos [57].

En su transmisión al romance, plantea muy pocos problemas, pues la forma *(sobre)* se ha mantenido inalterada desde la época de orígenes y los valores son desarrollo de los que hemos apuntado como tardíos. Bástenos para su comprobación una serie muy sencilla de ejemplos:

1. S ŭ p e r + ablativo.

   E: «*super* ceruice» = «*en/sobre* la cabeza».
   T: «nocte *super* media» = «*después* de la media noche».
   N: «*super* aliqua re scribere» = «escribir *sobre* algo».

2. S ŭ p e r + acusativo.

   E: «*super* aspidem assidere» = «sentarse *sobre* una serpiente».
   T: «*super* cenam» = «*durante* la comida».
   N: «*super* dotem» = «*sobre / además de* el dote».

195.2. En la edad media, el sustantivo r ī p a 'ribera, orilla de un río' [58], desapareció por el siglo XIII (reemplazado por *ribera*) y el giro *ad ripam 'subir a la orilla', se convirtió en adverbio *(arriba)* y de ahí en preposición *(arriba de)*, ya en la época más antigua de nuestra lengua.

195.3. C y m a 'renuevo de una planta', que en San Isidoro era 'extremo superior de una planta', en Alfonso el Sabio [59] y

---

[57] Bassols, *Sint.*, I, pág. 261, § 271.
[58] *Egipciaca*, II, s.v. *riba*.
[59] Cfr. Jean Roudil, *Index alphabétique des formes de la «Primera Crónica General»* (*CLHM*, núm. 4 bis, 1979, pág. 266 c).

don Juan Manuel tenía ya el valor gramaticalizado (*por cima de*='por encima de'[60]), y en Juan Ruiz se manifiesta bajo la forma que aún está viva («byen *ençima* del puerto fazia orilla dura», 1006 *c*)[61]. Hoy viven formas dialectales como el canario *encimba*[62], con *m* explicable por falso lusismo[63].

195.4. S ŭ b en latín clásico podía construirse con ablativo ('permanencia bajo, proximidad inmediata al pie de algo que se yergue') y con acusativo (los mismos valores dependientes de verbos de movimiento)[64]; en los cartularios medievales pasó a tener también el valor de 'tiempo en que sucede una acción'. El conjunto de estos significados (local y temporal) es el que puede verse en los ejemplos siguientes, donde las correspondencias actuales muestran la muerte de la preposición latina:

E: «*sub* terra» = «*bajo* la tierra».
T: «*sub* Domitiano» = «*bajo* Domiciano».
    «*sub* noctem» = «*al* anochecer».
N: «*sub* armis» = «*bajo* las armas».

195.4.1. La evolución normal de s ŭ b , *so*, tuvo vida activa en la edad media[65], y llegó hasta la de oro (*Lazarillo*), aunque ya entonces aparecían los pocos empleos en que la partícula había de perpetuarse (*so color de*, en Cisneros; *so pena de*, Diego de Hermosilla [1573][66]). Porque en la lengua moderna, el término cayó en desuso en ese mismo siglo XVI en que el *Lazarillo* se escribe: Juan de Valdés diría que «*so*, por *debaxo*, se usa algu-

---

[60] *DCECH*, s.v. *cima*. Para COVARRUBIAS, «el cogollo y lo más alto del árbol o planta» (*Tesoro*, s.v.).

[61] La voz falta en el *Vocabulario de romance en latín* (edic. G. J. MAC DONALD, Madrid, 1973), pero está muy bien documentada en el *Dicc.* de CUERVO, s.v.

[62] *ALEICan*, III, mapa 1119 (adición).

[63] Los sustantivos derivados de c y m a conservan la idea de 'parte alta, superior de algo': *cima* 'cumbre', ast. *cimón* 'brote del nabo', salm. *cimajada* 'el sitio más alto', etc. (*DEEH*, núm. 2072).

[64] BASSOLS, *Sint.*, I, págs. 260-261, § 270.

[65] *Cid*, I, pág. 31, § 190.13 y II, s.v.; CEJADOR, s.v.

[66] KENISTON, pág. 654, § 41.32.

nas vezes, diziendo: *so la color stá el engaño,* y *so el sayal hay ál;* dízese también: *so la capa del cielo;* pero assí como yo nunca digo sino *debaxo,* assí no os aconsejo que digáis de otra manera»[67]; está claro, *so* aparece en usos estereotipados y alguno ya con elementos muy arcaicos[68]. Por eso Covarrubias en su *Tesoro* dictaminará tajante: «ésta es palabra antigua» y salvará lo que aún dura: «dezimos *estar so pena* y *so cargo de juramento*»; Correas muy sagazmente había señalado en el *Arte* (página 151) algo que acredita sus aciertos: «*so* es antigua preposizión que sinifica debaxo de algo, i se usa en rrefranes i fórmulas: *so el saial ai al*». Como término poético, *so* fue empleado por escritores de tendencia arcaizante, tanto que Juan Ramón Jiménez se mofaría: «todo el que escribe *so el sauz* sea tendido en el acto *bajo el sauce*»[69]. La suerte de la palabra estaba echada desde hace siglos y hoy, como en el siglo XVI, como en el XVIII[70], no es ya sino un eco cuyo son llega casi perdido[71]. Aparte quedan los compuestos, numerosísimos, con *so-* (*soasar, sobaco, sobanda,* etcétera; *chapuzar, sonreír, zahondar, zozobra,* etc.)[72] y los topónimos, nada escasos (*Solago, Sopeña, Sofuentes,* etc.)[73].

195.5. *So* era una palabra herida (escasez fonética, homonimias posibles) y tuvo que ser reemplazada. La lengua recurrió a b a s s u s 'gordo y poco alto' que, influido por *baxar* (< * b a s - s i a r e), dio las formas antigua *(baxo)* y moderna *(bajo),* aun-

---

[67] *Diál. lengua,* pág. 121.

[68] El mismo escribirá: «no digo *ál* adonde tengo que dezir *otra cosa*» (página 105).

[69] *Estética y ética estética,* Madrid, 1967, pág. 380.

[70] El *Diccionario* de Autoridades decía con exactitud: «hoy se usa en las pragmáticas y escrituras» (s.v. *so*).

[71] «Hoy tiene uso con los substantivos *capa, color, pena,* etc.» (*DRAE,* s.v. *so*).

[72] «*So.* Se usa en composición: y unas veces retiene su significación como en *socavar, soterrar, solomo, soterraño;* otras sirve de disminuir o moderar la significación del verbo o nombre que compone: como en *soassar,* y otras sirve para aumentarla: como en *sojuzgar, sofrenar, sofrenada*» (*Autoridades,* s.v.).

[73] GERHARD ROHLFS, *Aspectos de toponimia española* (*BF,* XII, 1951, página 248).

que como preposición es moderna, tal vez del siglo XVII y difundida en el XVIII, frente al antiguo *bajo de* [74], y totalmente generalizada en tiempos de don Leandro Fernández de Moratín [75].

195.6. En la lengua medieval existieron otros dos elementos de relación desaparecidos: *yuso* y *suso*. El primero procede de d ĕ ō r s u m 'hacia abajo' cuyas formas populares fueron muchas: *deosum, diosum, iosum, iusum* [76]. Este *iosum,* documentado en Quirón, sufrió el influjo de s ū r s u m , con quien aparecía frecuentemente como elemento correlativo *(sursum deorsum, est susum iosum)* y dio *iusum,* documentado en San Agustín: «*iusum* vis facere Deum, et te *susum*» [= 'quieres rebajar a Dios y alzarte a tí mismo'] [77]. *Yuso* y la forma apocopada *yus* se documenta desde la época de orígenes [78], lo mismo que su compuesto *ayuso*. Éste, como adverbio, fue usado por Lope de Rueda [a. 1565] en el sintagma *ser hombre de Dios en ayusso* [79], que indudablemente es una construcción estereotipada [80], pues Juan de Valdés había repudiado el empleo del adverbio: «no *ayuso,* sino *abaxo*» (pág. 105). Por último, *ayuso* usado como preposición pospositiva —en la terminología de Keniston (pág. 714 *b*)— fue empleado por Quevedo («yuan el rio *ayuso*»).

195.7. S ū r s u m 'hacia arriba' (l.v. s u s u m , desde Catón), en sintagmas como *ad sursum, de sursum,* e *in ad sursum,* se

---

[74] *DCECH,* s.v. *bajo.*

[75] Al parecer sólo usa *bajo* (no *bajo de*), al menos así consta en todos los ejemplos que se aducen en FEDERICO RUIZ MORCUENDE, *Vocabulario de D. L. F. Moratín,* Madrid, 1945, s.v.

[76] VÄÄNÄNEN, pág. 64, § 177, y, con explicaciones particulares, §§ 95 y 97.

[77] *In epistulam Johannis ad Parthos,* 8,2. Todos los ejemplos proceden de VÄÄNÄNEN, pág. 65, nota 1.

[78] OELSCHLÄGER, s.v. *iuso.*

[79] KENISTON, pág. 580, § 39.6.

[80] El adv. *ayuso* era arcaico para *Autoridades,* aunque «de Dios en *ayuso*», reconocida también como frase anticuada, «hoy se usa en castellano [...] y significa lo mismo que de Dios abaxo». Este fragmento procede de COVARRUBIAS para quien *ayuso* «vale abaxo» *(Tesoro,* s.v.).

recoge en los cartularios a partir del siglo ix [81]. La palabra estuvo viva durante la edad media, pero en el Renacimiento se abandonó, según se deduce de manera muy clara en un testimonio de Juan de Valdés: «*suso,* por *arriba,* se usó un tiempo, como parece en el refranejo que dize: *Con mal anda el huso, quando la barva no anda de suso,* pero ya no la usamos, especialmente en cosas graves y de autoridad» [82].

195.7.1. Es probable que la exclamación *¡sus!* proceda de *suso,* a partir de la construcción *sus et iuso,* usada por Berceo [83]; la hipótesis emitida por Covarrubias, *Tesoro,* no ha sido modificada por mejor razonamiento:

> *Sus.* Palabra antigua [...]. Desta palabra *suso* y *sus* usamos quando queremos dar a entender se aperciba la gente para caminar o hazer otra cosa; y assí dezimos: *suso, levantaos de ay.*

195.8. Resumiendo lo dicho, podríamos hacer un esquema en el que hiciéramos ver la situación actual del español:

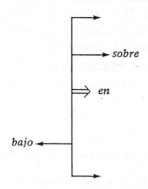

---

[81] Bastardas, págs. 84-85; *Cid,* I, pág. 182, y II, s.v.

[82] *Diál. lengua,* pág. 122. Existió un verbo *susarse* 'levantarse', según acredita Correas: «En kasa de la parida i del doliente, pósete, súsete. Ke abrevien la visita; en posándose, se levanten y despidan» (*Refr.,* pág. 131 *a*).

[83] La apócope es exigida por el metro, si se aplica una norma que sigue con mucho cuidado el mester de clerecía, a pesar de que algunos editores lean mal *(suso):* «Buscando *sus et iuso,* atanto andidieron» (*Milagros,* edit. Dutton, 83 *c*).

195.9. En el segundo nivel de nuestro esquema (§ 195.0), se oponen las preposiciones latinas p r o ~ r e t r o. La primera significa 'delante' (con respecto a algo que queda a nuestras espaldas) y, secundariamente, 'en favor de', 'en sustitución de', 'en proporción'[84]. La forma *por* (< p r o) es, fonéticamente, paralela a otras evoluciones como r e t r o > *redor*. En cuanto a las equivalencias entre el latín y el castellano, válgannos —como habitualmente hacemos— con unos cuantos ejemplos en los que dejaremos constancia de los valores espaciales (E) y nocionales (N):

E: «sedens *pro* aede Castoris» = «estando *ante* el templo de Castor».
«*pro* castris» = «*frente* al campamento».
N: «*pro* occiso relictus» = «dejado *por* muerto».
«aliquid *pro* carmine dare» = «dar algo *por* un poema».
«*pro* uallo carros objicere» = «oponer carros *en vez de* valla».

Los problemas que plantea p r o en romance han sido tratados anteriormente (§ 193), habida cuenta de su confusión con p e r[85].

196. Son creaciones con afinidad semántica *al lado de, enfrente (de), en vez de*. En latín vulgar, se documenta *de latus* 'al lado (de)' y *latus se* 'a su lado' y, en los cartularios castellanos y leoneses (desde el siglo IX), el sustantivo se ha fijado en usos preposicionales, acompañado o no de otro elemento: «uadit *latus* uia usque illo semetario» (San Millán, 853), «unam terram [...] *ad latus* terram de Moselle» (San Millán, 1073), «ipsa uinea est *ad latus* de uinea de Michael Fannez» (Cardeña, 1051)[86].

---

[84] BASSOLS, *Sint.*, I, págs. 257-258, § 268.
[85] P r o tenía un significado que, parcialmente coincidía con p r o p t e r, y acabó reemplazándola, de tal modo que no quedan herederos suyos en ninguna lengua románica. Ejemplos:
E: «*propter* Platonis statuam»=«*al lado de* la estatua de Platón».
N: «*propter* metum»=«*por* miedo».
[86] VÄÄNÄNEN, pág. 99; BASTARDAS, págs. 103-104, § 43.

Otros sustantivos, f r ŏ n s [87], u i x [88], pasaron a ser preposiciones como las que consideramos en este grupo.

197. En latín, el adverbio r ĕ t r ō equivalía a 'por detrás, hacia atrás, al revés'. El paso al significado de 'alrededor' es fácil de explicar, si pensamos que 'ir hacia atrás' supone haber recorrido la primera mitad de una circunferencia y estar —ya— en la segunda mitad:

Redor es base de una familia muy abundante en derivados [89]. Tenemos, por supuesto, el punto de partida, bien empleado por Berceo: «Iaçian todos revueltos *redor* la sepultura» (*Duelo*, 194 *d*), «Prisiéronla los ángeles, que estaban *redor*» (*S. Domingo*, 522 *a*), «Parientes e amigos *redor* de mí ser» (*Loores*, 179 *c*). *Redor de:* «calcáronli espinas *redor de* la mollera» (*Duelo*, 25 *b*). *Arredor* (documentos santanderinos de 1210). = *En redor:* «nin ancho *en redor*» (Fuero Usagre). = *Derredor:* «veyéndolo el pueblo que seye *derredor*» (*Milagros*, 849 *d*). = *A, al, en, derredor:* «*a derredor del* cuerpo sedien muy doloridos» (*S. Millán*, 347 *d*), «Quando cobré el sesso, catém *a derredor*» (*Duelo*, 18 *a*), «Que el pan quebrantado partia *al derredor*» (*Sacrif.*, 278 *d*), «levantó la cabeza, cató *en derredor*» (*S. Millán*, 222 *b*). Desde *al derredor*, se hizo *alrededor* (ya en el *Amadís* [90]).

---

[87] Cfr.: «in fronte, in frontem» > *en frente, en frente de, frente a* (desde el siglo XIII). Vid. OELSCHLÄGER, s.v. *fruent.*

[88] Cfr.: «in *uices*»=«cada uno *a su vez*», «ad *uicem* alicujus accederes»=«hacer algo *en vez de* otro», «salis *uice*»=«*en vez de* sal». *En vez de* se documenta en la Rioja (1195), OELSCHLÄGER, s.v. *en vez de.*

[89] Ejemplos de OELSCHLÄGER, CEJADOR, etc. En éste hay más testimonios.

[90] La historia de la etimología es enormemente complicada y ha sido

198. A n t e valía en latín 'delante, enfrente, ante' o 'anterioridad temporal' y su paso al romance no presenta dificultades; tampoco es extraña la alternancia con el adverbio a n t ĕ a [91], habida cuenta de los continuos intercambios de preposiciones y adverbios y de la dualidad de empleo que tenía a n t e. En los textos primitivos, aparecen formas compuestas, aunque las que presentan tres preposiciones no parecen latinas sino romances. De estos conjuntos habían de perpetuarse d e a n t e («*de ante* aquam», San Millán, 913) [92], d e e x a n t e (o *des- ante*) > *desante* («*desante* ille abbate et fratres», San Vicente, 1028), d e i n a n t e (o *de- enante*) > *denante* (*Glosas silenses*, docs. aragoneses de 1055, 1137) [93], i n a n t e > *enante* (ib. de 1100), a b a n t e > *avante* (siglo XI) [94]. Quedan, pues, explicados los compuestos *en+ante(s)*, *de+enante* > *denante, delante* (ya en el *Cid*), *delantre* (influida por *mientre*), *delante de, adelante*. Correspondencias:

E: «*ante* oculos» = «*ante* los ojos».

T: «res ita se habebant *antequam* in Siciliam ueni» = «las cosas estaban así *antes de que* viniera a Sicilia».

N: «*ante* omnes» = «*delante* de todos».

199.0. En oposición a *ante* funcionaba p ŏ s t, cuyo valor locativo, 'detrás', y temporal, 'después de', se ha conservado en romance. No así la forma que ha tenido muy diversas incrementaciones para diferenciar la preposición de la conjunción causal

---

resumida muy brillantemente por uno de sus protagonistas (*DCECH*, s.v. *alrededor*), que, además, recoge numerosos testimonios de las formas. *Al derredor* y *en derredor*, como adverbios, llegaron al siglo XVI (KENISTON, pág. 583, § 39.6).

[91] En las glosas emilianenses y silenses, *anzes* (< a n t ĕ a) traduce al desconocido p r i u s (*Orígenes*, pág. 368, § 77.1).

[92] Así ya en la *Peregrinatio*: «at ubi autem missa facta fuerit *de ante* Cruce» (37,8).

[93] BASTARDAS, pág. 85; *Est. dial. arag.*, I, pág. 105, § 58.1.

[94] En una inscripción de Ravena: «Petimus ne quis nos inquietet ex arca nostra neque *ab ante* aliam ponat» (*CIL*, XII, 5399).

pues. De este modo abundan los compuestos que amplían el escaso cuerpo fónico de la partícula [95]:

199.1. *Después (de):* la forma latina se documenta en la Ítala («*de post* tabernaculum facies sex columnas», *Ex.*, XXVI, 23), así como en viejos textos peninsulares («et si *de post* ouidum meum», León, 1035; «et *depos* isto», Eslonza, 1055); bajo forma totalmente romance, en Berceo, por ejemplo («Fazen *depues* desto bien buena providencia», *Sacrif.*, 55 a), y llegó al Cardenal Cisneros, cuando menos («hasta la una *depues* de mediodía», Keniston, pág. 648). = *Después que,* como conjunción, ya en el *Cid.*

199.1.1. *Después de:* desde el *Cid* («que si *después del* plazo en su tierral pudiés tomar», v. 409). = *Después que:* también en el *Cantar* («se echava mio Cid *después que* fo de noch», v. 404).

199.1.2. *Empós, empués:* aparece bajo forma latina en un documento de Orense del año 938 («alios qui *in post* nos uenerint») y en textos totalmente vulgares de Berceo («los niños *empos* elli», *Loores* 54 c; «el signo *empues* esti es mucho de temer», *Signos*, 10 a). Todavía en las *Cartas* del Gran Capitán duraba su empleo como adverbio («*empues* dexar aquí los dichos peones», Keniston, pág. 584).

199.1.3. *Após, apués:* se recogen en Berceo («ca lo ál *após* esto todo que ioglería», *S. Millán*, 384 d) y en Murcia (doc. 1388).

199.2. He aquí, como venimos haciendo, una tabla de correspondencias del p ŏ s t latino con las formas preposicionales románicas y el triple ordenamiento que una y otra vez hemos considerado:

E: «servi qui *post* erant» = «los esclavos que venían *detrás / después*».
    «*post* urbem» = «*detrás de* la ciudad».

T: «*post* homines natos» = «*desde* que hay hombres».
    «*post* multas aerumnas» = «*después de* muchos sufrimientos».

N: «*post* omnia» = «*después de* todo».

---

[95] *Orígenes*, pág. 375, § 78.2.

La conjunción temporal p ŏ s t q u a m , en cuanto a la forma bajo la que se adaptó en castellano, cabe dentro de este apartado: «*postquam* invaserunt Troiam»=«*después que* invadieron Troya».

Vulgarmente *pues* se desgasta en *pos, pus, poh, pu* y aun en formas más reducidas [96].

200.1. En el § 195.1, hemos señalado con un trazo que no llega a la línea vertical dos preposiciones latinas que desaparecieron en romance: p r a e , o b . La primera se hubiera confundido con el prefijo *pre-* o, de haber metatizado, con los herederos de p e r : desapareció pronto de la lengua coloquial [97] y no la debieron usar mucho nuestros cartularios, pues falta en Bastardas. Sus correspondencias románicas son las que siguen:

E: «*prae* se agere» = «empujar *ante* sí».
N: «*prae* macrore» = «*por / a causa del* dolor».

200.2. En cuanto a la preposición o b desapareció por diversos motivos: fonéticos (débil estructura, hononimia), sintácticos (competencia de p r o p t e r), semánticos (indecisión de sus valores). De este modo las acepciones locativas fueron reemplazadas por las que otras preposiciones tuvieron en romance («*ob* Romam legiones ducere» = «conducir las legiones *ante* Roma») y otro tanto ocurrió con el significado causal («*ob* timorem» = «*por* miedo»). Sin embargo, como prefijo, se perpetuó en algunos verbos españoles, de los que vamos a ejemplificar con un par de ellos: * ŏ b s ĕ c a r e 'cortar' >nav. *oscar* (cfr. fr. a. *oschier*), ŏ b v i ā r e 'salir al encuentro' > *uviar, unviar,* sant. *uyar,* rioj. *obigar.*

201.0. También desaparecieron todas las preposiciones que, en el esquema del § 195.0, aparecen con líneas de trazos discontinuos: c i s , u l s (y sus sustitutos c i t r a , u l t r a).

---

[96] *NMéj.,* II, pág. 164, nota 102. Y bibliografía que se aduce en este lugar.
[97] BASSOLS, *Sint.,* I, pág. 257, § 267.

201.1. El latín oponía c i s a u l s, como puede verse en alguna fórmula arcaica («*uls et cis* Tiberim» = «*del otro* y *de este* lado del río Tíber»), pero el hecho fundamental es que ambos monosílabos fueron reemplazados por los términos más largos c i t r a y u l t r a, por más que tampoco tuvieran vitalidad en épocas tardías y, por ello, no llegaran a durar en romance. He aquí las correspondencias que, en español, tienen estas preposiciones:

1. C i t r a.

   E: «*citra* Rhenum» = «*de este lado* del Rin».
   T: «*citra* Troiana tempora» = «*antes de* la época de Troya».
   N: «*citra* scelus» = «*sin ir hasta* el crimen».

2. U l t r a.

   E: «paulo *ultra* eum locum» = «un poco *más allá* de este lugar».
   T: «*ultra* Socratem» = «*después de* [la muerte de] Sócrates».
   N: «*ultra* modum» = «*fuera de* medida».

202.0. La pareja formada por los opuestos s e c u s - p r i u s tuvo una suerte diferente, pues mientras este último fue sustituido por a n t e (q u a m)[98], a partir de Cicerón, los elementos que vinieron a reemplazarlo fueron distintos, según las preferencias de los autores. Pero el hecho cierto es que la lengua popular fue decisiva a este respecto y al latín románico sólo llegó a n t e (q u a m) > *antes que*.

202.1. En cuanto a s e c u s, desapareció sin dejar rastro, en tanto s e c u n d u m, no sólo ocupó los puestos de *ut*, *sicut* y *quomodo*, sino que además, adquirió en latín tardío el valor de conjunción modal, que en nuestras cartas se atestigua, ya en el siglo x («concedimus eum uobis omnia *secundum* in nostra karta resonat», 924)[99]. Aunque ésta sea la vida de ambas preposiciones, no deja de encontrarse alguna anómala supervivencia como la de aquella inscripción romana en la que s e c u s

[98] Bassols, *Sint.*, I, pág. 336, § 326.
[99] Bastardas, págs. 96 y 196.

se emplea con reiteración («L. Ofilius Artemidorus uius sibi fecit *secus* Curtia [...] coniug. simpliciss. sua, [...] autem *secus* ara igne facer., sciat se ad pontifices disputantur» [100]). Ejemplos:

1. S e c u s .

E: «*secus* mare esse» = «estar *a orillas* del mar».

N: «*secus* merita ejus» = «*según* sus méritos».

2. S e c u n d u m .

E: «nos *secundum*» = «*detrás de* nosotros».
«*secundum* mare» = «*a orillas* del mar».

T: «*secundum* vindemiam» = «*en seguida, después de* la vendimia».

N: «*secundum* naturam fluminis» = «*según* la naturaleza de la corriente».

202.2. *Secundum* dio normalmente *segundo, segund* y *segunt* [101], pero presentó también, en León (1024), la forma anómala *secuntum* [102]. Suele aducirse el aragonés *seguntes*, como una composición sobre *segunt*, que vive todavía hoy; podemos aducir un texto del siglo XVII: «porque ye día dal Corpus, / *seguntes* la gayta cuenta» [103].

203. En la ordenación del sistema, el latín acudió a c ŏ n t r a como término opuesto a s e c u n d u m («aut *secundum* naturam aut *contra*» = «*según* o *contra* la naturaleza») y el romance continuó el uso, por más que *cuantra* y *cuentra* originariamente tuvieran empleo adverbial. *Cuantra* se documenta en cartas del siglo XIII, mientras que el compuesto *excuantra* ya se

---

[100] *CIL*, 35987, apud *DLLHI*. pág. 142, núm. 715.

[101] Documentación de estas formas en OELSCHLÄGER, s.v.; *Est. dial. arag.*, II, §§ 200.1, 242.1, 252; CEJADOR, s.v. *según*. El vulgarismo actual *sigún* ya se documenta en Gonzalo Ayora [1503] (KENISTON, pág. 654). Cfr. *NMéj.*, I, 93 y nota 1.

[102] *Orígenes*, pág. 368, § 77.2.

[103] *Octavario*, pág. 79, vv. 5-6. La voz se incluyó en la *Colección de voces usadas en La Litera*, de COLL y ALTABÁS (Zaragoza, 1908).

recoge en 1050 (Cardeña); *cuentra* fue usada por Berceo, lo mismo que *encontra, escontra* [104].

204.1. Finalmente, p r ŏ p e 'cerca de' (se oponía a l ŏ n g e) no tuvo fortuna en castellano, pero sí en catalán [105], cuyo *prop* debe ponerse en relación con el friul. *da pruf*, el fr. a. *pruef* o el it. a. *pruovo* [106]. Si comparamos la situación latina con la romance, podremos extraer consecuencias acerca de los sustitutos de *prope:*

E: «*prope* oppidum» = «*cerca* de la ciudad».

N: «*prope* metum res fuerat» = «nos encontramos muy *cerca* de tener miedo».

204.2. Evidentemente, c ĭ r c a ha ocupado el hueco que *prope* dejó (vid. § 204.1), por más que su valor originariamente fuera el de 'alrededor' [107] y no el de 'proximidad', que sólo adquiere en la época postclásica del latín [108]. En un período antiguo de la lengua, *cerca* mantuvo una forma próxima a la latina y podía decirse «*cerca* la ciudad» (< «*circa* urbem»), pero *cerca de* se generalizó muy pronto [109] y el carácter de 'proximidad' se aplicó tanto al espacio como al tiempo («*cerca de* la ciudad», «*cerca de* las dos») y aun con carácter nocional («*acerca de* él») [110].

205. L ŏ n g ē fue un adverbio de lugar que significaba 'lejos, a larga distancia' y como tal dejó herederos en it. *(lungi)*, fr.

---

[104] Documentación en OELSCHLÄGER, s.v. *contra.*

[105] Por eso no extraña encontrar en un documento de San Cugat «*prope de* Monte Serrato» (año 991), cierto que en otro de Santoña (1068) se lee «terra que est *prope de* illo arroio» (ambos en BASTARDAS, pág. 103, § 42).

[106] *REW*, núm. 6781.

[107] Cfr. *circum* (prep. y adverbio), que desapareció; *circus* (sust.) 'círculo; circo'.

[108] BASSOLS, *Sint.*, I, págs. 242-243, § 242.

[109] Riquísima documentación en CUERVO, *Dicc.*, s.v.

[110] *Acerca* como adverbio de lugar o de tiempo se recoge ya en *Cid* y, como preposición *(acerca de)*, hay ejemplos en el mismo texto.

(loin), prov. *(luench)*, cat. *(lluny)*, esp. a. *(lueñe)* y port. *(longe)* [111].
Las formas castellanas antiguas y dialectales no escasean; basta
repasar el *DEEH* (núm. 3939) para sacar una variada serie:
cast. a. *loñi, luñe, luenge;* ast. *chuenxe, tsueñe, lloñe;* arag. a.
luen, ribag. *lluen* [112], y aun podríamos añadir *luen* y *luene* que,
con *lueñe,* usó Gonzalo de Berceo, y *aluen* y *aluenge,* del *Cid* y
de las *Glosas emilianenses* [113]. Pero lo cierto es que *lueñe* fue sustituido por l a x i u s 'más ampliamente' [114] y en el siglo XIII se
libró la batalla, que, perdida por *longe,* llevó a su sustitución
rápida en español [115] y la generalización de *lejos* solo o en construcciones como *lejos de, a lo lejos,* etc. Juan de Valdés repudiaba el uso de *lenxos* (pág. 84), en un pasaje en que habla de
voces que, según él, tienen una *n* indebida *(entonces, ansí, dende,
invierno),* y adujo la deformación de *lexos,* que no se documenta
en otros textos del siglo XVI [116].

NOTA SOBRE LA MORFOLOGÍA Y LA FUNCIÓN

206. Hemos visto, desde los planteamientos de este capítulo,
que preposiciones y adverbios tienen forma intercambiable.
Esto sucedía en latín y ha venido continuándose en romance.
Dadas las posibilidades del español, muchas preposiciones simples se aglutinaron con las dos de mayor vitalidad *(a, de)* y pasaron a ser lo que habitualmente se denomina «adverbio». Por

---

[111] *REW,* núm. 5116.
[112] Fosilizado, *longe* llegó a la edad de oro en algún refrán («el monxe,
rrápalo de *lonxe*», CORREAS, *Refr.,* pág. 115 *b*), pero mal entendido. El «a
lonxe te pone, dixo Luzia al odre» tiene un sentido bien claro, pero las
variantes acreditan que ya no se sabía qué significaba, y la voz es reemplazada por *ajonje, ay onje, alionje, ay calonxe* (CORREAS, *Refr.,* pág. 10,
nota 44).
[113] OELSCHLÄGER, s.v. *luen.*
[114] Cfr.: «*Longe* abesse»=«estar *lejos*», «non *longe* ex eo loco»=«no *lejos*
de aquí».
[115] *DCECH,* s.v. *lejos.*
[116] KENISTON, pág. 587, s.v. *lenjos.*

318 Morfología histórica del español § 207

ejemplo, «está *tras* la casa» ∼ «está *detrás*». Después esta forma compuesta funcionó como elemento de relación y se apropió nuevamente de un nexo, convirtiéndose en «preposición»; tal y como vemos en «está *detrás de* la casa». Otras veces, la preposición simple se asoció a otra y creó complejos que han tenido enorme vitalidad: «está *tras de* la casa». Estos recursos no son exclusivamente románicos, sino que existían en latín: hemos visto con reiteración cómo se pueden acumular elementos y constituir otro funcionalmente único (*adelante, alrededor,* etc.), pero es que la tendencia venía de lejos, según acreditan las lenguas neolatinas: si un determinado compuesto existe en varias de ellas, no cabe duda que era formación latina; tal es el caso de a d p r o p e (rum. *aproape,* lomb. *apröf,* log. *approbe,* fr. a. *apruef,* cat. *aprop,* etc.), d e e x (fr., prov. *des,* cat., esp., port. *des(de),* etc.), más dudoso es el caso de d e s u p e r (rum. *spre, pre,* maced. *pristi;* lat. hisp. *de super*) [117], etc. Y deben añadirse, también, las composiciones de preposición y adverbio como a d p ŏ s t (rum. *apoĭ,* it. a. *appo,* log. a. *appus*), a d r e t r o (tosc. *addreto,* fr. *arrière,* prov. *areire,* cat. *arredro,* esp. *arredro,* port. *arredo,* etc.), d e f ŏ r i s (it. *difuori,* fr. *dehors,* prov. *defors,* cat. *defora,* etc.), a b a n t e (rum. a. *a-inte,* it. *avanti,* eng. *avaunt,* friul., fr. *avant,* cat. *aban,* etc.) y otros muchos casos [118].

207. En cuanto a la morfología, aunque los valores no siempre sean idénticos, podemos componer el siguiente cuadro:

---

[117] *REW,* núms. 197, 2514, 2607 *a.* No puede considerarse como evidente en latín.

[118] *REW,* núms. 195, 198, 2520, 4.

	de-	a- (en-)	... de	de- ... de	a- ... de
TRAS	detrás	atrás	tras de	detrás de	atrás de
BAJO	debajo	abajo	bajo de	debajo de	abajo de
ANTE	delante / delante	enante(s) / adelante	antes de	delante de	— / —
REDOR	derredor / —	enderredor / alrededor	redor de / —	derredor de / —	alderredor de / alrededor de
PUES	después / después	apués / empués	pues de	depués de / después de	— / —
ENTRO	dentro	adentro	(arag. entro a)	dentro de (en)	—
CERCA	(de cerca)	acerca	cerca de	—	acerca de
FRENTE	(de frente)	enfrente	frente a	—	enfrente de
FUERAS	(desde fuera)	afuera(s)	fuera de / desde	—	afuera de
DES	—	—	—	—	—
LEJOS	(de lejos)	alejos	lejos de	—	—
SUSO	desuso	asuso	—	—	—
YUSO	deyuso	ayuso	—	—	—

CAPÍTULO XIV

LAS PARTICULAS

LA COORDINACIÓN

208. Para estudiar los elementos que enlazan los componentes de un enunciado hemos de recurrir a las situaciones históricas que han determinado las formas actuales. Porque no basta con decir, como hace la Academia, que «las oraciones coordinadas se enlazan en el período y expresan relaciones variadas entre sí»[1], pues esto es muy vago y, siguiendo los apoyos de las definiciones, tal vez no llegáramos a resolver las preguntas que pudiéramos irnos formulando; porque, si *período* es un 'conjunto de oraciones que, enlazadas unas con otras gramaticalmente, forman sentido cabal', tampoco queda claro lo que pretende definirse como coordinación. Lo fundamental en ella es que los segmentos u oraciones del enunciado (digamos período, por ejemplo) tienen las mismas funciones; esto es, dentro de los conceptos académicos, se trata de oraciones independientes cuya estructura es semejante; por tanto, si una oración se considera como elemento básico (digamos porque va en primer lugar), cualquiera otra que pueda añadírsele cumple una idéntica función. Es, por tanto, uno de los tipos fundamentales de

---

[1] *Esbozo*, pág. 503, § 3.17.4 *b*.

lo que Martinet llama *expansión*[2] y, por tratarse de un enunciado que no se modifica en su forma suprimiendo el elemento previo o el añadido, resultará que el concepto expresado por una unidad se amplía, se reduce o no se altera con el elemento de la extensión. De ahí que nuestro objeto actual sea el estudio histórico de los elementos que sirven para expresar esas sencillas nociones aritméticas.

209.1. En latín la s u m a de valores a un elemento primario se hacía con la partícula ĕt. Era la más usada de todas las copulativas y la que, en época imperial, eliminó a todas las demás[3]; por esto fue también la conjunción que se perpetuó en romance. Las formas que atestiguan las hablas hispánicas son derivadas de hechos fonéticos; lo normal es la atonicidad de la partícula y de ahí que lo constante sea documentar *et* (a la manera latina) o *e* (con pérdida de la *-t*). Ahora bien, esta última se conocía en latín vulgar, puesto que en una inscripción cristiana, publicada por Maruchi, se lee «*e* abeat anathema a Iuda» y en una pizarra de Asturias (s. VII-VIII), «de uila *e* de ilas auitationes»[4]. Una forma intermedia, *ed*, que existió en diversas regiones del Imperio, también está documentada en España, al menos en Sobrarbe y en Aragón (siglo XI)[5], pero lo normal fue transcribir *e* (desde las *Glosas*) o *et*. Esta *e*, átona en la cadena del habla, se mantuvo como tal cuando la palabra siguiente empezaba por *i-*[6], mientras que pasó a *i*, siguiendo la ley de secuencias de vocales, si la palabra empezaba por vocal: *e alto > i alto*

---

[2] *Elementos de lingüística general* [1960] (trad. JULIO CALONGE), Madrid, 1965, págs. 158-161.

[3] BASSOLS, *Sint.*, págs. 91-93, § 91.

[4] *Documenta*, núms. 1052 y 1062, respectivamente.

[5] *Orígenes*, pág. 377, § 79.3. Abundó más la *-d* procedente de *-t* desinencial (*Est. dial. arag.*, I, pág. 92, § 46.1).

[6] Recuérdese un pasaje de VALDÉS: «Solamente pongo *e* quando el vocablo que se sigue comiença en *i*, como en [...] *latino e italiano*» (*Diál. lengua*, página 65). Cfr. también CORREAS, *Arte*, pág. 352, y TEJEDA, pág. 288.

(cfr. c r e ā r e > *criar*). Este uso se generalizó en el siglo XVI [7], por más que viniera de muchos siglos atrás [8]: «*e* es antigua, i duró mui usada hasta los Rreies Catolicos; despues aca á prevalezido la *i* en su lugar por mas suave» [9].

209.2. Consideración aparte merecen los casos en que ĕ t diptongó en *ye*. Menéndez Pidal señaló la frecuencia del hecho en diplomas antiguos (Fuero de Oviedo) y en las hablas de Colunga *(ye)* y Villaoril, Villapedre y Luarca *(ya)* [10]. Estos ciertos informes se pueden ampliar: los textos antiguos permiten documentar las formas diptongadas por todo el ámbito del dialecto: *ye* («et si non lli da su auer de nueue dias *ye* de nueue dias», Oviedo, 1145; «*ye* el prior que la touiesse anno *ye* dia la sue metat», Piasca, Santander, 1252), *ie* («lavren con fiios *ie* con mancebos, *ie* al so finamiento [...]», Vega, León, 1227) [11], *ya* («nos omnes *ya* muyeres dauandicho», San Pedro de Eslonza, 1243) [12]; *ie* se documenta en la *Disputa del alma y el cuerpo*, copiada en Oña (Burgos), en la segunda mitad del siglo XII [13]. En las hablas vivas, *ya* es forma del bable occidental («riuse primeiru *ya* dispuéis cumpadiciénduse») y en Babia y Laciana («es una peña blanca *ya* muy quebrada») [14].

210.1. La r e s t a o reducción del concepto al que nos hemos referido anteriormente (§ 208) es un concepto de naturaleza psicológica. Tras decir de alguien que es *amable*, podemos añadir

---

[7] «¿Por qué ponéis unas vezes *y griega* y otras *e?*» Es la pregunta que antecede a la respuesta de la nota anterior.

[8] Desde el *Cid*, cuando menos (OELSCHLÄGER, s.v. *e*).

[9] CORREAS, *Arte*. pág. 352.

[10] *Dial. leon.*, pág. 42.

[11] Ejemplos tomados de *THD*, I, núms. XXXI, LXII, LXVI.

[12] STAAFF, pág. 129, l. 71. La forma se repite mil veces en el documento. Cfr. la pág. 199 de la obra de este investigador.

[13] «¿O son los palafrés que los cuendes *ie* los res / te solien dar por to loseniar» (vv. 30-31). Está en el respaldo de una escritura de 1201, pero el trazo de la letra parece anterior (R. MENÉNDEZ PIDAL, *Textos medievales españoles. Ediciones críticas y estudios*, Madrid, 1976, págs. 165-168).

[14] *THD*, I, núms. LXII, XCIV.

que es *vanidoso:* «Pedro es *amable* y *vanidoso*». Si juzgamos
que la segunda calificación, de algún modo, destruye a la primera, aunque sólo sea parcialmente, esta sustracción subjetiva
se manifiesta por el empleo de la conjunción *pero:* «Pedro es
amable, *pero* vanidoso». Esta construcción puede hacerse también con un verbo («Pedro come bien, *pero* bebe demasiado»),
aunque no con un sustantivo, por cuanto no se puede disminuir
de «uno» sin llegar a cero [15].

210.1.1. En latín este concepto se expresaba con la conjunción s e d , que introducía el significado de rectificación, limitación o corrección en la frase anterior [16]. Pero desapareció y su
lugar fue ocupado por formaciones tardías:

«*sed* certe»=«*pero* por lo cierto».
«perfectus litteris, *sed* Graecis»=«conocedor de las letras, *por lo menos*
las griegas».
«non solum, *sed* etiam»=«no solo, *sino* también».

210.2. *Pero* remonta a p e r h ō c , compuesto que se forma
en época proto-romance y que en los documentos hispánicos se
acredita desde el siglo VI, aunque nunca de manera abundante;
en época posterior (siglo XIII), parece ser un rasgo castellano
frente a las hablas occidentales, incluyendo en ellas el leonés [17].
El acento agudo es el que debía ser en lo antiguo, tal y como
acreditan hoy italiano y portugués, pero, habida cuenta del carácter átono con que se usó la partícula, el acento se perdió,
como ha ocurrido en tantas otras ocasiones, y es totalmente
secundario que recaiga en una u otra sílaba, aunque en nuestro
caso, *pero* y no *peró* se explica por la rareza de la terminación -*ó*
en castellano [18]. *Pero* no sólo significó 'por eso', sino que susti-

---

[15] POTTIER, *Introduction*, pág. 201; WARTBURG, págs. 155-156. Es importante la obra de JOSEF HERMAN, *La formation du système roman des conjonctions de subordination*, Berlín, 1963.

[16] BASSOLS, *Sint.*, I, pág. 104, § 107.

[17] Vid. JOSÉ VALLEJO, *Sobre un aspecto estilístico de D. Juan Manuel.
Notas para la historia de la sintaxis española* (HMP, II, 1925, pág. 74);
HERMAN, págs. 180-197.

[18] *DCECH*, s.v. *alrededor*.

tuyó a t a m e n y se empleó con la acepción de 'sin embargo': valor que, al parecer, era arcaico en el siglo XIII, pero que resucitó en la parte más moderna de la *Crónica general* de Alfonso el Sabio [19]. Originariamente, *pero* tuvo una significación diferente que *mas* (< m a g i s), por cuanto actuaba con valor restrictivo ('sin embargo'), en tanto *mas* lo tenía opositivo. Puede verse este aserto con toda claridad en un fragmento de la *Crónica general*, aducido por Vallejo (pág. 79):

> Los nombres destos reyes, et los annos de los sos regnados contamos nos aqui [...] segund la Estoria de los Romanos; *mas* [significado opositivo] los nombres de los cónsules et de los dictadores [...] contar los emos cuemo los dize Paulo Orozio [...] *Pero* [restrictivo: 'sin embargo'] los consules del primer anno dezimos en este logar cuemo seen en la Estoria de los Romanos [20].

210.2.1. El empleo de *mas* se explica a partir de un movimiento de adición (cfr. *más*), en el que el contexto se encarga de crear la sustracción subjetiva, de que hemos hablado.

210.2.2. De los compuestos de *pero* hay que señalar el valor concesivo de *pero que* y la aparición de *empero* (siglo XIII y verosímil provenzalismo), con un prefijo procedente de i n d e.

211. Como conjunción adversativa, *sino* apareció en época muy antigua bajo la forma *sinon*. Corominas ha explicado su formación como una elipsis: en el *Cid*, por ejemplo, puede leerse «nadi, *sinon* dos peones» (v. 686), que no es otra cosa que «nadie, *si no son* dos peones» [21]; el paso al valor adversativo está en la oposición que se documenta en el propio *Cantar:* «non se faze assí el mercado, / *sinon* primero prendiendo e después dando»

---

[19] Con este valor, se utilizaron también *e pero, mas pero,* en el siglo XIII (VALLEJO, *art. cit.,* pág. 76).

[20] En el siglo XVI, algunos escritores preferían *mas* a *pero* (Ayora, Cisneros, Valdés), según KENISTON, pág. 665.

[21] En frases como «no tenía libros *sino* cuadernos», *sino,* efectivamente, une dos sintagmas verbales: «*sino* que tenía cuadernos».

(vv. 139-140) [22]. La forma *sino* es ligeramente posterior (siglo XIII) y la variante *senon* (siglo XII), leonesa [23], por cuanto presenta la conocida alternancia *i/e*, como en *sen* 'sin' [24], propia del dialecto.

212.0. La no a l t e r a c i ó n a la que nos hemos referido en el § 208, conocía en latín dos signos de igualdad o equivalencia: v e l , a u t .

212.1. V e l , posiblemente de un primitivo v e l s i (< v o l o), tenía —entre otros— los valores de 'diferencias poco importantes, rectificación', pero en otras acepciones (para distinguir cosas o actos que se excluyen) se igualaba con a u t ; tenía que reforzarse con otras palabras (rectificación, introducción de un concepto más importante: *vel potius*, *vel etiam*, etc.); iba unida a superlativos (intensificándolos o restringiéndolos), y, en latín decadente, se igualaba con *et* [25]. Este círculo de motivos nos muestran su debilidad, y cuán proclive estaba hacia la desaparición; en efecto, su puesto fue ocupado por a u t , según vemos en este par de ejemplos:

«a plerisque, *vel* dicam ab omnibus»=«por la mayor parte, *o*, mejor, diremos por todos».

«melius *vel* optimo»=«mejor, *o* el mejor».

212.2. A u t , que tenía el valor de elección exclusiva [26], entre otros varios de menor importancia o uso, gozó de gran vitalidad,

---

[22] *DCELC*, s.v. *si*.

[23] En una carta de Sahagún (1186) se lee: «nola saquen por aotro *senon* por asi» (STAAFF, pág. 6, l. 10).

[24] Cfr. STAAFF, pág. 283.

[25] BASSOLS, *Sint.*, II, págs. 112-114. Para la equivalencia aducida en último lugar, vid., por ejemplo: «et alia opuscula *vel* hymnos sive missas edidit» (GREGORIO DE TOURS, s. VI, apud DÍAZ, pág. 164). Testimonios españoles en BASTARDAS, págs. 179-180.

[26] Véanse un par de ejemplos con sus correspondencias:

«Consules se *aut* dictatores *aut* etiam reges sperant futuros»=«esperan ser cónsules *o* dictadores, *o* hasta reyes».

«*Aut* secundum naturam, *aut* contra»=«*O* según *o* contra la naturaleza».

como acredita su persistencia en todas las lenguas románicas [27]. La reducción del diptongo fue muy antigua, puesto que *o* ya aparece en las *Glosas silenses* y, lógicamente, así se transcribe en todos los documentos por muy antiguos que sean. La variante combinatoria *u* está explicada ya por Juan de Valdés que, en el *Diál. lengua*, escribe:

> Pecan también algunas vezes los castellanos en el mesmo pecado [confusión de *u* y *o*], pero pocas, y una de ellas es quando la *o* es conjunción disjuntiva, poniendo *u* en lugar de la *o*, lo qual de ninguna manera me contenta, y si avéis mirado en ello, siempre scrivo *o*, diziendo: *O rico o pinjado, o muerto o descalabrado*. Bien es verdad que, quando el vocablo que se sigue comiença en *o*, yo uso *u* diziendo: *Esto u otro lo hará*, pero, mientras puedo escusarme de que la necessidad me fuerce a poner *u*, escúsome, porque no me suena bien (págs. 67-68).

Correas se planteó las cosas del mismo modo, aunque parecía proclive a la *u*, cuando corregía a los impresores la preferencia opuesta [28]; pero los motivos que le llevaban a usar *u* obedecían a fonética sintáctica (eufonía *u+o-*) y a cierto melindre que de ella derivaba:

> Ansimesmo sighiendose *d* tras la *o*, es bien convertirla en *u* para huir de la cacofonia, i alusión a la desonesta sinificazion del verbo que comienza en ellas, escurezida la *h* que es primera, i le ofrezen a la memoria, i no con la *u* (*Arte*, pág. 353) [29].

Una de las censuras de Valdés, *u* como conjunción [30], ha persistido como vulgarismo en todo el mundo hispánico [31].

---

[27] Rum. *aú*, it. *o(d)*, sic. a. *oue*, log. *a*, eng. *u*, fr. *ou*, prov. *o(z)*, cat. y cast. *o*, port. *ou* (*REW*, núm. 810).

[28] Había dicho que suena mejor *u* que *o*, «i aunque esto es ansi en el molde usan la *o* mas que la *u* inadvertidamente» (*Arte*, pág. 353). Cfr. KENISTON, pág. 666, § 42.24.

[29] Aquí está la explicación de por qué fray Luis de Granada, Calderón y otros clásicos usaran *u* ante *d* (BELLO, § 1256).

[30] Véase la documentación que aporta KENISTON (pág. 666, § 42.24), sobre los usos de *u* por *o* en los escritores del siglo XVI.

[31] Vid. los materiales allegados por BERTA ELENA VIDAL DE BATTINI, *El*

213. En los §§ 56.1-57.3 nos hemos ocupado de los grados de comparación en el adjetivo; ahora debemos tratar de los cuantificativos invariables. Son, pues, partes del discurso que inciden sobre elementos de carácter nominal; algo que pudiéramos representar así [32]:

$$un \longrightarrow gato \longleftarrow blanco$$
$$\uparrow$$
$$muy$$

214. El latín t a n t u m ... q u a n t u m se perpetuó en el castellano *tanto ... cuanto,* cuyo primer elemento, en posición proclítica, se abreviaba en *tan* [33]. Ahora bien, fue esta apócope la que permitió formar una doble serie en la que los compuestos de *tan* podían o no fundirse en una sola palabra; de este hecho proceden valores distintos de las partículas: «*tan bien* lo haces» (valorativo) > «*también* lo haces» (iterativo positivo), «*tan poco* sabes» (valorativo) > «*tampoco* sabes» (iterativo negativo). *También* y *tampoco* son formaciones que el español acredita desde el siglo XIII y que llegan hasta hoy: la primera se presenta bajo las formas vulgares *tamén* (Argentina), *tamién* (casi todo el mundo hispánico), *tayén* (Nuevo Méjico) [34].

---

habla rural de San Luis, Buenos Aires, 1949, págs. 191-192, y, como siempre, la enorme riqueza de datos que aporta ROSENBLAT (*NMéj.,* II, págs. 183-185), ampliables ahora.

[32] Vid. POTTIER, *Introduction,* pág. 197.

[33] En la edad de oro, aparte su empleo en las comparaciones de igualdad, *tanto ... cuanto* se usó como conjunción copulativa: «lleva gran deseo de ver esa ciudad, *tanto* por el grande amor que me tiene, *cuanto* por lo que yo le he dicho de su antigüedad y perfección» (Gonzalo Fernández de Córdoba, apud KENISTON, pág. 664, § 42.17). *Tanto cuanto ... tanto* se encuentra como construcción enfática en el *Guzmán de Alfarache:* «*tanto cuanto* un noble tiene más necesidad, *tanto* se compadece della más el pobre que el rico» (KENISTON, pág. 326, § 26.741). (Cfr. HERMAN, pág. 249).

[34] Materiales en *NMéj.,* II, págs. 164-165.

215. La comparación de *superioridad* se hacía con m a g i s q u a m y la de *inferioridad* con m i n u s q u a m [35], ambas se han conservado sin más alteración que la que han exigido las evoluciones fonéticas [36]. De ellas hay que señalar el paso m a g i s > *más*, cuyos estadios intermedios están suficientemente documentados: *mayis* (escrito *magis*) en las *Glosas silenses; mais, maes, mayas,* en el siglo XIII, todavía; *mas,* desde las *Glosas emilianenses; mes,* en Huesca y Sobrarbe (siglo XI) [37].

215.1. Al lado de *mas* se asentó algún derivado de p l u s , que debió gozar de cierto arraigo, probablemente culto [38]. Así en las *Glosas emilianenses* aparece *plus* (lo mismo que en algún documento de Cuenca [39]) y fue en la Rioja donde la partícula tuvo mayor persistencia, tanto en los documentos notariales, como en la lengua de Berceo [40], por más que su uso no debiera ser muy frecuente [41]. Véase lo dicho en el § 59.1.

216.1. La comparación relativa se hacía en latín con q u ō m ŏ d ŏ , que persistió en romance [42]. Las formas vulgares se acreditan ya en inscripciones pompeyanas y visigóticas [43], por

---

[35] Cfr. para el primer caso: «muro fretus *magis quam* de manus vi»= =«confiando *más* en la muralla *que* en la fortaleza de sus hombres» (ENNIO, *Ann.,* 97). En cuanto al segundo: «quos non *minus quam* Romanos metuebant»=«a los cuales no temían *menos que* a los romanos» (Tito Livio, XXXII, 16, 12).

[36] Los usos de *que* y *de* en la comparación han sido estudiados por DWIGHT L. BOLINGER, *The Comparison in Inequality in Spanish* (*Lan,* XXVI, 1950, págs. 28-62) y en la *Addenda* a este artículo (*Lan,* XXIX, 1953, páginas 62-65). Cfr. HERMAN, pág. 213.

[37] *Orígenes,* pág. 80, § 14.4; OELSCHLÄGER, s.v. *mas.*

[38] En latín se usó desde el siglo I (Calpurnio Sículo, Tertuliano, Nemesiano).

[39] OELSCHLÄGER, s.v. *plus.*

[40] *Orígenes,* pág. 32, § 61.3; *Dial. rioj.,* pág. 66, § 57.

[41] Para la situación románica, cfr. ROHLFS, *Léx.,* págs. 144-145, § 67, y mapa 37.

[42] Rum. *cum,* it. a. *cuomo,* fr. a. *com, come,* prov. *co,* etc. (*REW,* número 6972). Cfr. HERMAN, págs. 167-169.

[43] Respectivamente, en la núm. 9251 y en la pág. 33 de GÓMEZ-MORENO (*comodo*).

más que —como es lógico— la presión culta mantuviera en los testimonios escritos unos usos relativamente clásicos [44]. Sin embargo, *quomodo* sin acento se vació de significado y pasó a ser una conjunción completiva, según puede verse en *Cid*, 2965 («mandaré *commo* i vayan ifantes de Carrión») [45]. De quō-mŏdo, átono, salieron las formas *como, cumo* (ésta en el siglo XIII), la rara *conmo* (también del siglo XIII), y la apocopada *cum* (ya en el *Cid*), mientras que de la forma acentuada se obtuvo *cuomo* (usual en el siglo XIII); ahora bien, este diptongo *uó*, anómalo en Castilla, dio paso al muy corriente *ué*, y *cuemo* se atestiguó desde las *Glosas emilianenses* [46] hasta finales del siglo XIV [47].

216.2. *Como* se usa en correlación con adverbios comparativos *(así, tal, tanto, tan)*, según una herencia que procede del latín; oraciones del tipo «*quomodo* nunc est» [=«*como* está ahora»] permitieron el paso a «*tan* alto *como* tú». Con ella se relaciona el uso áureo de fórmulas complejas del tipo «*como* discreta *que* era» (Pérez de Hita), en la que el valor comparativo debe ponerse en relación con fórmulas ponderativas semejantes a «*qué* ciego *que* está» *(Lozana andaluza)*, «¡*qué* mojado *que* venís!» (Lope de Rueda), «¡*cuán* grande y *qué* fuerte *que* es!» (Pérez de Oliva) [48].

LOS DEÍCTICOS

217. Empleamos *deíctico* en el sentido de 'palabra que sirve para mostrar' (en oposición a *anafórico* 'elemento que reenvía al contexto lingüístico y no a una realidad extralingüística'); por tanto agrupa a los demostrativos (vid. §§ 81.0-85.2) y a los mostrativos *(he aquí, eso)* y, en un sentido amplio, a los *shifter* o

---

[44] Vid. BASTARDAS, págs. 154 y 188.

[45] *Cid*, II, pág. 393. En el vocabulario, s.v. *commo*, hay registrados multitud de empleos.

[46] *Orígenes*, pág. 116, § 23.2.

[47] *DCECH*, s.v. *como*.

[48] KENISTON, pág. 175, §§ 15.256 - 15.259.

conmutadores de Jakobson. Teniendo en cuenta las observaciones hechas en el § 179.2, distinguiremos tres clases de elementos deícticos, según tengan carácter espacial, temporal o nocional.

218. Las deíxis e s p a c i a l e s, cuando se presentan bajo la forma de pregunta, podían tener en latín la forma ŭ n d e, de la que salió normalmente *onde* [49]; junto a éste se desarrolló un derivado de ŭ b ĭ, que se documentó como *obe* (en las *Glosas emilianenses*) [50] o como *o* (siglo XI). Este *o* interrogativo vivió, y vive, en el occidente peninsular, y emigró a las Islas Canarias, que aún lo conservan tímidamente: en el *ALEICan* (III, 1197) se documenta algún caso de *úlo* '¿dónde?' [51], aunque era cuestión por la que no se preguntaba. Sin salir de los documentos reunidos en *THD*, el adverbio consta en asturiano antiguo («si el sse for *o* estodier que peche fiador», 1145), leonés («furon a aquel lugar *o* era la heredat», Piasca, Santander, 1252), riojano («et deinde a iuso et ad sursum pero *o* potieren», 1044), aragonés («en aquellos casos *o* tales fianças deuen seer dadas», siglo XIII) y navarro («vido en la plaça Oliueros *o* yaze», *Roncesvalles*) [52]. *Onde* sufrió la apócope de *-e* y pasó a ser *on*, ejemplificado en lo antiguo y en lo moderno [53]. Por otra parte, *onde*, en algunas hablas ha pasado a ser 'la casa de, las propiedades de' (como *lo de* en otros sitios): «Más di alguna tarde pasava Sarucha con il ofisio *onde* Hanucha» [54].

---

[49] Para este conjunto de formas, vid. *DCECH*, s.v. *donde*.

[50] En un documento oscense de c. 1062, se lee: «bagat domna Adulina cum illo suo *obe* li placet» (*THD*, I, CLXXI, pág. 347, 1. 8).

[51] JUAN RÉGULO PÉREZ, *Filiación y sentido de las voces populares «¿ulo?» y «abisero». Apuntes para una dialectología canaria* («Revista de Historia», IX, 1944).

[52] Textos XXXI, 1. 131; LXXII, 1. 21; CXXV, 1. 16; CLXXXVIII, 1. 65; CXLVIII, 1. 11. *O* vive en los dialectos modernos de carácter leonés; incluido el judeo-español (*NMéj.*, II, pág. 168).

[53] Cfr. en el *Fuero de Oviedo* (1145): «non quiera *on* el testigo possa auer solos dos omnes bonos» (*THD*, XXXI; 1. 78); en los de *Aragón;* «auia premida le leyt *on* el siero ['suero'] era exido» (ib., CLXXXVIII, 1. 87). Para la documentación moderna, vid. ROSENBLAT, *NMéj.*, II, pág. 167.

[54] Sarajevo (Yugoeslavia), recogido por K. BARUCH (*THD*, CCCLXXXII,

218.1. Tanto *o* como *onde* se unieron a la preposición *de*, que se les anteponía en cierto tipo de preguntas («¿De *ónde* son?», «¿De ó son?», *dónde*, *dó*), y, perdida la conciencia del compuesto, la lengua sintió la necesidad de remotivar el signo («¿De dónde son?», «¿A dónde van?»). De las formas fundidas *donde*, *adonde* han salido los vulgarismos *onde* (en las zonas de *donde*), *aonde*, etc. [55].

219.0. Las referencias situacionales se hacen a tres grados de determinación, según hemos explicado en el § 179. De acuerdo con esa doctrina, hay una clara correspondencia entre el sistema pronominal y el adverbial. En éste se integran, también, tres elementos: *aquí*, *ahí*, *allí*.

219.1. *Aquí* procede de la partícula e c c u m , convertida en *accu, por influjo probable de *a*- direccional (< a d), y del adverbio hīc; su vitalidad está probada a lo largo de toda nuestra historia lingüística, por más que haya sufrido la concurrencia de *acá*. Se han dado diversas explicaciones acerca de los valores de *aquí* (punto fijo y determinado) y *acá* (centro de una región más o menos extensa) y de sus usos [56], pero lo que ha podido ser, no lo es: la geografía de nuestra lengua ha ido configurando una serie de preferencias y, en algunos sitios de América, *acá* ha reemplazado a *aquí*; habrá, pues, que intentar la justificación de los hechos; Corominas da una explicación psicológica: muchos más motivos para usar *acá*, *allá* que *aquí*, *allí* [57], que tal vez sea válida.

219.1.1. Una evocación del movimiento, semejante a la que hizo nacer a *acá*, es la que sirvió para formar *aquén* 'del lado de acá' (< *accu hinc). Su empleo como elemento de relación

---

página 783, l. 8). Es posible que este *onde* sea etimológico, habida cuenta del arcaísmo del judeo-español y su vinculación con el leonés. En otros casos, *onde* procede de *donde* (*ALEA*, VI, 1898; *ALEICan*, III, 1197).

[55] Muchísima información en Rosenblat, *NMéj.*, II, págs. 166-168.

[56] Vid. Cuervo, *Dicc. const.*, s.v. *acá*, *aquí*.

[57] *Rasgos semánticos nacionales* («Anales del Instituto de lingüística», I, 1941, págs. 7-9).

(«*aquent del* aqua», 1194), hizo que se aglutinara con la preposición *de (aquende)*, aunque también pudo haber influencia de ĭnde[58], como apuntó Correas[59].

219.2. *Ahí* (< *a-*+hīc, con influjo de los derivados de ĭbī) se documenta a comienzos del siglo XIII[60]. Tenemos el testimonio seguro de *Egipciaca* que traduce al francés *i* en dos ocasiones[61], y después muchos más casos[62].

219.3. *Allí* (< *a-* + illic) se documenta en el *Cid*, y da lugar a compuestos paralelos a los que hemos considerado en *aquí:* con illāc > *allá* y con illinc > *allén* (luego *allende*),

Ahí y *allí* por culpa del conocido yeísmo se funden en una sola forma *(aí)* en judeo español[63].

219.4. También existió *acullá* (< *accu illāc), refuerzo enfático de *allá*[64], cuya vida se atestigua desde el siglo XIV hasta nuestros días. En tiempos de Correas las cosas ya no estaban muy claras, y ello le llevó a escribir:

> *Aculla* declara otro lugar terzero, apartado lexos, i a vezes segundo, si se opone a uno destotros: *io vine aca, i Xuan se quedo alla, i Pedro aculla; tu estas holgando ai, i el otro perdido aculla; el uno esta alli, i el otro aculla.* En esta frase son vagos *aca* y *aculla:*

---

[58] *D'aquent*, como adverbio, pudo atenuar su valor y reducirse, simplemente, a significar 'aquí': «no m' levaré *d'aquent*» traduce «ne de *ci* ne leverais mais» (*Egipciaca*, v. 1061: v. 956), aunque conviene no olvidar su posición en final de verso (otra vez *ci* equivale a *aquí:* fr. 956=esp. 1058).

[59] *Arte*, pág. 340: «De este *ende* salieron *aquende, allende*».

[60] OELSCHLÄGER, s.v. *ahí*, y con él COROMINAS, no dan la referencia exacta, pues *San Millán,* 57, puede referirse a los versos 1 y 3 de la cuaderna; el primero («*I* esta oy en día») sólo tiene *ay* en el ms. de la Academia (CARROLL MARDEN, 1928, pág. 101) y no en los otros; el verso tercero («*alli* dava a Dios de sus carnes derecho») ofrece, únicamente, *allí*. De acuerdo con esto, las ediciones de KOBERSTEIN (1964) y DUTTON (1967) transcriben *i, allí,* respectivamente.

[61] Vid. el apartado *Correspondencias francesas,* t. II, pág. 357, s.v. *i.*

[62] CUERVO, *Dicc.,* s.v. *ahí, allí.*

[63] *Endechas*, pág. 95, § 61; *Cantos*, pág. 172, § 142.2. Cfr. *mansía, oría, Sevía,* etc.

[64] Se observa bien al compararlo con otras lenguas. La *Gramática* de

dize que estuvo aca i aculla, i que anduvo por aca i aculla (*Arte*, página 340).

Es posible que en el siglo XVIII la voz entrara en crisis, aunque haya documentación ininterrumpida [65]; pero no puede decirse que en el habla media actual viva con intensidad, sino, al contrario, pues falta en inventarios de distintos niveles [66]. *Acullá* aún era usado por Moratín, aunque su texto podría interpretarse como dotado de sentido irónico, y ello haría que nuestra forma se presentara con cierto aire de antigualla; no obstante, los diccionarios bilingües mantenían la voz en el siglo XVIII: así Sobrino (1705) y Requejo (1717) [67]. Y la voz se perpetuó en cierto tipo de literatura, en frases fosilizadas o en hablas dialectales (de Santander y Asturias) [68].

220. Las deíxis t e m p o r a l e s están representadas por el interrogativo *cuando* (< q u ā n d ō) y una larga serie de elementos que ayudan a la situación cronológica. *Cuando* no presenta ninguna particularidad, si no aducimos como tal la forma apocopada *quan* que, con sus variantes *quand* y *quant* se documentan desde el *Cid* y Berceo [69]; a ella hay que reducir el extraño *cuano*, reiterado en la *Vida de San Ildefonso*, pues el metro exige la pérdida de *-o* [70].

TEJEDA [1619] recibe *acullá* entre sus adverbios (pág. 278), y le da equivalencia francesa *de la* (pág. 279).

[65] «Allí [...] le vi que jugaba, allá le encontré en una comilona, *acullá* en una quimera» (RUIZ MORCUENDE, s.v.).

[66] Falta en ISMAEL RODRÍGUEZ BOU (*Recuento de vocabulario español*, Río Piedras, 1952), VÍCTOR GARCÍA HOZ (*Vocabulario usual, vocabulario común y vocabulario fundamental*, Madrid, 1953), y LUIS MÁRQUEZ VILLEGAS (*Vocabulario del español hablado*, Madrid, 1975).

[67] GILI GAYA, *Tesoro*, s.v. Una edición de Sobrino (1769) repetía la información anterior.

[68] *Dicc. Hist.*, s.v.

[69] OELSCHLÄGER, s.v. *quando*.

[70] La hipótesis de COROMINAS ha sido confirmada por MANUEL ALVAR EZQUERRA, *Vida de San Ildefonso*, Bogotá, 1975, pág. 140, § 4.4.3. Y creo que deberán considerarse como necesitados de apócope los pocos supervivien-

221. En los párrafos siguientes damos una serie de situativos: *Ayer* (*a+ayer* < hĕri). *Yer* se documenta en el siglo XIII [71], pero no debió durar mucho, habida cuenta de su escasez. *Anteayer* presenta una historia que es mal conocida: se recoge en Cisneros; se documenta en los diccionarios bilingües desde 1570 hasta 1620 [72]; consta en Lope, pero no en Cervantes [73]; Moratín todavía emplea *antes de ayer* [74]; Sobrino (1705), sin embargo, *antayer*. Las hablas actuales aumentan la complejidad de la cuestión, pues presentan un verdadero mosaico de posibilidades: *antedayer, anteyer, antiyer, antier* [75]. Interesa esta última que, documentada en Nebrija, ocupa toda la Andalucía occidental y tiene enorme difusión por muchos países de América [76].

222. *Ahora* estuvo, y está, en colisión con *agora*. Se trata de dos formas con etimología diferente. La primera remonta a un latín ad hōrā, atestiguado en Antimo (siglo VI): «duo rustici sic *ad hora* captum comederunt, et illa illis contigit [...] periclitatus est usque ad mortem» [77]; mientras que la segunda procede de hac hora según evolución fonética normal. Hacer que *ahora* y *agora* tengan una misma etimología no resulta improcedente, pero, si así fuera, *agora* precedería en su formación a *ahora* y, sin embargo, *ad hora* aparece en textos del siglo XII

---

tes que, en el poema, aún quedan de *cuano* (cfr. *Concordancias e índices léxicos de la «Vida de San Ildefonso»*, Málaga, 1980, s.v. *cuando*).

[71] «Só en sobejana cuita más que *yer* non era» (*Apolonio*, 481 *c*).

[72] Todos los de GILI GAYA, *Tesoro*, pero no en SOBRINO que pone *antayer*.

[73] Según las obras siguientes: CARLOS FERNÁNDEZ GÓMEZ, *Vocabulario de Cervantes*, Madrid, 1962; ENRIQUE RUIZ-FORNELLS, *Las concordancias de «El ingenioso hidalgo don Quijote de la Mancha»*, Madrid, 1976; CARLOS FERNÁNDEZ GÓMEZ, *Vocabulario completo de Lope de Vega*, Madrid, 1971. En Cervantes, *antiyer*.

[74] RUIZ MORCUENDE, s.v.

[75] *ALEA*, IV, 828; vid. también *trasanteayer* (*ALEA*, IV, 829). La variante *antié* también se encuentra, al menos, en el norte de Cáceres.

[76] Referencias en PEDRO HENRÍQUEZ UREÑA, *El español en Santo Domingo*, Buenos Aires, 1940, pág. 75.

[77] *De observatione ciborum*, § 25 (apud ROHLFS, *Sermo vulgaris*, pág. 35). Lógicamente la forma clásica sería un ad horam +adjetivo.

anteriores a las primeras documentaciones de *agora* [78]. En el XVII alternaban ambas formas; a finales de siglo (1693), Juan F. de Ayala Manrique podía decir: «No ay duda que [*agora*] está bien dicho en castellano, y assí lo han vsado autores muy cultos; pero ya se tiene por palabra antiquada y decimos *aora*, quitada la *g*»; después, Juan de Ferreras (1700?) señala que «es voz antigua que en este tiempo decimos *ahora*» [79] y, por último, *Autoridades* se inclina por el razonamiento etimológico: «aunque muchos escriben *aora* y *agora*, es más propio *ahora*, que es como decir a esta hora». La suerte estaba echada: Moratín sólo usa *ahora*, y *agora* queda relegada a las hablas vulgares o dialectales, lo mismo que otras variantes como *áura* [80].

223. *Entonces* se formó sobre *ĭntŭnce (> *entonz*) del latín vulgar. El clásico tŭnc 'entonces' penetró en los significados de dōnēc 'mientras, en tanto que, hasta que' [81]; lo que hace pensar en una vitalidad que le aseguró la múltiple pervivencia que ha tenido hasta hoy. En lo antiguo las formas del adverbio fueron muy variadas: *estonz, estonçe, estonzas, entonce(s), entonz* [82]; algunas de ellas llegaron a la edad de oro *(entonces, estonces)* y aun surgieron otras nuevas *(entuences, estuences)* [83]. En los dialectos actuales hay *entón, entós* [84], *entoncias*, etcétera, aparte las formas antiguas.

224. *Jamás* acaso sea occitanismo del español (i a m + m a g i s), documentado desde nuestros más antiguos textos

---

[78] Oelschläger, s.v. *agora*; Cuervo, *Dicc.*, s.v. *ahora*.

[79] Gili Gaya, *Tesoro*, s.v. *agora*.

[80] Rosenblat, *NMéj.*, II, págs. 163-164, § 101. En Andalucía y Canarias, las encuestas sólo han atestiguado *ahora* (*ALEA*, VI, 1878; *ALEICan*, III, 1211).

[81] En una inscripción de Eskischehir (Tracia) se lee: «uale uiator *tunc* leges et repausas» (*CIL*, 14190).

[82] Oelschläger, s.v. *estonces*. La correspondencia con el francés antiguo es *puis* (*Egipciaca*, s.v. *estonçe*) y, con el latín jurídico, *tunc*.

[83] «Dixe yo *entuences*» (Lope de Rueda), «servirme ha de criado *estuences*» (ib.). Estos ejemplos proceden de Keniston, s.v.

[84] *NMéj.*, I, pág. 72, nota 2; III, págs. 161-162.

literarios (*Cid*, Berceo). Tal vez en apoyo de su carácter extranjero se pueda aducir el testimonio de su significado, no literalmente preciso con las palabras que le sirven de correlación. Así equivale al latín *amplius* 'jamás' *(FTeruel)*, al francés *ia (Egipciaca)* o se refuerza con *no* para dar paso a la acepción 'nunca' *(no...ia más*, en los *FAragón)*, que también se generalizó aunque tal no fuera su valor primitivo (el uso de construcciones negativas, *nunca jamás, no jamás* hizo que pasara a tener carácter negativo: «*jamás* lo haré», *DCECH*, s.v. *ya*). Cfr. *jamás por jamás* 'en ningún tiempo'[85] (mod. *en jamás de los jamases* 'nunca')[86].

225. *Luego* procede de (ĭn) lŏcō, y vive en español desde las *Glosas emilianenses (lueco)* y el *Cid (luego)*[87]. Resulta muy interesante conocer la correspondencia que la voz tuvo en época antigua al traducir textos de otras lenguas. Así, por ejemplo, muy a comienzos del siglo XIII, *luego* 'después' vertía los términos franceses *duques, apres, quant, dont;* el valor 'después que, tan pronto como', a *quant;* 'inmediatamente, en seguida', a *isnelement;* 'de tal manera, así', a *si*[88]. En textos que tenían versión latina, la correspondencia de *luego* es *ipso facto, incontinenti, statim, quando, quam cito, illico, ad presens*[89].

226. *Mañana* (< (hōra) *manĕānā) no presenta dificultades; su formación es propia del latín hispánico[90] y eliminó

---

[85] En el *Tesoro* de Covarrubias; cfr.: «*iamás por iamás* será derrocado» (Antonio de Guevara), «*jamás por jamás* las pude ymajinar» (Santa Teresa), KENISTON, pág. 620, § 40.71.

[86] WERNER BEINHAUER, *El español coloquial* (trad. F. Huarte), Madrid, 1978, página 210, nota 24.

[87] OELSCHLÄGER, s.v. *luego*. La forma *lugo*, que suele aducirse como de Berceo no es correcta, pues en *Sacrif.* (42 *a*) una lectura sobre el manuscrito no permite sino *luego* y, en cuanto a *Mil.* (111 *a*), «la enmienda *luego* es clarísima» (DUTTON). Sin embargo, *lugo* se atestigua en dialectos actuales (*DCECH*, s.v. *lugar*).

[88] *Egipciaca*, II, s.v. *luego*.

[89] *FAragón* y *FTeruel*, s.v. *luego*.

[90] ROHLFS, *Léxico*, pág. 169, § 82.2, y mapa 48.

al antiguo c r a s , que, documentado desde el *Cantar del Cid*, llegó sin mucho vigor al Renacimiento: Valdés prefería *cras* a *mañana* porque le daba «licencia el refranejo que dize: *Oy por mí y cras por ti*» (pág. 150), pero a finales del siglo XVII, Ayala Manrique la consideraba «como palabra castellana antigua»[91] y con la misma tilde pasó al *Diccionario de Autoridades*.

227. *Nunca* hereda al latín n u m q u a m , pero no es posible pensar que se pronunciara la *m* de la sílaba *num-;* el texto aducido del *Apolonio* (39 *b*) donde se lee *numca* es un simple error frente a los 53 casos que tienen la grafía con *n*. Por otra parte, la tendencia del latín era a sustituirla, incluso en los textos escritos; válganos la inscripción pompeyana 1837: «qui hoc leget, *nuncquam*[92] posteac aliid legat; *nunquam* sit saluos qui supra scripsit». No ofrece ningún problema la correspondencia del castellano con el latín jurídico *(numquam)* o con el francés *(onques, tos les jors de l'an, jamais)*[93]. *Nunquas* aparece en el auto de los Reyes Magos y en el *FTeruel*[94]; habrá que pensar que no se trata de casos insólitos, sino de analogía con los adverbios terminados en *-s*.

228. *Siempre* es el continuador del latín s ĕ m p e r . Como palabra patrimonial pertenece a todas las épocas de nuestra historia lingüística y no plantea ningún problema. Vierte formas del latín legal como *semper, (in) perpetuo*, de sentido claro, y se corresponde con el francés antiguo *tos tans, tos tens, ja ... mais*.

229. *A veces* continúa el latín ĭ n u ĭ c e s '(cada uno) a su vez' (u ĭ c i s es genitivo del inusitado u ĭ x). La grafía *veces* aparece en alguna inscripción pompeyana y así continuó en nuestros viejos textos[95], sin presentar dificultades en su corres-

[91] GILI GAYA, *Tesoro*, s.v.
[92] Grafía lógica si pensamos que *nc* representaba una nasal velar, condicionada por la *qu-* siguiente.
[93] *FAragón*, s.v. *nunqua*; *FTeruel*, s.v. *nunca*; *Egipciaca*, s.v. *nunqua*.
[94] OELSCHLÄGER, y *FTeruel*, s.v. *nunca*.
[95] VÄÄNÄNEN, pág. 37; OELSCHLÄGER, s.v. *vez*.

pondencia con el latín tardío ni con el francés antiguo *(fois)*. La forma *veces* tuvo colisión con el sustantivo *vegada* (< * v ĭ - c a t a), que, documentado en lo antiguo [96], debió llegar como rareza al Renacimiento [97]; en el siglo XVII accedió como arcaísmo al *Tesoro* de Covarrubias y, desde él, siempre con tilde de desuso, a los demás diccionarios (Oudin, Franciosini, Sobrino); en ellos, también, *a vegadas* 'a veces' [98].

230. Quedan por considerar las deíxis n o c i o n a l e s. Para evitar repeticiones, no vamos a tratar del interrogativo q u ō m ŏ d ō, pues de él nos hemos ocupado anteriormente (§ 216.1). En cuanto a los elementos que dan la idea de situación, dentro de los conceptos que venimos entendiendo por nocionales, tenemos:

231.1. *Aína* 'de prisa, pronto, fácilmente' procede del sustantivo *aína* (< a g ī n a 'prisa' < a g ĕ r e 'conducir'). Corominas ha trazado la historia de estas palabras, desde el *Cid* hasta el siglo XVII, en que Quevedo ridiculiza su uso [99]; sin embargo, aún quedan restos de ella en asturiano y en panocho [100]. La crisis de la palabra venía de lejos: Valdés prefería *presto* a *aína* [101] y Covarrubias la consideraba «bárbara», aunque muy usada [102]. La correspondencia de nuestro adverbio con el francés del siglo XII

---

[96] OELSCHLÄGER, s.v.

[97] «*Vegada*, por *vez*, leo en algunos libros y aun oigo dezir a algunos; yo no lo diría ni lo escriviría» (VALDÉS, *Dial. lengua*, pág. 123).

[98] Hoy tiene cierta vitalidad en las hablas aragonesas, como la tuvo en los escritos de moriscos *(Leyenda de José)* y judíos *(Biblia de Alba)*, vid. *THD*, CCXI, l. 7, y CCCXLV, l. 21.

[99] *DCECH*, s.v.

[100] Cfr.: «y el alimal vengan repullos y pares de coces del susto, que no la podía gobernar tan *aínas*» (LUIS ORTS, apud *THD*, II, CCXXXIII, l. 76).

[101] *Diál. lengua*, pág. 150.

[102] «Vale lo mesmo que *presto*. Proverbio: *La muger y la gallina por andar se pierden ayna*», y aun establece la correspondencia de *aynas* con el latín *parum abfuit*.

es *tost* y *sempres;* con el latín jurídico del siglo XIII, *citius* y *velociter* [103].

231.2. *Asaz* es un préstamo del provenzal antiguo *assatz* (< a d s a t i s) [104] que, documentado desde antiguo, fue siempre considerado como término del estilo elevado [105]. Ya Valdés prefería *harto* en vez de *asaz,* en el mismo sitio que repudiaba *acucia, ál, adufre* y *ayuso.* Covarrubias, sin ningún comentario, lo hizo equivalente de *basta* y *Autoridades* lo tenía por «voz antigua y de algún uso»; Cuervo dio unos informes totalmente válidos: «De entonces [s. XVI] acá ha ido constantemente perdiendo terreno, hasta el punto de que ya la Academia (*Gram.,* página 279, edic. 1880) la tilda de reprensible arcaísmo, si se emplea en elocución y estilo modernos» (*Dicc.,* s.v.).

231.3. *Así* procede del antiguo *sí* (< s ī c), con la *a-* documentada en tantos adverbios *(apenas, afuera);* su historia es bien conocida y baste para ello consultar los diccionarios de Cuervo y Corominas o los *Índices* de la *RFE.* Queremos añadir la formación popular *asá,* calcada sobre el modelo *aquí / acá,* fórmula apofónica que tiene correspondencia en otras lenguas romances [106]. *Así* cruzado con otras partículas dio lugar a numerosos derivados de uso vulgar: *ansí, asín, ansina, asina,* etc., algunos con documentación antigua y renacentista [107].

LA ASEVERACIÓN

232. Hemos de partir de conceptos que pugnan con los tradicionales, porque el simple enunciado (afirmación, negación, interrogación) no es claro. Hay afirmación cuando decimos de

---

[103] *Egipciaca, FAragón* y *FTeruel,* s.v. *ayna.*

[104] Los juristas aragoneses le daban la equivalencia latina *satis (FTeruel,* s.v. *assatç).*

[105] Cfr. CUERVO, *Dicc.,* s.v.; de él procede el *DCECH.*

[106] J. MORAWSKI, *Les formules apophoniques en espagnol et en roman* (*RFE,* XVI, 1929, pág. 347).

[107] OELSCHLÄGER, s.v. *así;* KENISTON, s.v. *ansí.*

algo que es; negación, si no es; interrogación, si preguntamos
por él. Pero puede haber una negación que suponga un hecho
afirmativo (_¿No vendrás? No, no vendré._ Afirmo la no venida)
o una negación que sea interrogativa (_¿No ha telefoneado?_) y
aun habría que tener en cuenta el imperativo (que puede ser
afirmativo o negativo: _¡Come más!_ o _¡No comas más!_). En todos estos casos hay que recurrir a explicaciones de tipo semántico, que no son de este lugar. Preferimos emplear el término
genérico de a s e v e r a c i ó n en la que consideramos elementos
positivos y negativos, modales y apreciativos.

233. Los del primer grupo (p o s i t i v o s y n e g a t i v o s)
son _sí, no, ni._ El origen de _sí_ (< s ī c) no plantea dificultades
y hemos tratado de él en el § 231.3; en cuanto a _no,_ su uso alter-
naba con el de _non,_ al que acabó sustituyendo en el siglo xv [108].
Más difícil se presenta _ni,_ que, por imitación de _non,_ muestra
el doblete _nin:_ en un artículo antiguo, García de Diego [109] señaló
las dos series castellanas _(ne, nen - ni, nin)_ [110] que deben remontar a una situación latina, pues no parece existir prelación cronológica de una de ellas sobre la otra; es razonable pensar que
junto a n ĕ c (> _ne, nen)_ existió *n ī (c), de donde salieron
las formas galorrománicas y castellanas _(ni, nin)._ De todos modos, _ne(n)_ nunca debió ser muy general, aunque existiera en
todo el dominio del castellano [111], y a los gramáticos de la edad
de oro no llega ni su recuerdo [112].

234. Los m o d a l e s _si_ (< s ī) y _que_ (< q u ō d) eran in-
acentuados; la suerte de este último no es fácil, y en su forma-

---

[108] _DCECH,_ s.v. Correas dirá: «_no,_ i a lo antiguo _non_» (_Arte,_ pág. 345).
[109] _Divergentes latinos_ (_RFE,_ V, 1918, págs. 133-135). Para la pérdida de -_c_
en las partículas, vid. Pirson, _Merov.,_ pág. 902.
[110] Documentación antigua en Oelschläger, s.v.
[111] Nos permitimos aducir un testimonio murciano de 1266: «todos los
otros que fizieron en esta razon jura _ne_ prometimientos» (_THD,_ II,
CCXXVII, 1. 16).
[112] Correas dice: «Los antiguos por _ni_ dezian _nin_» (_Arte,_ pág. 345).

ción habrán colaborado, junto a q u o d, el relativo q u ĭ d y la conjunción q u i a .

235.0. Por último, vamos a citar algunos a p r e c i a t i v o s :

235.1. *Ojalá* (< ár. w a - š ā - 11 â h 'y quiera Dios') se documenta en Nebrija y con frecuencia en la edad de oro [113], bien es verdad que a su lado vivía *plega a Dios*, con el mismo valor [114], y que —conscientemente o no— llegó a crear híbridos como el *plega al gran Alhá*, de Ginés Pérez de Hita [115]. También está documentado en el siglo XVI *ojalá* y *ojalá*, que motivaría un *ojalay*, frecuente en el sur de España, Canarias y América [116].

235.2. *Quizá* ha presentado muchas dificultades para explicar satisfactoriamente su etimología; la más verosímil parece ser la de Corominas, que, mediante una construcción con dativo ético (q u i t e s a p i t), obviaría el problema de la -ç- o -z-, y explicaría también la -*b* del antiguo *quiçab* (ya en el *Cid*) [117]. *Quizás* es mucho más tardía que *quizá* (finales del siglo XVI) [118] y en algún texto paremiológico alternan ambas formas: «kizá kizará. Kizás kizará. Por: *akaso suzederá*» [119]. En la lengua actual, *quizá* sufre muy variadas concurrencias *(a lo mejor, tal vez, acaso)* que, en los dialectos, van acorralando su uso [120], aunque tal vez haya que pensar si la suerte de *quizá* no viene echada desde mucho antes; para Covarrubias era «vocablo antiguo» y su derivado *quizaves* estaba reputado como «voz bárbara y usada de gente rústica» *(Autoridades)*.

235.3. *Tal vez* (< u ĭ c i s 'turno, alternativa'), cfr. § 221.9.

---

[113] *DCECH*, s.v.

[114] Covarrubias dio su étimo árabe y el significado de la palabra que, en latín, es *utinam*.

[115] La numerosa familia de los *plegue a* se recoge con generosidad en Keniston, pág. 367, § 29.153.

[116] *ALEA*, VI, 1839 y 1840 (con otras muchas variantes); *ALEICan*, III, 1194 (también con numerosas variantes); Rosenblat, *NMéj.*, II, pág. 364 *c*.

[117] Desde aquí se explica el aragonés *quizau* documentado en el siglo XVII (*Octavario*, pág. 81, V, 65) y los asturianos *quiciabes, quizabis*.

[118] La pronunciación aguda de ambas, en Correas (*Arte*, pág. 350).

[119] Correas, *Refr.*, pág. 707. Donde se explica: «*kizar*=suceder acaso».

[120] *ALEA*, VI, 1838.

OTRAS RELACIONES LÓGICAS

236.1. *Aún* < a d h ŭ c [121], más la *-n* analógica de *non*, *sin* [122]. En latín esta *h* fue aspirada, aunque la lengua vulgar la perdía como tal; baste recordar el testimonio de Probo: «*adhuc*, non *aduc*» (*Appendix*, 225). La forma *adú* se recoge en documentos de Sancho IV (1294), don Juan Manuel (1298) y alguno más tardío (1367) [123]; lógicamente, se mantuvo en las regiones conservadoras de la *-d-* («nació de vna hermosa Niña, / virgen *adú* que parió» [124]); en el teatro prelopista, la forma se reducía a *an* y *on* [125], que han hallado continuación en vulgarismos como *anque* [126], *onque* [127], *unque* [128] y *manque* [129].

236.2. *Maguer* (< μακάριε 'feliz') significó 'ojalá' y luego, por una «especie de cortesía», 'aunque'. Se documenta en las *Glosas silenses* («*macare* ke siegat» = «*maguer* que sea»), y abunda muchísimo hasta el siglo XIV; después fue adquiriendo un aire vulgar que determinó su decadencia y desaparición [130]. En el siglo XVI, Valdés decía que «agora ya no se usa» y, en el XVII,

---

[121] Véase la correspondencia latino-castellana: «*adhuc difficilior*» = «*aún más difícil*».

[122] Cfr. Th. A. FITZ-GERALD, *The Adverb «aun»* («Modern Language Journal», VII, 1923, págs. 355-359).

[123] POTTIER, *Lexique*, s.v. *aun*.

[124] *Octavario*, pág. 63, vv. 6-7.

[125] Cfr. *DCECH*, s.v.; MARÍA CARMEN BOBES, *El sayagués* («Archivos leoneses», núm. 44, 1968, pág. 398); HERMAN, págs. 232-233.

[126] ROSENBLAT, *NMéj.*, II, índice de palabras, pág. 323 *b*.

[127] La utiliza HERRERA GALLINATO (siglo XVII), vid. LAMANO, s.v. *onque*; hoy llega a la literatura oral de Nuevo Méjico: «*onque* la señora nunca correspondía a los amores» (*THD*, CCCIV, 1. 3). Consúltese la lista de referencias que hay en *NMéj.*, II, pág. 365 *a*.

[128] *NMéj.*, I, págs. 73-76.

[129] Cruce de *más que* y *anque*. Sobre *aunque*, vid. B. POTTIER, *Problèmes relatifs à «aun, aunque»* («Mélanges offerts à Marcel Bataillon», Burdeos, 1962, págs. 716-721).

[130] Vid. *DCECH*, s.v. y, sobre todo, JOSÉ VALLEJO, *Sobre un aspecto estilístico de D. Juan Manuel* (*HMP*, II, págs. 67-72 y 83-84).

Covarrubias la reputaba como «palabra antigua»[131]. Un derivado suyo, *maguera,* tuvo también notoria difusión y equivalía a 'empero' y, en las latinizaciones jurídicas, a *quamvis*[132]; Correas daba *maguer* como forma antigua, y apostilla: «los aldeanos dizen aora *maghera* con el acento en la primera: *Maghera bovo bien dixo, maghera letrado no azertó*» y, en su *Vocabulario de refranes,* incluye estas notas: «*Mágera loko, no del todo.* Mágera *bovo, no del todo.* Dízese *Mágera bovo,* kuando uno haze kosas de su provecho, por *Aunque bovo*»[133]. Prescindiendo de la acepción 'cuando', 'desde', con la que *magar* se usó desde comienzos del siglo XVII[134], la conjunción tuvo aceptación en dialecto asturiano desde textos muy antiguos («*magar* la nuestra pobreza yera grand teujemos por bien dellj fazer seruicjo», 1264) hasta los bablistas («verás lo que nunca vieste / *magar* que vienes a Uviedu», A. Balvidares, siglo XVIII)[135].

236.3. *Mientras* (< d ŭ m ĭ n t ĕ r i m) dio en lo antiguo *domientre,* atestiguada ya en las *Glosas silenses;* el paso *do->de-* *(domientre > demientre)* se explica por analogía con *delante, detrás,* etc. Estas formas no debieron abundar mucho[136] y su vida tampoco fue muy larga: hay documentación en *FTeruel* y *FAragón (demientre que = dum, quamdiu)*[137], pero no son comentadas por los tratadistas áureos, ni se recogen en Keniston. La pérdida de la sílaba inicial se explica por analogía con otras formas compuestas *(de - trás, de - bajo,* etc.) y *demientre* se re-

---

[131] *Diál. lengua,* pág. 117; *Tesoro,* s.v.

[132] *FAragón,* s.v. *maguera.*

[133] *Arte,* pág. 354; *Voc. refr.,* pág. 546 *a,* donde incluye otros dos ejemplos iniciados con *máguera.* En el texto se ha citado *ca* procedente de q u i a (o de q u a m , según apunta COROMINAS, *DCECH,* s.v.), que iba quedando anticuada en tiempos de VALDÉS, a pesar de su utilización medieval (desde las *Glosas silenses).* Otro arcaísmo es *car* (< q u a r e '¿por qué?'), que fue el correlato aragonés del castellano *ca.* Cfr. CUERVO, *Dic.,* y CEJADOR.

[134] VALLEJO, *art. cit.,* págs. 71-72.

[135] *THD,* XLII, l. 21; XLIX, l. 12.

[136] Sólo en OUDIN [1675] hay *demientras que* (y, por supuesto, *mientra, -s),* pero no en FRANCIOSINI 1735, SOBRINO [1769] o *Autoridades.*

[137] En el *Fuero de Jaca, demente que* (§ 184); HERMAN, págs. 208-209.

dujo a *mientre*. Desde este *mientre*, con la *-a* de otros elementos de relación *(cerca, fuera)* pasó a *mientra* (documentado en el *Cid*); por otra parte, la *-s* de partículas y adverbios *(mas, lejos, pues)* se generalizó a *mientre, -a* que pasaron a ser *mientres, -as* [138].

236.4. *Sin embargo* debe proceder del latín tardío *sine ullo embargo* [139], documentado en Navarra en 1020, y cuya historia puede seguirse en el *Dicc.* de Cuervo. *Autoridades* lo hace sinónimo de «no obstante, o (según se decía en lo antiguo) no embargante». En el latín jurídico solía darse la equivalencia *impedimentum (FAragón, FTeruel)*.

236.5. *Todavía* parte de una locución *toda via*, en la cual el segundo elemento conserva el valor de 'modo, método' (cfr. *via vivendi* 'modo de vivir'). La vida de nuestra forma se documenta desde los primeros textos literarios y, en el siglo XVII, adquirió el nuevo sentido de 'no obstante'. En las hablas populares, las variantes que presenta el adverbio son innumerables; la simple lista de las que se recogen en Andalucía sería más que larga; por ello, nos remitimos al *ALEA* (VI, 1897). Otro tanto habría que decir de las Islas Canarias donde —además— aparece cruzada con algunas palabras *(yatoavía)* o alterna con otras *(ahtora)*, cfr. *ALEICan* (III, 1195). Consignemos que *todavía* no se recoge en la lengua legal navarro-aragonesa *(FAragón, FTeruel*, Vidal Mayor, *FNovenera)*.

236.6. *Ya* < i a m es voz patrimonial, acreditada desde los viejos textos. En la edad de oro abundó en combinaciones como *ya agora, ya al cuanto, ya casi que, ya más, ya nunca, ya que, ya ... ya*, etc. [140]. También se unió a cuantitativos y formó *yacuanto* (desde el *Cid*), *ya cuando, ya como* [141].

---

[138] Para documentación de las formas antiguas, vid. OELSCHLÄGER, BOGGS y CEJADOR.

[139] *Orígenes*, pág. 317, § 58.5. Postverbal de *i m b a r r ǐ c a r e, etimología propuesta por MEYER-LÜBKE para prov., cat., esp., port. *embargar* (*REW*, núm. 4277), derivado de * b a r r a 'traviesa' (ib., núm. 963).

[140] Todas en KENISTON, s.v.

[141] Documentación en CEJADOR, s.v.; OELSCHLÄGER, s.v.; *FTeruel*, s.v. *ia quanto;* KENISTON, s.v.

CAPÍTULO XV

PREFIJACIÓN

LA SITUACIÓN LATINA

237. Las preposiciones podían utilizarse como prefijos y así cabía establecer relaciones del tipo «FLUIT *de* corpore sudor» [=«el sudor *mana del* cuerpo»] o «flumen de monte DEFLUENS» [=«el río *desciende del* monte»], «officium quod *a* communitate DUCITUR» (Cicerón) [=«el deber que *procede de* la sociedad»] o «ABDUCERE legiones *a* Bruto» (Cicerón) [=«*quitarle a* Bruto sus legiones»], etc. Pero no todas las preposiciones latinas tuvieron continuación en romance, pues algunas no pervivieron como prefijos, tal es el caso de *ab* y *ob*, salvo algunas lexicalizaciones (§§ 183.2, 200-2), ni han pervivido tampoco muchos prefijos de origen preposicional *(amb-, at-, au-, ne-, po-)*, que si se han salvado ha sido en palabras cultas.

238. La organización semántica de las preposiciones (vid. § 179.2) se repite en los prefijos que de ellas proceden; así, si en el cuadro siguiente consideramos el signo [como referencia orientadora, podremos ver en él dos caras distintas, según sea la situación que, con respecto a él, tiene cualquier contenido significativo. Puede abreviar cualquier comentario el esquema siguiente:

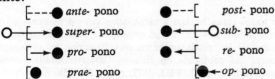

Como en el caso de los elementos de relación (§ 179.2), los prefijos se pueden aplicar a los tres campos de experiencia [1]: E (espacio), T (tiempo), N (nocional). He aquí la situación latina:

	E	T	N
ad	adesse		adaugere
			addormiscere
ab	abducere		abuti
de	defluere		decrescere
	decorticare		
in	inducere		incalescere
ex	excadescere		ebibere
inter	**intercedere**	interea	interarescere
			interaperire
per	**percurrere**	**pernoctare**	perdolere
trans	transire		transbibere
	transfretare		
sub	subjicere	subinde	subbibere
			subamarus
super	superligare	supervivere	supervalere
re(tro)	retrospicere	replantare	retegere
pro	promovere	proavus	progerminare
post	postponere	posteaquam	posthabere
ante	antecedere	antelucanus	antestare
prae	praeacuere	praeaudire	praeblandus
ob	obambulare		obbibere

---

[1] Analizados todos estos hechos y estudiados sus pormenores en las páginas precedentes, ahora nos basta con ordenar la información de acuerdo con las exigencias de los planteamientos que llevamos en este momento. Una visión general del problema en HERNÁN URRUTIA, *Análisis semántico-funcional de los prefijos* (*EFil*, VIII, 1972, págs. 291-335).

EL MECANISMO DE LA PREFIJACIÓN

239. En líneas generales, el elemento de relación se anteponía a la palabra y quedaba integrado en ella: «DUCERE parietem *per* vestibulum» (Cicerón) [=«hacer un muro por el vestíbulo»]=«PERDUCERE muru, (ab, ad)» (César). Este tipo de formaciones son las que habitualmente podemos utilizar en español; así podemos decir: «VIVIÓ después del incendio» o «*sobre*VIVIÓ al incendio» (T), «es un MERCADO *superior* a los demás» o «es un *super*MERCADO» (N). Y al revés E, se pueden glosar parafrásticamente las palabras prefijadas: «un cable *inter*CONTINENTAL» es un «cable *entre* dos CONTINENTES», «un *vice*PRESIDENTE es «un PRESIDENTE *en segunda posición*».

240. En el caso de los verbos parasintéticos[2] (o sea los formados por un prefijo y una sufijación de categoría verbal), se presentan dos casos: el de la relación básica de p o s e s i ó n (expresada por TENER) y el de la relación básica de s i t u a c i ó n (expresada por ESTAR). Cada uno de estos casos se considera en los ejemplos siguientes: si decimos, «Juan *engrasa* su coche» estamos emitiendo un enunciado semejante a «J. *pone* grasa»; es decir, «el coche ← TIENE grasa». En el otro caso, «Juan *embarca* a Carlos» tendríamos una equivalencia a «*poner en* el barco». En otras circunstancias pueden producirse ejemplos válidos para ambas referencias, según sea el contexto en el que se encuentren; por ejemplo, en *desterrar*, la primera relación se aplica al significado de 'limpiar de tierra' (siguiendo la definición académica, se diría: «*desterró* las raíces» como si fuera 'quitó la tierra de las raíces'), mientras que la segunda vale para el significado de 'exiliar' («se *desterró* por razones políticas»)[3].

---

[2] *Parasíntesis* es el 'procedimiento para formar palabras en que intervienen la composición y la derivación'. Cfr. S. REINHEIMER-RÎPEANU, *Les dérivés parasynthétiques dans les langues romances. Roumain, italien, français, espagnol*, La Haya, París, 1974.

[3] Para este punto es importante el trabajo de ANTONIO QUILIS, *Sobre la*

LAS TRES ZONAS DE PREFIJOS

241.0. Para un análisis claro de los hechos, vamos a distinguir tres zonas de prefijación, que comentaremos con cierto cuidado:

241.1. Z o n a 3. En ella incluimos los prefijos antiguos, los que tradicionalmente se vienen reconociendo como tales. Estos prefijos están fuertemente unidos con el lexema, tanto si son de formación latina (s ŭ p e r v i v e r e > *sobrevivir*) como si son de formación romance *(achicar)*. Todos ellos son idénticos a los elementos latinos de relación, excepto *re-*, que ya era prefijo en latín, junto a la preposición *retro,* utilizada en diversas formaciones *(retroeo, retrofero, retrogradior).*

241.2. Z o n a 2. Está formada por una serie de prefijos *(de-, in-, re-)* cuyos valores semánticos son: para *de-*, el de 'opuesto a, inverso a' (lat. *decrescere,* esp. *deshacer*); para *re-*, el de 'iteración' (lat. *refricare,* esp. *rehacer*); para *in-*, el de 'negación' (lat. *ingratus,* esp. *inhumano*). Esta serie tiene bastante libertad combinatoria con los prefijos incluidos en la serie 3, y por ello conviene darle cierta autonomía. El orden de aparición de estos prefijos parece ser el de *in - re - de(s),* y puede manifestarse en el siguiente cuadro:

	2	3	4	
Popular	des re des ir re	en	caden cuento form	ar able

Morfonología. Morfonología de los prefijos en español (*RUM,* XIX, 1970, páginas 223-248); como planteamiento general, y no sólo con referencia a este capítulo, vid. P. H. Mattews, *Morfología. Introducción a la teoría de la estructura de la palabra* (trad. R. Monroy), Madrid, 1980.

241.2.1. Ejemplifiquemos con un testimonio. La palabra f o r m a podía estar motivada en latín con dos órdenes de prefijos, según se ve en las líneas siguientes; en ellas, el valor de los morfemas adicionales es el que corresponde a las preposiciones de donde proceden (§§ 187.1 y 183.1):

i n f o r m i s ⟶ FORMA ⟶ d e f o r m i s

'que todavía no   'que tenía forma,
tiene forma'   desfigurado,
                     torpe'

esp.: *informe*   *deforme*
                     disforme [4].

242. Z o n a 1. Comprende unos cuantos prefijos antiguos, utilizados modernamente con carácter neológico. Esto hace que, bajo una forma que puede estar evolucionada *(a-, en-, pro-, ante-, pre-, pos(t)-, sobre-)*, se presenten prefijos que tienen un sentido, a veces, distinto del patrimonial *(progubernamental* es 'favorable al gobierno'), y que gozan de gran libertad combinatoria *(promaoísta)*. Pero también puede haber prefijos que alternen en sus variantes populares y cultas *(con- / co-, entre- / inter-, es- / ex-, so- / sub-, sobre- / super, tras- / trans-)*, que reaparezcan como prefijos elementos que el romance había perdido *(contra-, extra-, vice-)*, sea en sus variantes cultas *(intra-, infra-, supra-, circum-, preter-, ultra-)*, sea en formas apocopadas con pseudolatinizaciones en *-i (cuadri-, maxi-, mili-, mini-, multi-, pluri-, etc.)* o, por último, sea en grecismos descarnados *(auto-, deca-, hemi-, hiper-, hipo-, micro-, poli-)*.

---

[4] La cronología que el *DCECH*, s.v. *forma*, da para estos adjetivos no es exacta. *Disforme* y *diforme* se utilizaron por Colón y son cultismos ultra-latinizantes, pues en latín no existía *di(s)formis*, sino *deformis;* considerado *de-* como vulgar, se inventó un *di(s)-* más selecto, pero falso (MANUEL ALVAR, edic. del *Diario del Descubrimiento*, Las Palmas, 1976, t. II, pág. 66, nota 141). Para la alternancia *des- / es-* vid. YAKOV MALKIEL, *Reconstruction of Hispano-Latin Word Families*, Berkeley-Los Ángeles, 1954, pág. 219.

243. A d - > *a* - (§ 181.1). Hay, lógicamente, formaciones que proceden del latín (a f f i r m a r e > *afirmar*[5], a f f l i g e r e > *afligir*), pero otras son creaciones románicas para formar verbos parasintéticos de b a s e s u s t a n t i v a, de relación inmediata *(aparvar, agrupar, amontonar, apilar)* o de relación mediata *(ahorquillar, apaciguar, atormentar),* y verbos parasintéticos de b a s e a d j e t i v a *(achicar, agravar, amortecer, asemejar)*[6].

244. D e - > *de*-, d ĭ s - > *des*-, culto *dis*- (§ 183.1), tienen dos significados en los que se encierran los valores de 'contrario a la acción evocada' o de 'carácter intensivo'. El primero de ellos puede aparecer en construcciones s i m p l e s[7], c o m p u e s-t a s[8] o p a r a s i n t é t i c a s[9]. En cuanto al valor intensivo del prefijo procede de la situación latina; en ella, se daba la dualidad positiva o negativa de la intensificación: *tonare* era 'tronar',

---

[5] F ĭ r m e dejó como heredero al antiguo *ferme*, que adoptó, en vasco, la forma *berme:* «Otrossi, el qui iura dé el *ferme* al prendedor que nunqua li faga mal ni enbargo en el cuerpo, ni en sus cosas por esta enemiztad, donde dice el navarro *ones berme* [='fianza por bien']» *(Fuero General de Navarra,* edic. ILARREGUI-LAPUERTA, pág. 99 *a),* «et deven prender otro tal *ferme* que non fagan dayno nin mal en lures cuerpos, ni en lures cosas por aquesta enemiztad. El por tal ferme dize el navarro *gayzes berme* [='mala fianza']» (ibidem).

[6] Vid. EVA SALOMONSKI, *Funciones formativas del prefijo a- estudiadas en el castellano antiguo,* Zürich, 1944.

[7] Sea en verbos *(deshacer, desmerecer, descentralizar)* como en sustantivos *(desgracia, desperfecto, despenalización)* o en adjetivos *(descortés, deshabitado).* Al lado de estas formas de carácter popular, se pueden atestiguar variantes cultas, de sustantivos *(disfavor, disgusto)* o adjetivos *(discontinuo).* Proceden directamente del latín *disponer* (< d ĭ s p ō n ē r e), *distraer* (< d i s t r a h ē r e).

[8] Se combina con *a*- y *en*- en relaciones de tipo i n m e d i a t o *(desabarrancar, desembaular)* o m e d i a t o *(desabrochar, desenjaezar, desenyesar).*

[9] También pueden ser de relación i n m e d i a t a *(desterrar* 'exiliar', *descarrilar)* o m e d i a t a *(descabezar, desasnar, desplumar).* Cfr. el latín d e p i l a r e > *depilar.* Es curiosa la evolución coincidente de *desalar*$_1$ 'quitar la sal' (< de - *sal* - ar) y *desalar*$_2$ 'quitar las alas' (des - *ala* - ar).

pero *detonare* podía ser o 'dejar de tronar', como en Virgilio, o 'tronar con fuerza', como en Ovidio [10]; de donde resultaba la posibilidad

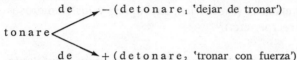

d e ⟶ − (d e t o n a r e₁ 'dejar de tronar')

t o n a r e

d e ⟶ + (d e t o n a r e₂ 'tronar con fuerza')

Siguiendo los usos latinos, el español emplea *deambular* 'caminar sin dirección determinada, pasear' frente al simple *ambular* 'ir de una parte a otra', *denegar* 'no conceder lo que se solicita' y *negar* 'decir que no es cierta una cosa', *demostrar* 'manifestar, probar' y *mostrar* 'exponer a la vista'; todas estas dualidades responden a una situación heredada, pues basta comparar el significado que esos verbos compuestos tenían en latín ('pasear', 'negar con insistencia', 'hacer ver, probar') frente a los simples ('ir, andar', 'negar', 'mostrar'). Pero en otros casos hubo formaciones analógicas, como atestiguan *demarcar* 'delimitar' (< germ. m a r k a), *decaer* 'ir a menos', etc.

245. I n - > *en-* (§ 187.1-2) se emplea para formar verbos parasintéticos sobre bases sustantivas o adjetivas. Con las primeras, pueden indicarse relaciones m e d i a t a s o i n m e d i a-
t a s *(embarcar, empolvar, embaldosar, encajar, endeudar, enjabonar,* etc., y sus derivados *embarco, embarque);* con las segundas, se construyen verbos derivados de adjetivos *(embermejecer, emblandecer, engrosar,* etc.).

246. E x - > *es-* (y sus variantes *ex-, e-*) crea formas sintéticas de carácter nocional, sobre base sustantiva *(escardar)* o adjetiva *(esclarecer).* Muchas de estas formas proceden del latín; tal es el caso de *emanar* (< e m a n ā r e), *erubescente* (< e r u-

---

[10] He aquí dos ejemplos pertinentes: «dum *detruet* omnis» [='hasta que todo deja de tronar'] (*Eneida*, X, v. 809), «nunc ubi *detonuit* strepituque exterruit orbem, purum discussis aera reddit aquis» [='ahora, mientras truena y con su fragor atemoriza el mundo, mantiene el aire puro alejándole las aguas'] (*Tristia*, II, v. 35).

b e s c e n s) , *exacerbar* (< e x a c e r b a r e) , etc.; otras hubo que presentan los caracteres del latín vulgar *(escoger, estirar)* y otras no son sino cultismos tardíos, creados a imitación de las formas clásicas *(excéntrico, expropiar,* y los numerosos *ex-, ministro, rector,* etc.)[11].

247. I n t e r - > *entre-* (§ 191) es muy abundante en sus formaciones: v e r b a l e s con carácter nocional ('apenas, a medias': *entreabrir, entrecavar)* o espacial ('reciprocidad': *entrecriarse);* s u s t a n t i v a s , también nocionales ('ligero': *entrecava)* o espaciales ('intermedio': *entrebarrera, entrecejo);* a d j e t i v a s (nocional, 'a medias': *entrefino, entrecano).* Lógicamente son cultas las formas que conservan la *i* latina sin reducir a *e (intercambiar, interconexión, internacional).*

248. P e r - > *per-* puede ser cultismo *(perdurar, perjurar),* pero en los dialectos también duró, y de la unión de la forma latina (muy usada en el latín escolar) y del rusticismo regional, salió el *per-* del teatro salmantino *(percoger, perentender, pernotar, persaber),* que es un rasgo de las comedias pastoriles[12], que aún dura en Asturias[13].

249. T r a n s - > *tras-,* y variantes (§ 194), tiene el valor espacial de 'a través de, detrás'; el temporal de 'durante'; el nocional de 'más allá', 'intensidad'. Se utiliza con v e r b o s de referencia espacial *(traspapelar, trasponer),* temporal *(trasnochar,* cfr. *pernoctar)* o nocional *(trasloar* 'alabar más de lo justo',

---

[11] La formación romance puede hacerse sobre un cultismo: así de r a d i c a r e salió un *raigar* conocido en la edad media (CEJADOR, s.v.) y, de él, *arraigar, desarraigar,* pero del puro latín *radicare* se hizo un *e-rradicare,* de forma totalmente latina, por más que esté tradíamente construido (podría compararse con alguna formación paralela: *rama → derramar).*

[12] FRIDA WEBER DE KURLAT, *Latinismos arrusticados en el sayagués* (*NRFH,* I, 1947, págs. 166-170).

[13] JOSÉ NEIRA, *El habla de Lena,* Oviedo, 1955, pág. 42.

trasegar 'cambiar los líquidos de vasija'[14]), con s u s t a n t i v o s espaciales (*trastienda, trashoguero* 'leño grueso que se pone en la parte posterior del fuego'[15]) o a d j e t i v o s (*trasojado* 'con ojeras', *trasquilimocho* 'trasquilado a raíz'). El prefijo presenta otras variantes que las culta o popular, pues *tra-* es forma normal cuando la palabra siguiente empezaba por consonante (*tramontar, trabucar*); *tatara-* < *tra + tra* (*tataranieto*[16]), *tatarabuelo* (en latín 'quinto abuelo' era t r i t a v u s); *tres- (tresnieto, tresabuelo* por *trasnieto, trasabuelo,* influidos por *tres* [veces], cfr. *bis* ['dos'] *abuelo).*

250. S ŭ b > *so,* y variantes (§ 196), ha dado pie para numerosas formas prefijales. La forma evolucionada *so* 'bajo' es común en muchos ejemplos (*socavar, soterrar*) y, dada su difusión popular, llega a constituir compuestos muy evolucionados, y en los que —a veces— se llega a perder la noción de dependencia; válgannos ejemplos como los de *somorgujo* 'ave palmípeda' (< s ŭ b + * m e r g u l i o[17]), *soterraña* 'avispa terrera'[18] o *somanta* 'tunda'. Este prefijo toma formas muy variadas: *son-,* posible influencia de *con* (*sonreír* 'reír a medias', *sonsacar* 'sacar de debajo'[19], *sompesar* 'sopesar'); *san- (sancocho* 'vianda a medio cocer'); *zo- (zozobrar* < s ŭ b s ŭ p r a r e), *za- (zabordar* 'encallar en tierra', *zahumar* < s ŭ b f u m a r e), *zam- (zambucar*

---

[14] Probablemente de * t r a n s f r Ῐ c a r e (vid. *DCELC,* s.v. *trasegar*), que deja numerosas variantes en nuestros dialectos (*ALEA,* I, 231; *ALEICan,* I, 157; *ALEANR,* II, 216).

[15] De t r a n s + f ŏ c u (> *trashoguera, -o*), vivo en diversos puntos del dominio castellano, en andaluz (*ALEA,* III, 717), pero no recogido ni en el *ALEICan* (II, 576), ni en el *ALEANR* (VI, 823).

[16] COVARRUBIAS, *Tesoro,* recoge *tartaranieto* y *tatarañeto* 'tercero nieto'.

[17] En latín s u b m e r g e r e era 'sumergir', pero existía también m e r g e r e 'zambullir', sin prefijo, que, con sus derivados, dejó una buena herencia en las hablas peninsulares: * m e r g o 'mugrón' > *mergón, melgón, morgón, magrón, amugronar,* etc.; * m e r g u c u l u s 'sumergido o enterrado' > ast. *marguyo* 'mugrón de la vid', *mergollón* 'somorgujo', *margullón* 'zambullida', etc.

[18] *ALEA,* II, 625, y *Los atlas lingüísticos de España* (*PFLE,* I, 1963, pág. 9).

[19] Vid. MIGUEL DE UNAMUNO, *Notas marginales* (*HMP,* II, pág. 59).

'meter una cosa entre otra', *zambullir* < s ŭ b b u l l i r e), *cha-*
(*chapodar* 'cortar ramas de los árboles' < s ŭ b p u t a r e, *cha-*
puzar < s ŭ b p ŭ t ĕ a r e), los últimos por diversos trueques
bien estudiados [20]. Aparte todas estas evoluciones populares, se
mantiene s ŭ b - con la forma culta en verbos nocionales *(sub-*
estimar, subexponer [término fotográfico]) o temporales *(subse-*
guir), en sustantivos espaciales *(subsuelo)* o nocionales *(subnor-*
mal) [21].

251. S ŭ b t u s - > *sota-* se empleó para formar sustantivos
espaciales *(sotabarba* 'barba que se deja crecer por debajo de
la barbilla', *sotacola* 'ataharre') y nocionales *(sotacura* 'eclesiástico que ayuda al cura párroco' [22], *sotamontero* 'el que hace las
veces del montero mayor'). En algún caso, la partícula sirvió
para formar sustantivos, y no de poco uso: el italianismo *sotana*
(< s ŭ b t a n a), *sótano* (< * s ŭ b t ŭ l u s) [23].

252. S ŭ p e r - > *sobre-* (§ 195.1) presenta numerosos derivados en verbos, sustantivos y adjetivos; todos ellos con represen-
tantes en los grupos espaciales, temporales y nocionales, que
venimos considerando. El valor que el prefijo adopta en cada
caso es: 'encima' (E), 'después' (T), 'más' (N). Así en los verbos
(sobrevolar, sobreedificar; sobrevivir, sobrearar; sobrecargar,
sobreañadir), en los sustantivos *(sobrepelliz, sobrecama; sobre-*
parto, sobremesa; sobredosis, sobreprecio) y en los adjetivos
(sobreherido, sobresano 'con curación superficial'; *sobrehumano,*

---

[20] AMADO ALONSO, *Trueques de sibilantes en el antiguo español* (*NRFH*,
I, 1947, págs. 1-2, y 6); VICENTE GARCÍA DE DIEGO, *Dialectalismos* (*RFE*, III,
páginas 305-308).

[21] Merece una breve mención el verbo *subastar* (< s ŭ b h a s t a v e n-
d e r e), que se motiva en la costumbre de clavar una pica —símbolo
de la propiedad pública— en el lugar donde se vendían los bienes incauta-
dos por el fisco (*DCECH*, s.v. *asta*).

[22] Cfr. *sotaermitaño, sotasacristán* y *sotasacristanil* de Cervantes (FERN.
GÓMEZ, *Cerv.*, s.v.); *sotacriado* y *sotalcaide*, en Lope de Vega (FERN. GÓMEZ,
Lope, s.v.).

[23] Y muchos derivados que se citan en el *DCELC*, s.v. *so*.

sobrenatural). La forma culta (s u p e r -) se ha reactivado recientemente por multitud de neologismos: verbos *(superponer)*, sustantivos *(superestructura, supervivencia, supermercado)*, adjetivos *(superelegante)*.

253. R e t r o - > *retro-* (§ 197) es forma culta que sólo se encuentra en algunas formaciones recientes como *retroactivo, retroceder, retroflexa*. La evolución de carácter popular se documenta en *redrosaca* 'estafa, socaliña', *redroviento* 'viento que la caza recibe del sitio del cazador' y, una variante suya, en *red(r)opelo* 'pasada a contrapelo'. Dialectalmente, el prefijo presenta alguna variante bien diferenciada; tal es el caso del navarro antiguo *rere-* en *rerebraz* 'pieza de la armadura de la parte posterior del brazo'. *Reta-* (en *retaguardia*) remonta también a r e t r o - , aunque es palabra de complicada etimología [24]. No sólo como preposición, sino como forma lexicalizada, r e t r o dio lugar a diversos derivados [25]: *(ar)redrar* 'apartar, separar', *redro* 'anillo que se forma cada año en las astas del ganado lanar y del cabrío', *redrojo* 'racimo pequeño' [26], *riedra* 'parte que se deja para ararla luego' [27], cast. ant. *redoso* 'hacia atrás'.

254. R e - > *re-*. Entra a formar parte de verbos, sustantivos y adjetivos, y en ellos se documentan los valores e s p a c i a l e s *(refluir, remover; recámara, repunta)*, t e m p o r a l e s *(recaer, reelegir; redolor* 'dolorcillo que queda después de un padecimiento', *redescuento* 'nuevo descuento')*, n o c i o n a l e s *(recargar, rebajar; recargo, rebaja; resalada, regordete)*, en los que los

---

[24] Cfr.: «*Retaguarda*. El escuadrón postrero, y dixose *quasi retro* guarda, guarda de detrás» (Covarrubias, *Tesoro*, s.v.).
[25] Vid. *DEEH*, números 5665 *(retrahĕre)*, 5666 *(rĕtro)*, 5667 *(*retrocŭlus)* y 5668 *(retropilus)*.
[26] *ALEA*, I, 197, nota al punto 302, y formas como *redrejo* o *regüezo* que se encuentran en el mapa 199.
[27] En nav. ant. *fiador de riedra* era lo mismo que *fiador de rendida* 'el que se obligaba a la devolución de las prendas' (Yanguas, *Dicc.*, s.v.).

valores son muy diversos: 'hacia atrás', 'de nuevo', 'intensivo'[28]. El valor de energía que puede tener *re-* se acentúa en composiciones familiares del tipo *rete-* o *requete-;* el primero, menos intensivo que el segundo, tiene uso generalizado en el español de Méjico *(retebueno, retemona, retelejos, retealegrarse, retecristiano*[29]*).* La etimología de ambos prefijos ha dado lugar a alguna suposición que los apartaría del r e - latino, si, como apunta Corominas[30], *rete-* es metátesis de *tarre- (tarregrande < < tan regrande).*

255. Hay un conjunto de formas prefijales que no han evolucionado al pasar al español; lógicamente suelen ser cultismos como el p r o - nocional (§ 193) de *procrear, prohombre, progubernamental;* el p ŏ s t - (> *post-* o *pos-)* temporal (§ 199) de *posponer, pos(t)guerra, postromántico;* el a n t e - (§ 198), temporal *(antecoger, antevíspera, antediluviano)* o espacial *(anteponer, antepecho);* el p r a e - > *pre-* (§ 200.1) temporal *(prever, prejuicio, prehispánico)* o nocional *(predominar, predominio, preclaro);* el c ŭ m - > *co-, con-,* siempre nocional y, además, reciente *(coeditar, copropietario, cointeresado; conllevar, consuegro).*

256. Han desaparecido s u r s u m , d e ō r s u m , tras dejar los antiguos *suso, yuso,* a los que ya nos hemos referido (parágrafos 195.6 - 7.1).

---

[28] Cfr. WILLIAM DENIS ELCOCK, *Le préfixe «re-» dans la toponymie pyrénéene* («Actes du IIe Congrès International d'études pyrénéennes», Toulouse, 1956, págs. 51-53).

[29] SANTAMARÍA, *Mej.,* s.v. *rete; NMéj.,* índice del t. II, pág. 373 *b.*

[30] *DCECH,* s.v. *requeté.* Parece que este tipo de metátesis con *re* no son extrañas: pensemos en los vulgares *redepente (< de repente), redetir, redamar, retalar* 'relatar', «que se explican perfectamente [...] por analogía: la sílaba *re* tiende a la posición inicial de palabra por su valor expresivo, enfático e intensivo» (ROSENBLAT, *NMéj.,* II, pág. 177).

EL *in-* NEGATIVO

257.1. La forma latina adoptaba diversas posibilidades combinatorias, según fuera la condición de la consonante siguiente. Así *incolumis* 'sano y salvo', si se relaciona con *calamitas*, tal y como hace Cicerón («*incolumis* a calamitate iudicii», *Planc,* V, 12); *ignomina* (< *in* + *nomen*), *illegitimus, imbecillus* convertido en *imbecillis* en el latín tardío («*imbecillis:* quasi sine baculo», en los escolios de Leiden a Juvenal), *irreverenter*[31]. La correspondencia formal del prefijo es clara en español: *indocumentado, ignorante* (cultismo), *ilegal, imberbe, irregular.*

257.2. En la lengua moderna, se forman abundantes palabras con *in-*, pero se exige un término positivo de carácter adjetival. Así, de *imitar* sale *imitable* y, de él, *inimitable;* de *perturbar, perturbable* e *imperturbable,* pero no los verbos *inimitar* o *imperturbar.*

257.3. Por otra parte, contra él, en la lengua técnica, ha entrado en competencia la negación *no* y se generaliza la *no posibilidad* por 'imposibilidad' la *no coincidencia* por 'la diferencia'. Independientemente del carácter prestado que puedan tener esas formas, su difusión se ampara en la falta de restricciones que tiene su empleo, frente al limitado de *in-*, por más que en la lengua de Unamuno se buscaran términos expresivos como *infilosófico, incaritativo* 'no caritativo' e incluso *imperfume* o *inciencia.*

PREFIJOS LATINOS DE TRADICIÓN CULTA

258. En el § 238 hemos considerado una serie de preposiciones que podían convertirse en prefijos y reiteradamente hemos señalado las que tienen carácter culto. Pero hay también pre-

---

[31] Tomamos los ejemplos de ERNOUT-MEILLET, pero no es éste el lugar de discutir la exactitud de los étimos latinos, sino de justificar unas formas que son válidas para nuestro objeto.

fijos que, como tales, funcionaban en latín y que han pasado al español en formaciones neológicas. Así tenemos c o n t r a - (§ 184.1), que en sentido espacial significa 'al lado de' *(contrasellar* 'poner el contrasello o sello más pequeño con que se marcaba el principal', *contrabarrera)* y, en el nocional, 'opuesto a' *(contraatacar, contraespionaje, contraproducente);* e x t r a - *(extralimitarse,* parasintético; *extrarradio, extraterrestre, extraduro);* i n t r a - en formaciones poco frecuentes del tipo *intramuscular* o *intrahistórico;* i n f r a - , *infraestructura, infrarrojo;* s u p r a - también es un prefijo raro *(supranacional* y su derivado *supranacionalidad);* c i r c u m - que da dos simples variantes combinatorias, *circun- (circunnavegar, circunferencia)* o *circum- (circumpolar),* nada abundantes; p r a e t e r - , rarísimo, en *preternaturalizar* 'alterar, trastornar el ser' y *preternatural;* u l t r a - se usó desde antiguo en sustantivos espaciales *(ultramar, ultrapuertos),* pero ha proliferado en formaciones como *ultramicroscópico, ultraderecha,* etc.; c i t r a - , muy raro: *citramontano.*

CUANTIFICADORES LATINOS CULTOS

259. Señalaremos unos cuantos: b i s - , b i - *(bisabuelo, bipartición, bifronte)* [32], v ĭ c e - *(vicepresidente, vicecónsul),* m u l - t i - *(multimillonario, multinacional)* [33], p l u r i - *(pluricelular,*

---

[32] En el latín rural, existió b i m u s para indicar 'animal de dos años' (*d w i - h i m - o s 'de dos inviernos') porque si había nacido en la primavera, sus años se contaban por inviernos (había también *trimus* y *quadrimus).* Así, en las hablas pirenaicas, hay *mimarro* 'ternero' *(ALEANR,* IV, 561), *bimarro, bimardo* 'añojo' (id., 562), *bimardo* 'eral' (id., 563), formas en relación con las de la vertiente francesa (cfr. GERHARD ROHLFS, *Le gascon,* Munich, 1970, § 315).

[33] En la edad media, y en algunos dialectos actuales, la forma evolucionada *(muchi-)* se puede documentar en unos cuantos compuestos: m ŭ l - t i f i c a r e > *muchiguar, amulchiguar, amochiguar.* CEJADOR, s.v. señala la vitalidad del término en las *Biblias* judeo-españolas, lo que es cierto, pero habría que traer otros casos a colación: la *General Estoria* (I, página 25 a), la *Partida II* (t. II, pág. 192), *Rimado de Palacio* (estrofas 441 y 457), GORDONIO *(Lilio de Medicina,* Toledo, 1513, f. CCXXI *v),* etc.

plurisecular), s e m i - *(semicircunferencia, semidoncella, semi-circular, semiaccidentado)*. De ahí que, a imitación de estos cuan-tificadores, se puedan utilizar como prefijos todos los numerales *(tripartito, cuadrinieto,* s e s q u ï - 'uno y medio' + *centenario* > *sesquicentenario* '150 aniversario', *miligramo)* [34] y se hayan for-mado otros con m i n i m e (> *mini-)* o m a x i m e *(maxi-): mini* o *maxifalda, minifundio, minicar, minisueldo.*

PREFIJOS GRIEGOS

260. Algunos de ellos han pasado a través del latín y muchos son formaciones modernas, propias de ciertos metalenguajes téc-nicos. Por eso, en ocasiones, habrá alternancia entre los términos antiguos (lo que no quiere decir populares) y la introducción que ha tenido lugar recientemente. Vamos a enumerarlos: *anti-* (ἄντι 'contra'): *anticlericalismo, anticuerpo, anticonceptivo, an-tiácido, antiaéreo; archi-* (ἄρχω): *archiduque, archipámpano* [35], *archipícaro,* cfr. *arquitectura, arquitrabe,* etc., y la forma ameri-cana *arquidiócesis* en vez del peninsular *archidiócesis; auto-* (αυτός 'a sí mismo'): *autolesionarse, autosatisfacción; hiper-* (ὕπερ): *hipertensión, hipercrítico* y, el reciente, *hipermercado; hipo-* (ὑπό): *hipoglucemia, hipotenso, hipodérmico; peri-* (περί 'alrededor'): *pericráneo, periférico; poli* (πολύς): *polivalencia, polideportivo, polisintético; proto-* (πρῶτος 'primero'): *protohis-toria, protomártir.*

261. Para tener una idea cabal del funcionamiento de estos elementos, vid. *la composición* (§§ 324-336), donde consideraremos *helio-, hemo-, hidro-, tele-,* etc. Señalemos también que se

---

[34] M i l l e , ya no como prefijo, dejó derivados populares, como *mijero* 'piedra miliaria', *milenta* (muy usado en la lengua pastoril), *amillarar* 're-gular los caudales para repartir las contribuciones', etc.

[35] CERVANTES usó *archidignísimo* y *archiducal;* LOPE, *archiduca, archidu-quesa,* etc., y algún compuesto irónico *(archipámpano),* del que abusó AVE-LLANEDA.

han lexicalizado las palabras con *hemi- (hemiciclo, hemisferio)*
y *hetero- (heterogéneo, heterodoxo)* y que no son escasos los
cuantitativos: *deca-* (δέκα), *mega-* (μέγας), *hecto-* (ἑκατόν), etc.,
y, sobre todo, *micro-* (μικρός) y *macro-* (μακρός), *microonda, ma-
crocosmo.*

Capítulo XVI

LA SUFIJACIÓN (I)

262. Sufijación y composición representan dos soluciones distintas a un mismo problema: el de la integración, en el plano de la palabra, de los elementos de una construcción analítica; esta afinidad entre sufijación y composición aparece en *cabrero = guardacabras*[1]. Partamos de un ejemplo como

ALGUIEN	hacer	ALGO
ALGO		
(A)	(V)	(B)

Los elementos que integran ese conjunto se pueden combinar de diversas maneras, según sean las respuestas que se deban dar

---

[1] Véase para el planteamiento general de la cuestión el estudio de YAKOV MALKIEL, *Genetic Analysis of Word Formation* (apud T. A. SEBEOK, ed., *Current Trends in Linguistics*, t. III, La Haya-París, 1970, págs. 305-364). IORGU IORDAN, *Observaciones sobre la formación de palabras en español* («Actas III Congreso Int. Hisp.», México, 1969, págs. 443-451); JACQUES DE BRUYNE, *Over samenstelling door suffixen in het spaans*, Amberes, 1976; MAURICIO PILLEUX, *Análisis morfofonológico funcional y semántico de los sufijos en español*, Universidad Austral de Chile, 1980.

a las cuestiones suscitadas. Ordenándolas obtendríamos el conjunto que sigue; entendiendo por A, el sujeto o agente; por V, el verbo; por B, el complemento:

I. **AVB:** *máquina de cortar césped.*

Ia. **AV[B]**, con [B] se considera un término sobreentendido por hábitos socioculturales: *maquinilla de afeitar* [la barba]. En el ejemplo, «la barba» está implicado en el contexto y la secuencia pasa a ser una lexía[2].

II. **vaB;** *v* es el lexema verbal *(vend-)*, y *a*, el agente bajo forma de sufijo *(-ed-or): vend-ed-or de buñuelos.* En *un vendedor de buñuelos*, el agente («el hombre») aparece bajo la forma del sufijo *-or* (y sus variantes).

IIa. **va[B]**, como en Ia, el término B está sobreentendido, pero implicado socioculturalmente: *un secador* [⟹ de cabello]. (Téngase en cuenta que con ⟹ pretendemos indicar la idea de «implica, sobreentiende el verbo de la construcción analítica»).

III. **ba**, donde *b* representa el lexema del objeto: *-ero* (⟹ V) *buñol-.* En *un buñolero*, con el sufijo *-ero* (aquí **a**) se indica el agente que realiza la acción (por más que *-ero* contenga diversas posibilidades polisémicas, en cada acto se realiza con una de ellas); con *buñol-* (aquí **b**), el objeto del ejemplo, y se sobreentiende un verbo que significaría 'hacer', 'fabricar', 'preparar', etc.

IV. **vb:** (⟹ agente) *lavaplatos.* En *un lavaplatos* no se explica quién es el agente, pues, teóricamente, puede ser un hombre o una máquina.

IVa. **bv:** (⟹ agente). Frente a *mata insectos*, existe una construcción inversa en la que el objeto es la base de la composición y un elemento verbal de carácter culto: (⟹ agente) *-cida* e *insect-i-* [= *insecticida*].

---

[2] Unidad léxica en el plano de la lengua; por tanto no ha sido creada por el hablante en el acto del discurso.

V. Por último, los tres componentes pueden unirse en una sola palabra como en **bva**: *-or -cult- ap-i-* [*=apicultor*].

263. En el siguiente cuadro esquematizamos los ejemplos anteriores, y hacemos fácilmente comparables todas las situaciones descritas:

Número	Fórmula	esquema			Ejemplo
		A	V	B	
I	**AVB**	máquina	de cortar	césped	id.
Ia	**AV**	maquinilla	de afeitar	(⇒ B)	id.
II	**vaB**	-ed-or	vend-	de buñuelos	*vendedor* de b.
IIa	**va**	-ad-or	sec-	(⇒ B)	*secador*
III	**ba**	-ero	(⇒ V)	buñol-	*buñolero*
IV	**vb**	(⇒ A)	lava-	-platos	*lavaplatos*
IVa	**bv**	(⇒ A)	-cida	insect-i-	*insecticida*
V	**bva**	-or	-cult-	ap-i-	*apicultor*

LOS SUFIJOS CUANTITATIVOS

264.0. Teóricamente, puesto que muchas veces el valor depende del contexto, la cuantificación se expresa a través de dos dimensiones, aumentativa una *(casona +)*; diminutiva, otra *(casita −)*. Los valores que expresa son espaciales *(grande / pequeño)* o nocionales *(despectivo / afectivo, peyorativo / valorativo)* [3].

264.1. En latín había diversos sufijos cuantitativos, de los cuales unos han llegado al romance y otros no. Podían aplicarse

---

[3] Cfr. WARTBURG, págs. 123-143.

a sustantivos, adjetivos y verbos, según puede verse en la selección que hacemos:

Sustantivo: *filius - filiolus* (−)
               auus - auunculus (−)
               bucca - buccella (−)
               bucca - bucco[-nis] (+)

Adjetivo: *tristis - tristiculus* (−)
               amarus - amarulentus (+)
               altus - altissimus (+)
               celeber - celeberrimus (+)

Verbo: *dormire - dormitare* (−)
               saltare - salitare (−)

FORMAS DEL DIMINUTIVO

265.0. En un célebre artículo, Amado Alonso estudió *Noción, emoción, acción y fantasía en los diminutivos* [4] y, aunque no era su objetivo principal, tuvo que hacer referencias a la distribución geográfica de las formas. Después, los trabajos sobre otros aspectos de la cuestión han sido tratados con una base amplia o limitada, pero procurando cubrir los huecos que habían quedado sin estudiar en la primera —y excepcional— contribución [5]. Nos vamos a fijar en los antecedentes de la situación actual [6].

---

[4] «Volkstum und Kultur der Romanen», VIII, 1935; recogido en *Estudios lingüísticos. Temas españoles*, Madrid, 1951, págs. 195-229.

[5] NEBRIJA habló de los diminutivos españoles y escribió unas líneas que se han repetido mucho: «en este género de nombres [los diminutivos] nuestra lengua sobra a la griega i latina porque haze diminutivos de diminutivos, lo cual raras vezes acontece en aquellas lenguas, como de ombre *ombrezillo ombrezico ombrezito*, de muger *mugerzilla mugercica mugerzita*» (*Gramática*, págs. 61-62).

[6] M. HASSELROTH, *Études sur la formation diminutive dans les langues romanes*, Uppsala, 1957; LUIS JAIME CISNEROS, *Los diminutivos en español* (*MP*, XXXVII, 1956, págs. 237-345); FERNANDO GONZÁLEZ OLLÉ, *Los sufijos diminutivos en castellano medieval*, Madrid, 1962; FÉLIX MONGE, *Los diminutivos en español* («Actes X Congrès Int. Ling. Philol. Rom.», París, 1965,

265.1. Entre los diminutivos de origen latino citemos, por orden alfabético de etimologías:

266. -ĕ l l u tiene una enorme difusión en todos los tiempos [7] y presenta notables variantes en cuanto a su forma. La forma *-iello* fue la más extendida y, aunque en el siglo XIV, se generalizó la reducción *-illo*, no podemos decir que desapareciera *-iello*, pues aún dura, siquiera reducido al ámbito dialectal [8]. La forma que tomó el sufijo en lo antiguo es, lógicamente, *-iello*, que, entre los mozárabes, presentó multiplicidad de variantes, consecuencia de la inestabilidad del dialecto; prescindiendo del puro latinismo [9], hay, en la lengua escrita y en la toponimia actual, *-iello* [10], *-elo* [11], *-(i)el* [12] y ni aun con esta enumeración se agotan

páginas 137-148); EMILIO NÁÑEZ, *El diminutivo. Historia y funciones en el español clásico y moderno*, Madrid, 1973; FEDERICO LATORRE, *Diminutivos, despectivos y aumentativos en el siglo XVII* (*AFA*, VIII-IX, 1956-1957, páginas 105-120); ANTHONY GOOCH, *Diminutive, Augmentative and Pejorative Suffixes in Modern Spanish. (A Guide to their Use and Meaning)*, Oxford-Londres, 1967; A. ZULUAGA OSPINA, *La función del diminutivo en español* (*BICC*, XXV, 1970, págs. 23-48); J. J. MONTES, *Funciones del diminutivo en español: ensayo de clasificación* (*BICC*, XXVII, 1972, págs. 71-88); JOSÉ POLO, *Diminutivos en acción* (*EA*, núm. 29, 1975, págs. 9-36); MANUEL ALVAR EZQUERRA, *Forma y función de los diminutivos en el teatro de los Álvarez Quintero* («Cuadernos Hispanoamericanos», núms. 280-282, 1973, páginas 698-709).

[7] Cfr. ALEMANY, págs. 80-82; GONZÁLEZ OLLÉ, págs. 277-280.

[8] *Dial. arag.*, págs. 266-269, § 156. Y, aunque no se cita en la breve referencia del *Dial. leon.* (págs. 90-91), también tiene gran vitalidad en este dialecto.

[9] Sin salir de las jarchas árabes: *jillello, samarello* (núm. XIII), *ŷummella, šagrella, bokella, hamrella* (núm. XIV), etc. (EMILIO GARCÍA GÓMEZ, *Las jarchas romances de la serie árabe en su marco*, Madrid, 1965).

[10] En la misma serie, *besiello* (núm. XXI a, XXI b); en mozárabe toledano, *Alalmediella, Burguiellos, Qaniellas* (A. GALMÉS, *El dial. moz. de Toledo*, apud *Al-An*, XLII, 1977, pág. 250), *abobriella* 'nueza blanca', *aliello* 'ajillo', *bataisiella* 'correhuela', *cocomriello* 'cohombrillo amargo', etc. (MIGUEL ASÍN, *Glosario de voces romances registradas por un botánico anónimo hispano-musulmán (siglos XI-XII)*, Madrid-Granada, 1943, s.v.), etc.

[11] Vid. M. ALVAR, *El árabe «(an-)náura» y su difusión en la toponimia peninsular* (*BF*, XVI, 1956, pág. 6 y bibliografía que allí se cita).

[12] *Mausanel, Nabiel*, etc. en ASÍN. Abundantes topónimos en M. SANCHÍS

todas las posibilidades [13]. La lengua medieval tenía *-iello* y, ya en el siglo XIII, si había incrementación de sufijos y *-iello* pasaba a ser átono, se reducía a *í* o *e*: *poquillejo, poquellejo* [14]. El carácter galorrománico del sufijo se documenta por la forma *-el*: en algún texto, *manteles* se opone a *mantiello* [15], pero donde la claridad se hace meridiana es en las correspondencias de *Egipciaca:* efectivamente, *novel* 'joven' no ofrece duda, mucho más si consideramos que —y dejando aparte *añel* 'cordero' que no tiene equivalencia en nuestro texto (fr. *agniax*)— *nouell* equivale a *novel*. Los préstamos franceses en *-el* son muy corrientes, y antiguos, pues remontan a formas que no han obtenido su evolución total: pensemos en *cincel* (< fr. a. *cisel*), *dintel* (< fr. a. *lintel*), *fardel* (<fr. a. *fardel*), *pastel, tonel, tropel* (<fr. a. *tropel*); la misma forma tienen los abundantes préstamos del catalán: *bajel, clavel, cordel, doncel, moscatel, hiel, pagel, pajarel*. En asturiano, la forma del sufijo -ĕllu es *-iello* [16] o *-ietso* [17] y, en aragonés, multi-

---

GUARNER, *El mozárabe peninsular* (*ELH*, I, pág. 307, § 28). Parece muy plausible la hipótesis de GARCÍA GÓMEZ según la cual el sufijo *-al* (*qubtal* 'codillo', *merquatal* 'mercadillo') sería una nueva forma mozárabe del -ĕllu latino (*Ben Quzmān*, III, pág. 429, § 15). En asturiano, las formas *-el*, *-iel* deben explicarse como formaciones sobre un genitivo que ha perdido la *-i* > *-e* (RODRÍGUEZ-CASTELLANO, *Aspectos del bable occidental*, Oviedo, 1954, págs. 258-260).

[13] Cfr. DAVID A. GRIFFIN, *Los mozarabismos del «Vocabulista» atribuido a Ramón Martí*, Madrid, 1961, págs. 84-85 (el trabajo se publicó en *Al-An*, XXIII-XXV, 1958-1960).

[14] Ambas formas en *Apolonio*, 188 *b* y 233 *d*, etc.

[15] Ibidem, pág. 364, § 369.10.

[16] Baste con unas parvas referencias bibliográficas: CARMEN DÍAZ CASTAÑÓN, *El bable del Cabo de Peñas*, Oviedo, 1966, pág. 164. En esta zona, el sufijo ya no es productivo: JOSEFINA MARTÍNEZ, *Bable y castellano en el concejo de Oviedo*, Oviedo, 1968, pág. 36. Dentro de León, *-iello* queda sólo en la toponimia (ANGEL R. FERNÁNDEZ, *El habla y la cultura popular de Oseja de Sajambre*, Oviedo, 1959, pág. 57; del mismo autor, *Los Argüellos*, *léxico rural y toponimia*, Santander, 1966, pág. 22; CONCEPCIÓN CASADO, *El habla de La Cabrera Alta*, Madrid, 1948, pág. 38).

[17] LORENZO RODRÍGUEZ-CASTELLANO, *La variedad dialectal del Alto Aller*, Oviedo, 1952, pág. 123; del mismo autor, *Aspectos del bable occidental*, Oviedo, 1954, pág. 258; JOSÉ LUIS GARCÍA ARIAS, *El habla de Teberga: sincro-*

tud de variantes *(-iello, -ieto, -iecho, -iallo, -iacho)* [18] que afectan a la diptongación de la ĕ y al tratamiento de la -LL- [19]. La forma moderna del sufijo es *-illo*, que, integrado a un lexema base, sirve para formar otro secundario *(hornillo, camilla)*.

267. -i c c u es un sufijo cuyo origen no se conoce [20]; escasamente documentado antes del siglo xv, se convierte en el más rico en matices expresivos. Hoy su difusión geográfica afecta al dialecto murciano *(-iquio)* [21], al andaluz oriental [22] y al aragonés.

nía y diacronía, Oviedo, 1974, pág. 135. A pesar de la abundancia de los testimonios, al parecer se trata de un sufijo sin vitalidad.

[18] Vid. *Dial. arag.*, págs. 266-269, § 156; GERHARD ROHLFS, *Beiträge zur Kenntnis der Pyrenäenmundarten (RLiR*, VII, 1931, págs. 119-169, §§ 33 y 39; hay traducción española de JOSÉ L. MÁRQUEZ, *Los sufijos en los dialectos pirenaicos*, «Pirineos», VII, 1951, págs. 467-525); ALWIN KUHN, *Der Hocharagonesische Dialect*, Leipzig, 1936, págs. 196-201.

[19] *Toponimia del alto valle del río Aragón*, Zaragoza, 1949, págs. 22-24, § 3; *Dial. arag.*, págs. 177-181, § 88, donde se discuten trabajos ya aducidos (de ROHLFS, de KUHN) y otros del propio KUHN, *Arag. -ll- > tš (ZRPh*, LIX, 1939, págs. 79-82) y de W. D. ELCOCK, *The Evolution of -LL- in the Aragonese Dialect* («Primer Congreso Internacional de Estudios Pirenaicos», Zaragoza, 1950; traducido por BLANCA PERIÑÁN en *AFA*, XII-XIII, 1961-62, páginas 289-297).

[20] GONZÁLEZ OLLÉ, págs. 319-324. Nos remitimos a su exposición de las muchas teorías (ibérica, celta, vasca, africana, latina, germánica). El trabajo de ALEMANY es, como suele, heterogéneo (págs. 75-76).

[21] Es «el más frecuente y típico de todos [los sufijos]» y «en el lenguaje rústico de la Huerta de Murcia se convierte en *-iquio*» (JUSTO GARCÍA SORIANO, *Vocabulario del dialecto murciano*, Madrid, 1932, pág. XCV, § 65.2; EMILIA GARCÍA COTORRUELO, *Estudio sobre el habla de Cartagena y su comarca*, Madrid, 1969, págs. 97-99; GINÉS GARCÍA MARTÍNEZ, *El habla de Cartagena*, Murcia, 1960, págs. 111-112; JOSÉ GUILLÉN GARCÍA, *El habla de Orihuela*, Alicante, 1974, págs. 60-61). Para la gran vitalidad del sufijo en zonas adyacentes a la murciana, vid. MÁXIMO TORREBLANCA, *Estudio del habla de Villena y su comarca*, Alicante, 1976, pág. 175, y TEUDISELO CHACÓN, *El habla de La Roda de la Mancha*, Albacete, 1981, pág. 284.

[22] En granadino es, efectivamente, un sufijo muy usado, pero en formas estereotipadas *(bonico* 'bonito'), sumamente afectivas *(pobretico)*, no para representar, digamos, la idea de pequeño tamaño, en cuyo caso se utiliza *-illo* (cfr. *ALEA*, VI, mapas 1756-1747, donde lo que se puede ver es la penetración del *-ico* murciano); por supuesto, en nada se parece la

Bien entendido que en la literatura costumbrista, -ico pretende caracterizar a los aragoneses [23], pero no es sufijo específicamente regional, ni tampoco lo fue en lo antiguo [24]. Es necesario —como en muchos otros casos— conocer la productividad y consideración social del sufijo, pues decir que se encuentra por toda la Península, sin otra referencia, puede falsear la realidad [25].

268. -ǐcǐnu da -*ezno* [26], con referencia a crías de animales (*pavezno, osezno, lobezno*) y a palabras que, verosímilmente, tuvieron origen diminutivo (*rodezno* < rǒta, *torrezno* < torrare); hoy parece ser un sufijo carente de productividad y, por tanto, las voces en las que se inserta están totalmente lexicalizadas. Esto obliga a trazar la historia individualizada de cada palabra más que a estudiar el sufijo independientemente, pues éste, si se siente como tal, podrá intercambiarse con los que tienen vitalidad: *lobezno* es reemplazado por *lobillo, lobito, lobete* o *lobato* [27]; *regartesna* 'lagartija', por *sargantana, sangartilla, sargantina* o sus mil variantes [28]; *rodezno*, por *rodete* [29], etc. No es raro que -*ezno* pase a ser -*esno* y se convierta en -*erno*: *fillerno* 'cría del pájaro' por *fillezno* o *fillesno* [30].

---

utilización del sufijo en este andaluz o en el aragonés del valle del Ebro. Vid. M. Muñoz y J. Gimeno, *Notas sobre el diminutivo en García Lorca* (*AO*, IV, 1954, págs. 277-304).

[23] Cfr. el personaje «aragonés» que descabala los cómputos estadísticos por falsear la realidad (Alvar Ezquerra, *Dimin. Álvarez Quintero*, ya cit., página 699).

[24] *Dial. arag.*, pág. 270, § 159; González Ollé, pág. 326.

[25] Cfr. Casado, *Cabrera*, pág. 69 (con bibliografía).

[26] Cfr. González Ollé, págs. 333-336; Francisco Yndúraín, *Sobre el sufijo «-ezno»* (*AFA*, IV, 1952, págs. 195-200); Yakov Malkiel, *Old Spanish «judezno, morezno, pecadezno»* (*PhQ*, XXXVII, 1958, págs. 95-99). Aparte debe citarse la nota de Américo Castro, «*Vino judiego*» (*RFE*, VII, 1920, págs. 383-384).

[27] *ALEA*, II, 435; *ALEANR*, IV, 473 (adición).

[28] Seminario de Geografía Lingüística, *Los nombres de la lagartija y del lagarto en aragonés y sus designaciones en otros ámbitos españoles* (*AFA*, XXVIII-XXIX, págs. 143-184).

[29] *ALEANR*, II, mapa 234 (adición); *ALEA*, II, lám. 242.

[30] A las formas que se pueden ver en los mapas citados en las notas

269. -ĭculu pasó al romance como -*elyo* (moz. *qonelyo* < cŭnĭculu, *qawlelya*[31] < colĭcula), -*ello* (*corbella* 'nasa' < corbĭcula, *güella* < ovĭcula)[32], pero ya en mozárabe se encuentran formas con ỹ [ž] (*koneỹo, korniỹa*), que hacen pensar en el carácter evolutivo de este dialecto. Amado Alonso rechazó las explicaciones de Menéndez Pidal que consideraba estas formas como «neologismos advenedizos de Castilla» y, ante los muchos ejemplos, su persistencia y el carácter mozárabe del cuerpo de la palabra, se inclinó por el mozarabismo del cambio[33], en tanto Álvaro Galmés, considerando el problema en conexión con el asturiano occidental y el catalán oriental, establece la evolución hacia [ž] sin necesidad de pasar por [ļ][34]. Pero esto es un problema fonético que —como tal— dejamos simplemente apuntado. En la literatura antigua de corte castellano, la evolución a -*ejo* fue muy frecuente, según se ha señalado con reiteración, pero las concordancias de autores medievales podrán servir para confirmar o no la hipótesis de González Ollé, según la cual se trata de un recurso para la rima: en el *Apolonio* hay seis cuadernas en las que entra el sufijo, pero ninguna en la *Vida de San Ildefonso* y tampoco se atestigua en Pedro de Santafé[35]. Con tan pobres datos no podemos pretender formular ninguna teoría, pero se ve bien la proximidad de Berceo y el *Apolonio*, y el distanciamiento con respecto a otros textos. En la actualidad, -*ejo*

anteriores, añádanse las del *ALEANR*, IV, 442 *(cría del pájaro)* y 473 *(lobezno)*.

[31] En moz. *caule* significaba 'col, coliflor' (Asín, s.v.).

[32] Ejemplos de *ELH*, I, pág. 322, § 69, y *Dial. arag.*, pág. 271, § 161. Emparentado con motivos de los que aquí tratamos está el libro de EDWARD FOWLER TUTTLE, *Studies in the Derivational suffix «-āculum»: Its Latin Origin and its Romance Development*, Tübingen, 1975.

[33] Vid. *Las correspondencias arábigo-españolas en los sistemas de sibilantes* (*RFH*, VIII, 1946, págs. 41-43).

[34] *Resultados de «-ll-» y «-ly-», «-c'l-» en los dialectos mozárabes* (*RLiR*, XXIX, 1965, págs. 60-97).

[35] *Apolonio*, III, pág. 478; MANUEL ALVAR EZQUERRA, *Concordancias e índices léxicos de la Vida de S. Ildefonso* (Málaga, 1980, pág. 443); MARIANO DE ANDRÉS, *Índice de concordancias del Cancionero de Pedro de Santafé* (*AFA*, XX-XXI, 1977, pág. 509).

tiene carácter despectivo, pero es necesario, como en otros casos, un estudio pormenorizado de su distribución geográfica y valores, pues los datos disponibles no ayudan a resolver las cuestiones formuladas [36]. En diversos puntos de Andalucía, el sufijo despectivo presenta alternancia vocálica: *caballejo* y *caballijo, caballujo, caballajo (ALEA*, VI, 1759).

270. -ĭculu era variante combinatoria con la anterior, lo que hizo que fueran no pocas [37] las confusiones entre ambas; por otra parte, salvada la alternancia ĭ / ī, los temas considerados antes son válidos en este momento. En los dialectos donde -ĭculu > *-illo* y -ĕllu > *-iello*, la castellanización de este último (> *-illo)* ha llevado a la confusión de ambos, dificultando la posibilidad de análisis.

271. -inu, bajo las formas *-ino, -ín* tuvo gran vitalidad en la lengua antigua, bien que conservó valores anteriores al diminutivo con que hoy se conoce. Así, el *Vocabulista* mozárabe tiene *buryin* < porcinu, *bulunbina* < palombina, *tawbin* < talpinu, que son adjetivos en los que *-inu* significa 'propio de, perteneciente a' o cosa parecida, mientras que *bubrin* es 'calabacita' (< apŏpĕres) y *barŷin* 'saquito' (de étimo incierto), si bien la forma plena aparece en el botánico sevillano en palabras como *bobuchchino* 'planta globularia' (probablemente de balbu 'bobo'), *caballino* 'mostaza silvestre', *laizachinoš* 'lechecino, lechuguilla silvestre', etc. [38]. En la literatura antigua no tenía valor diminutivo [39], salvo en la de filiación leonesa [40] y hoy

---

[36] Por ejemplo, vid. JOHN G. CUMMINS, *El habla de Coria y sus cercanías,* Londres, 1974, pág. 88.

[37] ALEMANY, pág. 48; GONZÁLEZ OLLÉ, pág. 285.

[38] GRIFFIN, s.v.; ASÍN, s.v. Por supuesto, la forma apocopada también es conocida por el botánico sevillano: *camellín* 'especie de sosa' (recibía el nombre porque se usaba como pasto para los camellos), *colobrín* 'dragontea' (< colubrina), *chobollín* 'cebollino común' (< cepŭlla), etc. (ASÍN, s.v.).

[39] Vid. *Apolonio,* pág. 365, § 369.17; *Egipciaca,* pág. 210, § 268.18.

[40] GONZÁLEZ OLLÉ, pág. 331. La forma más occidental sería *-iño,* también

persiste esta localización: -*ín* en el noroeste del dominio leonés (Curueña, Armental, el Bierzo) y en el resto -*ino* [41], extendiéndose por Extremadura [42] y alcanzando a las zonas andaluzas limítrofes (Huelva, Sevilla, Córdoba) [43]. Su extensión por otras zonas es ocasional o responde a lexicalizaciones cumplidas en épocas antiguas [44].

272. -ĭ t t u dejó una forma, -*eto*, que, según cumplidas opiniones [45], podría deberse a influencia mozárabe. Si alcanzara plena justificación la hipótesis, no sería imposible asignar el mismo origen a -*et*, cuya evolución es normal desde -ĭ t t u. La dificultad radica en la difusión de -*et*, pues tratándose de un sufijo aún con plena vitalidad en pirenaico, no parece lógico pensar en su mozarabismo. Bien es verdad que el étimo se mantendría: pues las formas en -*eto* han podido generarse en Al-Andalus, en tanto las en -*et*, aragonesas, pertenecerían a ese gran complejo lingüístico en el que se integran las dos vertientes pirenaicas con la Cataluña Vieja. En lo antiguo, -*et* abundó en aragonés [46] y hoy sigue siendo el sufijo empequeñecedor de buena parte del do-

---

documentada en mozárabe: *ešparraguinno* 'espárrago amarguero' (Asín, s.v.). Materiales sobre -*ino*, -*iño* en ALEMANY, págs. 84-87.

[41] *Dial. leon.*, págs. 90 y 95 (§§ 15.1, 7.3). Para la vitalidad de -*ín* en asturiano, y leonés vid. JOSÉ NEIRA, *El habla de Lena*, Oviedo, 1955, pág. 15; ANGEL R. FERNÁNDEZ, *El habla y la cultura popular de Oseja de Sajambre*, Oviedo, 1959, pág. 42; CASADO, *Cabrera*, ya cit., pág. 69. Prescindimos de dar más bibliografía. En cuanto a -*ino*, vid. A. LLORENTE, *Estudios sobre el habla de la Ribera*, Salamanca, 1947, pág. 125.

[42] «El sufijo que podemos considerar como exclusivo de la lengua hablada es -*ino*» (A. ZAMORA, *El habla de Mérida y sus cercanías*, Madrid, 1943, pág. 38, § 36); CUMMINS, *op. cit.*, págs. 90-91, recoge -*ín*, pero la plena vitalidad corresponde a -*ino*.

[43] *ALEA*, VI, 1756 (*perrino*), 1757 (*chiquinino*), 1760 (*liebrecina*, -*o*, *liebrina*), 1761 (*pollino* 'pollito').

[44] Véanse los ejemplos del *Dial. arag.*, pág. 274, § 166. Un aspecto particular de las cuestiones tratadas en el texto es el que analiza SEBASTIÁN MARINER en *El sufijo diminutivo* -*ín* *en nombres propios femeninos* (*AFA*, VIII-IX, 1956-1957, págs. 168-170).

[45] Vid. GONZÁLEZ OLLÉ, pág. 313.

[46] Ibidem, pág. 312.

minio [47]; las formas aragonesas son -*et* y -*ete*, -*é* y el ámbito de su difusión puede seguirse con los materiales del *ALEANR* [48], sobre todo en los que específicamente se dedican al sufijo [49]. Aparte quedan, claro está, los galicismos *(trobetes, versetes),* o italianismos *(comedieta, libreto)* flagrantes, que son de carácter muy distinto. El sufijo -*ete* se usa en la lengua común *(regordete)* y, como lexema secundario, en algún verbo *(corretear)* [50].

273. -ĭttu (> -*ito*) es un sufijo de enorme difusión en todas las lenguas románicas y, sin embargo, de origen incierto: se ha pensado en su carácter latino, etrusco, germánico, celta, griego o vasco, sin que las dudas que asaltan se hayan podido resolver en ningún caso [51]. En la Península Ibérica, se documenta desde la época de orígenes, pero no alcanza una gran difusión hasta el siglo xv y, lo que es más de señalar, no aparece en textos pretendidamente de origen francés *(Libro de la infancia y muerte de Jesús),* en traducciones de un original galorrománico *(Egipciaca)* o en obras de la gran tradición culta de Occidente *(Apolonio).* González Ollé piensa en el carácter rural del sufijo, lo que le cerró por mucho tiempo el acceso a la literatura culta, y su difusión en el siglo xv estaría condicionada por la elevación social de las clases populares; bien que llama la atención que, en una obra satírica *(Las coplas de Mingo Revulgo),* excelente remedo del habla rural (léxico, sufijos, intenciones simbólicas), no

---

[47] *Dial. arag.,* pág. 274, § 167.

[48] En formas lexicalizadas el sufijo no es del mismo modo perceptible; sin embargo la *zoqueta (del segador)* permite ver la difusión de -*et,* -*é* (I, 54); las *vainetas* 'judías verdes', la de -*eta,* muy restringida al Pirineo navarro-aragonés (III, 304); la de *coral* 'guindilla redondeada', los puntos con -*et* o -*ete* (III, 307). A través de Murcia penetra -*ete* en algún punto de la provincia de Jaén de influencia oriental *(ALEA,* VI).

[49] Se puede ver el tratamiento de este sufijo en el mapa *mocete,* -*s* (diminutivo de *mozo)* del t. XI del *ALEANR.*

[50] Materiales sobre -*eto,* -*ete* en ALEMANY (págs. 64-67), aunque sus interpretaciones, como siempre, no son de fiar.

[51] Una buena exposición de los hechos se puede ver en GONZÁLEZ OLLÉ, páginas 291-302.

aparezca ni una sola vez. Por otra parte, hoy el sufijo, a pesar
de su difusión, no deja de tener su marca de cierta distinción,
y, en las hablas populares, en realizaciones conscientemente em-
pequeñecedoras, tiene un carácter minoritario o de nula presencia [52]. El sufijo se emplea con sustantivos *(casita, Carmencita)*,
con adjetivos *(maldito)*, con adverbios *(ahorita)* y con verbos,
siguiendo un uso latino *(dormitar,* ahora como lexema secundario), aunque en este último caso la formación tiene carácter distinto, pues remonta a las formas participiales que sirven para
crear los verbos llamados iterativos.

274. -ŏlu en español *(-uelo* y alguna otra variante) se ha
documentado a lo largo de toda nuestra historia lingüística, bien
que con cierto carácter restringido, siempre mantenido [53]. Como
era previsible, los mozárabes conocían la forma plena y la apocopada, y así, en la transmisión de algunas jarchas, alternan
filiyolo y *filyol* [54], y, por otra parte, presentaban, también, alternancias de formas diptongadas y sin diptongar, incluso en la
misma palabra [55]. Esta situación se ha transmitido en la toponi-

---

[52] Véanse *ALEANR,* t. XII donde se incluyen las *Formas del diminutivo; ALEA,* VI, mapas 1756, 1757, 1761. *Liebrecita* tiene alguna difusión
en Huelva, Sevilla y Cádiz, nula en el resto de Andalucía; habrá que
tener en cuenta este hecho para pensar si se trata de una irradiación
urbana, pues virtualmente no aparece más que en las proximidades de las
capitales o en los puntos a los que llega su posible irradiación. El sufijo
tiene más difusión en Canarias *(ALEICan,* I, 328, 340, 380, etc.) y ello plantea el problema de la colonización, de acuerdo con los establecimientos de
sevillanos y gaditanos.

[53] GONZÁLEZ OLLÉ, págs. 281-284; materiales en ALEMANY, págs. 123-125.

[54] Los números XVIII y XXVIII *a, b,* de GARCÍA GÓMEZ. Por su parte,
GRIFFIN documenta sólo *tawyul* 'saeta' (< ṭ a w y a 'antorcha') y el femenino *qayyūla* (< c a v ĕ ŏ l a). En el botánico sevillano, el femenino es
cantuela 'laureola hembra'.

[55] Todos los ejemplos proceden de ASÍN en las voces correspondientes.
Cfr.: *nocairuela* 'peonía' (< n u c a r i a 'nogal'), *olyola* 'pequeño acebuche',
rubiol 'altramuz hediondo', *yerbola* 'betónica'; en cuanto a la dualidad
señalada para la misma palabra: *castanyola - castanyuelo* 'cebadilla del
campo', *corriola - corriuela* 'corregüela de los caminos', *lajtairola - lajtairuela*
'lechetrezna', *royyola - royuela* 'roya, zarzamora'.

mia, donde encontramos persistencias mozárabes en palabras como *(Al)buñol* y *Buñuel*[56], en tanto otras son específicamente dialectales: *Forcarualas, Manzaruala, Pallaruelo, Puyuelo, Pallaruel, Puyuel*[57]. En el español actual hay que considerar como formas tradicionales las que tienen *-uelo*, mientras que las terminadas en *-ol, -ola* son catalanismos *(batayola* 'barandilla en la borda del barco', *cresol,* frente al patrimonial *cresuelo*[58], *estrangol* 'compresión en la lengua de una caballería', *perol)*[59], galicismos *(cacerola <* fr. *casserole, tallarola* 'cuchilla para cortar seda' < fr. *taillerole),* italianismos *(chirinola* 'bandería' < *Cerignola, escayola <escagliola, muserola* 'correa de la brida que rodea al morro del caballo' < *museruola)* o latinismos *(gladiolo, vitriolo).*

FORMAS DEL AUMENTATIVO

275.1. La forma propia del aumentativo es *-ón* (< -ō n e)[. Ahora bien, en latín el sufijo tenía carácter individualizador (ponderativo o peyorativo), de donde salieron los valores aumentativo y diminutivo[60]. Ya en latín, servía como aumentativo *(naso, -onis* 'que tiene la nariz grande' y *mento, -nis* 'que tiene la barba

---

[56] SANCHÍS GUARNER, pág. 311, § 40.

[57] *Dial. arag.,* pág. 277, § 172. No creemos que, a pesar de su apariencia, sean mozárabes los dos últimos topónimos, habida cuenta de su localización en la parte más septentrional de la provincia de Huesca.

[58] En el *Fuero General de Navarra,* se documenta la forma *guirisellu* como préstamo al vasco; nos permitimos copiar un texto algo largo porque da las equivalencias léxicas: «Ay otra peyta que es clamada pecha de *crisuelo,* [...] porque estos pecheros pechan de noche la pecha son clamados en bascuenz la una peyta *guirisellu* zorr» (págs. 53 *b* - 54 *a*).

[59] KARL JABERG, *Geografía lingüística* (trad. M. ALVAR y A. LLORENTE), Granada, 1959, págs. 55-62.

[60] LEO SPITZER, *Das Suffix -one im Romanischen,* apud E. GAMILLSCHEG y L. SPITZER, *Beiträge zur romanischen Wortbildungslehre,* Ginebra, 1921; FÉLIX MONGE, *«-ción, -sión, -zón* y *-ón»: Función y forma en los sufijos* («Estudios ofrecidos a E. Alarcos Llorach», Oviedo, 1978, t. II, págs. 155-165). Como sufijo combinado, se estudia en GERHARD ROHLFS, *Das spanische Suffix -arrón und Verwandtes* (ASNS, CLXXXII, 1943, págs. 118-122).

grande') y tal uso siguió durando: los mozárabes lo utilizaron en toda clase de voces *(buŷŷūn* 'pezón', *burūn* 'porrón', *bannūn* 'pendón', *ṭabbūn* 'tapón', etc.), sin excluir los términos botánicos *(bardón* 'bardana', *cambrón* 'espino albar', *maurichón* 'cohombrillo amargo, alazor silvestre', *mošcón* 'eupatorio', etc.) [61]. Ha sido sufijo con plena vitalidad a lo largo de toda nuestra historia lingüística, lo que no impide que presente ciertas particularidades que merecen ser aducidas: el carácter aumentativo puede hacer ver las cosas en su deformación; por ello se acerca a los valores despectivos [62] y así muchas veces es intercambiable con *-udo* cuando se trata de designaciones del cuerpo humano, tan proclives a las valoraciones humorísticas: *barrigón - barrigudo, cabezón - cabezudo, dentón - dentudo, tripón - tripudo* [63]. Por otra parte, esa posible valoración positiva o negativa del carácter individualizador hizo que *-ón* sirviera en algunas lenguas (francés, catalán) como indicador del diminutivo; en castellano hay restos de ello *(ratón, montón, plumón),* pero la frecuencia es grande en las designaciones de las crías de los animales *(anadón, ansarón* [64], *lebratón, perdigón)* o para indicar falta de desarrollo *(rabón* 'ra-

---

[61] Griffin, pág. 85; Asín, s.v.

[62] Véase la intención satírica de un viejo cantarcillo del siglo XV: «Besábale y enamorábale / la doncella al *villanchón;* / besábale y enamorábale, / y el metido en un rincón» *(PEM,* págs. 925-926, CCCLXXXVI). Bien que haya acumulación de sufijos.

[63] Alemany, pág. 107.

[64] Esta palabra tiene prestigio literario y, a pesar de lo que se dice en el texto (según autoridades de González Ollé, pág. 337), el aumentativo debió sentirse: lo es en las dos veces que la palabra aparece en el *Libro de Buen Amor* (estrofas 556 *b* y 108 *c*) y como tal aumentativo pasó a los diccionarios (Franciosini, [1735], s.v.). A nuestro parecer, el diminutivo más corriente era *ansarino,* según se lee en la bellísima canción de *Rodrigo Martínez (PEM,* págs. 964-965) en el *Cancionero de Baena* (Schmid, s.v., por error *ansanrino);* en el *Vocabulario de romance en latín,* de Nebrija, *ansarino* es el adjetivo que traduce al *pullus anserinus.* Covarrubias da como sinónimos ambas formas («dezimos *ánsar* y *ansarón*») y aun aduce refrancillos que autorizan su aserto, aunque, la rima fuerza al consonante, y los testimonios no son decisivos.

bicorto', *volantón* 'pajarillo que aún no vuela') [65]. En algunos de esos casos, lógicamente, *-ón* puede alternar con *-ano, -illo* o *-ato*, sufijos que se emplean con el mismo significado [66], incluso en alguna forma lexicalizada *(perdigón* 'macho de la perdiz') se puede producir algún tipo de sustitución *(perdigacho, perdigana, perdigot)* [67]. Como última consecuencia de las indicaciones anteriores, hemos de señalar que *-ón* persiste con valor diminutivo en altoaragonés, donde se emplea para designar el fruto de las plantas *(arañón, priñón* 'ciruela silvestre', *gorrillón* 'fruto del espino blanco') o como hipocorístico *(Antonón, Josetón, Luisón)* [68].

275.2. El sufijo *-ón* se encadena con otros y forma derivados más complejos como *dormilón* y *comilón* [69] (de *dormir* y *comer)* [70], *vozarrón* y *beberrón* 'que bebe mucho', *corpachón* y *villanchón, tendejón* y *torrejón, mozallón* y *porcallón, pollancón* y *vejancón* [71].

---

[65] *Volantín,* muy escaso, alterna con *volantón,* muy abundante (*ALEA,* II, 403, adición). En otra adición a este mismo mapa, el 'pajarillo sin pluma' es *culón, peguzón, pelechón, pelón* y *tripón* y en *ALEANR,* 517, *culón, natón, tripón, porretón.*

[66] Cfr. *pelato* frente a *pelón* 'pajarillo sin pluma' (*ALEA,* II, 403, adición), *liebrecina, liebrecita* frente a *gazapona, novatona, magayona, gabatona* 'lebrato' (ib., 1760); *perdito* frente a *perdigón* (*ALEICan,* I, 328); *porretano* frente a *porretón* 'pajarillo sin pluma' (*ALEANR,* IV, 445).

[67] *ALEANR,* IV, lámina 570.

[68] *Dial. arag.,* págs. 277-278, § 173.

[69] El hecho de que *-ón* figure más que ningún otro en las cadenas de sufijos ha podido ser la causa de su valor como aumentativo o como diminutivo (Y. MALKIEL, *art. cit.* en la nota 73). Para otros valores formales, vid. E. C. GARCÍA, *Gender switch in Spanish Derivation* (*RPh,* XXIV, 1970-1971, páginas 39-54).

[70] ALEMANY (pág. 110) dice que «por analogía, sin duda, con *alquilón»,* lo que es problemático: *comilón* consta en 1496 (Juan del Encina) y *dormilón* en *La Celestina,* en tanto *alquilón* es mucho más tardío (1605). Añádase, además, la frecuencia del uso de todas esas palabras.

[71] ALEMANY, pág. 108.

276. Nebrija tuvo una aguda intuición en su *Gramática* al hablar, antes que nadie, de los *aumentativos*, y aun nos dio una clave interpretativa que sigue teniendo validez:

> y porque este género de nombres aún no tiene nombre, osémosle nombrar aumentativo, porque por él acrecentamos alguna cosa sobre el nombre principal de donde se deriva, como de ombre *ombrazo;* destos a las vezes usamos en señal de loor como diziendo *es una mugeraza* porque abulta mucho, a las vezes en señal de vituperio como diziendo *es un cavallazo* porque tiene alguna cosa allende la hermosura natural i tamaño del cavallo (pág. 62).

277. *-azo* es el único sufijo aumentativo (y despectivo) que aduce, pero la nómina se acrecienta en el *Arte de la lengua española o castellana* [72]. Covarrubias va desgranando una larga serie de aciertos en su exposición: los aumentativos españoles en cierta manera se corresponden con los superlativos latinos, son más propios del lenguaje común, familiar o cómico que de la lengua literaria, forman cadenas de sufijos, los en *-ón* y *-ote* son especialmente usados como despectivos, y los hay con cierto aire eufemístico [73]. Sírvanos Nebrija como punto de referencia y aceptemos las no pocas matizaciones de Correas: *-azo* es, efectivamente, un sufijo despectivo, pero también 'golpe dado con un objeto', y acepciones emparentadas. De ahí el título *The two Sources of the Hispanic Suffix «-azo, -aço»*, de un celebrado artículo de Yakov Malkiel [74]. Para este investigador, la forma que designa *-azo*$_1$ 'aumentativo', etc., admite también femeninos, de acuerdo con el género que tiene la base a la que se aplica *(aguaza, barcaza, pajaza, sangraza* y *bribonazo, caballazo, hombrazo, gigantazo),* mientras que *-azo*$_2$ 'golpe, etc.', no *(arañazo, golpazo, latigazo); -azo*$_1$ constituye fácilmente cadenas de sufijos (especialmente con *-ón*), mientras que *-azo*$_2$ no suele tener esa posibi-

---

[72] Enumera *-ón, -ote, -azo, -atón, -etón, -acho, -ato* y *-arrón.* TEJEDA repite lo ya sabido (págs. 47-50).

[73] *Malato* «significa el que está algo malo; no del todo enfermo» (página 205).

[74] Se publicó en *Lan,* XXXV, 1959, págs. 193-258.

lidad; -*azo*$_1$ puede intercambiarse con -*acho* (*capazo* - *capacho*, *hilaza* - *hilacha*, *hornazo* - *hornacho*), pero no -*azo*$_2$; -*azo*$_1$ es general en la Romania [75], mientras que -*azo*$_2$ es específicamente español. De todo ello debe inferirse que -*azo*$_1$ remonta al latín - ā t ī ō, en el que, ya en latín, se encuentran matices aumentativo-peyorativos; mientras que -*azo*$_2$ deriva de - a c ĕ u, entre cuyos valores está la posibilidad de sugerir acciones momentáneas. Además, hay que retirar de este conjunto la forma -*acho*, cuya etimología remonta a pluralidad de orígenes (mozárabe, dialectal, italiano), aun prescindiendo de otros que explicarían ejemplos de carácter menos sistemático.

EL SUPERLATIVO

278. Para Nebrija, «superlativos no tiene el castellano» [76], mientras que Valdés —al hilo de su coloquio— reconocía su existencia [77]. Cuando Correas redacta el *Arte* rechaza la formación en -*ísimo* por latina y no española y por su poco uso; rechaza también la doble *s* que postulaba Valdés y vuelve a Nebrija: en Castilla la superación «se haze con la partezilla *mui*» (pág. 200). Cierto que -*ísimo* sigue teniendo un marcado carácter culto siempre, y más en formas en que hasta la base se estructura a la manera latina (*amicísimo* de *amigo*, *nobilísimo* de *noble* o *sacra-*

---

[75] Port. -*aço*, -*aça*; prov. -*as*, -*asa*; fr. a. -*as*, -*ace*; it. -*accio*, -*accia* (dial. -*azzo*, -*azza*).

[76] *Gramática*, pág. 62. Sin embargo, en el *Diario del Descubrimiento*, Colón escribe, por ejemplo, *temperatísimo* (edic. ALVAR, pág. 70), *grandíssimo* (pág. 125), y su hijo Hernando, *suavísimo* (*Historia del Almirante don Cristóbal Colón*, edic. SERRANO y SANZ, Madrid, 1932, pág. 193).

[77] «Los nombres superlativos, como son *boníssimo* y *prudentísimo*» (*Diál. lengua*, pág. 86); también los identifica TEJEDA, pág. 46. Cfr. MARGHERITA MORREALE, *El superlativo en -íssimo y la versión castellana del «Cortesano»* (*RFE*, XXXIX, 1955, págs. 46-60); R. JÖRNVING, *El elativo en -ísimo en la lengua castellana de los siglos XV y XVI* (*StN*, XXXIV, 1962, páginas 57-85); VIDAL LAMÍQUIZ, *El superlativo iterativo* (*BFE*, 1971, págs. 15-22); JACQUES DE BRUYNE, *Acerca de las traducciones de -ísimo* (*LEA*, II, 1980, páginas 27-37).

tísimo de *sagrado).* Y no digamos de *-érrimo (aspérrimo, paupérrimo),* de uso mucho más que limitado.

El pueblo sigue utilizando *muy* o expresiones ponderativas propias para expresar la admiración, sean exclamaciones, sean nombres y adjetivos altamente calificadores *(hermoso, gordo, pedazo, fuerte,* etc.) [78].

MORFOLOGÍA COMBINATORIA DE TRANSICIÓN

279.1. Consideramos en este lugar los llamados «interfijos» o segmento siempre átono y falto de significado propio que se intercala entre el radical y el sufijo de ciertos derivados (por ejemplo, *-ar-* en *hum-ar-eda* o *polv-ar-eda)* [79]. Este interfijo puede ser una consonante antihiática *(mujer-c-ita)* o una sílaba (lat. n a u - i c - ĕ l l a), y su origen no necesariamente románico, por cuanto en latín existían ya: *fam-ēl-icus.* La forma del interfijo más sencillo tiene a veces *-r-* en español y la compleja abunda también con ese sonido *(-er-: lob-er-il);* por lo que respecta a las causas de su aparición, suelen estar producidas por la homonimia *(panero* podría significar, por ejemplo, 'cesto para el pan' y 'fabricante de pan'; *panero* queda para la primera acepción y el interfijo en *pan-ad-ero* resuelve la igualdad formal). Así, pues, para el diminutivo disponemos de las posibilidades que se expresan seguidamente:

---

[78] *ALEA,* VI, 1762, 1763; *ALEICan,* III, 1212. Vid. también *Arte,* páginas 200-201, y BEINHAUER (2.ª edic.), págs. 234-251.

[79] Seguimos a YAKOV MALKIEL, *Los interfijos hispánicos. Problema de lingüística histórica y estructural* («Miscelánea homenaje a André Martinet», Universidad de La Laguna, 1958, t. II, págs. 107-199). Véase, del mismo autor, *Studies in the Hispanic Infix* -eg- *(Lan,* XXV, 1949, págs. 139-181); EUGENIO MARTÍNEZ CELDRÁN, *En torno a los conceptos de interfijo e infijo en español (REL,* VIII, 1978, págs. 447-460); MANUEL ÁLVAREZ GARCÍA, *Léxicogénesis en español: los morfemas facultativos,* Sevilla, 1979.

mes-	-	ita
mujer-	-c-	ita
rey-	e-	-z-	uela
luc-	e-	-c-	ita

279.2. En muchos sitios, pueden alternar formaciones con o sin interfijo, pero tampoco es raro que haya distinta matización afectiva entre ambas formas *(man-ec-ita* parece intensificar el valor de *manita)* o que se produzca una cadena de interfijos cuando la palabra tiene un reducido cuerpo fónico *(pie-c-ec-ito)* [80] y aun hay regiones en las que el interfijo no suele usarse (en Canarias *cochito,·Carmita,* donde un peninsular diría *cochecito, Carmencita).* En cuanto a la repercusión de este elemento sobre la terminación, parece procedente señalar que la vocal que caracteriza al sexo reaparece tras el interfijo, aunque no estuviera expresada; así, de *Mercedes* se forma *Merced-it-as,* con una *a* de marca, que no existía en el nombre propio; de *fraile, frail-(e)z-uel-o;* de *grande, grand-(e)c-ill-o, -a;* mientras que en los casos de género indicado, la alteración, como es lógico, no se produce: *Carlos - Carl-it-os.*

---

[80] Numerosas variedades de infijos en casos ya sufijados se recogen en ALEMANY (págs. 93-95). Para la conciencia antigua de esta situación, vid. TEJEDA, pág. 52.

Capítulo XVII

LA SUFIJACION (II)

280. Cualquier valoración que se establezca se puede incluir semánticamente en alguno de los cuatro grupos a que da lugar la siguiente perspectiva:

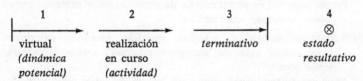

1	2	3	4
virtual	realización	*terminativo*	estado
(dinámica	en curso		resultativo
potencial)*	*(actividad)*		

Estudiadas las formas propiamente verbales (§§ 177.1-5), de ellas se pueden derivar otras nominales, tanto sustantivas como adjetivas. Reduciendo todo a un esquema para evitar repeticiones, tendríamos:

1) **Formas verbales:**

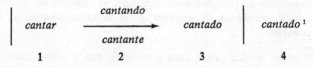

cantar	*cantando* cantante	cantado	cantado[1]
1	2	3	4

---

[1] Empleado como adjetivo y no como participio. Aspectos válidos en este punto y en alguno de los que nos ocuparemos de inmediato, se pueden encontrar en FERNANDO LÁZARO, *Transformaciones nominales y diccionario* (*REL*, I, 1971, págs. 371-379).

2) Formas nominales:

Sustantivo:

el cantar	*el comerciante*	*el lavado*	*el encerado*
el yantar	*el estudiante*	*el engrase*	*el diputado*
1	2	3	4

Adjetivo:

encantador	*brillante*	*gastado*	*gastado*[2]
plegadizo	*sofocante*	*acondicionado*	*frito*
1	2	3	4

281. En latín se conocía un gran número de sufijos. Como posibilidad de ejemplificación vamos a considerar el testimonio de a m a r u s 'amargo'[3]; de él derivan:

1) Formas adverbiales: *amare* 'amargamente', *amariter* 'amargamente; con pena'.

Adjetivos intensivos: *amarulentus* 'amargo; mordaz' (formado como *lutulentus* 'lodoso'), *amaritosus* 'muy amargo'.

Forma adjetival en plural neutro, de donde su valor genérico: *amara* 'cosas amargas; amargura'.

2) Sustantivos derivados: *amaritas, amaritia, amarities, amaritudo,* todos con el valor de 'amargura, aspereza', *amaror* 'amargura; sabor amargo'.

Adjetivos sustantivados: *amarenus* 'cereza de sabor agrio', *amarica* 'hierba canina', *amaricium* 'ungüento', *amarina* 'cereza de sabor agrio'.

3) Verbos incoativos: *amarescere* 'ponerse amargo', *amarizare* (híbrido greco-latino, según πικρίζω), *amarare* 'estar amargo', *amaricari* 'volverse amargo'.

Verbos causativos: *amaricare* 'causar amargura; irritar', también *amarificare*. De *amaricare* proceden el sustantivo *amaricatio* 'dolor, amargura de espíritu' y el adjetivo *amaricosus* 'muy amargo'.

---

[2] Según se ha señalado en el caso precedente, puede usarse como adjetivo o como participio.

[3] En latín se empleaba tanto en sentido físico como moral, de ahí los numerosísimos derivados que, seguidamente, tendremos en cuenta (vid. *TLL*, Ernout-Meillet, Du Cange), y aún habría que anotar la serie, tan importante, que procede del latín hispánico a m a r ĕ l l u s.

LA FORMACIÓN SUSTANTIVA

282.0. La ejemplificación anterior, efectivamente, es compleja, pero no única, ni siquiera excepcional. La hemos aducido como testimonio de posibilidades para, desde ellas, poder comprender la formación sustantiva en español; complicado trenzar y destrenzar de relaciones y dependencias que podemos intentar reducir a un cuadro:

resultado \ base	Sustantivo	Adjetivo	Verbo
Sustantivo	-azo -ada -ero$_1$, -ería -o, -a -al, -ar -ismo -ista -azgo -ato -dad -ero$_2$	-ez(a) -era -ad -ismo -ista -umbre -or	-or -ante, -ente -ando -ción -mento, -miento -aje -anza, -ancia... -ura -e, -o, -a -ado -ada -ido -orio, -ero, -or -ón

En esta tabla tenemos las tres posibilidades de derivación sobre bases diversas que, a su vez, dan lugar a formas s u s - t a n t i v a s, según pasamos a considerar [4].

282.1. Como principales sufijos que sirven para crear nue-

---

[4] A la bibliografía que hemos ido citando, añádanse: F. T. COOPER, *Word Formation in the Roman Sermo Plebeius*, Nueva York, 1895; JESÚS PENA,

vos s u s t a n t i v o s , sobre la base de otro s u s t a n t i v o tenemos:

283. -*azo* (< -ǎ c ĕ u s) puede tener los significados de 'golpe', en sentido propio *(codazo, trompazo)* o figurado *(vistazo)*,
y de 'herida' *(sablazo)* [5]. En latín el sufijo -*aceu* se empleaba
para formaciones adjetivales; de ahí los numerosos sustantivos
que, en su origen, no fueron sino adjetivos, y que no deben
caber en este apartado. Por ejemplo f o r n a c ĕ u s > *hornazo*
'rosca o torta guarnecida de huevos que se cuecen juntamente
con ella en el horno', g a l l i n a c ĕ a > *gallinaza* 'excremento
de las gallinas', p a l ĕ a c ĕ a > *pallaza* 'construcción que tiene
techumbre de paja' [6].

284. -*ada* (< -ā t a , forma de participio pasivo [7]) presenta
en español una larga teoría de significados [8]; coincide con el
anterior en las acepciones de 'golpe' *(espadada, palmada)* o 'he-

---

La derivación en español. Verbos derivados y sustantivos verbales, Santiago
de Compostela, 1980. No consideramos en el texto, por improductivos,
los sufijos átonos del español antiguo, por más que hayan dejado sustantivos que aún viven: *cáscara, murciélago, burdégano, relámpago* (vid. Ramón Menéndez Pidal, *Sufijos átonos en español*, «Festgabe Mussafia», 1905,
páginas 386-400; Yakov Malkiel, *The Rise of the Nominal Augments in Romance. Graeco-Latin and Tuscan Clues to the Prehistory of Hispano-
Romance* (*RPh*, XXVI, 1972, págs. 306-334). Al pasar del latín al romance,
sólo han persistido los sufijos que estaban acentuados: R. Menéndez Pidal, *Gram. hist.*, § 83, pág. 227).

[5] Félix Monge, *Sufijos españoles para la designación de 'golpe'* («Homenaje a Francisco Ynduráin», Zaragoza, 1972, págs. 229-247); Jacques De
Bruyne, *Acerca del sufijo «-azo» en el español contemporáneo* (*IR*, número 8, 1978, págs. 54-81).

[6] *ALEA*, III, 642.

[7] Cfr. Elisabeth Beniers, *La derivación de sustantivos a partir de participios* (*NRFH*, XXVI, 1977, págs. 316-331); C. Collin, *Étude sur le développement de sens du suffixe «-ata» dans les langues romanes, spécialement du
point de vue du français*, Lund, 1918; Luther Herbert Alexander, *Participial
substantives of the «-ata» Type in the Romance Languages with special
reference to French*, Nueva York, 1912 [reimpreso en 1960], donde se considera (pág. 12) sufijo de formación romance.

[8] Alemany, págs. 8-10.

rida' *(cornada, puñalada)*. En sentido figurado, *-ada* puede indicar la 'acción o condición' *(alcaldada, burrada, perogrullada)* y,
probablemente, de ahí el valor de 'colectividad' *(muchachada,
vacada, yeguada)* [9].

285. *-ero* procede del latín *-a r i u s*, en tanto que, combinado con el griego *- ί α* [10], origina el sufijo *-ería*, de alto grado de
productividad. Así de *libro* saldrán *librero* 'vendedor de libros'
y *librería* 'tienda donde se venden libros'; de *leche*, *lechero* 'vendedor' y *lechería* 'establecimiento'; de *ropa*, *ropero* 'persona que
vende ropa hecha' y *ropería* 'tienda donde se vende ropa hecha'.
Por analogía, hay multitud de formaciones semejantes a éstas
que sirven para indicar el 'negocio donde se vende o consume
algo' *(cafetería, cervecería)*, o sin que sirva de cortapisa para
formar neologismos el carácter totalmente exótico de las bases
a que se aplica: *güisquería* (< inglés *whisky*), *frankfurtería*
(< [salchichas de] Frankfurt), *chopería* (< al. *Schoppen* 'jarro
de cerveza') [11].

286. *-a/ -o* [12] pueden funcionar para oponer, tal y como ocurría en latín, los nombres de frutas (p ĭ r u m 'la pera') a los

[9] Cfr.: «Algunos aumentativos ai que sinifican dos cosas: *zapatazo* el
gran zapato, i el golpazo dado con el zapato: *pescozon* el gran pescuezo,
i el golpe rrezio dado en el pescuezo: lo mismo sinifica *pescozada*. Muchos
femeninos terminados en *ada* tienen esta manera de sinificar: *azadonada,
manotada, patada, carretada, lanzada, bofetada*. Tambien copia, i multitud:
*vacada, voiada, porcada, borricada, muchachada, muxerada, frailada, estu-
diantada, bofada de bofes* [...] Algunos destos tanbien sinifican dos cosas:
estudiantada, la copia de estudiantes, i la aczion propia de estudiantes»
(CORREAS, *Arte*, pág. 205).

[10] VÄÄNÄNEN, § 185, pág. 91; PAUL AEBISCHER, *Perspective cavalière du
développement du suffix* -arius *dans les langues romanes et particulièrement
en italien prélittéraire* (*BABL*, XXI, 1948, págs. 163-174). Para aplicaciones
a un texto preciso, vid. MARGHERITA MORREALE, *El sufijo «-ero» en el «Libro
de Buen Amor»* (*AFA*, XIV-XV, 1963-1964, págs. 235-244).

[11] A falta de una obra semejante en español, véase el utilísimo *Dictionnaire des mots contemporains*, de PIERRE GILBERT (París, 1980) y el *Dictionnaire des mots sauvages (écrivains des XIXᵉ et XXᵉ siècles)*, de MAURICE
RHEIMS (París, 1969).

[12] Vid. RUFINO JOSÉ CUERVO, *Sobre los usos del sufijo* -o *en castellano*

de árboles (p ĭ r u s fem. 'el peral'): *cereza / cerezo, granada / granado, manzana / manzano, naranja / naranjo* [13]. En las hablas populares se buscan recursos con diferenciación más marcada, y *-ero, -era* cumple con la segunda de estas acepciones: *cirolero, cirgolero, nispolero* 'níspero', *manzanero, pirutanero, albaricoquero, nispero / misperero, algarrobero, castañero, manglanera / -o, albergero, prunero,* etc. [14]. La explicación de estas generalizaciones está en la homonimia que hay para designar la fruta y el árbol en *albérchigo, durazno, melocotón, membrillo, níspero,* etc.

287. *-al / -ar* se emplean para indicar 'colectivos de plantas': *manzanar, olivar, pinar* y *algodonal, arrozal, naranjal* [15]. La distribución de estas formas (< -ā l e) no tiene fundamentación morfológica; *-al* es muy usado en América, desde los viejos cronistas hasta hoy, pasando por los indigenismos del tipo *cacahuatal, maizal, yucal* [16], y en las hablas peninsulares *-al / -ar* están condicionados por la neutralización consonántica en posición implosiva; de ahí plurales como el andaluz *pinale* 'pinares', *encinale* 'encinares' de formas que en singular son *piná, enciná* [17]. Son formaciones analógicas las de otros colectivos como

(«Obras Completas», II, Bogotá, 1954, págs. 33-47); Manuel Alvar Ezquerra, *Vitalidad y pervivencia del sufijo nominalizador «-o»* («Homenaje al Prof. Fernando Lázaro»).

[13] Vid. Hans Gerd Schöneweiss, *Die Namen der Obstbäume in den Romanischen Sprachen. Studien über ein Wortfeld,* Colonia, 1955.

[14] *ALEA,* II, 358 *(ciruelo),* 360 *(níspero),* 362 *(manzano),* 363 *(peruétano),* etcétera; *ALEICan,* I, 251 *(albaricoquero),* 255 *(níspero),* 256 *(algarrobo),* 257 *(castaño),* 263 *(manzano),* etc.; *ALEANR,* III, 361 *(granado),* 362 *(albaricoquero),* 364 *(melocotonero),* 369 *(ciruelo),* etc.

[15] Max Leopold Wagner, *Zum spanisch-portugiesischen Suffix* -al *(VKR,* III, 1930, págs. 87-92). Cfr. Väänänen, § 178, pág. 89.

[16] Manuel Alvar, *Americanismos en la «Historia» de Bernal Díaz del Castillo,* Madrid, 1970, pág. 51, s.v. *cacahuatal;* Richard Predmore, *El sufijo «-al» en el español de Guatemala (NRFH,* VI, 1952, págs. 140-144).

[17] *ALEA,* II, 366 *, 369. En el *ALEANR,* alternan *pinal / -ar* (III, 384), pero en Aragón predomina *carrascal* (mientras que las formas con *-l* o *-r* alternan en Navarra y Rioja, III, 389).

colmenar o *vacar* 'vacada'[18]. Nebrija había comprendido la situación que acabamos de describir en las líneas inmediatamente anteriores:

> Muchos delos [nombres denominativos] que significan lugar en que alguna cosa se contiene, como de rosa *rosal*, de enzina *enzinal*, de roble *robledal*, de mançana *mançanal*, de higuera *higueral*, de pino *pinal*, de guindo *guindal*, de caña *cañaveral* por *cañal*, o por que los antiguos llaman *cañavera* ala que agora *caña* o por que no concurriesse *cañal* conel *cañal* de pescar[19]. Salen estos nombres tan bien muchas vezes en *ar*, como de oliva *olivar*, de palma *palmar*, de malva *malvar*, de lino *linar*; i assi de vaso *vasar*, de colmena *colmenar* (*Gram.*, págs. 64-65).

Todos los ejemplos que Nebrija aduce con *-r* se deben a disimilación con una *l* que se encuentra en la palabra; en el mismo caso hubiera estado * *colmenal;* en cuanto a * *vasal* se hubiera confundido con *basal* (< *basa*).

288. *-ismo, -ista* son formas latinas de otros sufijos griegos -ισμός, -ιστής. En español las palabras que los llevan pueden funcionar tanto en la categoría de los sustantivos, como en la de los adjetivos; de ahí que haya numerosos intercambios. De muchos sustantivos pueden derivar formaciones que admiten uno u otro sufijo, tal es el caso de *colaboración* y *colaboracionista, colaboracionismo, ensayo* y *ensayista, ensayismo, izquierda* e *izquierdista, izquierdismo.* No siempre es posible la dualidad, pues puede tener vigencia *-ista,* pero no *-ismo (piano* y *pianista,* no * *pianismo),* o al revés *(cristiano* y *cristianismo,* pero no * *cristianista).* Ambos sufijos gozan de gran vitalidad y crean numerosos neologismos, con posibilidad en una *(mundialista* 'jugador del campeonato del mundo') o en las dos series («el niño se ha convertido en un verdadero *protagonista.* Ese *protagonismo* lo ejerce en su familia», recorte de prensa). Unamuno gustó de estas

---

[18] Romance judeo-español de la *Boda estorbada*, versión tetuaní (*Poesía tradicional de los judíos españoles*, México, 1966, pág. 60, v. 6).

[19] *Cañal de pescado* 'canalis piscatorius' (A. DE NEBRIJA, *Vocabulario de latín en romance*, transcripción de GERALD J. MACDONALD, Madrid, 1973).

formaciones con fines estilísticos y significativos: el *nadismo* y los *nadistas*, *sanchopancismo*, *piísta* 'partidario de Pi y Margall'.

289.1. *-azgo* (< -ā t ĭ c u m) es forma castellana que abunda en formaciones antiguas bajo la forma *-adgo*. Originariamente no tuvo otro valor que el de derivación: de m o n s , m o n t a -t i c u s ; de p o n s , p o n t a t i c u s ; de p o r t a , p o r t a t i -c u s . La evolución a 'tributo concerniente a algo' es fácil y ocupó el puesto que para tal acepción tenían otros sufijos: así, en España, *montaticum* 'tributo pagado por el tránsito de ganado por un monte' se impuso a *montitium*, que se usó con el mismo valor; *pontaticum* a *pontale*, y *portaticum* a *portagium*. Tampoco extraña que la derivación pudiera especificarse en acepciones como las de 'título, dignidad', que se extendieron a palabras extranjeras: de origen árabe como *almirantazgo*, *almojarifazgo* [20], *almotacenazgo* [21]; de origen americano, *cacicazgo* o inglés, *liderazgo*.

289.2. En leonés, la forma del sufijo es *-algo*, con una *l* propia de todos los grupos secundarios (-p't-, -d'c-, -pt'm- y, por supuesto -t'c-) [22] y que, alguna vez, se ha considerado para explicar el *hidalgo* de la lengua común [23]. En aragonés la solución *-tg-* debe representar una pronunciación africada, que está muy difundida *(peatge, viatge, monedatge* [24]), y remonta a la evolu-

---

[20] El *almoxerife* (y otras variantes) era el 'oficial real que recibía las rentas y los derechos del rey'; su oficio, el *almoxerifadgo*, se documenta en el siglo XIII (NEUVONEN, págs. 157-158, e INÉS CARRASCO, *Estudio del léxico institucional de la Partida V*, Málaga, 1981, págs. 148-158).

[21] Para *almotacén* 'persona encargada de contrastar los pesos y medidas' y *almotacenadgo* (ambas voces documentadas en el siglo XIII), vid. NEUVONEN, págs. 93-94.

[22] *FSalamanca*, § 112, págs. 155-156. (Sálvese la errata que figura en la página 155; no en las explicaciones y ejemplos, que están correctos).

[23] FERNANDO LÁZARO propuso el étimo * f i d a t ĭ c u , a través de León, en su nota *Hidalgo, hijodalgo* (*RFE*, XXXI, 1947, págs. 161-170).

[24] *Docs. Jaca*, § 31.7, pág. 34. Valor africado debió tener la grafía «con dos *gg*» que señala don ENRIQUE DE VILLENA en su *Arte de trovar*, edic. F. J. SÁNCHEZ CANTÓN, Madrid, 1923, pág. 69.

ción fonética propia del catalán y occitánico, pues, en francés, la palatal sería fricativa, según acreditan los herederos actuales con -*j*- (*boscaje, paisaje, paraje*) [25]. Este galicismo es muy antiguo en Hispania; en Ben Buclárix hay *formaẓo* [26], como equivalente del común 'queso'; se trata de un modo especial de elaborar el producto, gracias a moldes o encellas, que se extendió desde Francia a los otros países románicos [27] (< c a s ĕ u s   f o r m ā - t ĭ c u s). Y en el *Cancionero de Baena* hay una composición de Álvarez de Villasandino en la que se burla de Sancho el Paje amontonando galicismos, entre los que no son pocos los derivados de - ā t ĭ c u [28], y todavía en el *Vocabulario* de Correas se recoge el refrán: «*Formaxo*, pero, pan, pasto de villán; *formaxo*, pan, pero, pasto de kavallero» [29]. Por último, los textos aljamiados transcriben con *y* el yim árabe (*homenaye, coraye, brebaye*), aunque más propio fuera con *j*, pronunciada como prepalatal fricativa sonora, ya que para la pronunciación *ch* se necesitaría el texdid sobrepuesto al yim [30].

290. -*ato* alterna con -*ezno* (§ 268), para designar la 'cría' de ciertos animales (*ballenato, lebrato, lobato*); es sufijo de origen desconocido.

---

[25] Cfr. ALEMANY, págs. 10-12; A. K. LEVY, *Contrastive Development in Hispano-Romance of borrowed Gallo-Romance Suffixes* (*RPh*, XVIII, 1965, páginas 399-429). En el *Cantar del Cid* hay *barnax* 'proeza' < * b a r o n ā - t ĭ c u , *omenaie* < h ŏ m ĭ n ā t ĭ c u , y *husaie* < u s ā t ĭ c u .

[26] *Orígenes*, § 82.2, pág. 388. En relación con esta evolución fonética habría que considerar la de -D'C- en *mangar*, galicismo de Ben Quzmān (GARCÍA GÓMEZ, I, pág. 407, § 4).

[27] ROLHFS, *Dif.*, pág. 87, y mapa 36.

[28] Copiamos sólo una estrofa: «Los que van syn capitan, / sy non lieuan grant *fardaje*, / penaran, pero sabran / que quiere dezir *potaje*: / *regulage* con *formage* / ayan sy comieren pan / qu'el *pasage* nin *ostage* / nunca gelo soltaran» (edic. AZÁCETA, t. I, pág. 202, vv. 9-16).

[29] Página 340 *b*. Que en nuestro autor *formaxo* pueda ser italianismo no evita que se trate de una evolución francesa también en toscano (cfr. ROLHFS, *Dif.*, págs. 87-88).

[30] *Docs. Jaca*, § 31.7, pág. 34; RAMÓN MENÉNDEZ PIDAL, *El poema de Yúçuf. Materiales para su estudio*, Granada, 1952, pág. 7, § 10.

291. *-dad* (< -tātem) abunda en neologismos como *pla-tonidad, hombredad, (aquende >) aquendidad, (allende >) allen-didad,* todos usados por Unamuno.

292. *-ero₂* 'locativo' (< -arium): *palillero, frutero, ro-pero;* que se relaciona con el valor del latín tardío [31] 'cantidad de algo, lugar donde hay algo en cantidad' [32].

293. Hay sufijos que forman s u s t a n t i v o s sobre base a d j e t i v a , tal es el caso de *-ez(a)* (< -ities, -itia): *bri-llantez, madurez* o *fineza, tristeza;* el de *-era* (< -aria): *sor-dera, cojera, pelambrera;* el de *-ad* (< -atem): *oscuridad, docilidad* y los neologismos del tipo *autenticidad* o *hispanidad;* el de *-ismo, -ista* (vid. § 288, en que se genera sustantivo sobre sustantivo): *dinamismo, oportunismo; -umbre* (< *-umine < -udine): *certidumbre, pesadumbre, podredumbre;* el de *-or* (< -ōrem): *amargor, verdor* [33].

294. Por último, y como remate de las posibilidades de deri-vación que hemos señalado en el § 282.0 nos queda por consi-derar el hecho de s u s t a n t i v o s creados sobre una base v e r b a l . Evidentemente, hay que repetir cuestiones ya seña-ladas, como las formas específicamente verbales o como las que recurren a sufijos considerados en los apartados anteriores. Sin embargo, una sistematización precisa nos obliga, siquiera sea en muchos casos de pasada, a hacer referencia al conjunto de los sufijos que hemos agrupado en el cuadro del § 282.0.

---

[31] Väänänen, § 176, pág. 88.

[32] Kurt Baldinger, *Kollektivsuffixe und Kollektivbegriffe,* Berlín, 1950.

[33] Cfr. R. de Dardel, *Le genre des substantifs abstraits en «-or» dans les langues romanes et en roman commun* («Cahiers Ferdinand de Saus-sure», XVII, 1960, págs. 29-45) y *Un zéjel aragonés del siglo XV,* apud *Est. dial. arag.,* I, pág. 287, § 150. Como planteamiento más amplio, vid. A. Er-nout, *«Metus-timor»: les formes en* -us *et en* -os (-or) *du latin* («Philolo-gica», II, 1957, págs. 7-57) y Pena, págs. 112-115, § 3.2.4.

295. -*or*, y las variantes -*ador*, -*edor*, -*idor*, según sea la conjugación a la que pertenece el verbo *(gobernador, jugador; vendedor, encendedor; corregidor, medidor);* las formas femeninas del sufijo se aplican a aparatos que se consideran más importantes; sea por su tamaño o complejidad; no basta con decir que se puede considerar la elipsis de un sustantivo femenino *(máquina,* por ejemplo), pues el *aspirador* 'máquina que, movida por la electricidad, sirve para absorber el polvo' no es lo mismo que la *aspiradora* y en situación paralela estaría el *computador* con respecto a la *computadora* o el *secador* (del cabello, p. e.) con respecto a la *secadora* (de una lavandería); de ahí *trilladora, grabadora,* etc. Habría que relacionar estos casos con los históricos en que la -*a* final sirve de aumentativo o, cuando menos, para indicar tamaño mayor *(ventana—ventano)* [34]. Por último, -*or* puede aparecer con nuevas incrementaciones: *comprendederas, entendederas (< entendedor < entender).*

296. -*ante*, -*ente* corresponden a las formas participiales en -a n t e , -e n t e *(laxante, repelente).* Estas formas, que son cultismos a lo largo de la historia lingüística del español [35], abundaron en aragonés y son propias de la literatura ladina: al traducir palabra por palabra, el presente de indicativo romance equivale a formas hebreas constituidas por sujeto + participio de presente [36]; de ahí su enorme frecuencia en textos religiosos tanto antiguos como modernos [37].

---

[34] WALTHER VON WARTBURG, *Substantifs féminins avec valeur augmentative* (*BDC*, IX, 1921, págs. 51 y sigs.).

[35] Cfr. *ELH*, II, pág. 30; MARÍA ROSA LIDA, *Juan de Mena, poeta del prerrenacimiento español*, México, 1959, págs. 141, 453, etc.; MANUEL ALVAR, *Juan de Castellanos: tradición española y realidad americana*, Bogotá, 1972, páginas 24-25, § 19.

[36] HAIM VIDAL SEPHIHA, *Le ladino, judéo-espagnol calque. Deutéronome. Versions de Constantinople (1547) et de Ferrare (1553). Édition, étude linguistique et lexique*, París, 1973, págs. 51-54. Vid., también, MANUEL ALVAR, *Arcaísmos léxicos en una «Hagadá de Pesah»* (en «America Sephardic», en prensa).

[37] Nos limitamos a copiar —a guisa de ejemplo— unas pocas líneas de una *Hagadá de Pesah*: «Cuanto fue domudada la noche la está más que

297. *-ando* sobrevive en tecnicismos como *doctorando* o *graduando*.

298. *-ción* es un sufijo que procede directamente del latín (< - t i õ n e) en palabras que son cultismos directos (*decisión, edición, recepción*), mientras que, en otras, se trata de incrementaciones hechas sobre bases ya románicas (*beatificación, condensación, duración*) o sobre calcos extranjeros (*nominación*). La forma evolucionada del sufijo *(-zón)* se encuentra en algunos testimonios que vienen a ser dobletes del cultismo, que tiene más amplia vitalidad; tal sería el caso de *castrazón* 'acción y efecto de castrar las colmenas' frente a *castración* 'acción y efecto de castrar' o del ant. *criazón* 'servidumbre de una casa' frente a *criación* 'creación' [38]. El cultismo *-ación* se va generalizando en neologismos (*conciencia* > *concienciación* 'toma de conciencia' y el verbo *concienciar(se)*, *memoria* > *memorización* 'aprender de memoria' y el verbo *memorizar* 'fijar en la memoria'; etc.) [39].

299. *-mento, -miento* (< - m ĕ n t u m) son dos formas del mismo sufijo; la primera culta (*armamento, reglamento*), popular la segunda (*derrumbamiento, vencimiento*) [40].

---

todas las noches que en todas las noches non nos *entenientes* afilu ves una y la noche la esta [...] nos *comientes* lebdo o senseniah [...] en todas las noches nos *comientes* y *bevientes* tanto asentados y tanto arescovdados» (*THD*, II, pág. 754, § 2). Es de señalar que la terminación *-ens* sirvió en el latín hispánico para formar neologismos, como el de aquel soldado de la *Legio VII Gemina* que ofrece a Diana «equorum *silvicolentum* progeniem» (época de Trajano, CARNOY, pág. 262).

[38] Cfr. PENA, págs. 107-108, § 3.2.1, y págs. 141-161, §§ 4.3.1.-4.3.1.2.1.

[39] Vid. VICENTE GARCÍA DE DIEGO, *Nombres de acción* (*BRAE*, L, 1970, páginas 19-29), FÉLIX MONGE, *Los nombres de acción en español* (XII CILFR, I, páginas 961-972) y «*-Ción, -sión, -zón, y -ón*»: *función y forma en los sufijos* («Estudios ofrecidos a Emilio Alarcos Llorach», Oviedo, 1978, II, 155-165).

[40] Vid. E. D. CRESSMAN, *The semantics of «-mentum», «-bulum» and «-culum»* («Bulletin of University Kansas», XVI, 1915); E. G. GREGORES, *Las formaciones adverbiales en «-mente»* (*Fil.*, VI, 1960, págs. 77-102); J. PERROT, *Les dérivés latins en «-men» et en «-mentum»*, París, 1961; D. DOMÍNGUEZ, *Morfología y sintaxis del adverbio en «-mente»* (Actas III Congreso Int.

300. *-aje* (< francés *-age*): *aterrizaje, abordaje, pasaje* (vid. § 289.2).

301. *-ancia, -anza; -encia, -iencia.* Las formas con *-ci-* son evidentes latinismos *(discrepancia, tolerancia; influencia, paciencia)*, mientras las que tienen *z* responden a evolución románica *(alianza, mudanza, pitanza)*. La forma culta ha desplazado en muchos casos a la popular; en la lengua moderna se han perdido *estanza, excusanza, habitanza,* reemplazados por *estancia, excusación* y *habitación,* o han sido sustituidos por derivados postverbales: *dudanza, engañanza, perdonanza* han cedido su puesto a *duda, engaño* o *perdón.* No obstante subsisten algunos en la lengua común *(andanza)* o en la rural *(comparanza)* [41]. Yakov Malkiel dedicó un precioso estudio a los sufijos - a n t i a , - e n t i a , que en el mundo románico reemplazaron al clásico - í a que, por átono, había quedado improductivo; - e n t i a es más antiguo que - a n t i a , puesto que éste no se documenta en rumano, lo que hace fijar su aparición alrededor del siglo v; la fecundidad de *-ance* en francés es enorme, y de ella parecen derivar buena parte de los viejos términos peninsulares (desde 1050 a 1250) en *-ança* [42].

302. *-ura* deriva directamente del latín, sin ninguna complicación *(rompedura, soldadura)* [43].

Hisp., México, 1969, págs. 293-303); HEINRICH BISCHOFF, *Setzung und Transposition des «-mente» Adverbs als Ausdruck der Art und Weise in Französischen und Italienischen mit besonder Berücksichtigung der Transposition in Adjektive,* Zürich, 1970. Una larga nómina sistematizada de estos sufijos se puede ver en ALEMANY, pág. 101. Cfr., además, PENA, págs. 115-118, § 3.2.5.

[41] ALEMANY, pág. 25.

[42] *Development of the Latin Suffixes «-antia» and «-entia» in the Romance Languages, with Special Regard to Ibero-Romance,* Berkeley-Los Ángeles, 1945, y reseña de MANUEL ALVAR en *ZRPh,* LXXI, 1955, págs. 299-303.

[43] PENA, págs. 111-112; E. MARTÍNEZ CELDRÁN, *Una regla morfofonémica del español: el sufijo nominalizador /-dura/* (*BFE,* 1973, núms. 46-49, páginas 15-25).

303. *-e, -o, -a.* En el § 286 hemos considerado la situación de *-o, -a* en formaciones sobre sustantivos; ahora nos interesa su valor en los postverbales, que muchas veces se aplican a palabras de significado técnico *(adelanto, gasto, tiroteo, saboreo; huelga, marcha).* A ellos hay que incorporar las numerosas formaciones postverbales en *-e,* que han dado lugar a diversas interpretaciones históricas [44]. En un viejo estudio al que ya nos hemos referido, De Forest interpretó como galicismos los sustantivos postverbales en *-e,* [45], pero su hipótesis fue rechazada en *RFE* (VI, 1919, 330) y entonces se señaló que las variantes de nuestros postverbales podían terminar en las vocales que ahora nos ocupan *(costa(s), costo, coste; derrama, derramo, derrame; pasa* 'paso de las aves', *paso, pase).*

304. *-ado, -ada, -ido* son formaciones en su origen de carácter participial, pero que se han convertido en sustantivos, cuya vitalidad es grande *(lavado, recauchutado; madrugada, retirada; sacudida, salida* 'el hecho de salir', etc.) [46]. Es de señalar la especialiación de *-ido* para designar 'ruidos' *(estampido),* sobre todo, de animales *(gruñido, ladrido, maullido)* [47].

305. *-ero* presenta la forma culta *-orio* (< -ōrium) según se ve en las alternancias *dormidero* 'sitio donde duerme el ga-

[44] Como planteamiento general, vid. G. Merk, «*Déverbaux*»? «*Formes reccourcies*»? «*Formations régressives*» (*TraLiLi*, VIII, 1970, págs. 167-189). Listas de ejemplos en Alemany, págs. 3-4.

[45] J. B. de Forest, *Old French Borrowed Words in the Old Spanish with Special Reference to the Cid, Berceo's Poems, the Alexandre and Fernán-González* (*RR*, VII, 1916, págs. 370-413). Véase ahora el trabajo fundamental de Yakov Malkiel, *Fuentes indígenas y exóticas de los sustantivos y adjetivos verbales en «-e»* (*RLiRo*, XXIII, 1959, págs. 80-111, y XXIV, 1960, páginas 201-253).

[46] J. R. Craddock-E. S. Georges, *The Hispanic Sound-Suffix «-ido»* (*RPh*, XVII, 1963-1964, págs. 87-107); H. M. Gauger, *Das Suffix «-ido»* en las *Untersuchungen zur spanischen und französischen Wortbildung*, Heidelberg, 1971, páginas 52-63; Anne Wuest, *The Spanish Suffix «-ado»* (*PMLA*, LXIII, 1948, páginas 1283-1293).

[47] J. R. Craddock-E. S. Georges, *The Hispanic Sound-Suffix «-ido»* (*RPh*, XVII, 1963, págs. 67-107).

nado' / *dormitorio* 'habitación para dormir', *lavadero* 'lugar donde se lava' / *lavatorio* 'acción de lavar', *respiradero* 'abertura por donde entra y sale el aire' / *respiratorio* 'que sirve para la respiración'. Con valor locativo, *-or* puede tener el mismo significado que *-ero*, e incluso alternar con él: *comedor* 'habitación en la que se come' / *comedero* 'cajón donde comen los animales', *lavador* 'lugar donde se lava' / *lavadero*, *pudridor* 'pila donde se ponen los trapos que se van a convertir en papel' / *pudridero* 'sitio donde se pone una cosa para que se pudra'. La evolución fonética normal de -ō r i u m fue *-uero* > *-ero;* el intermedio *-uero* consta en la lengua medieval *(cobdiciaduero)*.

306. *-ón* forma sustantivos sobre la base verbal: *limpión* 'limpiadura ligera', *sacudión* 'sacudida brusca', *tirón* [48].

LA FORMACIÓN ADJETIVA

307. Del mismo modo que hemos hecho con los sustantivos (§ 282.0), vamos a reducir a un cuadro las posibilidades de formación y, a partir de él, ordenaremos nuestros comentarios:

---

[48] JULIÁN RIBERA, *Los nombres de acción en el Diccionario actual de la Academia* (*BRAE*, V, 1918, págs. 281-297); LEO SPITZER, *Das Suffix «-one» im Romanischen*, trabajo incluido en *Beiträge zur romanischen Wortbildungslehre*, Ginebra, 1921, págs. 183-205; H. M. GAUGER, *Das Suffix «-ón»* (op. cit., nota 46, págs. 41-52).

base	Adjetivo	Sustantivo	Verbo
resultado			
Adjetivo	-izo, -ino, -usco, -uzco, -oso, -ado, -enco, -ento, -ejo	-al	-able, -ible
		-oso	
		-ero	-ero
			-ón
	-ista	-ico	-izo
	-oide	-ista	
		-ar	-or
		-udo	-ado, -ido
		-ón	-ante
		-ano, -ino	-ivo
		-il	
		-esco	
		-imo	
		-ano, -és	
		-ino, -eño	
		-ense	

308. Consideraremos en primer lugar la formación de a d - j e t i v o s sobre la base de otro a d j e t i v o . Hemos de señalar su empleo en una larga serie que sirve para designar a los nombres de colores y en ellos la idea de 'que tira a': *rojizo, blanquecino, negruzco; verdusco, verdino, verdoso; azulado, azulenco, azulino; amarillento, amarillejo.* Habría que considerar después sufijos del tipo *-ista (nación: nacional: nacionalista)* y *-oide (negroide)* [49].

309.1. Los a d j e t i v o s hechos sobre s u s t a n t i v o s adoptan numerosos sufijos, buena parte de ellos han sido conside-

---

[49] También se debe tener en cuenta el sufijo *-ondo* (< - b u n d u s) que se incorpora a base verbal: s a p i b u n d u s > *sabiondo* y, analógicamente, *sabihondo,* * f o e t e b u n d u s > *hediondo.*

rados ya. Son *-al* (< -a l i s : *central, nacional), -oso* (< -ō s u s : *mocoso, peligroso), -ero* (< -a r i u s : *caminero, hormiguero, taquillero), ᴸico* (< -ĭ c u s : *cilíndrico), -ista (tercer mundo >* > *tercermundista), -ar* (< -ā r i s : *familiar, escolar), -udo* (< -ū t u s , cfr. *nasutus* 'narigudo'; a imitación de formaciones de este tipo: *barbudo, narigudo, panzudo* y, por analogía, *concienzudo), -ón* (para su dualidad significativa, vid. § 306, y de ahí *narigón* 'con nariz grande' o *rabón* 'rabicorto o sin rabo', *pelón* 'sin o con poco pelo'), *-ano, -ino (flaubertiano, cervantino), -il (borreguil, corderil), -esco (diecíochesco, unamunesco), ᴸimo* (sobre el culto *décimo* se forman otros numerales: *vigésimo, centésimo, enésimo*), variados tipos de sufijación para designar a los habitantes de ciudades *(santanderino, madrileño, sevillano* [50], *cordobés, conquense)* [51].

309.2. Por último, consideremos los sufijos que forman a d j e t i v o s sobre v e r b o s : *-able, -ible* (< -a b i l i s , -i b i l i s : *orientable, discutible)* [52], *-ero (-adero, -edero: duradero, valedero), -ón (burlón, mirón), -izo (-adizo, -edizo: resbaladizo, movedizo), -or* (en formaciones que actúan como sustantivos o adjetivos: *conservador, madrugador)* [53], *-ado, -ido (sabido* 'que sabe', *bebido* 'que ha bebido'), *-ante, -iente (lubricante, sonriente), -ivo (imitativo, permisivo)*.

---

[50] *Granadino*, frente a *sevillano*, obliga a una disimilación vocálica para evitar las *aes* consecutivas de **granadano* (cfr. Leo Spitzer, *Pourquoi «granadino» mais «sevillano»?, RFE*, XIII, 1926, pág. 375).

[51] Son muy útiles los materiales que, bajo el epígrafe «Nombre dialectal de los habitantes», figuran en los atlas lingüísticos, cfr. *ALEA*, I, 6; *ALEICan*, I, 4; *ALEANR*, I, 6.

[52] José Francisco Val Álvaro, *Los derivados sufijales en «-ble» en español (RFE*, LXI, 1981, págs. 185-198).

[53] Son variados los valores de este sufijo; de la bibliografía existente recordemos S. Boscherini, *I nomina actionis in «-or»* («Studi Italiani di Filologia Classica», XXXI, 1959, págs. 113-126); H. Quellet, *Les dérivés latins en «-or»*, París, 1969.

LA FORMACIÓN VERBAL

310. Como hemos hecho en los §§ 282.0 y 307, vamos a esquematizar los motivos en un cuadro muy sencillo:

resultado \ base	Verbo	Sustantivo	Adjetivo
Verbo	-ear	-ear	-ear
		-izar	-izar
			-ecer
			-iguar
		-ificar	-ificar
		-ar	-ar

311. Del griego -ίζειν [54], a través del latín, salieron dos sufijos verbales españoles: uno culto, *-izar*, y otro popular, *-ear*. En latín antiguo, la forma correspondiente al griego fue - i s s ā - r e , según se ve en *graecissare* 'imitar a los griegos', *moechissare* 'adulterar', *purpurissare* 'pintar de púrpura, enrojecer', pero el sufijo se reintrodujo bajo la forma culta - i z ā r e o bajo la popular - i d ĭ ā r e [55]. La primera aparece en la época clásica: sabemos que Augusto en vez de *languere* 'languidecer' decía *betizare* y el pueblo *lachanizare* [56], y que en la *Peregrinatio* y Vegecio

---

[54] Cfr. M. LEUMAN, *Griechische Verben auf -ίζειν im Latein* («Mélanges Marouzeau», París, 1948, págs. 371-389); PENA, págs. 22-26, §§ 1.3.3, págs. 29-32, § 1.3.6, y, especialmente, págs. 59-84, §§ 2.4.2.2-2.4.2.3.

[55] VÄÄNÄNEN, pág. 54, § 95; pág. 95, § 193.

[56] SUETONIO, *De vita Caesarum*, edic. H. AILLOUD, París, 1931, págs. 86-88.

se recogen *baptizare* y *acontizare* 'lanzar saetas'. Pero junto a los dos últimos ejemplos, la *Peregrinatio* y Apinio usaron también *baptidiare* y, en las inscripciones cristianas, de ἀκοντίζειν se hizo *acontidiare*. Tanto *-izare* como *-idiare* dejaron herederos en español; el primero tuvo carácter culto y mantiene todavía sus posibilidades creativas, de acuerdo con lo que notó Correas en el siglo XVII: «En *izo* salen quantos [verbos] quisieremos formar, i sinifican imitación y costumbre i modos de nazion, i persona o tal: *greziso, españolizo, latinizo, hebraizo* imito costumbres, o lengua» (*Arte*, pág. 330). En cuanto a -i d ī ā r e se perpetuó en la forma vulgar *-ear*⁵⁷ y se dan casos de clara alternancia: *bautizar / batear*⁵⁸, de donde *bautizo / bateo*⁵⁹.

311.1. El sufijo *-izar* suele tener valor 'causativo' y se aplica sobre bases s u s t a n t i v a s (*atomizar, desratizar, escandalizar*) o a d j e t i v a s (*desestabilizar, humanizar, nacionalizar*); mientras que *-ear* con el significado de 'repetición, costumbre' es activísimo en nuestra historia lingüística y sirve para formar verbos sobre otros v e r b o s (*corretear, gimotear, rasguear, saltear*), sobre s u s t a n t i v o s (*gotear, pelear, sortear*) o sobre a d j e t i v o s (*cojear*, y formaciones sobre nombres de color, que son evolución de la idea de semejanza: *amarillear* 'tirar a amarillo', *negrear, verdear*).

311.2. El sufijo *-ear* no siempre añade matices nuevos al simple *-ar;* en las series alternantes *agujerar / agujerear, baldo-*

---

⁵⁷ ALEMANY, págs. 147-149; FÉLIX MORALES, OSCAR QUIRÓZ y DORA MAYORGA, *Los verbos en «-ear» en el español de Chile*, Santiago de Chile, 1969.

⁵⁸ No es casual este ejemplo: el latín eclesiástico difundió extraordinariamente tal tipo de formaciones: *anathematizare, cathechizare, exorcizare*, etcétera. Cfr. CHRISTINE MOHRMANN, *Études sur le latin des chrétiens* (3 vols.) Roma, 1969-1965; un anticipo se publicó con el título de *L'étude de la latinité chrétienne: état présent de la question* (CILUP, X, 1950, págs. 125-141); los motivos que aquí interesan están en la pág. 133.

⁵⁹ *ALEA*, V, 1338, donde se ve cómo *bateo* está a punto de desaparecer; en el *ALEANR* (VIII, 1080*), ya no se documenta. Hay algún préstamo catalán en que el sufijo tiene la forma *-ejar* (verbo), *-ejo* sustantivo: cfr. arag. *festejar, festejo* 'cortejar, cortejo' (*ALEANR*, VIII, 1063), que en castellano se muestran como *festear, festeo*, bien usados por AVELLANEDA en el capítulo VI del falso *Quijote*.

nar / baldonear, romanzar / romancear, lo que acaso pueda percibirse es cierto vulgarismo en *-ear,* si es que no queda un tenue ademán frecuentativo en los valores que expresa.

312. *-ecer* sirve para la formación de verbos incoativos sobre base a d j e t i v a *(amarillecer, envejecer, enternecer).* No insistamos sobre él, pues ha sido tratado suficientemente en el § 129.0-4.

313. *-iguar* (< - i f i c ā r e) es un sufijo con vitalidad a lo largo de la historia lingüística del español, según acreditan formas tan antiguas como *averiguar* o *santiguar*[60]; por otra parte hubo palabras en las que el sufijo gozó de próspera vida, como *muchiguar* (recogido en las obras literarias desde Alfonso X hasta el siglo xv, en que Nebrija lo consideró anticuado). La lengua religiosa de los judíos españoles, tan vinculada con el siglo xiii, acogió numerosas formaciones de este tipo: unas se anquilosaron en los textos religiosos *(aveviguar* 'dejar con vida'[61], *afermociguar* 'glorificar'[62], *frochiguar* 'fructificar, multiplicarse') mientras que otras aún persisten[63]. La forma latinizante del sufijo consta en *modificar, santificar, verificar* y en neologismos como *rusificar* o *vitrificar.*

---

[60] *Averiguar* está documentado desde el siglo xiii (CUERVO, *Dic.,* s.v.) < * a d v e r i f i c a r e *(DEEH,* 208) y *santiguar* ya en el *Cid* < s a n c - t i f i c a r e. Cfr. PENA, págs. 55-59, § 2.4.2.1.

[61] *Aveviguar* se documenta en el *Pentateuco* bonaerense *(Gén.,* VII, 12; *Ex.,* I, 17), en la *Biblia* editada por LLAMAS, en esos y en otros muchos lugares; en la *Hagadá de Pesah,* § 28; en las *Biblias* de Ferrara (1553), de Amsterdam (1630), etc. En estos textos se encuentran también las voces siguientes.

[62] Según ALVAR la voz procede de f ĭ r m e (> a f f i r m a r e + *-iguar),* con una evolución de la ĭ, semejante a la del vasco *berme,* que remonta al mismo étimo *(Arcaísmos léxicos en una «Hagadá de Pesah»,* s.v. *formociguar.* En este trabajo se encontrará bibliografía sobre los textos ladinos).

[63] Por ejemplo, véase una descripción del Pesah en Rustchk (Bulgaria): «Los dias se arisbalaban unu atrás di otru, como un suplu. En esti tiempu si ŷugaba a los castiyos y si comia muesis en možo. Vagar a vagar los penserios muestros si *munchiguaban» (THD,* II, pág. 779, l. 70).

314. *-ar* es terminación empleada para derivación inmediata. Se aplica a bases **s u s t a n t i v a s** con el significado de 'poner' *(sal: salar, alfombra: alfombrar, asfalto: asfaltar)*, **a d j e t i v a s** *(rústico: rusticar* 'vivir en el campo') o con valor **c a u s a t i v o** *(agrio: agriar, limpio: limpiar).*

HISTORIAS DERIVACIONALES

315. La lingüística actual da un especial significado a las familias de palabras. Los estudios de Yakov Malkiel son de singular importancia en este campo: unas veces como planteamientos teóricos o generales [64]; otras, en trabajos de carácter más concreto [65]. El estudio de palabras aisladas, los cortes totales de la materia léxica dentro de áreas determinadas (p. e. metáforas basadas en el mundo animal), léxico de una clase social, cronología relativa del vocabulario o préstamos léxicos son de interés secundario ante las ventajas que puede plantear este método. Pero limitándonos al carácter morfológico que deben tener estas páginas, podemos ver cómo la sufijación manifiesta también una cronolgía interna y un contenido semántico, que refleja el camino seguido por las palabras, muchas veces hasta muy lejos de su origen. Acaso en la morfología se puede encontrar más que

---

[64] Citaremos unas muy breves referencias bibliográficas: *Etymology and the Structure of Word Families* (*Word*, X, 1954, págs. 265-274), *Lexical Polarization in Romance* (*Lan*, II, 1951, págs. 485-518).

[65] De una bibliografía riquísima aduciremos sólo: *Three Hispanic Word Studies. Latin «macula» in Ibero-romance; Old Portuguese «trigar»; Hispanic «lo(u)çano»* (Berkeley-Los Ángeles, 1947); *Studies in Hispano-Latin Homonymics. Pessulus, pactus, pectus, despectus, suspectus, fistula in Ibero-romance* (*Lan*, II, 1952, págs. 299-338); *Studies in the Reconstruction of Hispano-Latin Word Families. I. The Romance Progeny of Vulgar Latin «(re)pedare» and Cognates. II. Hispano-Latin «pedia» and «mania». III. The Coalescence of «expedire» and «petere» in Ibero-Romance* (Berkeley-Los Ángeles, 1954); *The Uniqueness and Complexity of Etymological Solutions* (*Lingua*, V, 1956, págs. 225-252); *Linquistics as a Genetic Science* (*Lan*, XLIII, 1967, págs. 223-245). Sobre los derivados de *pedia* ha vuelto HORST BURSCH en su libro *Die lateinisch-romanische Wortfamilie von* *i n t e r p e d a r e *und seinen Parallelenbildungen*, Bonn, 1978.

en cualquier otra parte de nuestros estudios el carácter exclusivamente lingüístico con que actúa el método, ya que las leyes fonéticas muchas veces pecan de una excesiva simplicidad y el buscar soluciones paralingüísticas a los hechos del vocabulario puede producir más de una desviación [66]. Vamos a ejemplificar con unos pocos testimonios, de acuerdo con los ordenamientos que venimos haciendo.

316. Sobre base s u s t a n t i v a :

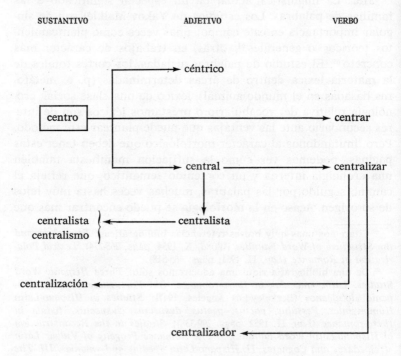

Centralizador puede ser caracterizado por una serie de jerarquías internas, que son: S (=núcleo sustantivo), A (=elemento

---

[66] Cfr. *NRFH*, X, 1956, pág. 203.

adjetivador) y V (=elemento verbalizador). Su análisis arrojaría la siguiente estructura:

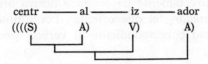

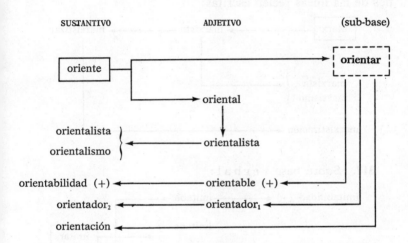

A pesar de que las formas marcadas con (+) son perfectamente posibles, no figuran en el *DRAE*. No es difícil explicar la sub-base *orientar* desde *oriente* 'punto cardinal del horizonte, por donde nace o aparece el Sol en los equinoccios'; lógicamente, la determinación de las posiciones tenía que hacerse cuando apuntaba o salía la luz. Por otra parte tenemos que, desde el valor de 'punto cardinal por donde nace el sol', se pasa a las 'tierras cuya posición geográfica, con respecto a un europeo, está en este punto cardinal' (por tanto, en líneas generales, 'países de Asia'). Después, *orientalismo* es 'conocimiento de la civilización y costumbres de los pueblos orientales', y *orientalista* 'persona que cultiva los estudios sobre tales países'. De la sub-base, salen *orientable* 'que se puede orientar' y, a su vez, de aquí, *orientabilidad* 'posibilidad de orientar o ser orientado'; mientras que directamente de *orientar* deriva *orientador*₁ 'que orienta' y *orientador*₂ 'el que orienta'. Por último, *orientación* sería el abstracto correspondiente al verbo: 'acción y efectos de orientar(se)'.

316.1. Los neologismos siguen el mismo modelo, y el valor de las formas derivadas se puede explicar con las observaciones de las líneas recién escritas:

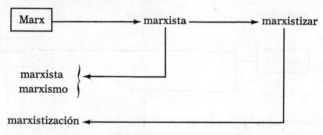

317. Sobre base v e r b a l :

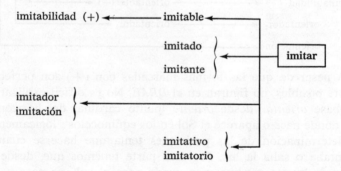

El esquema derivativo es fácilmente comprensible: de un verbo *imitar* 'ejecutar una cosa a ejemplo o semejanza de otra' se obtienen los participios de su propia flexión *(imitado, imitante)* y, por otra parte, el adjetivo *imitable* 'que se puede imitar'

y el sustantivo *imitabilidad* 'calidad de imitable'[67]; *imitador* 'que imita' (no exclusivamente adjetivo) e *imitación* 'acción y efecto de imitar'; *imitativo* 'perteneciente a la imitación' e *imitatorio*, que el *DRAE* define como el anterior, pero que podría matizarse, puesto que se habla de *artes imitativas* o *fonética imitativa*, y en tales casos no cabe usar el adjetivo *imitatorio*, mientras que podría hablarse de un *proceso imitatorio* en el desarrollo artístico y difícilmente se diría *imitativo* («el cubismo culminó su proceso *imitatorio* del arte negro con la obra de Picasso»).

318. Consideremos otro ejemplo:

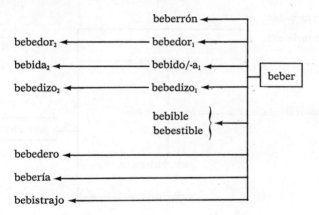

No vamos a detenernos en explicar el proceso derivativo, bien claro en el esquema; simplemente vamos a definir las palabras según los informes del *DRAE* para que pueda verse fácilmente la complejidad de la derivación y la riqueza que, a la lengua, aporta la realización de los sufijos. Nos atendremos —sólo— a las acepciones fundamentales: *bebedero* 'que es bueno

---

[67] No figura en el *DRAE*, pero es tan lícito como otros que constan: *ductilidad* 'calidad de dúctil', *maleabilidad* 'calidad de maleable', *viabilidad* 'calidad de viable'.

de beber', *bebería* 'exceso de beber', *bebedizo₂* 'bebida que se da por medicina', *bebedor₁* 'que bebe', *bebedor₂* 'que abusa de las bebidas alcohólicas', *beberrón* 'que bebe mucho', *bebestible* 'que se puede beber', *bebible* 'líquido no desagradable al paladar', *bebido, -a₁* 'participio pasado de beber', *bebida₂* 'líquido que se bebe', *bebistrajo* 'mezcla extravagante de líquidos', etc. Y quedan fuera de nuestra consideración actual contenidos tan corrientes como *bebido₃* 'casi embriagado' [68].

319. El ejemplo que sigue se enriquece con las posibilidades de la prefijación, aunque no sea mayor la dificultad de interpretarlo:

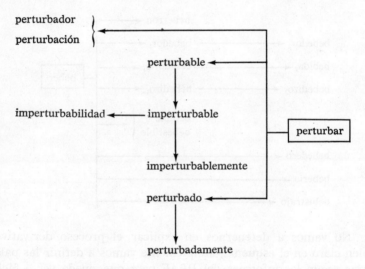

[68] Cfr. HEINZ KRÖLL, *Designaçoes portuguesas para 'embriaguez'* (*RPF*, V-VII, y Coimbra, 1955), reseña en *RPh*, XIV, 1960, 77-81; del mismo autor, *Aditamentos as «Designaçoes portuguesas para 'embriaguez'* (*RPF*, XIII, y Coimbra, 1964).

320. Sobre base a d j e t i v a :

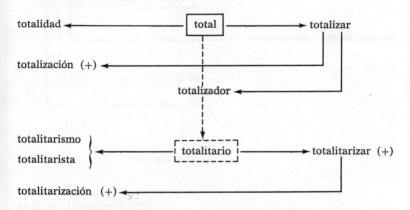

Los testimonios se han complicado con unos conceptos que motivan nuevas evoluciones, ajenas al sentido primitivo de *total*, pero claramente emparentadas y dependientes de él. Se crea de este modo una sub-base que en el esquema figura encuadrada en trazo discontinuo; el *DRAE* no recoge alguno de estos derivados, activos porque la ideología a la que se adscriben es activa o pretenden que lo es los partidos políticos de otro signo. De ahí la fecundidad actual de la derivación y también su continua mutabilidad según sea la ocasión; por eso son formas que aún no han tenido acceso al repertorio oficial. Y tal sería el caso de *totalización*, neologismo formado de acuerdo con las exigencias de la lengua (cfr. *fosilización, mecanización*).

321. Nuestro segundo ejemplo va a ser paralelo al que hemos señalado a propósito de *perturbar:*

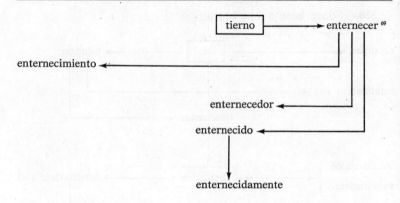

RELACIONES ACTANCIALES

322. Si entendemos por *actantes* 'seres o cosas que de cualquier modo participan en un proceso, aunque sólo sea como simples presencias pasivas' [70], resultará que los actantes son siempre sustantivos o palabras que los reemplazan, y siempre están subordinados al verbo [71]. Desde el punto de vista semántico, se pueden establecer esquemas actanciales en los que, gracias a los elementos morfológicos, llegamos a conocer el valor de los principales actantes. En un plano general podríamos establecer una serie de valores, que, para su utilización posterior, vamos a marcar con un subíndice. En el esquema, de carácter teórico, señalamos un alto grado de complejidad; después, lo aplicaremos a casos concretos:

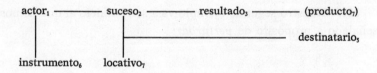

---

[69] Cfr. prefijo, §§ 242 y 245.
[70] L. Tesnière, *Éléments de syntaxe structurale*, París, 1959.
[71] *Le Langage* (dir. B. Pottier), París, 1973, pág. 14.

Llevemos este cuadro a un par de ejemplos concretos:

1) del latín: *narrator - narratio - narratus*
     rogator - rogatio - rogatus / -um
     cursor - cursio - cursus

2) del español:

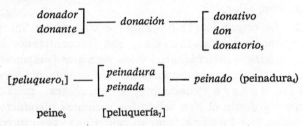

Entre paréntesis cuadrados hemos incluido los términos que proceden de una base distinta de la latina p ĕ c t i n -, que sirve de punto de partida para el resto de la familia lingüística; en cuanto a *peinadura*, figura entre paréntesis porque es consecuencia, no siempre, obtenida; sí, en el ejemplo considerado: 'cabellos que se arrancan con el peine'.

LOS NUEVOS SUFIJOS

323.0. Ciertos lexemas [72] que, en algún tiempo, formaron parte de palabras compuestas, han pasado a la clase de sufijos y se han convertido en base de neologismos. En ellos distinguimos varios grupos:

323.1. De origen g r i e g o : *-filo* (< φίλο), que desde formaciones como *clorofilia* o *hemofilia* ha dado lugar a *hispanófilo* y muchos adjetivos de este tipo; en tanto que el sentido opuesto, de desafección *-fobo* (< φόβος) está en otros muchos adjetivos, como *germanófobo*; *-logo*, *-logía* proceden de λόγος, que era co-

---

[72] Como se sabe, *lexema* es la base léxica de la palabra, en oposición a los morfemas gramaticales.

nocido en el siglo xv *(diálogo)* y en el xvi *(apólogo)* y que crearon formas cultas como *filólogo* (s. xvii), *geólogo* (s. xviii) y otras muy recientes *(micólogo, vulcanólogo); -teca* es el griego θήϰη, que, desgajado de una palabra tan conocida como *biblioteca* (s. xv), ha generado términos nuevos *(discoteca, filmoteca, vinoteca); -rama* (< ὅραμα 'vista'), desde *panorama,* se encuentra en *discorama, telerama.*

323.2. De origen l a t i n o : *-cida* (< c a e d e r e 'matar'), en latín se conocía i n f a n t i c i d a y son frecuentísimos los cultismos *(regicida, parricida,* etc.) y los recientes *(magnicida* 'asesino de un hombre muy importante', *insecticida* o *liberticida); -ducto* (< d u c e r e 'conducir') se encuentra en a q u a e - d u c t u s [73] y desde él han salido los recientes *oleoducto, gasoducto; -fugo* (< f u g ī r e 'huir'): *centrífugo, vermífugo,* y de p e t e r e 'dirigirse a' > *centrípeto; -voro* (< v o r a r e 'devorar'), que en latín tenía c a r n i v o r a x , dio muchos cultismos *(carnívoro, herbívoro)* y sigue creando *(granívoro),* a veces con sentido humorístico o despectivo *(presupuestívoro).*

323.3. De origen i n g l é s es *-landia* (< *land* 'tierra, lugar') que se encuentra en palabras bastante difundidas *(cinelandia)* o en otras de carácter más o menos ocasional *(discolandia, trajelandia).*

---

[73] *Aguaducho* es la forma popular que se documenta ya en 1196, en el *Fuero de Soria (DHist.,* s.v.).

CAPÍTULO XVIII

LA COMPOSICIÓN

324. De las relaciones entre composición y sufijación hemos tratado en los preliminares que se han dedicado al capítulo XVI: *La sufijación* (§§ 261-263). Ahora vamos a ocuparnos de problemas todavía no considerados [1].

325. La composición existía en latín (*manu-mittĕre* 'dar libertad al esclavo', *capiti-lavium* 'loción de la cabeza del recién nacido'), donde era excepcionalmente frecuente la que tenía una *-i-* de transición: *ver-i-ficare, terg-i-versari; grand-i-loquus, plen-i-lunium; barb-i-rasus, or-i-putidus*). María Rosa Lida ha hablado de éstos como de «lujosos hallazgos de los poetas latinos para dotar a su lengua, [...] reacia a la composición, de ornamento semejante al epíteto griego compuesto» [2]. De esta voluntad salieron los *clarífico, penatígero, nubífero, belígero* del *Laberinto* y, del gran poema, los de sus imitadores, aunque fueran tan tardíos como Juan de Castellanos, con sus *alígeros, bicípite* 'de

---

[1] Cfr. FRIEDRICH DIEZ, *Romanische Wortschöpfung*, Bonn, 1875; ANCA GIU-RESCU, *Les mots composés dans les langues romanes*, La Haya-París, 1975; HERNÁN URRUTIA, *Lengua y discurso en la creación léxica*, Madrid, 1977; WARTBURG, págs. 143-149.

[2] *Mena*, pág. 254.

dos cabezas', *imbrífero*, etc.[3]. El aire de latinismo lo daba precisamente la presencia de esa *-i-*, que hacía pensar en algo como un genitivo latino, y éste sería otro camino de composición, sin el carácter ornante de los ejemplos que hemos citado, pero con pretensiones evidentes de cultismo. Leo Spitzer ha señalado cómo compuestos del tipo *agridulce, baciyelmo, cultiborra* sirven para denotar 'cosas o seres híbridos', pero, junto a ellos, formaciones como el *platinoche* lorquiano tienen apariencia cultista y gongorina[4]. En tal sentido habría que interpretar formas como el provenzal *coliloncz* 'de cuello largo', idéntica a las españolas *aliabierto, barbiponiente* o *manilargo*, en las que ha influido el latín humanístico[5], ya que la documentación más antigua carecía de esa *-i- (boquarroto, bocaabierto, cobezcolgado)*[6].

326. Para poder sistematizar nuestra tarea vamos a considerar los tipos m o r f o l ó g i c o s[7] de la composición y aclararemos luego las cuestiones que plantee el cuadro:

---

[3] Manuel Alvar, *Juan de Castellanos. Tradición española y realidad americana*, Bogotá, 1972, pág. 22, § 16.

[4] *Notas sintáctico-estilísticas a propósito del español «que»* (RFH, IV, 1942, pág. 264, y nota 1).

[5] A. Munthe, *Observation sur les composés espagnols du type «aliabierto»* («Recueil offert à G. Paris», Estocolmo, 1899, págs. 31 y sigs.).

[6] Leo Spitzer, *El acusativo griego en español* (RFH, II, 1940, pág. 40).

[7] Alemany, págs. 152-172.

	yuxtaposición	unión	-i-	Prefijación de lexemas que terminan en -o	nuevos lexemas
sust. × sust.	barco correo (lexia 1)[8]	aguamiel	falcirrostro	motosierra	
adj. × adj.		sordomudo	verdinegro		
verbo × verbo		ganapierde			
sust. × adj.	(lexia 2)	nochevieja	ojituerto		
adj. × sust.	(lexia 3)	cortocircuito			
verbo × sust.	(lexia 4)	sacacorchos			
secuencias	(lexia 5)	hazmerreír	horticultura		
sust. + verbo + sufijo.					sietemesino

[8] *Lexía* es un término acuñado por B. POTTIER (*Recherches sur l'analyse sémantique en linguistique et en traduction mécanique*, Nancy, 1963) para designar a cada 'unidad léxica de la lengua, que se opone a la reunión fortuita de discurso'; por tanto, es un elemento perteneciente al léxico y no a la morfología; por ello no podemos darle cabida en esta ocasión. No obstante, y para aclarar nuestra postura, vamos a dar unos ejemplos: lexía 1 (*azul celeste*), lexía 2 (*luz verde*), lexía 3 (*gran Tamorlán*), lexía 4 (*estirar la pata*), lexía 5 (*más vale pájaro en mano que ciento volando*).

327. La consideración del cuadro anterior nos muestra que, en la yuxtaposición de dos s u s t a n t i v o s, el segundo funciona como un adjetivo: así *serpiente cascabel* es una 'serpiente que tiene cascabel' o el americanismo *cierre relámpago* 'cremallera' es un 'cierre rápido como un relámpago' [9]; formaciones de este tipo son *barco correo, hombre rana* [10], *villa miseria* o las recientes en las que interviene el tecnicismo *probeta:* la *niña probeta*, de Inglaterra, la *mosca probeta*, de Francia, o los *árboles probeta*, de España, de los que hablaba la prensa de 1978. En la u n i ó n, los dos elementos están más integrados, tal ocurre en *aguamiel*=«agua y miel», *aguanieve*=«*entre* agua *y* nieve» o *telaraña*=«tela de araña»; baste pensar, en unos casos, en la vieja tradición que representa la unión, y, en otros, su adaptación al léxico común, lo que ha determinado numerosas mutaciones, como es propio de los términos tradicionales. Tengamos en cuenta la tradición clásica de h y d r ŏ m ĕ l i 'composición de agua fermentada con miel' o de h y d r ŏ m ē l u m 'bebida compuesta de agua y frutas' y en la antigüedad de *aguamiel*, documentada en 1513 *(DCECH*, s.v. *agua); e*n cuanto a *telaraña* basta ojear las mil deformaciones, algunas muy curiosas, que la voz tiene en nuestros dialectos [11]. Algún neologismo reciente participa de estas normas, tal sería el caso de *apartotel* (que probablemente será «apartamento *en* hotel»), imitación de formas como el inglés *motel* (< «*mo*torist and ho*tel*») [12]. Compuestos

---

[9] Por más que se trate de una traducción del francés *fermeture éclair* (documentada en 1928, según el *Petit Robert;* falta en *Le Robert* o *Dictionnaire alphabétique et analogique de la langue française*, París, 1976).

[10] *Encuentros con los marineros de España y Portugal*, Málaga, 1982, t. I, núm. 190.

[11] *ALEA*, II, mapa 394; *ALEANR*, IV, mapa 432.

[12] Cfr. *Webster's. New Twentieth Century Dictionary* (2.ª edic.), 1980, s.v. *Motel* en francés se documenta a partir de 1950 y desde 1953 es un tipo de establecimiento hotelero reconocido por la legislación (Pierre Gilbert,

españoles como *arquibanco* (desde 1362, = «arca y banco») y
tripicallos (ya en el *Diccionario de Autoridades*,=«tripa y callos»)
parecen tener, simplemente, la *y* coordinativa.

328. En cuanto a compuestos como *falcirrostro*, véase lo que
hemos dicho en un párrafo reciente (§ 325) y lo que se añade
más adelante (§ 335); las formaciones del tipo de *motosierra*
merecen especial consideración algo después (§ 336).

329. La unión de dos a d j e t i v o s puede producirse directamente *(sordomudo)*, con marca *-o* en el primero *(hispanosuiza,
rusojaponesa)* o con *y* coordinativa (*rojiblanco* 'deportista que
lleva camiseta a rayas rojas y blancas').

330. La unión de dos v e r b o s da lugar a lexicalizaciones
como *pasapasa* 'juego de manos de los prestidigitadores', *gana-
pierde* 'manera de jugar a las damas en el que gana el que logra
perder todas las piezas'.

331. La unión de s u s t a n t i v o + a d j e t i v o presenta,
como en latín *(respublica)*, la concordancia de ambos elementos.
Algunos de estos compuestos son muy antiguos *(nochebuena,
aguardiente)*, y ofrecen muestras de diversas etapas de la evolución lingüística, tal sería el caso de *pimpollo* (< *pino + pollo)*
o de *vinagre*, ambos con apócope de la *-o* en el primer elemento;
tal sería, también, el carácter de *avutarda*, derivado de *av(e)+
+tarda*, a través de *abtarda* y *autarda* [13]; la forma actual puede
motivarse, directamente, por epéntesis de /b/ antihiática [14], pues
el influjo de *ave* hubiera configurado formas como *avetarda* (que
existe) en las que la etimología es transparente, mientras que

Diction. des mots contemporains, París, 1980, s.v.). *Apartotel*, según parece,
no tiene correspondencias en inglés o francés.
[13] Basta repasar la documentación del *DCECH*, s.v. *avutarda*, para desestimar cualquier otra evolución.
[14] BERNARD POTTIER, *Las vocales en hiato* (*AFA*, II, 1947, especialmente la
página 139).

avu- seguiría alejada de la motivación *ave*. Otros de estos compuestos son, históricamente, más recientes y ello ha hecho que los dos elementos no se presenten soldados; así *campo santo* y *camposanto* (plural los *campos santos* y *camposantos*), *guardia civil* y *guardiacivil* (plural *guardias civiles* y *guardiaciviles*). La toponimia acredita numerosas formaciones como éstas: *Cañadajuncosa, Castilblanco, Torquemada*, etc.

332. También hay concordancia en el caso de a d j e t i v o + s u s t a n t i v o *(bajamar, cortocircuito, extremaunción)* y, según se ve, el adjetivo especifica al sustantivo.

333. Las formaciones de v e r b o + s u s t a n t i v o eran raras en latín y, en romance, el sustantivo actúa de objeto o complemento del verbo: *abrelatas, aguafiestas, cumpleaños, matasellos, robacoches, rompecabezas.* Unamuno gustó de estos compuestos *(cazavocablos, devoralibros, rompeideas),* alguno de los cuales pertenece al mundo folclórico, como «Pedro de *Urdemalas*» (= «las urde malas») [15].

334. Hay s e c u e n c i a s d e d i s c u r s o totalmente lexicalizadas, como *padrenuestro* (sust.+determinante), *drogadicto* (sust.+adj.), *ciempiés* (cuantitativo+sust.), *veinticuatro* (cuantitativo+*y*+cuant.) o tal lexicalización puede darse de enunciados enteros: *correveidile, hazmerreír, trágalotodo.* En toponimia, *Tordehumos, Valdecabras.*

TRANSICIÓN CON -*i*-

335. Las cuatro posibilidades que presenta el cuadro del § 326 se ordenan en dos grupos claramente diferenciados; nos vamos a ocupar de las tres primeras y consideraremos la última (tipo *horticultura*) en los casos que, además, tienen sufi-

---

[15] ANTONIO UBIETO, *Un Pedro de Urdemalas del siglo XII* (*AFA*, V, 1953, páginas 170-171).

jación. Así, pues, el grupo en el que se integran las formaciones de s u s t a n t i v o + a d j e t i v o respondería al modelo *perniquebrado* (= 'tiene la pierda quebrada') y en él se incluyen *alicaído, astifino, boquirrubio, cejijunto,* etc.; al grupo a d j e t i - v o + a d j e t i v o, *verdinegro* 'de color verde oscuro' = «*entre verde y negro*», de un solo color y, por tanto, distinto del *rojiblanco* anterior, § 329; por último, al grupo s u s t a n t i v o + s u s t a n t i v o, *falcirrostro* 'ave que tiene el pico en forma de hoz'.

PREFIJACIÓN CON LEXEMAS QUE TERMI-
NAN EN -*o* Y OTRAS FORMACIONES AFINES

336. Algunos autores los llaman *seudoprefijos* o *prefijoides* [16], ya que se anteponen a una palabra simple y dan como resultado otra en nada distinta de la que se forma con prefijo; sin embargo, no proceden de adverbios y preposiciones, como los prefijos, sino también de adjetivos, sustantivos, etc., y son siempre cultos y muy recientes. En español, sobre modelos como «nave de motor» > *motonave* o «biología de los microbios» > *microbiología* o el reciente *núcleoelectricidad,* en los que la base semántica es el segundo término (la *motonave* es una *nave,* la *microbiología, biología* y la *nucleoelectricidad, electricidad*), hay muchos compuestos con a e r o - *(aeropuerto, aerodinámico, aerotransportar),* a u t o - *(autobombo, autofinanciar, autopista),* d e m o - *(demofilia, democracia),* e l e c t r o - *(electrodomésticos, electrodinámica),* f e r r o - *(ferrocarril, ferroviario, ferroprusiato),* f i l o - *(filosoviético, filántropo;* para *-filo,* vid. § 323.1), f o t o - *(fotocopia, fotonovela)* [17], h i d r o - *(hidroeléctrico, hidrostático, hidroterapia),* m i c r o - *(microanálisis, microfotografía),* m o n o - *(monobásico, monocromo, monoplano),* m o t o - *(moto-*

[16] IORGU IORDAN-MARÍ MANOLIU, *Manual de lingüística románica* (revisión de M. ALVAR), Madrid, 1972, II, pág. 44, § 443.

[17] Cfr. MANUEL ALVAR EZQUERRA, *Notas para el estudio del formante «foto-»* («Analecta Malacitana», I, 1978, págs. 313-326).

carro, motocicleta, motocultivo), p r o t o - *(protocarburo, proto-*
tipo), r a d i o - *(radioemisora, radioteatro, radionovela),* t e r m o -
(termoeléctrico, termómetro) [18], z o o - *(zoología, zootécnico)* [19].
Son neologismos analógicos de éstos *eurocomunismo, narcotra-*
ficante, petrodólar, y en el apartado caben *francófono, hispano-*
hablante o el reciente *castellano-parlante.*

337. Presentan caracteres afines a los compuestos del apartado anterior otros en los que el primer lexema puede terminar
en una vocal distinta de la *-o:* a m b i - *(ambidextro, ambivalen-*
cia), a r c h i - *(archidiócesis, archipámpano)* [20], m u l t i - *(multi-*
color, multiforme, multinacional), p o l i - *(policlínica, polifonía,*
poliglota), s e m i - *(semicírculo, semitono, semivocal),* t e l e -
(teléfono, telescopio, televisión [21]*),* t r i - *(tricéfalo, tricolor, tri-*
logía).

NUEVOS LEXEMAS CON SUFIJACIÓN

338. Hay secuencias de discurso que se integran gracias a
una sufijación, con lo que resulta que hay c o m p o s i c i ó n
+ s u f i j a c i ó n : *quinceañera* (<quince años), *sietemesino*
(<siete meses), *noventayochismo* (<[18]98), *estadounidense*
(<Estados Unidos), *parabienero* (<para bien), *cerocerismo* 'tác-

[18] Y la sustantivación *termo* 'calentador (eléctrico, de gas)', 'vasija para
conservar caliente o frío un líquido'.
[19] Sustantivado, *zoo* 'parque zoológico'. El componente puede ir pospuesto *(protozoo, espermatozoo).*
[20] La forma popular del prefijo es *arz-* *(arzobispo, arcipreste);* en cuanto
a *archipámpano* era voz muy querida por el autor del falso *Quijote.* En el
capítulo XXXII, por ejemplo: «se había de fingir él gran *archipámpano*
de Sevilla, y su mujer *archipampanesa*», «poderosísimo *archipámpano* de
las Indias océanas», «magnánimo, poderoso y siempre augusto *archipám-*
pano de las Indias» y muchas otras veces.
[21] Sustantivado: *la tele* (como *la radio* o *el auto).* Cfr. MARÍA VICTORIA
ROMERO, *Acerca del elemento «tele-»* (*BICC,* XXX, 1976, págs. 3-12). El desarrollo de la *televisión* ha hecho que surjan muchos derivados en los que
tele- ya no tiene su valor etimológico de 'a distancia', sino el de 'transmitido por televisión' *(telediario, teleprograma, telenovela, telespectador).*

tica futbolística que impide marcar tantos' (<cero a cero), *uge-*
tista (<U.G.T.), *enésimo* (<N), etc.

339. Un caso particular es el que integran s u s t a n t i v o
+ v e r b o + s u f i j o : *agr* [3] *-i-mens* [2] *-or* [1] = «el que [1]
mide [2] campos [3]» y, como él, *agricultura, horticultivo, ostri-*
cultura, etc. La complejidad mayor se alcanza en ejemplos como
el siguiente de Gabriel García Márquez: «Los movimientos de
la hoja que *verdeazulblanqueaba* con los diferentes golpes de
luz».

REFERENCIAS BIBLIOGRÁFICAS

Aul.: Aulularia, comedia de PLAUTO.

AcS: Acta Salmanticensia, Salamanca.

Ad.: Adelphi, comedia de TERENCIO.

AFA: Archivo de Filología Aragonesa, Zaragoza.

AGI: Archivio Glottologico Italiano, Turín.

AL: Anuario de Letras, México.

Al-An: Al-Andalus, Madrid.

ALARCOS, *Gram. estr.*: EMILIO ALARCOS LLORACH, *Gramática estructural*, Gredos, Madrid, 1951.

ALEA: MANUEL ALVAR, con la colaboración de A. LLORENTE y G. SALVADOR, *Atlas Lingüístico y Etnográfico de Andalucía* (6 vols.), Universidad de Granada, C.S.I.C., Granada, 1961-1973.

ALEANR: MANUEL ALVAR, con la colaboración de A. LLORENTE, T. BUESA y E. ALVAR, *Atlas lingüístico y etnográfico de Aragón, Navarra y Rioja* (12 vols.), Zaragoza, 1978 y sigs.

ALEICan: MANUEL ALVAR, *Atlas Lingüístico y Etnográfico de las Islas Canarias* (3 vols.), Las Palmas de Gran Canaria, 1975-1978.

ALEMANY: JOSÉ ALEMANY BOLUFER, *Tratado de la formación de las palabras en la lengua castellana. La derivación y la composición. Estudio de los sufijos y prefijos empleados en una u otra*, Madrid, 1920.

ALES: MANUEL ALVAR, *Atlas Lingüístico y Etnográfico de Santander* [inédito], vid. *RFE*, LIX, 1977, págs. 81-118.

ALPI: Atlas Lingüístico de la Península Ibérica, C.S.I.C., Madrid, 1962.

Amph.: Amphitruo, comedia de PLAUTO.

Andr.: Andria, comedia de TERENCIO.

AO: Archivum, Oviedo.

APM: MANUEL ALVAR, *Poesía española medieval*, Barcelona, 1969.

Apolonio: *Libro de Apolonio*, estudios, ediciones, concordancias de MANUEL ALVAR (3 vols.), Madrid, 1976.

Arte, vid. CORREAS, *Arte*.

ASÍN: MIGUEL ASÍN PALACIOS, *Glosario de voces romances registradas por un botánico anónimo hispano-musulmán (siglos XI-XIII)*, Madrid-Granada, 1943.

ASNS: Archiv für das Studium der neuren Sprachen, Berlín-Hamburgo.
ATT: M. T. Cicerón, *Epistulae ad Atticum.*
AUCh: Anales de la Universidad de Chile, Santiago de Chile.

BAAEE: Biblioteca de Autores Españoles, Madrid.
BABL: Boletín de la Real Academia de Buenas Letras, Barcelona.
Bacch.: Bacchides, comedia de Plauto.
Bassols, *Sint.:* Mariano Bassols de Climent, *Sintaxis latina*, C.S.I.C. (2 vols.), Madrid, 1963.
Bassols, *Font.:* Mariano Bassols de Climent, *Fonética latina*, con un apéndice sobre *Fonemática latina*, por Sebastián Mariner Bigorra, C.S.I.C., Madrid, 1962.
Bastardas: Juan Bastardas Parera, *Particularidades sintácticas del latín medieval. (Cartularios españoles de los siglos VIII al XI)*, CSIC, Barcelona-Madrid, 1953.
Battisti: Carlo Battisti, *Avviamento allo studio del latino volgare*, «Leonardo da Vinci» Editrice, Bari, 1949.
BAV: Boletín de la Academia Venezolana, Caracas.
BDC: Butlletí de Dialectologia Catalana, Barcelona.
BdFS: Boletín de Filología, Santiago de Chile.
Beinhauer: Werner Beinhauer, *El español coloquial* (trad. Fernando Huarte Morton), *Gredos*, Madrid, 1964 [3.ª edic., 1978].
BF: Boletim de Filologia, Lisboa.
BFE: Boletín de Filología Española, Madrid.
BICC: Boletín del Instituto Caro y Cuervo, Bogotá.
BIDEA: Boletín del Instituto de Estudios Asturianos, Oviedo.
Boggs: R. S. Boggs, Ll. Kasten, H. Keniston, H. B. Richardson, *Tentative Dictionary of Medieval Spanish*, Chapel Hill, North Carolina, 1946.
BUM: Boletín de la Universidad de Murcia.

Cantos boda: Manuel Alvar, *Cantos de boda judeo-españoles*, C.S.I.C., Madrid, 1971.
Capt.: Captivi, comedia de Plauto.
Cas.: Casina, comedia de Plauto.
Casado, *Cabrera:* Concepción Casado Lobato, *El habla de la Cabrera Alta. Contribución al estudio del dialecto leonés*, Anejo XLIV de la RFE, Madrid, 1948.
CEM: Cuadernos de Filología, Mendoza.
CIL: Corpus Inscriptionum Latinarum, Berlín.
CILUP: Conférences de l'Institut de Linguistique de l'Université de Paris.
Clás. Cast.: Clásicos Castellanos.
Correas, *Arte:* Gonzalo Correas, *Arte de la lengua española castellana*, edic. E. Alarcos García, Anejo LVI de la RFE, Madrid, 1954.

CORREAS, *Ortografía:* GONZALO KORREAS, *Ortografía Kastellana, nueva i perfeta,* Salamanca, 1630.

CORREAS, *Refr.:* GONZALO CORREAS, *Vocabulario de refranes i frases proverbiales* [1627]. Texte établi, annoté et présenté par LOUIS COMBET, Burdeos, 1967.

CORREAS, *Tabla Kebes,* incluida en la obra descrita como CORREAS, *Ortografía.*

COVARRUBIAS: SEBASTIÁN DE COVARRUBIAS OROZCO, *Tesoro de la lengua castellana o española* [1611], edic. Martín de Riquer, S. A. Horta, I. E. Barcelona, 1943.

CUERVO, *Dicc. const.:* R[UFINO] J[OSÉ] CUERVO, *Diccionario de construcción y régimen de la lengua castellana* [1886-1893], Bogotá, 1953 y ss.

Curc.: Curculio, comedia de PLAUTO.

DCECH: J. COROMINAS y J. A. PASCUAL, *Diccionario crítico etimológico castellano e hispánico,* Edit. Gredos, Madrid, 1980 y sigs.

DCELC: JUAN COROMINAS, *Diccionario crítico etimológico de la lengua castellana,* Gredos, Madrid, 1954-1957.

DEEH: VICENTE GARCÍA DE DIEGO, *Diccionario Etimológico Español e Hispánico,* Saeta, Madrid, 1955.

Deut.: Deuteronomio, apud *Pentateuco.*

DHist.: REAL ACADEMIA ESPAÑOLA, *Diccionario Histórico de la lengua Española,* Madrid, desde 1962.

Dial. arag.: MANUEL ALVAR, *El dialecto aragonés,* Gredos, Madrid, 1953.

Diál. lengua: Vid. VALDÉS.

Dial. leon.: Vid. MENÉNDEZ PIDAL, *Dial. leon.*

Dial. rioj.: MANUEL ALVAR, *El dialecto riojano,* México, 1969 [2.ª edic., Gredos, Madrid, 1976. No se modificó la numeración].

DÍAZ, *ALV:* MANUEL DÍAZ Y DÍAZ, *Antología del latín vulgar,* Gredos, Madrid, 1950.

Dicc. Hist., v. *DHist.*

DIEHL: E. DIEHL, *Vulgärlateinische Inschriften,* M. C. Weber, Bonn, 1910.

Dif. léx.: Vid. ROHLFS, *Dif.*

DLLHI: LISARDO RUBIO y VIRGILIO BEJARANO, *Documenta ad Linguae Latinae Historiam Inlustrandam,* C.S.I.C., Madrid, 1955.

Docs. Jaca: MANUEL ALVAR, *Documentos de Jaca (1362-1502),* Institución Fernando el Católico, Zaragoza, 1960.

Docs. Ling.: RAMÓN MENÉDEZ PIDAL, *Documentos lingüísticos de España. I. Reino de Castilla,* Centro de Estudios Históricos, Madrid, 1919.

DRAE: REAL ACADEMIA ESPAÑOLA, *Diccionario de la lengua española* (19.ª edic.), Madrid, 1970.

EAc: Español Actual, Madrid.

EDMP: Estudios dedicados a Menéndez Pidal, C.S.I.C., Madrid, 1950-1962.

EFil: Estudios Filológicos, Valdivia.

Egipciaca: MANUEL ALVAR, *Vida de Santa María Egipciaca,* Estudios, vocabulario, edición de los textos (2 vols.), C.S.I.C., Madrid, 1970-1972.

ELH: Enciclopedia Lingüística Hispánica, dirigida por M. ALVAR, A. BADÍA, R. BALBÍN y L. F. LINDLEY CINTRA, C.S.I.C. Madrid, 1960-1967.

Endechas: MANUEL ALVAR, *Endechas judeo-españolas* (2.ª edic.), C.S.I.C., Madrid, 1969.

Epid.: Epidicus, comedia de PLAUTO.

ERNOUT-MEILLET: A. ERNOUT-A. MEILLET, *Dictionnaire Étymologique de la langue latine* (4.ª ed.), Klincksieck, París, 1967.

ERNOUT, *Morphologie:* A. ERNOUT, *Morphologie historique du latin* (3.ª edición), Klincksieck, París, 1953.

ESPINOSA, *NMéjico:* AURELIO MACEDONIO ESPINOSA, *Estudios sobre el español de Nuevo Méjico,* Biblioteca de Dialectogía Hispanoamericana, t. I-II, Buenos Aires, 1940-1946.

Esp. sagr.: E. FLÓREZ, *España Sagrada,* Madrid [Academia de la Historia] desde 1747.

Esp. Tenerife: MANUEL ALVAR, *El español hablado en Tenerife,* Anejo LXIX de la RFE, Madrid, 1959.

Est. can.: MANUEL ALVAR, *Estudios canarios,* t. I, Edic. Excmo. Cabildo Insular, Las Palmas de Gran Canaria, 1968.

Est. dial. arag.: MANUEL ALVAR, *Estudios sobre el dialecto aragonés* (2 volúmenes), Institución Fernando el Católico, Zaragoza, 1973-1978.

FAragón: GUNNAR TILANDER, *Los Fueros de Aragón según el manuscrito 458 de la Biblioteca Nacional de Madrid,* Lund, 1937.

FERN. GÓMEZ, *Cerv.:* CARLOS FERNÁNDEZ GÓMEZ, *Vocabulario de Cervantes,* publicado en la Real Academia Española, Madrid, 1962.

FERN. GÓMEZ, *Lope:* CARLOS FERNÁNDEZ GÓMEZ, *Vocabulario completo de Lope de Vega,* publicado en la Real Academia Española (3 vols.), Madrid, 1971.

FHR: Medium Aevum Romanicum. Festschrift für Hans Rheinfelder, Munich, 1963.

Fil.: Filología, Buenos Aires.

FONTECHA: CARMEN FONTECHA, *Glosario de voces comentadas en ediciones de textos clásicos,* C.S.I.C., Madrid, 1941.

Form. Andec.: Formulae Andecavenses, edic. G. ZEUMER, apud *MGH.*

FOUCHÉ, *Parfait:* PIERRE FOUCHÉ, *Le parfait en Castillan, RH,* LXXVII, 1929.

FOUCHÉ, *Présent:* PIERRE FOUCHÉ, *Le présent dans la conjugaison castillane,* en los «Annales Université de Grenoble», XXXIV, 1928.

FSalamanca: MANUEL ALVAR, *El Fuero de Salamanca. Lingüística e historia,* Univ. de Granada, 1968.

FSepúlveda: MANUEL ALVAR, *Los Fueros de Sepúlveda. Estudio Lingüístico y Vocabulario,* Excma. Diputación Provincial, Segovia, 1953.

FTeruel: MAX GOROSCH, *El Fuero de Teruel,* Leges Hispanicae Medii Aevi, t. I, Estocolmo, 1950.

GARCÍA DE DIEGO, *Gram. hist.:* VICENTE GARCÍA DE DIEGO, *Gramática histórica española*, Edit. Gredos, Madrid, 1951.

GARCÍA GÓMEZ: EMILIO GARCÍA GÓMEZ, *Todo ben Quzmān* (3 vols.), Edit. Gredos, Madrid, 1972.

GASSNER: ARMIN GASSNER, *Das Altspanische Verbum*, Halle a.S., 1897.

GARROTE, *Astorga:* SANTIAGO ALONSO GARROTE, *El dialecto vulgar leonés hablado en Maragatería y tierra de Astorga. Notas gramaticales y vocabulario* (2.ª edic.), Madrid, 1947.

Gen.: Génesis, vid. *Pentateuco*.

GLM: AMÉRICO CASTRO, *Glosarios latino-españoles de la edad media*, Anejo XXII de la RFE, Madrid, 1936.

GÓMEZ-MORENO: *Documentación goda en pizarra*. Estudio y transcripción por MANUEL GÓMEZ-MORENO; revisión, facsímiles y fotocopias por M. CASAMAR, Madrid, 1966.

GONZÁLEZ OLLÉ: FERNANDO GONZÁLEZ OLLÉ, *Los sufijos diminutivos en castellano medieval*, Anejo LXXV de la RFE, Madrid, 1962.

Graciosa: MANUEL ALVAR, *Notas sobre el español hablado en la isla de La Graciosa (Canarias Orientales)*, en *RFE*, XLVIII, 1965, págs. 293-319.

Gram. hist.: vid. MENÉNDEZ PIDAL, *Gram. hist.*

GRANDGENT: C. H. GRANDGENT, *Introdución al latín vulgar* (trad. F. de B. MOLL), Madrid, 1928.

GRIFFIN: DAVID A. GRIFFIN, *Los mozarabismos del «Vocabulista» atribuido a Ramón Martí*, Madrid, 1961. (Citamos por la «tirada aparte» de *Al-An*, XXIII-XXV, 1958-1960.)

HAJR: *Mélanges à la mémoire d'André Joucla-Ruau*, Université de Provence, 1978.

HANSSEN, *Conj. arag.:* FEDERICO HANSSEN, *Estudios sobre la conjugación aragonesa*, en *AUCh*, XCIII, 1896.

HANSSEN, *Conj. Berceo:* FEDERICO HANSSEN, *Sobre la conjugación de Gonzalo de Berceo*, en *AUCh*, XC, 1895.

HANSSEN, *Gram. hist.:* FEDERICO HANSSEN, *Gramática histórica de la lengua castellana* (2.ª edic.), Buenos Aires, 1945.

HANSSEN, *Präterita:* FRIEDRICH HANSSEN, *Ueber die altspanischen Präterita vom typus «ove, pude»* (Separatabzug aus den Berhandlungen des Deutschen Wissenschaftlichen Vereins in Santiago, III), Valparaíso, 1898.

HERMAN: JÓZEF HERMAN, *La formation du système roman des conjonctions de subordination*, Akademie-Verlag, Berlín, 1963.

HFP: *Romania. Scritti offerti a Francesco Piccolo*, Nápoles, 1962.

HHKS: *Filología y didáctica hispánica. Homenaje al Prof. Hans-Karl Schneider*, Hamburg, 1975.

His: *Hispania*, Baltimore [y otros lugares de impresión].

Hisp. Rev: Hispanic Review, Philadelphia.

HR: Vid. *Hisp. Rev.*

HMP: Homenaje ofrecido a Menéndez Pidal (3 vols.), Madrid, 1925.

HOFMAN: JOHANN B. HOFMAN, *El latín familiar* (trad. de JUAN COROMINAS), C.S.I.C., Madrid, 1958.

HRO: Lengua, literatura, folklore: Estudios dedicados a Rodolfo Oroz, Santiago de Chile, 1967.

HWW: Festschrift Walther von Wartburg zum 80. Geburtstag, Tübingen, 1968.

Infancia: MANUEL ALVAR, *Libro de la Infancia y Muerte de Jesús. (Libre dels Tres Reys d'Orient),* Madrid, 1965.

Inv. arag.: MANUEL SERRANO Y SANZ, *Inventarios aragoneses de los siglos XIV y XV,* en *BRAE,* II, III, IV, VI y IX, 1915-1924.

IORDAN-MANOLIU: IOURGU IORDAN y MARÍA MANOLIU, *Manual de Lingüística Románica* (revisión, reelaboración parcial y notas por MANUEL ALVAR), Edit. Gredos (2 vols.), Madrid, 1972.

IR: Ibero-romania, München-Tübingen.

KANY: CHARLES E. KANY, *American-Spanish Syntax,* University of Chicago Press, Chicago, t. II, 1945. Trad. española, Ed. Gredos, Madrid.

KENISTON: HAYWARD KENISTON, *The Syntax of Castillan Prose. The Sixteenth Century,* Chicago University Press, 1937.

LAMANO: JOSÉ DE LAMANO Y BENEITE, *El dialecto vulgar salmantino,* Salamanca, 1915.

Lan: Language, Baltimore.

LANCHETAS: *Gramática y vocabulario de las obras de Gonzalo de Berceo,* por RUFINO LANCHETAS, Madrid, 1900.

LEA: Lingüística Española Actual, Madrid.

Lev.: Levítico, vid. *Pentateuco.*

Libro Verde: MANUEL ALVAR, *Noticia lingüística del «Libro Verde de Aragón»,* apud. *Est. dial. arag.,* II.

Lin: Lingua, Amsterdam.

LNL: Les Langues Néo-latines, París.

LÖFSTEDT, *Syntactica:* EINAR LÖFSTEDT, *Studien und Beiträge zur historischen syntax des Lateins,* Lund, t. I, 1933; t. II, 1942.

LOKOTSCH: KARL LOKOTSCH, *Etymologisches Wörterbuch der europäischen (Germanischen, Romanischen und Slavischen) Wörter orientalischen Ursprungs,* Karl Winter, Heidelberg, 1927.

MENÉNDEZ PIDAL, *Cid:* RAMÓN MENÉNDEZ PIDAL, *Cantar de Mio Cid. Texto, gramática y vocabulario* (3 vols.), Espasa-Calpe, Madrid, 1944.

MENÉNDEZ PIDAL, *Dial. leon.:* RAMÓN MENÉNDEZ PIDAL, *El dialecto leonés* (prólogo, notas y apéndices de CARMEN BOBES). Instituto de Estudios Asturianos, Oviedo, 1962.

MENÉNDEZ PIDAL, *Gram. hist.:* RAMÓN MENÉNDEZ PIDAL, *Manual de Gramática Histórica* (6.ª edic.), Espasa-Calpe, Madrid, 1941.
MENÉNDEZ PIDAL, *Orígenes:* Vid. *Orígenes.*
Merc.: Mercator, comedia de PLAUTO.
MEYER-LÜBKE, *Grammaire:* WILHELM MEYER-LÜBKE, *Grammaire des langues romanes* (trad. EUGÈNE RABIET), (4 vols.), París, 1890-1906.
MGH: Monumenta Germaniae Historica, Hannover-Berlín, desde 1826.
MIGNANI: R. MIGNANI, M. A. DI CESARE, G. F. JONES, *A Concordance to Juan Ruiz «Libro de Buen Amor»,* State University of New York Press, Albany, 1977.
MLJ: The Modern Language Journal, Boston.
MONDÉJAR: JOSÉ MONDÉJAR, *El verbo andaluz. Formas y estructuras,* C.S.I.C., Madrid, 1970.
MP: Mercurio Peruano, Lima.

NAVARRO TOMÁS, *Pronunciación:* TOMÁS NAVARRO TOMÁS, *Manual de Pronunciación española* (12.ª edic.), C.S.I.C., Madrid, 1965.
NBAAEE: Nueva Biblioteca de Autores Españoles, Madrid.
NEBRIJA, *Gramática: Gramática castellana,* edic. P. GALINDO y L. ORTIZ, Madrid, 1946.
NEUVONEN: ECRO K. NEUVONEN, *Los arabismos del español en el siglo XIII,* Helsinki-Leipzig, 1941.
Niveles: MANUEL ALVAR, *Niveles socioculturales en el habla de Las Palmas,* Las Palmas de Gran Canaria, 1972.
NM: Neuphilologische Mitteilungen, Helsinki.
NMéjico: Vid. ESPINOSA, *NMéjico.*
NRFH: Nueva Revista de Filología Hispánica, México.

OELSCHLÄGER: VÍCTOR R. B. OELSCHLÄGER, *A Medieval Spanish Word-Lits. A Preliminary Dated Vocabulary of First Appearances up to Berceo,* Madison, 1940.
Orígenes: RAMÓN MENÉNDEZ PIDAL, *Orígenes del español* (3.ª edic.), Espasa-Calpe, Madrid, 1950.

PEM: MANUEL ALVAR, *Poesía española medieval,* Edit. Planeta, Barcelona, 1969.
PENA: JESÚS PENA, *La derivación en español. Verbos derivados y sustantivos verbales,* en *Verba,* Anuario Galego de Filoloxía. Anexo 16. Universidad de Santiago de Compostela, 1980.
PENTATEUCO: AMÉRICO CASTRO, AGUSTÍN MILLARES y ANGEL J. BATTISTESSA, *Biblia Medieval romanceada. I. Pentateuco,* Facultad de Filosofía y Letras, Buenos Aires, 1927.
PFLE: Presente y futuro de la lengua española (2 t.), Madrid, 1964.
PhP: Philologica Pragensia, Praga.

PhQ: Philological Quarterly, Iowa.

PIRSON: JULES PIRSON, *Merowingische und Karolingische Formulare*, en *Sammlung vulgärlateinischer texte*, edit. W. HAEREUS y H. MORF.

PMLA: Publications of the Modern Language Association of America, Baltimore.

Poen.: Poenulus, comedia de PLAUTO.

POTTIER, *Introduction*: BERNARD POTTIER, *Introduction à l'étude linguistique de l'espagnol*, Ediciones Hispano-Americanas, París, 1972.

POTTIER, *Phil. II*: BERNARD POTTIER, *Introduction à l'Étude de la philologie Hispanique* [s. l. ni i.], 1958.

Ps.: Pseudolus, comedia de PLAUTO.

PTJE: MANUEL ALVAR, *Poesía tradicional de los judíos españoles*, Edit. Porrúa, Col. «Sepan cuantos...», núm. 43, Méjico, 1966.

RBF: Revista Brasileira de Filologia, Río de Janeiro.

RDTP: Revista de Dialectología y Tradicionales Populares, Madrid.

REL (o RSEL): Revista Española de Lingüística, Madrid.

REW: WILHELM MEYER-LÜBKE, *Romanisches Etymologisches Wörterbuch* (3.ª edic.), Winter, Heidelberg, 1935.

RF: Romanische Forschungen, Erlangen [y otros lugares de impresión].

RFE: Revista de Filología Española, Madrid.

RFH: Revista de Filología Hispánica, Buenos Aires.

RH: Revue Hispanique, París-Nueva York.

RJ: Romanistisches Jahrbuch, Hamburgo.

Ro: Romania, París.

RODRÍGUEZ-CASTELLANO, *Posesivo*: LORENZO RODRÍGUEZ-CASTELLANO, *El posesivo en asturiano* (*BIDEA*, núm. 31, 1957).

ROHLFS, *Dif.*: GERHARD ROHLFS, *La diferenciación léxica de las lenguas románicas* (trad. M. ALVAR), C.S.I.C., Madrid, 1960.

ROHLFS, *SVL*: GERHARD ROHLFS, *Sermo vulgaris latinus*, Halle-Shaale, 1951.

ROSENBLAT, *Notas*: ANGEL ROSENBLAT, *Notas de Morfología dialectal*, apéndice al t. II de ESPINOSA, *NMéjico*.

RPF: Revista Portuguesa de Filologia, Coimbra.

RPh: Romance Philology, Berkeley.

RR: The Romanic Review, Nueva York.

RUM: Revista de la Universidad de Madrid.

SANCHÍS GUARNER: MANUEL SANCHÍS GUARNER, *El mozárabe peninsular*, en *ELH*, I, págs. 293-342.

SANTAMARÍA, *Méj.*: FRANCISCO J. SANTAMARÍA, *Diccionario de mejicanismos*, Edit. Porrúa, Méjico, 1959.

SCHMIDT: WALTER SCHMID, *Der Wortschatz des «Cancionero de Baena»*, A. Francke Ag. Verlag, Berna, 1951.

SCHRAMM: FRANZ SCHRAMM, *Sprachliches zur «Lex Salica». Eine vulgärlateinisch-romanische Studie*, Marburg, 1911.

STERN: S. M. STERN, *Les chansons mozarabes*, V. Manfredi Editore, Palermo, 1953.

StN: Studia Neophilologica, Uppsala.

TEJADA: JERÓNIMO DE TEXADA, *Gramática de la lengua española* [1619], edición [facsimilar] y estudio de JUAN M. LOPE BLANCH, Universidad Nacional Autónoma de México, 1979.

Tesoro, vid. COVARRUBIAS.

THD: MANUEL ALVAR, *Textos hispánicos dialectales. Antología histórica*, Anejo LXXIII de la RFE (2 vols.), Madrid, 1960.

TLL: Thesaurus Linguae Latinae, Leipzig, desde 1900.

TORQUEMADA: ANTONIO DE TORQUEMADA, *Manual de escribientes*, edic. M.ª J. C. DE ZAMORA y A. ZAMORA, Anejo XXI del *BRAE*, Madrid, 1970.

TraLiLi: Travaux de Linguistique et Littérature, Estrasburgo.

Trin.: Trinummus, comedia de PLAUTO.

Truc.: Truculentus, comedia de PLAUTO.

Útil institución: Vtil y breve institvtion para aprender los principios y fundamentos de la lengua española [Lovaina, 1555], edic. facsimilar con estudios de ANTONIO ROLDÁN, C.S.I.C., Madrid, 1977.

VALDÉS: JUAN DE VALDÉS, *Diálogo de la lengua*, edic. J. M. Lope Blanch, Castalia, Madrid, 1978.

VÄÄNÄNEN: VEIKKO VÄÄNÄNEN, *Introduction au latin vulgaire*, Edit. Klincksieck, París, 1967. Trad. española, Ed. Gredos, Madrid.

VENDRYES: JOSEPH VENDRYES, *El lenguaje. Introducción lingüística a la historia* (trad. M. MONTOLÍU y J. M. CASAS), Barcelona, 1925.

VIDAL DE CANELLAS: *Vidal Mayor, traducción aragonesa de la obra «In excelsis Dei thesauris» de Vidal de Canellas*, edit. GUNNAR TILANDER (3 vols.), Leges Hispanicae Medii Aevi, IV, Lund, 1956.

WAGNER, *Konstantinopel*: MAX LEOPOLD WAGNER, *Beiträge zur Kenntnis des Judenspanischen von Konstantinopel*, Kaiserliche Akademie der Wissenschaften, Viena, 1914.

WARTBURG: WALTHER VON WARTBURG, *Problemas y métodos de la lingüística* (trad. DÁMASO ALONSO y EMILIO LORENZO, anotado para lectores hispánicos por DÁMASO ALONSO), Madrid, 1951.

YANGUAS, *Dicc.*: JOSÉ YANGUAS Y MIRANDA, *Diccionario de las palabras anticuadas que contienen los documentos existentes en los archivos de Navarra*, Pamplona, 1854.

ZRPh: Zeitschrift für romanische Philologie, Tübingen.

ÍNDICE TEMÁTICO

defectos físicos: 35.

deíxis: 217; espaciales, 218; nocionales, 230.0; temporales, 220.

demo- (lat.): 336.

demostrativos: 81.0; y apócope, 83; en aragonés, 86.3; como presentativos, 71.1; enfáticos, 85.1-2, 86.2-3; y ordenación binaria, 82; origen, 83; por pronombre de tercera persona, 92.1; tres indicadores, 81.2; y su reducción, 81.3.

dentro: v. *entro.*

deorsum (lat.): 195.6, 256; evolución, 195.6.

dependencia morfológica: 6, 7.

deponentes latinos: pérdida, 116.2.

derivación verbal: 124.

derivacional: v. historias derivacionales.

des-: 117, 241.2.1 n. 4, 244; valor, 241.2.

-des: 132.5 y n. 30, 132.5.1 y 3, 134.5.

desinencias personales: 131.3.

despectivo: 277.

después: 199.1.1; v. *post.*

dialectalismos: 54.4, 86.3, 89.2, 127, 129.2, 132.2, 134.2, 148.1.1, 150.2.1, 151, 153, 154, 157.2.1, 161, 162.2.2, 166.5, 166.6, 167.2.1, 181.2, 195.3, 209.1, 209.2, 218, 219.3, 221.1, 231.1, 235.1, 236.1, 236.3, 236.5, 253, 266, 267, 269, 271, 272, 274, 313.

diátesis: 116.1.

diferenciación en las personas verbales: 131.3.

dis- (lat.): 244.

dis-: 244.

-dis-: 132.5 y n. 30.

disimilación: 287.

distaxis: 116.1.

distributivos: 69.

-dle > *-lde*: 133.3; persistencia, 133.3.

do (lat.): 147; formas antiguas, 147; formas dialectales, 147.

donde: v. *onde.*

dual: 45.

-ducto (lat.): 323.2.

-e- (conjugación en *-e-*): 123, 139.1, 170.3.1.

-e: 303; declinación latina, 53; demostrativo, 81.0; falso galicismo, 303; masculino, 29; terminación numeral, 63.1; postverbal, 303; sustantivo, 30, 46, 49.1 n. 30, 50.3, 52 y n. 71, 282.0, 303.

-é (diminutivo aragonés): 272 y n. 48.

-ear: 311; alternancia con *-ar*, 311.1.1; en español popular, 311; significado, 311.1.

-eba: 154.

-ec- (interfijo): 279.2.

*eccum, *accu* (lat.): 219.1.

-ecer: 129.1.1, 310, 312.

-ed: 30.

-edero: 309.2.

-edes: 132.5.2.

-edizo: 309.2.

edo (lat.): pérdida, 146.1; reemplazado por *comedo*, 146.1.

-edor: 295.

-éis: 132.5.2.

-ejar (suf. verbal): 311 n. 59.

-ejo: 261, 269, 311 n. 59; alternancias, 269; dialectalismos, 269; formas, 269.

-el: 30, 266 y n. 12.

electro-: 336.

elementos apreciativos: 234; modales (en las partículas), 234; modo-temporales (en el verbo), 136-139.2; de relación, 179.1, 179.2.

-elo: 266.

ello: 84.

-ello: 269.

-ellu (lat.): 58.1, 266 y n. 12, 270.

-elyo: 269.

-emos: 139.2.

en: valores, 187.2; v. *in.*

en-: 171.2, 242, 245; forma verbos parasintéticos, 245.

-én: 30.

-encia: 301.

enclisis: 94.

énfasis: 219.4: en los pronombres, 91.4, 93-95; v. *intensificación, refuerzo.*

ÍNDICE DE PALABRAS *

---

* Las palabras latinas sólo llevan la indicación de su lengua cuando aparecen tratadas como étimos.

amariter, 281.
amaritia, amarities, 281.
amaritosus, 281.
amaritudo, 281.
amarizare, 281.
amaror, 281.
amarulentus, 264.1, 281.
amarus (lat.), 264.1, 281.
ambidextro, 337.
ambivalencia, 337.
ambo(s), 45 y n. 68.
ambular, 244.
amicísimo, 278.
amigo, 278.
amillarar, 67, 259 n. 34.
amita (lat.), 26.
amochiguar, v. muchiguar.
amollecer, 129.1 n. 116.
amontonar, 243.
amor, 30 n. 23.
amortecer, 243.
amos 'ambos', 45.
amos 'hemos', 150.2.
amos 'vamos', 150.2 n. 84.
amphora (lat.), 50.5.
amplius, 224.
amueblar, 119.0; amueblo, 119.0.
amugronar, 250 n. 17; v. magrén.
amulchigar, v. muchiguar.
an 'aún', v. aún.
an (verbo), v. haber.
anadón, 275.1.
anafórico, 217.
análisis, 116.1.
anathematizare (lat.), 311 n. 58.
andanza, 301.
andar: andant, 163.2; andante, 163.2; andaron, 178; andide, 166.1.1; andidiendo, 164.2; andidiste, 166.1.1; andido, 166.1.2; andó, 9, 178; anduviesse, 169.1; anduvo, 9.
andén, 30.
anego, aniego, niego, 140.1.
anell, -a (cat.), 39 n. 56.
ánfora, 50.5.

ἀμφορεύς, 50.5.
ángel, 49.2.
aniego, v. anego.
anima (lat.), 30 n. 24.
animalia (lat.), 38 n. 50.
aniquilar, 91.3.
anís, 41.
Annii (lat.), 49.3.1.
anque, v. aunque.
ánsar, ansarino, ansarón, ansanrino, 275.1 y n. 64.
ansí, ansina, 205, 232.1 y n. 107; v. así.
antayer, v. anteayer.
ante, 163.1 n. 27, 195.0, 195.9, 198, 199.1.0, 200.1, 200.2, 238.
anteayer, antayer, antedayer, antes de ayer, anteyer, antié, antier, antiyer, 221 y ns. 72-75.
antecedere, 238.
antecoger, 255.
antedayer, v. anteayer.
antediluviano, 255.
antelucanus, 238.
antepecho, 255.
anteponer, 255.
antepono, 238.
ante(quam) (lat.), 202.0.
antequam, 198.
antes, 198, 201.1, 202.0.
antes de ayer, v. anteayer.
antestare, 238.
antevísperas, 255.
anteyer, v. anteayer.
antiácido, 259.
antiaéreo, 260.
anticanceroso, 2.
anticlericalismo, 260.
anticonceptivo, 260.
anticuerpo, 260.
antié, antier, antiyer, v. anteayer.
ἄντι, 260.
Antonón, 275.1.
anzes, 198 n. 91.
Añe, 49.3.1.
añel, 266.

besiello, 266 n. 10.
bestia, 35 n. 44, 38 n. 50.
betún, 30.
bevientes, 296 n. 37.
*bhew-ai (i. e.), 168.0.
bía, v. haber.
biblioteca, 323.1.
bicípite, 325.
bieldo, 39 n. 56.
bifronte, 259.
bilbilitano, 5.
bilbio, 126.
billón, 67.
bima (piren.), 69.2 n 72.
bimar (berc.), 69.2.
bimardo (piren.), 69.2 n. 72, 259 n. 32.
bimaro (ast.), 69.2 n. 72.
bimarro (piren.), 69.2 n. 72, 259 n. 32.
bimos, v. haber.
bimus (lat.), 69.2 n. 72, 259 n. 32.
binar, 69.2.
*binare (lat.), 69.2.
bini, -ae, -a (lat.), 69.2.
bintanu (ast.), 38 n. 55.
biología, 336.
bipartición, 259.
birria, 35 n. 44.
bis (lat.), 69.2 y n. 72.
bisabuelo, 249, 259.
biviréis, 132.5.2 n. 40.
bizcocho, 177.1 n. 137.
blanquecino, 308.
blanquillo (Méjico), 38 y n. 53.
bobo, 35 n. 39.
bobuchchino (moz.), 271.
bocaabierto, 325.
boda(s), 38.
bofada, 284 n. 9.
bofes, 284 n. 9.
bofetada, 284 n. 9.
bokella, 266 n. 9.
bolo, 142.2.
bombio, 126.
bondad, 24.2, 30.
bonisme (fr.), 58.1.1 n. 25.

boníssimo, 278 n. 77.
bonitate (lat.), 24.2.
bonus, -a, -um, -u, 24.2, 54.1, 58.2.
boquarroto, 325.
boquirrubio, 335.
bordear, 124.1.4.
borreguil, 309.
borricada, 284 n. 9.
boscaje, 289.2.
botan (germ.), 124.1.2.
botar, 124.1.2.
boves (lat.), 42.
boxear, 124.1.4.
bozmak (turco), 124.1.4.
bracias 'brazos', 40.
brachia (lat.), 22, 38, 40.
bragazas, 35.
bramar, 124.1.2.
brammôn (germ.), 124.1.2.
braza, 22, 38.
brazo, -s, 22.
brebaye (jud.-esp.), 289.2.
bregar, 124.1.2.
bremba, 124.1.1 n. 58.
bretón, -a, 55.
bribonazo, 277.
brïkan (germ.), 124.1.2.
brillante, 280.
brillantez, 293.
britar, 124.1.2.
brizada, 35 n. 44.
broslado, -or, -ura, 124.1.2 n. 63.
broslar, brozlar, 124.1.2 y n. 63.
bruzdan (germ.), 124.1.2.
bryttian (germ.), 124.1.2.
bubrin (moz.), 271.
bucca, buccella, bucco[-nis], 264.1.
buen, bueno, -a, 24.2, 54.3, 58.2, 83.
buey, -ees, -yes, -ys, 42, 132.5.2 n. 42.
buho, 49.1.
*buhón, 49.1.
buja, -arrón, 35.
bulbo, 49.1 n. 33.
bulumbina (moz.), 271.
bullir, 126.

como, commo, comodo, conmo, cuemo, cum, cumo, cuomo, 216.1 y ns. 43, 45, 47, 216.2.
comodo, v. como.
comparanza, 301.
comparsa, 35 n. 44.
competer, competa, 120.2.2 n. 36.
competir, compita, 120.2.2 n. 36.
compingo (lat.), 177.3.
complir, 120.3. n. 39.
componenda, 164.1.
comprar: compra, comprad, 133.2; compraon, compraron, 167.2 n. 64; (me) compras, 137; comprón, 167.2 n. 64; compronen, 134.6.
comprendederas, 295.
compunxi, 167.1.
computador, 295.
computadora, 295.
con, 179.1 n. 1, 181.0, 181.1, 187.1, 250.
con mí, con sí, con ti, con yo (arag.), 95, 96.
con vos, 100.
conciencia, 298.
concienciación, 298.
concienciar(se), 298.
concienzudo, 309.
concilio, -ío, 121.
concupisco, 129.1 n. 113.
condensación, 298.
conderunt, 178.
condestable, 49.3.
condiderunt, 178.
conducir, 129.2, 143 y n. 27; conduces, 129.4; condugo, 129.4; conduho, 143; conduje, 167.1; conduja, 243; conduza, 129.2; conduzga, 143; conduzgo, 129.4, 143; conduzo, 129.2, 129.4.
conduco (lat.), 129.4.
confesar, 116.2, 118.2.1 n. 17; confessara, confessaria, hauia confessado, 174.1.
confesssare (lat.), confessus, confiteor, 116.2.
conforta, confuerta, 140.1.

coniungere, 118.0.
conllevar, 255.
conmigo, *comego, comigo, 95.
conmo, v. como.
conno, 894.
connusco, 95 y n. 30.
cono (leon.), 89.3.
conocer, 129.1 n. 114; conoces, 129.4; cuniser, cunesu, 129.2.
*conouuit (lat.), 169.1; *conowwet, 169.1.
conponaz, 132.3.
conquense, 309.
*conseco, v. consigo.
conservador, 309.2.
consico, v. consigo.
considerallo, 128.
consigo, *conseco, consico, cunsigo, 84, 95.
consolar, 116.2.
consolor (lat.), 116.2.
constare (lat.), 118.2.1.
constituercan (arag.), 129.1.1 n. 123.
consuegro, 255.
consuere (lat.), 140.1.3.
contar, 118.2.1 y n. 18, 118.2.3; contar uos e, 161; cuenta, 118.2.1.
contienda, 164.1.
contigo, 95.
contionor, 116.2.
contra (lat.), 203.
contra, cuantra, cuentra, 184.1, 203 y n. 104.
contraatacar, 258.
contrabarrera, 258.
contradeciré, 162.2.2.
contraespionaje, 258.
contraiga, 118.2.3.
contraproducente, 258.
contrarío, 121.
contrasellar, 258.
contrinca, 35 n. 44.
controlar, 124.1.4.
convivare, 116.2.
convusco, 95 y n. 30.
copropietario, 295.

electrodomésticos, 336.
eleiso, 86.3.
elesse, eleise, 86.2 n. 52.
elo, v. el.
*(e)lyélo, v. gelo.
el(l) (cat.), 84 n. 42.
el·la, ella, el·lo, v. él.
elli, 170.1 n. 94.
ello, 3, 83, 84 y n. 42, 85.1.
em (lat.), 81.1; v. is.
emanar, 246.
emanare (lat.), 246.
embaldosar, 245.
embarcar, 245; embarca, 240.
embarco, 245.
embargar (prov., cat., esp., port.), 236.4
   n. 139.
embarque, 245.
embermejecer, 245.
embiad, embiadlo, embialdo, 133.3.
emblandecer, 245.
emos, v. haber.
empeñar gelo he, 161.
empeño, 36.
empero, 210.2.2.
emplir, 121.
empolvar, 245.
empós, empués, 199.1.2.
emprega (gall.), 36 n. 46.
empresentameldo, 133.3.
empués, v. empós.
emundo, 130.1.
en, 179.2, 186, 187.1, 187.2, 192, 195.1,
   195.8, 327.
en acabando, 117.
en + ante(s), 198.
en derredor, 197 y n. 90.
en frente (de), 196 n. 87.
en + lo, 89.4 n. 69.
en pos de, 179.1 n. 1.
en redor, 197.
en seguida, 202.1.
en torno a(l), 179.1 ns. 1 y 2.
en vez (de), 195.9, 196 y n. 88.
enas, 89.4.

enbiade, 133.2.1 n. 56.
encajar, 245.
encantador, 280.
encendedor, 295.
encender, 118.2.1 n. 17, 125.1 n. 81.
ençima, 195.3.
encimba (canar.), 195.3.
enciná, encinale (and.), 287.
encomienda, 164.1.
encontra, 203.
encuadramiento, 2.
encuerar, 140.1.2.
encuevar, 140.1.2.
ende, 219.1.1 n. 59.
endeudar, 245.
endo, v. ir.
endurecer, 2.
enésimo, 309, 338.
enés, ene(s)se, -os, 86.2 y n. 52.
enflaquecer, 129.1.1.
enflaquir, 129.1.1.
enfrente (de), 196.
enfureció, 125.1 n. 82.
engañanza, 301.
engaño, 301.
engrasa, 240.
engrosar, 245.
engruesar, 140.1.2.
enheremar, 124.1.4.
enjabonar, 245.
enmedio, 49.4.
enmienda, 164.1.
enmudeciste, 129.1.1.
en(n)a, -o (dial.), 89.3, 89.4 y n. 69.
enridar, 124.1.2.
ensanchar, 1.3.
ensayo, ensayismo, ensayista, 288.
enseñar, 123; enseñariades, enseñaríais,
   132.5.2 n. 37; enseño, 123.
ensucho, 177.1 y n. 135.
ente (ast.), 96.
entendederas, 295.
entendedor, 295.
entender, 295; entenderlo eys, 161; entendiéredes, 132.5.2 n. 40.

Februarii, Februaris, 8 n. 4.
feci, v. facere.
feche, feches, v. hacer.
feis, v. hacer.
feismo, 58.1.1.
feligrés, 49.3.
Félix y Felisa, 54.3.
feliç, -os (cat.), 54.4 n. 8.
femos, v. hacer.
fenchir, 121.
fénix, 49.1.
fenuculu (lat.), 10 y n. 14.
fenullo (arag.), 10 n. 14.
fer, v. hacer.
ferire (lat.), 145.2; ferendo, 164.0; ferio, 142.2.
ferme, 243 n. 5.
fermeture éclair (fr.), 327 n. 9.
Fermoselle, 49.3.1.
ferrá, v. herir.
ferre (lat.), 122.0 n. 48; fero, 144; ferimus, fers, fert, fertis, ferunt, 144.
ferrocarril, 336.
ferroprusiato, 336.
ferroviario, 336.
fers, v. fero.
fersenos ya, 161.
fervere (lat.), 126 n. 95; ferveo, fervo, 125.1.1.
festear, 311 n. 59.
festejar (arag.), 311 n. 59.
festejo (arag.), 311 n. 59.
festeo, 311 n. 59.
festín, 30.
fez, v. hacer.
fezo, -ot, v. hacer.
fi, v. ser.
fiador de riedra, 253 n. 27.
Ϝίκατι, 45 n. 68.
fictus, 130.1 n. 132.
ficu, 30 n. 24.
*fidaticu (lat.), 289.2 n. 23.
Fidel, -a, 54.3.
fiedo, 102.

fiergo, 142.2.
fieri, 116.1.
filántropo, 336.
filias, 47a.
filigrés, 49.3.
filiolus (lat.), 264.1.
filiu, -us (lat.), 109.2.2, 264.1.
filiu eclesiae (lat.), 49.3.
filiyolo, filyol (moz.), 274.
filmar, 124.1.4.
filmoteca, 323.1.
φίλο, 321.1.
filólogo, 323.1.
filosoviético, 336.
fillerno, fillesno, fillezno, 268.
fimos, v. ser.
fineza, 293.
fingo, 130.1.
finir, 126.
finire (lat.), 121 n. 46, 126; finio, 121 n. 46.
finis (lat.), 126.
finxi, 130.1 n. 132, 167.1.
fio (lat.), 126, 144.
fiordos, fiords, 53 n. 73.
fiorire (it.), 121.
firiendo, v. herir.
firme (lat.), 243 n. 5, 313 n. 62.
fize, fizi, v. hacer.
fizo, fizon, v. hacer.
flaccesco (lat.), 129.1.1.
flaqueçcio, 129.1.1.
flaubertiano, 309.
fleo, 125.1.
fleurír (fr.), 121.
florere (lat.), 121; floreo, 121 n. 46, 126; florescis, 143; floresco, 119.0 n. 24, 143; *florio, 121 n. 46; florire, 121 y n. 46, 126.
florezco, florezo, 119.0 n. 24, 143; floreces, 143.
florir (cat.), 121.
flotan (franco), 124.1.1 n. 58.
flotar, 124.1.1 y n. 58; *flotan (fránc.), 124.1.1 n. 58.

flotter (fr.), 124.1.1 n. 58.
fluctuare (lat.), 124.1.1 y n. 58; fluctud, 124.1.1.
fluctus (lat.), 124.1.1
flurir, 127.
fluit de, 237.
fo, v. hacer.
fo, v. ser.
φóβος, 323.1.
fodio (lat.), 177.3; fossu, 177.3.
*foetebundus (lat.), 308 n. 49.
foir, foid, foidas, v. huir.
fois (fr. ant.), 22.9.
folén (arag.), 114 n. 67.
folia (lat.), 22, 38 y n. 54.
folio, 22 n. 7.
foliu, -m (lat.), 22 n. 7, 38 y n. 54.
follicare (lat.), 29 n. 12.
fomos, v. ser.
fonoll (cat.), 10 n. 14.
foras (lat.), 179.1, 189 y n. 33.
Forcarualas, 274.
fores (lat.), 189.
forfex (lat.), 50.3.
foris, 179.1, 189.
forma, 241.2.1 n. 4.
formaceus, 283.
formage, 289.2 n. 28.
formaxo, formazo, 289.2 y n.29.
formociguar, 313 n. 62.
*Formoselli (lat.), 49.3.1.
fornu (lat.), 50.3.
foron, v. ser.
forro, 124.1.3.
fortis, -e(m), 54.1.
fortissimus (lat.), 58.1.1.
fortiter, 60.
forum judicum (lat.), 49.3.
fosal, 177.3 n. 147.
fosilización, 320.
foso, 177.3 n. 147.
fossa (lat.), 177.3 n. 147.
fossu, v. fodio.
foste, v. ser.
fotocopia, 336.

fotonovela, 336.
fouir, v. huir.
foy, v. hacer.
foy, v. ser.
fragüi (judeo-esp.), 170.3.2.
frailada, 284 n. 9.
fraile, frailezuelo, 279.2.
francés, -es, 44, 130.2.
francófono, 336.
frango, 130.1, 130.2, 142.1; frañes, 130.2; fraño, 142.1.
frankfurtería, 285.
frasella, 177.3 n. 142.
fraxinus (lat.), 31.
frecha, frechal, frechilla, frecho, 177.3 y n. 142.
fregar, frego, friegas, friego, 140.1.3.
freí, 14.
frente (a), 182.4 n. 87, 195.9, 196.
fresno, 31.
freza, 38 n. 52.
frito, 280.
frixi (lat.), 14.
frochiguar, 313.
fronte (lat.), 182.4.
Frontinum, 47d.
fructa (lat.), 22, 39.
fructum, -os, 39.
fruent, 196 n. 87.
fruta, 22.
frutero, 292.
fruto(s), 22.
fu, v. ser.
fuelgo, v. holgar
fuemos, v. ser.
Fuenterrabía, 10 n. 15.
fuera(s), 188, 189 y n. 34, 201.1, 236.3.
fuero juzgo, 49.3.
fuerte, 278.
fuerte (can.) 'muy grande', 60.
fuesa, v. huesa.
fueste, fuestes, v. ser.
fugere (lat.), 120.2.2 n. 34; fugent, fugimus, 120.2.2; fugint, 141.3; fugio, 120.2.2, 141, 141.3; fugire, 120.2.2 n.34,

lenteu (lat.), 11.

leña, 38.

leudo, liedo, lieldo, lieudo, liudo, yeldo, yudo, 177.2 y n. 141.

levar, v. llevar.

levare (lat.), 124.1.1; levatis, 118.2.1; levo, 118.2.1.

levi, v. lino.

levis (lat.), 124.1.1.

levitu (lat.), 177.2.

lexos, v. lejos.

leyenda, 164.1.

leyerdes, v. leer.

leyr, v. leer.

leys, 42.

li, lis, 92.3, 170.1 n. 94; v. le.

liberticida, 323.2.

libra, 10.

librallos, 128 n. 106.

librería, 285.

librero, 193, 285.

libreto, 272.

libro, 10, 25, 285.

libro órdino, 49.3.

libro prego, 49.3.

librum ordinum (lat.), 49.3.

librum precum (lat.), 49.3.

liderazgo, 289.1.

liebrecino, -a, 271 n. 43, 275 n. 66.

liebrecita, 273 n. 52, 275.1 n. 66.

liebrina, 271 n. 43.

liedo, lieldo, lieudo, v. leudo.

lienço, 11.

lievo, v. llevar.

ligna (lat.), 38.

lignum, 32.

lillas, 92.3; v. le.

lima, 10.

limace (lat.), 50.3.

limaco (alav., arag.), 51.

*limacus (lat.), 51.

limarza (rioj.), 50.3.

limax (lat.), 50.3, 51.

limaza (cast.), 50.3.

limpiar, 314.

limpio, 314.

limpión, 306.

linar, 287.

lino, levi (lat.), 130.1 n. 131.

lintel (fr. a.), 266.

lis, v. li.

liudo, v. leudo.

lo (art. neutro), 89.3.

lo cual, lo qual, 107.1.

lo de, 80, 218.

lo nuestro, 80 n. 27.

lo qual, v. lo cual.

lo que, 107.1.

lo suyo, 80 n. 27.

lobato, v. lobezno.

loberil, 279.1.

lobezno, lobato, lobete, lobito, lobillo, 268 y n. 30, 290.

loco (lat.), 49.4.

locución, 179.1 ns. 1 y 2.

λόγος, 323.1.

loi, 92.3; v. le.

loin (fr.), 205.

longe (lat.), 24.2, 195.0, 205 y ns. 112 y 114.

longe (port.), 205.

Longinos, 49.1.

longinquus (lat.), 24.2.

longu (lat.), 130.2.

longulus (lat.), 24.2.

lonxe, 205 n. 112; v. lueñe.

loñi, v. lueñe.

loñinco (esp. ant.), 24.2.

loor, 168.2.

lor (arag.), 77.

lo(s) (art. dial.), 89.1, 89.2 y n. 67, 89.3.

lo(s) (pron.), 80, 83, 90, 92.3, 94, 99.1, 99.3, 99.3.1, 99.4, 133.3.

los (pron. can.) 'nos', 132.4.1.

losotros, v. nosotros.

lubricante, 309.2.

lucecita, 279.1.

lucere (lat.), 129.4; luceo, 126, 129.4; luces, 129.4; *lucire, 126.

luci (rum.), 126 n. 92.

μακάριε, 236.2.
μακρός, 261.
mala, 35.
mala cabeza, 35 n. 42.
malagma (gr.), 34.
malanda, 35 n. 42.
malasentrañas, 35 n. 44.
malato, 277 n. 73.
maleabilidad, 317 n. 67.
maleta 'mujer pública', 35 n. 43.
maleta 'torero malo', 35.
maleta 'valija', 35.
malito, 273.
malo, 35 n. 43, 58.2.
malqueda, 35 n. 44.
maltrabaja, 35 n. 44.
malus (lat.), 58.2.
malvar, 287.
mamma (lat.), 26.
mancomún, v. de mancomún.
manar, 124.1.1.
manare, mano (lat.), 124.1.1.
mandar, 35; mandáredes, 132.5.2 n. 37.
mandinga, 35 n. 44.
mandria, 35 n. 44.
*maneana (hora-) (lat.), 226.
manecita, manita, 279.2.
maneo (lat.), 177.4; mansi, 177.4; mansus,
    177.4; mantare, 177.4 n. 148.
manera, 169.1.
mañgar, 289.2 n. 26.
manglanera, -o, 286.
manh (prov.), 56.1.
maniblas, 35.
manilargo, 325.
manno, v. magno.
mannu (logud.), 56.1.
mano (lat.), v. manare.
manotada, 284 n. 9.
manque, 236.1; v. aunque, más que.
mans, 177.4.
mansi, v. maneo.
mansia, 219.3 n. 63.
manso, 177.4.
mantare, v. maneo.

manteles, 266.
mantiello, 266.
manu, -um, -us (lat.), 46, 51.
manú, manús, manusa, *manúes, 41 y n.
    61.
manuaria (lat.), 169.1.
manumittere, 325.
manzana, 286.
manzanar, mançanal, 287.
manzanero, 286.
manzano, 286 y n. 14.
Manzaruala, 274.
mañana, 226.
maor (port.), 56.1.
maquereau (fr.), 26 n. 2.
maquila, maquilar, 124.1.3.
máquina, 295.
máquina de cortar césped, 262, 263.
maquinilla de afeitar, 262, 263.
mar, 23, 28.
mar cavada, gruesa, llana, rizada, 28.
maravedí, -s, -es, -ses, 41.
Marcos, 49.1.
marcha, 303.
mare (lat.), 23.
marfil, 30.
margullón, 250 n. 17.
marguyo (ast.), 250 n. 17.
marica, 35 y n. 44.
marieta (cat.), 35 n. 44.
marimacho, 35.
marizar, 51.
marizo, 51.
marka (germ.), 244.
marmar (port.), 58.1.1 n. 23.
marmorem (lat.), 37.
martes, 8, 44, 49.3.
Martis (dies-) (lat.), 8, 49.3.
martror (cat.), 49.3 n. 41.
Marx, marxismo, marxista, marxistiza-
    ción, marxistizar, 317.
más (adv.), 59.1, 59.1.1 n. 33, 215 y ns. 35
    y 37, 215.1, 236.3; mayis, mais, maes,
    mayas, mes, 215.
mas (conj.), 210.2 y n. 20, 210.2.1.

mensurum, 51.
mentir, 11 n. 19, 126.
mentiri (lat.), 126.
mento, -ŏnis, 275.1.
menys (cat.), 57.
mêor (port.), 57.
meos (port.), 57.
merced, 30, 100 n. 50, 101 n. 52.
Mercedes, -itas, 279.2.
Mercurii, Mercuris (lat.), 8 y n. 4.
merezo, 129.2; merecello, 128 n. 106.
mergere, *mergo (lat.), 250 n. 17.
mergollón, 250 n. 17; v. magrón.
mergón, v. magrón.
*merguculus (lat.), 250 n. 17.
meridies (lat.), 51.
merquatal, 266 n. 12.
mes, v. más.
mes 'unidad de tiempo', 5 n. 13, 8 n. 4, 41.
mesa, -ita, 4.1, 44 n. 66, 279.1.
mesçer, meçer, 129.1.1; mezca, mesca, 129.1.1.
mesmo, v. mismo.
mesón, 30 n. 18.
mesto, 177.2.
met (lat.), 86.1.
meter, 177.1 n. 134; meteo, 173; metí, 14;
   *mezas, 120.1.2 n. 31; *meço, 120.1,
   120.1.2.
metere (lat.), 120.1.2; metent, metiam,
   metiamus, metiant, metias, metiat,
   metiatis, metimus, 120.1.2; metio, 9,
   120.1, 120.1.2; metire, 120.1.2; metis,
   9, 120.1.2; metit, 120.1.2; metitis,
   120.1.2.
metipse (arag.), 86.1.
*metipsimus (lat.), 86.1.
meus, -a (lat.), 71.1, 72, 91.2.
mi (lat.), 91.3.
mi, mo, 71.2, 72, 78, 79; v. mío.
mí, mibe, mib, mibi, 91.1, 91.3, 96.
mía, v. mío.
mibe, v. mí.
mibi (lat.), v. mihi.
mib(i), v. mí.

mici, v. mihi.
miclar, 140.1.2.
micólogo, 323.1.
microanálisis, 336.
microbiología, 336.
microfotografía, 336.
microonda, 261.
μικρός, 261.
mictum, 130.1 n. 132.
michi, v. mihi.
míe, v. mío.
mientre, -a, -as, 191, 198, 236.3 y n. 136.
mieo, v. mío.
miércoles, 8, 44.
*migo, 95.
mihi, mibi, mici, michi (lat.), 91.1, 91.3
   y n. 4, 91.4.
mijero, 67, 259 n. 34.
mil, 67.
milae, v. milia.
milenta, 67, 259 n. 34.
milia, meilia, milae (lat.), 67.
miliarium (lat.) 'piedra miliaria', 67.
miliarius (lat.) 'millar', 67.
miligramo, 259.
milla, 67.
mille (lat.), 67, 259 n. 34.
miller (cat.), 67.
millero (arag.), 67.
millón, 67.
mimal (sant.), 69.2 n. 72.
mimarro (pir.), 69.2 n. 72, 259 n. 32.
mimón (sant.), 69.2 n. 72.
mingo, 130.1; minxi, 130.1 n. 132.
mini, 242.
minicar, 259.
minifalda, 259.
minifundio, 259.
minime (lat.), 259.
minimus (lat.), 58.2.
ministro, 246.
minisueldo, 259.
minor (lat.), 57, 58.2.
minsus, 51.
minus (lat.), 57, 215.

minxi, v. mingo.

mío, mió, mía, miá, míe, mié, mieo, 71.2, 72 y n. 7, 78, 81.2, 91.2; v. mi.

mió, miá, miéu, mióu, mía, míes (ast.), 72.

mirá, 133.2 n. 54.

mirá vos, 100.

miriser, miresu (judeo-esp.), 129.2.

mirmica, 50.3 n. 59.

mirón, 309.2.

miscere (lat.), 120.1.2 n. 31; 129.1.1; mixtu, 177.2.

miseria, 35 n. 44.

miserissimi, 58.1.1 n. 22.

misi, v. mitto.

mismísimo, 86.1 n. 51.

mismo, -a, meismo, mesmo, 86.1 y n. 51.

misperero, v. níspero.

mitto (lat.), 177.3; misi, 14, 177.3; miso, 177.1; misot, 171.0; mis(s)o, 177.3; missu, 177.1; missus, 177.3.

mixtu, v. miscere.

mo (cast. a.), v. mi, mío.

mo (lat. v.), 71.2 y n. 4; v. meus.

mocete, -s, 272 n. 49.

mocoso, 309.

modificar, 313.

modo, 136, 137.

moechissare, 311.

moler, 118.2.1 n. 18; molemos, 118.2.1; molio, 171.0; muelgo, 142.2.

molico (port.), 51 n. 70.

molo (lat.), 118.2.1; molemus, 118.2.1.

molso, -a, 177.4.

mollecer, 129.1 n. 116.

mollescere (lat.), 129.1.

mollia (lat.), 44.

mollir, 120.3 n. 39.

mollis (lat.), 44.

mollities (lat.), 51 n. 70.

momordi, v. mordeo.

monasterio, 49.3.1.

monda, 61.

monedatge (arag.), 289.2.

monere, 152; monebam, 152; moneo,

124.0, 140; *monivi, monui, *monuvi, 168.0.

monobásico, 336.

monocromo, 336.

monoplano, 336.

mons (lat.), 289.1.

monsa, 177.4.

monstrare (lat.), 124.1.1.

monstrum (lat.), 124.1.1.

monta, 35 n. 44.

montaticus, -um (lat.), 289.1.

Montemagno, 56.1.

montitium, 289.1.

montón, 275.1.

mor (port.), 56.1.

Moratín(i), 49.3.2.

mordeo (lat.), 125.1; momordi, 167.1.

morder, 125.1.

mordido, 177.3.

moreno, 193.

morgazas (ast.), 50.3.

morgón, v. magrón.

morguyo (ast.), 250 n. 17.

morir, 14 n. 23, 120.2.2, 127, 162.2, 177.5 n. 152; morido, 177.5 n. 152; morió, 14 n. 23; morirá, 150.2 n. 82; morirás, 150.2 n. 81; moriré, 162.2 y 162.2.1; morrayu (moz.), 161; morré, 162.2; morre, 162.1, 162.2; morrer, 127; muero, 162.2; muerto, 177.5 n. 152.

moriri (lat.), 121; mori, 121; morimur, 121.

morrayu (moz.), v. morir.

morsu (lat.), 177.1.

morticina, 40.

morticinum, 40 n. 57.

morueco, 49.1 n. 26.

mos 'nos', v. nos.

mos 'hemos', 150.2.1; v. haber.

mosamo, 94. n. 26.

mosca probeta, 327.

moscamuerta, 35 n. 44.

moscatel, 266.

mošcón (moz.), 275.

mosotros, v. nosotros.
mostrar, 124.1.1, 244.
mota, 30 n. 16.
mote, 30 n. 16.
motel, 327 y n. 12.
motocarro, 336.
motocicleta, 336.
motocultivo, 336.
motonave, 336.
motosierra, 326, 328.
movedizo, 309.2.
moveo (lat.), 125.1, 140.1; movamus, 140.1; movetur, 116.1.
mover, 118.2.1 n. 18, 125.1; mováis, movamos, moved, movéis, movemos, 140.1; movet, 116.1; muevo, 140.1.
movibile (lat.), 119.0.
mozallón, 275.2.
muchachada, 284 y n. 9.
muchiguar, amulchiguar, amochiguar, 259 n. 33, 313; munchiguaban, 313 n. 63.
muchismo, 48.1.1.
much(o), 24.3 y n. 11, 43, 58.2, 60.
mudanza, 301.
mueble, 119.0.
muelgo, v. moler.
mueso, 177.1, 177.3.
mui, v. muy.
mujer, -cita, 26, 279.1; mugeraza, 276; mugercica, -zilla, -zita, 265.0 n. 5.
mujerón, 30 n. 18.
mulceo (lat.), 177.4; mulsi, 177.4; mulsus, 177.4.
mulier (lat.), 26.
multicolor, 337.
multificare (lat.), 259 n. 33.
multiforme, 337.
multimillonario, 259.
multinacional, 259, 337.
multiplicando, 164.1.
multus (lat.), 58.2; multum, 60.
munchiguaban, v. muchiguar.
mundialista, 288.
mundo, 114.

murciélago, 282.0 n. 4.
murgazas (ast.), 50.3.
murmur (lat.), 37.
muserola, 274.
museruola (it.), 274.
mutesco (lat.), 129.1.1.
Mutter, 45 n. 69.
muxerada, 284 n. 9.
muy, mui, 24.3 y n. 11, 58.2, 60 n. 38, 278.

Nabiel, 266 n. 11.
nacer, 129.1 n. 114, 167.1; naces, 129.4; nasco, 167.1, 167.2; naza, 129.2.
nación, -al, -alista, 308, 309.
nacionalizar, 311.1.
nada, 108, 109.2.1, 111.1.
nadi(e), -ien, naide, naire, naye, 108, 111.1 y n. 119.
nadire, 109.2.1.
nadismo, 288.
nadistas, 288.
nafregarsán, 161.
naide, -re, v. nadie.
nair (engad.), 54.4.
nanciscor, 130.1.
naranjo, -a, 286.
naranjal, 287.
narcotraficante, 336.
narigón, narigudo, 309.
narratio, -or, -atus, 322.
nasco(r) (lat.), 129.1 n. 114; nascit, 116.2.
nasco, v. nacer.
Naso, -onis, 275.1.
nasutus, 309.
nata, 111.1 y n. 118.
natón, 275.1 n. 65.
nauicella (lat.), 279.1.
nave, 336.
naye, v. nadie.
naza, v. nacer.
ne, nen, 111.1 n. 116, 233 y n. 111.
nec (lat.), 56.1 n. 16, 111.1 y n. 115, 124.1.1, 233.2.
necesito, 159.
necunus (lat.), 111.1.

pantasma, v. fantasma.
pantex (lat.), 51.
panza, 51 n. 69.
panzudo, 309.
papá, papás, *papaes, papases, 41, 44 y
    n. 62.
papacito, 41 n. 62.
papaver (lat.), 50.2, 51.
par 'por', 193 y ns. 50 y 51.
par caridad, 193.
par Dios, v. pardiez.
par la cabeza mía, 193.
par mi ley, 193.
para, 177.1, 181.1 n. 7, 182.3, 193.
para con, 179.1 n. 1.
parabienero, 338.
parado, 177.2.
paraje, 289.2.
parator (lat.), 49.1.
pardiez, par Dios, pardicas, pardiego,
    pardiobre, pardiós, 193 y ns. 49-51.
pared, 30.
paresco (lat.), 129.1.1.
paresçer, 129.1.1; pareceros ha bien, 161;
    pareces, paresca, parescades, paresco,
    paresçia, paresçio, 129.1.1; pareséi,
    132.5.3.
parricida, 323.2.
partel, 266.
participio, 115.
partido, 117.
partio (lat.), 120.1 n. 28; partibamus,
    139.2; *parto, 120.1 n. 28.
partir, 122.1; pártades, 132.5.3; partí,
    122.1 y n. 49; partíamos, 139.2; parti-
    mos, 150.1.3; partió, 122.1 y n. 49, 173;
    partiorem, 134.6 n. 87; patirdes,
    132.5.3; partirem, partirom, 170.3.1;
    parto, 122.1.
parva, 58.2.
parvo, 58.2.
parvus, 57, 58.2.
pasa, 303.
pasaje, -age, 289.2 n. 28, 300.
pasapasa, 330.

pase, 303.
pasear, 121.
paseo, 121.
pasçrán, 162.2.
paso, 303.
passim, 167.2 n. 62, 170.3.1 n. 104, 185.2
    n. 30.
passu (lat.), 177.1.
patada, 284 n. 9.
patarata, 35 n. 44.
pateta, 35.
patruus (lat.), 26.
paubra (prov.), 54.3.
pauper, paupera, 54.1 n. 2.
paupérrimo, 278.
paura (it.), 56.1 n. 10.
pavezno, 268.
pavo, pavón, 49.1.
pavor (lat.), 56.1 n. 10.
pavura, 56.1 n. 10.
peatge (arag.), 289.2.
pécora, 36 n. 46.
pectine(m) (lat.), 322.
pectu, pectus (lat.), 36, 38.
pecus (lat.), 36 n. 46.
pecha (< pacta), 38.
pecho (< pactu), 36, 177.3.
pechos (< pectus), 36, 177.3.
pedazo, 278.
pedicavd, 134.3, 171.0.
pedir, pidir, 120.1.2 n. 32; pedilda, 133.3.
pedis ungula (lat.), 49.3.
*pedsomos, v. pessimus.
pego (port.), 36 n. 46.
peguzón, 275.1 n. 65.
peinado, -a, 322.
peinadura, 322.
peine, 322.
peior (lat.), 58.2.
pelaire, 49.1.
pelambrera, 293.
pelas, 89.4.
pelato, 275.1 n. 66.
pelear, 311.1.
pelechon, 275.1 n. 65.

πολύς, 260.
polvareda, 279.1.
polvo, 51.
pollancón, 275.2.
pollino 'pollito', 271 n. 43.
pomes (port.), 49.1 n. 30.
pómez, *pómece, 49.1 n. 30.
Ponce, 49.3.2.
Poncii, 49.3.2.
poner en, 240; pon, 135; pondré, 162.2.1; pone, 240; poned, 133.3; ponede, 133.2.1; ponedlo, 133.3; ponés, 132.5.3; poney, 133.2.1; porné, 162.2; pornémos, 162.1; porrá, 162.2, 162.2.2; pusé, 134.1, 169.1 n. 88; pusiéradesme, 169.1.
pons (lat.), 289.1.
pontale, 289.
pontaticus, -um (lat.), 289.1.
Pontius (lat.), 49.3.2.
popa, 50.2.
popular, 5 n. 13.
poquellejo, -illejo, 266.
poquísimos, 3.
por, 3, 183.1, 183.2, 193 y n. 42, 195.9 y n. 85, 200.1, 200.2.
por cima de, 195.3.
por + (e)lo, 89.4.
por esso, 82.
por lo menos, 210.1.1.
por medio a, 179.1.
¿por qué?, 193.
pora, 193.
porcada, 284 n. 9.
porcallón, 275.2.
porcinu (lat.), 271.
porción, 30 n. 18.
porque, 94 n. 29, 193.
porretano, 275.1 n. 66.
porretón, 275.1 ns. 65 y 66.
porta (lat.), 289.1.
portagium, 289.1.
portar, 124.1.4.
portaticus, -um (lat.), 289.1.
pos, v. pues.

posco, *porcsco (lat.), 129.1 n. 112.
posiesta, 68.2.
posponer, 255.
posse (lat.): posui, 134.1, 169.1; potere, 145 n. 33; *potemus, *poten(t), poteo, potes, *pote(t), *potetes, 145 n. 33; potuerat, 174.1; potui, 169.1; potuit, 9.
possedir, 127.
pussidere (lat.), 127.
post (lat.), 195.0, 199.2, 238, 255.
posteaquam, 238.
posterior, 56.2.
pos(t)guerra, 255.
posthabere, 238.
postpono, 238.
postquam, 199.2.
*postrarius (lat.), 68.1 n. 66.
postremus (lat.), 58.1, 68.1 n. 66.
postrero, 68.1 n. 66.
*postrimarius (lat.), 68.1 n. 66.
postrimero, 68.1 n. 66.
postromántico, 255.
póstumo, 58.1.1.
postumus, 58.1.1.
potage, 289.2 n. 28.
prae (lat.), 195.0, 200.1, 238, 255.
praeacuere, 238.
praeaudire, 238.
praeblandus, 238.
praemorsi, 167.1.
praepono, 238.
pre (rum.), 206.
preclaro, 255.
precoca, 50.3 n. 59.
precurasor, praecurator, 178 n. 155.
predominar, 255.
predominio. 255.
prée (fr.), 38 n. 55.
préface (fr.), 49.1.
prefacio, 49.1.
prega (gall.), 36 n. 46.
pregar, 118.2.1 n. 17.
prehispánico, 255.
prejuicio, 255.
prenda, -as, pendra, 36.

rapidu (lat.), 10 n. 15.
rapio (lat.), 177.2.
rapôn (germ.), 124.1.2.
raptu (lat.), 177.1.
rasguear, 311.1.
raṣṣa'a (ár.), 124.1.3.
rastero (gasc.), 39 n. 56.
rata, 35 n. 44.
râteau (fr.), 39 n. 56.
rato, 177.1.
ratón, 275.1.
raubôn (germ.), 124.1.2.
raudo, rabio, 10 n. 15.
re nata, v. res nata.
realizar, 1.2.
rebaja, 254.
rebajar, 254.
rebelión, 30 n. 18.
rebién, 3, 61 n. 40.
rebueno, 20, 61 n. 40.
recaer, 254.
recamar, 124.1.3.
recámara, 254.
recargar, 254.
recargo, 254.
recauchutado, 304.
recebir, 120.3 n. 39.
recepción, 298.
recorrer, recorra , recorramos, 120.2.2
    n. 36.
recurrir, recurra, recurramos, 120.2.2 n.
    36.
rector, 246.
rectu, v. rego.
red, 30.
redamar, 254 n. 30.
redepente, v. de repente.
redescuento, 241.2, 254.
redetir, 254 n. 30.
redolor, 254.
redopelo, v. redropelo.
redor (de), 179.1 n. 2, 195.9, 197.
redoso, 253.
redro, 253.
redrojo, redrejo, 253 y n. 26.

redropelo, redopelo, 253.
redrosaca, 253.
redroviento, 253.
reducir: reduces, redugo, 129.4; reduzga,
    143; reduzgo, reduzo, 129.4.
reduco (lat.), 129.4.
reduplicación, 166.1.
reelegir, 254.
refeçar, refez, 124.1.3.
refluir, 254.
refricare, 241.2.
refriega, 29 n. 12.
regartesna, 268; v. sargartana.
reges (lat.), 42.
regicida, 323.2
regis, 46.
reglamento, 299.
rego (lat.), 177.3; rectu, 177.3.
regordete, 2, 254, 272.
regüezo, 253 n. 26.
regulage, 289.2 n. 28.
rehacer, 1.3, 241.2.
reir, 14; (a)rrier, 127; reí, 15; reía, reíe,
    reíen, 155.1; reiga, 118.2.3, 142.2; re-
    yé, reyén, 155.1; ría, 141; ríe, 155.1;
    riendo, 117; rió, 167.1; riso, 157.1,
    177.3; riya, 141, 148.2.
relámpago, 282.0 n. 4.
reló(j), -es, 19 y n. 35.
reluzco, -uzgo, -uzo, 129.4.
remedio, 121.
remonda, 61.
remover, 254.
ren, v. res.
renaces, renazo, 129.4.
rencura (esp. ant.), 56.1 n. 10.
rendere (lat.), 127.
rendir, render, 127.
renfero, 4.2.
reñir, reñer, 6, 127; reñí, 14; ringo,
    *rinces, rriño, rriñes, ringa, ringas,
    130.2 y n. 133.
reor, 125.1.
repelente, 296.
repellescan (arag.), 129.1.1 n. 123.

robur, robore(m) (lat.), 37.
rodete, 268.
rodezno, 268.
rodillitas, 61.
roer, roír, 127; roigo, 142.2.
rogar, 118.2.1 n. 18; rogamos, ruego, 140.1.
rogare: rogo, rogamus (lat.), 140.1.
rogatio, 322.
rogator, 322.
rogatus, -um, 322.
roír, v. roer.
rojiblanco, 329, 335.
rojizo, 308.
rolde, 52.
Romance, Romanci, 49.3.2.
romancear, romanzar, 311.1.1.
*romanicus (lat.), 49.3.2.
rompecabezas, 333.
rompedura, 302.
rompeideas, 333.
Roncal, 49.1. n. 35.
Roncesvalles, 49.1 y n. 35.
Ronçalvals, 49.1 n. 35.
roña, 35 n. 44.
ropa, 285.
ropería, 285.
ropero 'persona que vende ropa', 285.
ropero 'lugar para guardar ropa', 292.
rosa, rosae, rosam, rosarum (lat.), 46.
rosal, 287.
Roscidavallis, 49.1 n. 35.
rostrum (lat.), 33.
rota (lat.), 268.
rotella (lat.), 10 y n. 14.
roto, 177.3 n. 144.
rotulu (lat.), 52.
roviñano, 114 n. 127.
royuela, royyola (moz.), 274 n. 55.
rubí, -s, -es, -ses, 41.
rubiol (moz.), 274 n. 55.
rugir, 126.
rugire (lat.), 126.
rumbar, 124.1.4.
rumicis (lat.), 49.1 n. 35.

rumpo, 130.1.
rúo, 121.
ruptu (lat.), 177.3.
rusificar, 313.
rusojaponesa, 329.
rusticar, 314.
rústico, 314.

sa (prov.), 39 n. 56.
saber, 125.2.1, 150.1.2; sabe, sabedes, sabéis, sabemos, saben, 150.1.2; saberé, 162.2; saberlo, 128; sabes, 150.1.2; sabido, 309.2; sabió, 14 n. 23, 167.1 n. 57, 178; sabré, 162.1, 162.2, 162.2.1; šabu, 150.1.2; sabudo, 177.5; sé, 102, 114, 150.1.2; sepades, sepáis, 132.5.1; sépia, 150.3; *sepo, 150.1.2; sey, 150.1.2; sobo, sobiés, 169.2; sope, 169.1; sopiés, 169.2; sopo, 169.1, 169.2; sos, 100, 145.3; sovi, sovieron, sovioron, sovist, sovo, 169.1 n. 89; supe, 169.1; supiendo, 164.2; supiera, 169.1; supiéssedes, 169.1; suvo, 169.1 n. 89.
sabido 'que sabe', 309.2.
sabihondo, sabiondo, 308 n. 49.
sablazo, 283.
saboreo, 303.
šabu, v. saber.
sabudo, 177.5.
sacacorchos, 4.2 n. 10, 326.
sacaráte, sacarte, 161.
saco, -a, 39 n. 56.
sacratísimo, 278.
sacrifico, sacrífico, 121.
Sacris (lat.), 49.4.
sacudida, 304. sacudión, 306.
Sachechores, 49.3.1.
sagrado, 278.
šagrella (moz.), 266 n. 9.
Sagres (port.), 49.4.
Sahelices, 49.3.1.
sainete, 30.
şaḳala (ár.), 124.1.3.
sal, 314.
salacs, 62.6 n. 52.

salar, 4, 314; salo, 142.2.
salida 'el hecho de salir', 304.
salir: sal, 135; saldrá, 162.1; saldré, 162, 162.1, 211; salen, 134.6; salgo, 142.2; salía, saliba, 153; salida, 304; saliesen, 134.6; sallir, salliré, 162.1 y n. 20; sallón, 172.
salitare, 264.1.
saltare, 264.1.
saltear, 311.1.
sallir, salliré, sallón, v. salir.
sámago, 58.1.
samarello, 266 n. 9.
sámbano (nav.), 58.1.
San Felices, 49.3.1.
San Sebastián, 5.
sanarad (moz.), 161.
sancocho, 177.1 n. 137, 250.
sancti Antonini (lat.), 49.3.1.
sancti Felicis (lat.), 49.3.1.
sancti Iuliani (lat.), 49.3.1.
sancti Johannis (lat.), 49.3.1.
sancti Poncii (lat.), 49.3.1.
sancti Torquati (lat.), 49.3.1.
sancti Victoris (lat.), 49.3.1.
sanctificare (lat.), 313 n. 60.
sanchopancismo, 288.
sane, 60.
sangartilla, v. sargantana.
sangre, sangraza, 277.
sanguine (lat.), 30 n. 24.
sanies, saniam (lat.), 50.1.
Sanmillán, 49.2.
*Sant Osebos, 49.1.
Santa María Candelor, 49.3.
santanderino, 309.
Santelices, 49.3.1.
santén, 30 n. 19.
Santiago, 49.2.
Santianes, 49.3.1.
santificar, 313.
santiguar, 313 y n. 60; santiguo, 121 n. 45.
Santillán, 49.3.1.
Santiponce, 49.3.1.
Santocildes, 49.1.

Santorcaz, 49.3.1.
Santos Ebos, 49.1.
Santulin, 49.3.1.
Santullán, 49.3.1.
Sanzoles, 49.1.
saña, 50.1, 66.1.
Saornil, 49.3.1.
sapere (lat.), 125.2.1, 150.1.2 y n. 76, 169.2; *sapémus, *sapent, *sapes, *sapet, *sapétis, 150.1.2; sapio, 150.1.2; sapui, sapuit, 169.1; *saupwet, 169.1; *sayo, 150.1.2.
sapibundus (lat.), 308 n. 49.
sapui (lat.), v. sapere.
sarasa, 35.
sargantana, sargantina, sangartilla, 268.
sartre (fr.), 49.1 n. 23.
sasas (ast.), 40 n. 59.
Sasor, 49.3.1.
sastre, 49.1 y n. 23.
satis, 231.2 n. 104.
satisfacerá, 162.2.2.
sátrapa, 35 n. 44.
Saturnini (lat.), 49.3.1.
savoir (fr.), 150.1.2 n. 76.
sazón, 30 n. 18.
scabies (lat.), 51; *scabia (lat.), 50.1.
scelus (lat.), 49.1 n. 33.
scindo, 130.1.
scire: scio (lat.), 126; scivisse, 171.0.
Scomber scomber, 26 n. 2.
scribere: scribitur, 116.1; scripsi, 132.3, 155; scripsiz, 132.3; scripta est, 116.1.
schema(s), 34.
Schoppen (al.), 285.
se (lat.) (pron.), 93.
se (pron.), 18 n. 31, 90, 91.1, 92.3, 93 n. 18, 94, 99.3.
sebe, v. sibi.
secador, 295.
secadora, 295.
secare (lat.), 124.1.1.
secén (arag.), 63.2.
seceno, 63.2; v. seze.
seco, secui (lat.), 124.1.1.

168.2 y n. 26; *foe, 168.2; fomos, 168.2
y n. 83; foron, 168.2 y n. 86; foste, fostes, 168.2; fosti, 168.2 n. 83; fot, foy,
168.2; fu, 168.2 ns. 77 y 86; fue, 168.2
n. 86; fúe, 168.1 y n. 77; fuemos, 168.1,
168.2 n. 86; fuera, 158 n. 127; fuerades,
fuerais, 132.5.2 n. 39; fueron, 168.1,
168.2 n. 86; fuessedes, fuesseis, 132.5.2
n. 39; fueste, 168.1, 168.2 n. 86; fuestes, 168.1; fui, 152, 168.1, 168.2 n. 86;
fuimos, 168.1; fuist, 168.2 n. 86; fuiste, 168.1, 168.2 n. 86; fuisteis, 168.1;
fuistes, fuites, 168.1 n. 80; fumos,
*fumus, furon, 168.2; fust, 168.2 y ns.
84 y 86; fuste, fustes, fusti, 168.2 y n.
86; fuy, 102; je, jes, jet, 145.2 n. 37; juites, 168.1 n. 80; sea, 141; seedes, 145.4
n. 44; *seis, *ses, *sis, 145.4 n. 43; seemos, 145.4 n. 44; seis, 145.3; *seis,
145.4 n. 43; semos, 145.3 y n. 39; seo,
145.1, 145.4 n. 44, 150.1; serad, 132.3,
161; seréis, 132.5.2 n. 40; *ses, 145.4 n.
43; seys, 141, 145.4, 148.2; seyáis, seyamos, seyan, seyas, 145.4; sia, sias,
145.4; siede, sieden, siedes, 145.4 n. 44;
siem, 145.4; so, 145.1 y n. 35, 151.1; sodes, 119.0, 145.3; soes, 132.5.1, 132.5.3,
145.3; sois, 119.0, 145.3; somos, 119.0,
145.3; son, 119.0, 145.1, 145.3; soy,
119.0, 145.1 n. 35, 145.3, 150.1, 151.1;
soy (amado), 116.1; ye, yed, yes, 145.2;
yera, yeran, yeras, 157.1; *yeres,
*yero, 145.2.
sernir, v. cerner.
serpiente cascabel, 327.
serventes, 120.1 n. 28.
servir, 126; seruir uos e, 161.
servire (lat.), 126; servat, 120.1.
servus (lat.), 126.
ses 'seais', v. ser.
sese, 93; v. sise.
sesén, 69.3 n. 75.
sesenta, 64.3.
sesmero, 68.2 n. 69.
sessu, v. sedere.

sexto, 68.1 n. 67.
sextus (lat.), 68.2.
sey, v. saber.
seze, setze, 63.2.
*si, v. esse.
sí (adv.), 231.3, 233, 234.
si (conj.), 114 n. 130, 165, 174.1, 177.3,
177.4, 178, 211 n. 22.
si (fr.), 225.
si (pron.), 84, 93, 95.
sia, v. ser.
sibi, sebe (lat.), 93, 95.
sibi ipse (lat.), 86.3, 93.
sic (lat.), 231.3, 233.
sicut, 202.1.
siempre, 228.
sien, -es, v. sin.
siendos (nav. ant.), 69.1.
sientensen, sientesen, 132.2.
sies 'seis' (ribag.), 62.6.
sies(o), 177.3 n. 146.
siesta, 68.2.
siet (arag.), 62.7.
Siétamo, 68.3.
siete, 62.7, 64.3.
sietemesino, 4.2, 326, 338.
sietmo, v. séptimo.
signo (lat.), 142.1.
signore (it.), 56.1.
sigún, 202.2 n. 101.
silvicolentum, 296 n. 37.
sim, sis, sit, sint, v. esse.
simediso (leon.), 86.1.
simple, 69.1.
simplex (lat.), 69.1.
simplus (lat.), 69.1.
simul, 69.1.
simulachras, 40 n. 59.
simún, 30.
simus, v. esse.
sin, sines, sien, sienes, sen, senes, 114 n.
70, 181.0, 184, 185.2 y ns. 28-30, 211,
236.1.
sine (lat.), 48g, 181.0, 184.1, 185.2.
singuli, -ae, -a (lat.), 69.1.

tribui (lat.), 169.1.
tricéfalo, 337.
tricolor, 337.
triginta, *treginta, *treenta (lat.), 64.1.
trilogía, 337.
trilladora, 295.
trimus, 259 n. 32.
tripartito, 259.
tripicallos, 327.
triplex (lat.), 69.3 n. 73.
tripón, 275.1 y n. 65.
*trippôn (germ.), 124.1.2.
tripudo, 275.1.
triscar, 124.1.2.
trist (rum.), 54.4.
tristeza, 293.
tristiculus, 264.1.
tristis, -e, -us (lat.), 54.4, 129.1 n. 115, 264.1.
tristo (arag., ital.), 54.4.
tritavus (lat.), 249.
trixi, v. traer.
trobón, 172.
trocar: trocáis, trocamos, trocas, truecan, truecas, trueco, 140.1.
troje, v. traer.
trompazo, 283.
tropel, 266.
troxo, v. traer.
trozes, v. traducir.
trueco, v. trocar.
trugo, v. traer.
truje, v. traer.
truxo, v. traer.
truyo, v. traer.
tsaburt (beréber), 88 n. 60.
tsueñe (ast.), 205; v. lejos.
tu, to, 71.2, 79; v. tuyo.
tu (lat.), 91.1, 91.4.
tú, 70, 81.2, 90, 91.1, 91.4, 95, 100 y ns. 49-50, 119.0 n. 23, 133.2.
túa (ast.), v. tó.
tuautem, 91.4 n. 8.
tubiere, v. tener.
tuelga, tuellas, v. toller.

tueses, tueso, v. toser.
tui (lat.), 71.1.
tullido, 120.3.
tumedipsum (arag.), 86.1.
tumultus, -ti, -to (lat.), 51 n. 64.
tunc, 223 y ns. 81 y 82.
tundo, 130.1.
turureta, 35 n. 44.
tussire (lat.), 140.1.3.
tute, 110.1.
tutimet, 86.1.
tutti (it.), 110.1.
tuus, -a, -um (lat.), 71.1, 73.
tuyo, -a, tuo, 71.2, 73 n. 10, 75, 79, 81.2; v. tu.

u ..., v. las formas correspondientes por la letra «v».
u 'o' (eng.), 212.2 n. 27.
ú '¿dónde?', 218.
ubi (lat.), 218.
ubu, v. haber.
uebos, 36.
ugetista, 338.
uls, 195.0, 201.1.
último, 58.1.1.
ultimus (lat.), 58.1.1.
ultra, 201.1.
ultraderecha, 258.
ultramar, 258.
ultramicroscópico, 258.
ultrapuertos, 258.
ulva (lat.), 38 n. 52.
umplir (cat.), 121.
unam, 111.1 n. 115.
unamunesco, 309.
uncir, unzo, 130.2; uñir, 130.2; uño, 130.2 n. 134.
unde (lat.), 218.
undecim (lat.), 63.1.
undeviginti (lat.), 63.2 n. 57.
unir, 130.2 n. 135.
uno, -a (card.), 62.1.
uno (indef.), 112 y n. 122, 114.
unque, v. aunque.

unu, -us (lat.), 111.1, 112 n. 122.
unus quisque (lat.), 109.4.
unviar, 200.2.
uñir, v. uncir.
ὕπερ, 260.
ὑπό, 260.
Urdemalas, 333.
us (art. leon.), 89.3.
us (pron.), 94; v. os.
usáis, 132.5.1 n. 35.
usancé, v. usted.
usaticu (lat.), 289.2 n. 25.
usque, 179.1.
usted, -es, usancé, uçed, voacé, voaçed, vosançe, vosanted, vourçed, vuacé, vuarçed, vuasarced, vuasted, vuaçed, vuerçed, vuesa merced, vuesamercé, vuesancé, vuesansted, vuesançe, vuesançed, vuesarced, vuesasted, vuessa merçed, vuested, vuestra merced, vuçed, vusted, 19, 90, 100, 101.
ut, 202.1.
utebo, 68.4.
utinam, 235.1 n. 114.
utri, 110.2.
uve, v. haber.
uviar, 200.2.
uvidiser, uvidesu (judeo-esp.), 129.2.
uviendo, v. haber.
uyar (sant.), 200.2.
uçed, v. usted.

va, vaa, v. ir.
vaca, 10, 26.
vacada, 284 y n. 9.
vacar 'vacada', 287.
vacca (lat.), 26.
vaciar, vacío, 121.
Vachimaña (arag.), 56.1.
vadere (lat.), vadat, 141.4; vade, 148.1 n. 55, 148.3; vadendum, 148.1; vadent, 132.6.1; vadimus, 125.2; *vá(di)mus, 148.1; vadis, vadit, 148.1; vadite, 148.3; vaditis, 125.2, 148.1; *vamus, 148.1 n.

51; *vant, *vas, *vat, 148.1; *vates, 148.1 n. 51; *vo, 148.1 y n. 51.
vaiga, v. ir.
vainetas, 272 n. 48.
valde, 60.
Valdecabras, 334.
valedero, 309.2.
valer, 162.1; val, 135; valdré, 162.1; valga, 119.1; valgo, 142.2.
Valmanyà (cat.), 56.1.
vallis, -e (lat.), 30 n. 24, 49.1 n. 35.
vanidoso, 210.1.
varona, 23 n. 9, 27 y ns. 4 y 5.
varonesa, 27.
varonil, 27.
vasar, *vasal, 287.
vaso, 51.
vasum (lat.), 51; vasus fictilis, 51 n. 66.
Vater (al.), 45 n. 69.
vaya, v, ir.
vázia, 121; v. vaciar.
ve, v. ir.
veces, 221.9.
vegada, 229 y n. 97.
vehementer, 60.
veho, 118.0.
veinte, véinte, veínte, vente, veyent, 12 n. 21, 64.1.
veinticuatro, 334.
veisos, 148.3 n. 65.
vejancón, 275.2.
vel (lat.), 212.0, 212.1 y n. 25.
velacho, 38 y n. 51.
velamen, 38 y n. 52.
vela, -as, 10, 38.
velo, -os, 38.
velociter, 231.1.
vello, 128 n. 106.
vencimiento, 299.
vendedor, 295.
vender, 262, 263; vendí, 134.1 n. 65; uendiuimus, 171.0.
vendimio, 121.
*vendo, v. ir.
Veneris (dies-) (lat.), 8, 49.3, 162.2.

ÍNDICE DE NOMBRES PROPIOS

Mayorga, D., 311 n. 57.
Mauro, T. de, 16 n. 26.
McLennan, L. J., 115 n. 2.
Meillet, A., 4.1 ns. 4 y 5, 9 n. 5, 49.4 n. 55, 104.1 n. 64, 179.1 n. 3, 257.1 n. 31, 281 n. 3.
Medina, F. de, 128.
Mena, J. de, 49.1 n. 25, 128, 140.1, 148.1, 169.1, 174.1 n. 124.
Mendizábal, R., 115 n. 1.
Menéndez García, M. 134.6 n. 90.
Menéndez Pidal, R., 11 n. 17, 18 n. 32, 35 n. 39, 48a, 49.1 ns. 32 y 35, 49.2, 49.3 n. 40, 49.3.1 n. 46, 54.3 n. 5, 62.2 ns. 46 y 48, 86.3 n. 54, 92.3, 94 n. 24, 97 n. 33, 120.2.2 n. 36, 120.3 n. 40, 121 n. 44, 127, 132.3, 132.5.3 n. 43, 134.6 n. 85, 135, 142.1, 145.4, 147, 154, 155.1 n. 112, 157.2, 161, 170.3.1, 209.2 y n. 13, 269, 282.0 n. 4, 289.2 n. 30.
Meyer-Lübke, W., 35, 49.1, 49.3.2, 49.4 n. 55, 60, 97 n. 37, 106 n. 82, 109.2.1, 160, 167.2 n. 65, 177.5 n. 153, 236.4 n. 139.
Merk, G., 303 n. 44.
Mignani, R., 128 n. 109, 133.3 n. 59, 145.1 n. 35, 145.3 n. 40, 150.4 n. 90, 151 n. 95.
Migne, 48a.
Millardet, G., 142.1.
Mohrmann, Ch., 311 n. 58.
Molho, M., 115 n. 2, 118.2 n. 15, 145.1 n. 35.
Molina, A. de, 65 n. 63.
Moliner, M., 104.1 n. 65, 124.1.4 n. 79.
Mondéjar, J., 6 n. 2, 71.1 n. 2, 115 n. 2, 120.1.2 n. 32, 132.5.3 n. 45, 134.2 n. 66, 134.2.1 n. 75, 140.1.2 n. 12, 142.2 n. 24, 143 ns. 26, 28 y 29, 145.3 n. 42, 148.2 n. 60, 150.2.1 n. 85, 150.3 n. 85, 158 n. 127, 162.2.2 n. 25, 166.5 n. 53, 176 n. 130.
Monge, F., 265.0 n. 6, 275.1 n. 60, 283 n. 5, 298 n. 39.
Monroy, R., 240 n. 3.
Monteil, 174.2 n. 126.
Montenegro, A., 49.3.1 n. 43, 49.4.

Montes, J. J., 265.0 n. 6.
Morales, A. de, 128, 161 n. 16.
Morales, F., 311 n. 57.
Morales Pettorino, F., 62.1 n. 44.
Morawski, J., 232.3 n. 106.
Morreale, M., 53 n. 73, 278 n. 77, 285 n. 10.
Müller, B., 145.1 n. 35.
Munthe, A., 325 n. 5.
Muñón, S. de, 107.3, 114 n. 128.
Muñoz, M., 267 n. 22.
Muñoz Cortés, M., 85.1 n. 44.

Navarro Tomás, T., 19 n. 35, 101 n. 55.
Náñez, E., 265.0 n. 6.
Nebrija, A. de, 17 n. 30, 59.1.1 n. 33, 105, 106, 115 y n. 5, 120.3 y ns. 39, 40, 123 y n. 51, 128 y n. 103, 132.5.1, 132.5.2 n. 37, 133.1 n. 53, 133.2, 140.1, 148.3, 150.1.2 n. 75, 150.1.3 n. 78, 150.1.4 n. 79, 150.3, 150.4, 153, 157.1 n. 118, 161, 162.1, 162.2, 163.1, 166.4 n. 47, 168.1 n. 78, 169.1, 176, 177.5 n. 152, 221.1, 235.1, 265.0 n. 5, 275.1 n. 64, 276, 277, 278, 287 y n. 19, 313.
Neira, J., 120.2.2 n. 36, 248 n. 12, 271 n. 41.
Nemesiano, 215.1 n. 38.
Neuvonen, E. K., 124.1.3 ns. 73 y 74, 124.1.3 ns. 73 y 74, 124.1.3 n. 75, 182.5 n. 22, 289.1 ns. 20 y 21.

Oelschläger, V. R. B., 42 n. 64, 63.1 n. 54, 95 n. 30, 124.1.1 n. 55, 124.1.2 n. 64, 125.1 n. 83, 125.2, 129.3 n. 129, 148.2 n. 58, 166.1.1 n. 41, 167.2 n. 65, 168.2 n. 83, 177.1 n. 134, 185.2 n. 29, 189 n. 34, 194 n. 56, 195.6 n. 78, 196 n. 87, 196 n. 88, 197 n. 89, 202.2 n. 101, 203 n. 104, 205 n. 113, 209.1 n. 8, 215 n. 37, 215.1 n. 39, 219.2 n. 60, 220 n. 69, 221.2 n. 78, 221.3 n. 82, 221.5 n. 87, 221.7 n. 94, 221.9 ns. 95 y 96, 232.3 n. 107, 233.2 n. 110, 236.3 n. 138, 236.6 n. 141.
Olirán, A., 99.3.1.

ÍNDICE GENERAL